全国高等院校土木与建筑专业十二五创新规划教材

建 筑 法 规

雷 明 主 编
雷丽华 副主编

清华大学出版社
北 京

内　容　简　介

本书选编了建筑及其相关法律法规，主要内容包括建筑法、城乡规划法、建筑勘察设计法、城市房地产管理法、土地管理法、建设工程合同法、基本建设程序法以及建筑技术法规的民用建筑设计通则、城市居住区规划设计规范、建筑设计防火规范等。

本书是高等院校的教学用书，适用于建筑学、城市规划、景观园林及相关专业，也可作为从事建筑、规划、土木工程等的工程技术人员学习参考书。

本书封面贴有清华大学出版社防伪标签，无标签者不得销售。
版权所有，侵权必究。举报：010-62782989，beiqinquan@tup.tsinghua.edu.cn。

图书在版编目(CIP)数据

建筑法规/雷明主编. --北京：清华大学出版社，2016（2024.1 重印）
（全国高等院校土木与建筑专业十二五创新规划教材）
ISBN 978-7-302-41915-0

Ⅰ. ①建… Ⅱ. ①雷… Ⅲ. ①建筑法—中国—高等学校—教材 Ⅳ. ①D922.297

中国版本图书馆 CIP 数据核字(2015)第 262516 号

责任编辑：秦　甲　张丽娜
装帧设计：刘孝琼
责任校对：周剑云
责任印制：丛怀宇

出版发行：清华大学出版社
　　　　　网　　址：https://www.tup.com.cn，https://www.wqxuetang.com
　　　　　地　　址：北京清华大学学研大厦 A 座　　邮　　编：100084
　　　　　社 总 机：010-83470000　　邮　　购：010-62786544
　　　　　投稿与读者服务：010-62776969，c-service@tup.tsinghua.edu.cn
　　　　　质量反馈：010-62772015，zhiliang@tup.tsinghua.edu.cn
　　　　　课件下载：https://www.tup.com.cn，010-62791865
印 装 者：三河市龙大印装有限公司
经　　销：全国新华书店
开　　本：185mm×260mm　　印　张：22.25　　字　数：533 千字
版　　次：2016 年 5 月第 1 版　　印　次：2024 年 1 月第 9 次印刷
定　　价：56.00 元

产品编号：053702-01

前　　言

　　建筑业是国民经济支柱产业之一，改革开放以来，随着国民经济的发展，我国城市建设、村镇建设、住宅建设等规模的不断扩大，建筑业在国民经济中的地位和作用越来越重要，对国民经济的发展状况和固定资产投资效益影响甚大。为了维持建筑市场的健康和可持续发展，国家先后颁发了《中华人民共和国建筑法》、《中华人民共和国城乡规划法》、《中华人民共和国城市房地产管理法》、《中华人民共和国土地管理法》等一系列法律法规，使建筑活动有法可依，有章可循。这些法律、法规的实施和完善，不仅满足了国家对建筑行业的依法组织、管理和协调的需要，同时，也有力促进了建筑市场的繁荣。作为建筑学及相近专业的学生，为了适应社会需要，在德、智、体、美全面发展并获得建筑设计基本理论和基本技能的同时，也应全面了解和掌握建筑法的法律法规。为此，我们按照建筑学专业"《建筑法规》教学大纲"，编写了《建筑法规》一书，目的在于，通过该课程的教学，使学生了解和掌握建筑法及其相关法律、法规的基本知识，培养学生在建筑活动中的法律意识，使学生能熟练运用所学建筑法律法规的知识，具有解决工程建设中有关法律、法规问题的能力。

　　本书以建筑法律法规为主，适当介绍了与建筑相关的法律、法规，选编了《民用建筑设计通则》等常用的建筑技术法规。建筑学、城市规划及其相近专业的学生，只有了解和掌握建筑及其相关法律、法规，才能使建筑设计符合适用、经济、安全、美观、卫生和环保的要求，才能保证建筑设计的质量和完整性。

　　在编写过程中，引用和参考了本书主要参考文献中的有关资料，在此，谨向这些文献的作者致以衷心的感谢。

　　本书由雷明主编，参加本书编写工作的有雷丽华、刘芸、戴煜轩、许月芬、樊雷等。

　　由于建筑及其相关法律、法规涉及面广，内容繁多，限于编者的水平有限，书中错误或不足之处在所难免，恳请读者批评指正，并为本书提出宝贵的意见或建议。

编　者

目 录

第1章 建筑法规概述 ... 1

1.1 概述 ... 2
  1.1.1 建筑法规的概念 ... 2
  1.1.2 建筑法规的调整对象 ... 2
  1.1.3 建筑法律关系的构成要素 ... 3
  1.1.4 建筑法规的作用 ... 4
1.2 建筑法规体系 ... 4
  1.2.1 建筑法规体系的组成 ... 4
  1.2.2 建筑法规的立法原则 ... 5
案例实训 ... 5
复习思考题 ... 6

第2章 建筑法律制度 ... 7

2.1 建筑法总则的内容 ... 8
  2.1.1 建筑法立法的目的 ... 8
  2.1.2 建筑法的适用范围 ... 9
  2.1.3 建筑法的立法原则 ... 9
2.2 建筑法的基本制度 ... 10
  2.2.1 建筑许可制度 ... 10
  2.2.2 建筑工程施工许可制度 ... 11
  2.2.3 建筑工程从业资格许可制度 ... 13
  2.2.4 从事建筑活动的专业技术人员执业资格条件 ... 13
  2.2.5 从业单位的资质审查制度 ... 14
  2.2.6 从业人员执业资格审查制度 ... 15
2.3 建筑工程发包与承包 ... 32
  2.3.1 建筑工程的发包 ... 32
  2.3.2 建筑工程承包 ... 33
2.4 建筑工程监理制度 ... 34
  2.4.1 建筑工程监理的范围 ... 35
  2.4.2 建筑工程监理机构及其职责 ... 35
  2.4.3 工程监理的内容 ... 35
  2.4.4 工程监理人员的权限 ... 36
  2.4.5 建筑工程监理的相关规定 ... 36
2.5 建筑安全生产管理制度 ... 36
  2.5.1 建筑工程安全生产的基本制度 ... 37
  2.5.2 建筑安全生产管理规定 ... 38
2.6 建筑工程质量管理制度 ... 38
  2.6.1 建筑工程质量管理制度的概念 ... 38
  2.6.2 质量体系认证制度 ... 39
  2.6.3 建筑工程质量责任制度 ... 39
  2.6.4 建筑工程质量监督管理制度 ... 41
2.7 建筑法律责任 ... 42
  2.7.1 建筑法律责任的概念 ... 42
  2.7.2 建筑法律责任的类型 ... 42
  2.7.3 建筑违法行为的法律责任 ... 43
案例实训 ... 45
复习思考题 ... 46

第3章 城乡规划法律制度 ... 47

3.1 城乡规划法概述 ... 48
  3.1.1 城乡规划及城乡规划区 ... 48
  3.1.2 城乡规划法的立法目的与适用范围 ... 48
  3.1.3 城乡规划法的原则 ... 49
3.2 城乡规划的制定 ... 50
  3.2.1 城乡规划的编制 ... 50
  3.2.2 乡、村庄规划 ... 59
  3.2.3 城乡规划的审批 ... 59
3.3 城乡规划的实施 ... 60
  3.3.1 城乡规划实施的原则 ... 60
  3.3.2 城乡规划的实施内容 ... 60
  3.3.3 城市新区开发与旧区的改建 ... 61
  3.3.4 风景名胜区保护和利用 ... 63
  3.3.5 城乡规划管理许可证制度 ... 65

3.3.6 规划设计单位资格管理制度......70
3.3.7 城市规划从业人员执业资格审查制度......73
3.4 城市规划的修改......75
　　3.4.1 总体规划的修改......75
　　3.4.2 详细规划的修改......76
3.5 违反城乡规划法的法律责任......76
　　3.5.1 建设单位法律责任......76
　　3.5.2 规划主管部门工作人员的法律责任......77
　　3.5.3 城乡规划编制单位法律责任......78
案例实训......78
复习思考题......81

第4章 建筑勘察设计法律制度......83

4.1 建筑勘察设计法规概述......84
　　4.1.1 建筑工程勘察设计的概念......84
　　4.1.2 建筑工程勘察设计的原则......84
　　4.1.3 建筑工程勘察阶段划分......85
4.2 建筑工程的勘察设计资质管理制度......85
　　4.2.1 建设工程勘察设计资质资格管理规定......85
　　4.2.2 建设工程勘察设计资质分类和分级......86
　　4.2.3 勘察设计资质标准......87
　　4.2.4 勘察设计的业务范围......88
　　4.2.5 建设工程勘察设计发包与承包......88
　　4.2.6 资质申请与审批......89
4.3 建筑工程勘察设计文件编制......91
　　4.3.1 设计文件编制与审批的法律依据......91
　　4.3.2 工程设计的原则......91
　　4.3.3 工程设计的依据......92
　　4.3.4 工程勘察文件的内容和要求......92
　　4.3.5 勘察设计文件编制要求与实施......93
　　4.3.6 建设工程设计文件的内容和深度......93
　　4.3.7 施工图设计文件的审查制度......96
4.4 建筑工程勘察设计的监督管理与法律责任......98
　　4.4.1 建筑工程勘察设计管理......98
　　4.4.2 法律责任......99
4.5 工程建设标准法律制度......100
　　4.5.1 工程建设标准的概念及分类......100
　　4.5.2 工程建设标准的层次及适用范围......101
　　4.5.3 工程建设标准的制定......102
　　4.5.4 工程建设标准的管理......106
　　4.5.5 违反工程建设强制性标准的法律责任......106
案例实训......107
复习思考题......109

第5章 城市房地产管理法律制度......111

5.1 房地产管理法律制度概述......112
　　5.1.1 房地产法的概念......112
　　5.1.2 房地产法立法目的与适用范围......112
　　5.1.3 房地产法规体系......112
　　5.1.4 房地产管理法律制度......113
5.2 房地产开发管理法律制度......113
　　5.2.1 房地产开发的概念与原则......113
　　5.2.2 房地产开发企业......114
　　5.2.3 房地产开发用地......118
　　5.2.4 土地使用权划拨......120
　　5.2.5 房地产转让......121
　　5.2.6 城市房屋拆迁......124
　　5.2.7 房地产抵押......127
　　5.2.8 房屋租赁......131
　　5.2.9 房地产中介服务......133
　　5.2.10 房地产开发......135
5.3 房地产交易管理法律制度......136
　　5.3.1 房地产交易的一般规定......136
　　5.3.2 房地产交易价格管理制度......137

5.4 房屋权属管理制度 137
    5.4.1 房屋登记的概念 137
    5.4.2 国有土地范围内房屋登记 137
    5.4.3 房屋登记的程序 140
5.5 物业管理法律制度 141
    5.5.1 物业管理概念及其基本内容 ...141
    5.5.2 物业服务企业资质及物业
         管理师资格管理 142
    5.5.3 业主的权利和义务 143
    5.5.4 业主大会及物业服务合同 143
5.6 房地产违法行为的法律责任 144
案例实训 145
复习思考题 146

第6章 土地管理法律制度 147

6.1 土地管理法律制度概述 148
    6.1.1 土地的概念与分类 148
    6.1.2 土地管理法规 148
6.2 土地管理法律制度 149
    6.2.1 土地管理基本制度 149
    6.2.2 土地用途管制基本制度 150
6.3 土地利用总体规划 152
    6.3.1 土地利用总体规划的含义
         及其编制 152
    6.3.2 土地利用总体规划的审批与
         修编 153
6.4 建设用地 154
    6.4.1 国有建设用地 154
    6.4.2 农村集体建设用地 157
6.5 违反土地管理法的法律责任 158
    6.5.1 违反土地权属变更规定的
         法律责任 158
    6.5.2 破坏耕地的法律责任 158
    6.5.3 非法占用土地的法律责任 159
案例实训 160
复习思考题 161

第7章 建设工程合同法律制度 163

7.1 合同法概述 164

    7.1.1 合同的概念 164
    7.1.2 我国的合同立法 164
    7.1.3 合同的订立 164
    7.1.4 合同的效力 166
    7.1.5 合同的履行 167
    7.1.6 合同的变更、转让和终止 167
    7.1.7 违约责任 168
7.2 建设工程合同 169
    7.2.1 建设工程合同的概念 169
    7.2.2 建设工程合同的种类 169
    7.2.3 建设工程勘察设计合同 170
    7.2.4 建设工程施工合同 171
7.3 建设工程合同示范文本 175
    7.3.1 建设工程勘察合同示范文本 .. 175
    7.3.2 建设工程设计合同示范文本 .. 179
案例实训 183
复习思考题 184

第8章 基本建设程序法律制度 185

8.1 建设程序法概述 186
    8.1.1 工程建设项目的概念 186
    8.1.2 工程基本建设程序 186
    8.1.3 工程建设项目的审批 188
8.2 项目投资决策阶段 188
    8.2.1 项目建议书阶段 188
    8.2.2 可行性研究阶段 189
8.3 前期准备阶段 192
    8.3.1 初步设计工作阶段 192
    8.3.2 施工图设计阶段 193
    8.3.3 施工建设准备阶段 194
8.4 建设实施阶段 195
    8.4.1 开工前准备 195
    8.4.2 办理工程质量监督手续 195
    8.4.3 办理施工许可证 195
    8.4.4 项目开工前审计 196
    8.4.5 报批开工 196
8.5 竣工验收阶段 196
    8.5.1 竣工验收的范围和标准 196

目录

  8.5.2 竣工验收依据..................196
  8.5.3 申报竣工验收的准备工作.....196
  8.5.4 竣工验收程序..................197
  8.5.5 竣工验收的组织..................197
 8.6 后评价阶段.....................................198
 案例实训..199
 复习思考题..200

第9章 建筑技术法规——民用建筑设计通则..............................201

 9.1 总则..202
  9.1.1 编制目的及适用范围..........202
  9.1.2 建筑设计的基本原则..........202
 9.2 民用建筑设计的基本规定..............203
  9.2.1 民用建筑分类及使用年限......203
  9.2.2 建筑气候分区对建筑的
    基本要求..........................204
  9.2.3 建筑与环境的关系..............205
  9.2.4 建筑无障碍设施..................205
  9.2.5 停车空间..........................206
  9.2.6 无标定人数的建筑..............206
 9.3 城市规划对建筑的限定..................206
  9.3.1 建筑基地..........................207
  9.3.2 建筑突出物......................208
  9.3.3 建筑高度控制..................209
  9.3.4 建筑密度、容积率和
    绿地率..............................210
 9.4 场地设计..210
  9.4.1 建筑布局..........................211
  9.4.2 道路..................................212
  9.4.3 竖向..................................213
  9.4.4 绿化..................................213
  9.4.5 工程管线布置..................214
 9.5 建筑物设计......................................214
  9.5.1 平面布置..........................215
  9.5.2 层高和室内净高..............215
  9.5.3 地下室和半地下室..........215
  9.5.4 设备层、避难层和架空层...216

  9.5.5 厕所、盥洗室和浴室..........217
  9.5.6 台阶、坡道和栏杆..........218
  9.5.7 楼梯..................................219
  9.5.8 电梯、自动扶梯和自动
    人行道..............................220
  9.5.9 墙身和变形缝..................221
  9.5.10 门窗................................222
  9.5.11 建筑幕墙........................223
  9.5.12 楼地面............................224
  9.5.13 屋面和吊顶....................224
  9.5.14 管道井、烟道、通风道和
     垃圾管道........................226
  9.5.15 室内外装修....................227
 9.6 室内环境..227
  9.6.1 采光..................................227
  9.6.2 通风..................................229
  9.6.3 保温..................................229
  9.6.4 防热..................................230
  9.6.5 隔声..................................230
 9.7 建筑设备..232
  9.7.1 给水和排水......................232
  9.7.2 暖通和空调......................233
  9.7.3 建筑电气..........................234
 复习思考题..237

第10章 建筑技术法规——城市居住区规划设计规范..........................239

 10.1 总则..240
  10.1.1 编制目的及适用范围..........240
  10.1.2 居住区的分级、布局及配套
     设施................................240
 10.2 用地与建筑....................................242
  10.2.1 居住区用地......................242
  10.2.2 居住区建筑......................243
 10.3 规划布局与空间环境....................244
  10.3.1 规划布局的原则..............244
  10.3.2 居住区空间与环境设计
     原则................................244

10.3.3 便于寻访、识别和街道命名 245
10.3.4 重点文物和历史文化保护要求 245
10.4 住宅 245
　10.4.1 住宅建筑的规划设计要求 245
　10.4.2 住宅间距 245
　10.4.3 住宅布置 246
　10.4.4 住宅层数 247
　10.4.5 住宅建筑净密度 247
10.5 公共服务设施 248
　10.5.1 配套公建分类及配建指标 248
　10.5.2 配套公建项目的规划布局及公共停车场要求 249
10.6 绿地 250
　10.6.1 居住区绿地组成及要求 251
　10.6.2 居住区绿地规划 251
10.7 道路 252
　10.7.1 居住区道路规划 252
　10.7.2 居住区内道路分级、宽度及纵坡 253
　10.7.3 居住区道路与停车场设置 255
10.8 竖向 256
　10.8.1 居住区竖向规划 256
　10.8.2 居住区内地面排水系统 257
10.9 管线综合 257
　10.9.1 管线综合规划 257
　10.9.2 管线的埋设顺序及矛盾时的处理原则 259
　10.9.3 管线距树种间的最小水平净距 259
10.10 综合技术经济指标 260
　10.10.1 综合技术经济指标的分类 260
　10.10.2 各项指标的计算 261
　10.10.3 停车场车位数确定 262
复习思考题 271

第 11 章 建筑技术法规——建筑设计防火规范 273

11.1 制定目的、适用范围及其原则 274
　11.1.1 制定的目的 274
　11.1.2 适用范围 274
　11.1.3 制定的原则 274
11.2 厂房和仓库 275
　11.2.1 火灾危险性分类 275
　11.2.2 厂房和仓库的耐火等级 278
　11.2.3 厂房或仓库的层数、面积和平面布置 280
　11.2.4 厂房的防火间距 284
　11.2.5 仓库的防火间距 286
　11.2.6 厂房和仓库的防爆 289
　11.2.7 厂房的安全疏散 291
　11.2.8 仓库的安全疏散 292
11.3 甲、乙、丙类液体、气体储罐(区)和可燃材料堆场 293
　11.3.1 一般规定 293
　11.3.2 甲、乙、丙类液体储罐(区)的防火间距 293
　11.3.3 可燃、助燃气体储罐(区)的防火间距 297
　11.3.4 液化石油气储罐(区)的防火间距 301
　11.3.5 可燃材料堆场的防火间距 303
11.4 民用建筑 305
　11.4.1 建筑分类和耐火等级 305
　11.4.2 总平面布局 307
　11.4.3 防火分区和层数 308
　11.4.4 平面布置 311
　11.4.5 安全疏散和避难 315
11.5 建筑构造 323
　11.5.1 防火墙 323
　11.5.2 建筑构件和管道井 324
　11.5.3 屋顶、闷顶和建筑缝隙 326
　11.5.4 疏散楼梯间和疏散楼梯等 326

11.5.5 防火门、窗和防火卷帘.........329
　　11.5.6 天桥、栈桥和管沟....................330
　　11.5.7 建筑外墙和屋面保温..............330
　　11.5.8 防烟和排烟设施.....................332
11.6 灭火救援设施.....................................333
　　11.6.1 消防车道.................................333
　　11.6.2 救援场地和入口......................334

　　11.6.3 消防电梯.................................335
　　11.6.4 直升机停机坪.........................336
案例实训..340
复习思考题..341

参考文献..**343**

第1章
建筑法规概述

本章介绍了建筑法规的概念、调整对象、建筑法律关系的构成要素、建筑法规的作用、建筑法规的体系组成及立法原则。

1.1 概　　述

1.1.1 建筑法规的概念

建筑法规是指国家权力机关或其授权的行政机关制定的，旨在调整国家及其有关机关、企事业单位、社会团体、公民之间，在建筑活动中或建筑行政管理活动中发生的各种社会关系的法律、法规的总称。建筑法规体现了国家对于城镇及社会公用事业等各项建筑活动进行组织、管理、协调的基本原则。我国正处于大发展时期，建筑业的发展与国民经济、居民的生活和社会的可持续发展关系密切。只有用法规规范建筑活动的监督管理，才能维护建筑市场的秩序，保证建筑活动的健康发展。

1.1.2 建筑法规的调整对象

建筑法规调整的是国家行政管理机关、法人、法人以外的其他组织，公民在建筑活动中所产生的社会关系，主要是建设行政监督管理关系、建设民事法律关系、建设关系主体内部的管理关系。

1. 建设行政监督管理关系

建设行政管理关系是指国家行政主管部门或者其正式授权机构对建筑活动的组织监督、协调等形成的关系。建筑活动关系国计民生，特别是房地产业，是国家的支柱产业之一，对国民经济的发展、人民物质生活的提高影响很大。因此，国家必须对建筑活动进行监督和管理，保证建筑活动的正常进行。

我国为了加强对建筑活动的管理，各级政府都设立了专门的建设行政管理部门，对建筑活动的各个阶段进行监督管理，包括从建设项目立项、计划、资金筹集、勘察、设计、施工、验收等。其监督管理的任务具体是建筑活动的规划、组织、指导、协调、检查、控制服务。

2. 建设民事法律关系

建设民事法律关系，是指在建筑活动中由民事法律规范所调整的社会关系。民事法律关系表现为主体之间民事权利和民事义务关系、平等的主体之间的关系、财产关系和保障措施。民事法律关系主要是财产关系，民事责任是以财产补偿为主要内容。在建筑活动中，建设单位、勘察设计单位、施工单位、监理单位等各类民事主体，都是通过建设合同建立起相互信任的民事法律关系。

3. 建设关系主体内部的管理关系

建设关系主体内部的管理关系，是指建设关系主体进行内部管理时产生的社会关系。对这些内部社会关系，国家也进行了规范。如《建设工程质量管理条例》第三十条规定：

施工单位必须建立、健全施工质量的检验制度，严格工序管理，做好隐蔽工程的质量检查和记录。隐蔽工程在隐蔽前，施工单位应当通知建设单位和建设工程质量监督机构。建设关系主体内部的管理关系的规范主要涉及建筑工程质量和安全。

1.1.3 建筑法律关系的构成要素

建筑法律关系是由建筑法律的主体、建筑法律关系的客体和建筑法律关系的内容三要素组成。

1. 建筑法律关系的主体

建筑法律关系的主体是指参加建筑活动，受有关法律法规规范和调整，享有相应权利，承担相应义务的当事人。建筑法律关系主体包括国家机关、社会组织、公民个人。

1) 国家机关

包括国家权力机关和行政机关，国家机关是进行建筑活动管理的主体，包括国家建设行政主管部门，国家发展和改革主管部门，国家各业务的主管部门等。国家权力机关由于对国家的建设计划和国家预决算进行审查和批准，制定和颁布建设法律、法规而成为建设法律的主体。

2) 社会组织

社会组织最为广泛，国家建设活动主要是由社会组织完成的，社会组织成为最为主要的法律关系主体。社会组织一般应当是法人，包括建设单位、勘察设计单位、施工单位、监理单位等。法人是具有有民事权利能力的民事行为能力，依法享有民事权利和承担民事义务的组织，法人以外的其他组织是指合法成立，有一定组织机构和财产，但又不具备法人资格的组织，包括合伙组织、合伙型联营企业，法人依法设立的分支机构等。

3) 公民

在建筑活动中，除国家机关和社会组织外，公民个人参加建筑活动也应接受国家的管理，从而成为建筑法律关系的主体，如注册建筑师、注册结构工程师、注册造价工程师等，他们参加建筑活动时，就要体现公民的个人身份。另外公民以劳动者的身份与企业建立劳动关系参加建筑活动，公民个人就成为建筑法律关系的主体。

2. 建筑法律关系的客体

建筑法律关系的客体、主要包括物、财、行为、智力成果。

(1) 物，主要指的是生产资料和消费资料，如建筑材料、建筑设备、建筑物等。

(2) 财，是指各种货币及各种有价证券，财也可能成为建筑法律关系的客体，如建筑活动中的借款合同，其客体就是货币。

(3) 行为，是指人的有意识的活动。在建筑活动中，行为多表现为完成一定的工作或任务，如勘察、设计、施工安装、土方开挖等这些行为成为建设法律关系的客体。

(4) 智力成果，是通过人的智力活动所创造出来的智力成果，包括知识产权、技术秘密、专利权、商标权等，都可能成为建筑法律关系的客体。

3. 建筑法律关系的内容

建筑法律关系的内容是指建设权利和建设义务。

1) 建设权利

建设权利是指建筑法律关系主体在法定的范围内，根据国家建设管理要求和自身的业务活动需要有权进行各种建筑活动，以实现自己的有关权利。

2) 建设义务

建设义务是指建设法律关系主体必须按照法律规定或约定承担的相应责任。建设权利和建设义务是相互对应的，相应主体应履行相应的义务。

1.1.4 建筑法规的作用

1. 规范人们建筑行为

在建筑活动中，人们的各种建筑行为应该在建筑法规确定的准则范围内进行，这样才能得到法律的承认和保护。如果人们的建筑行为不依法规规定作为的话，就违反了法规的规定，构成违法行为而受到惩罚。如建筑法中规定的建筑许可制度。建设单位在开工前必须申请领取施工许可证，否则不得开工，若开工就属于违法行为。

2. 保护合法建筑行为

建筑法规还起到对建设主体合法行为依法确认和保护的作用。如《城市燃气安全管理规定》第三十六条规定："对于维护燃气安全做出显著成绩的单位和个人，城市人民政府建设行政主管部门或城市燃气生产、储存、输配、经营单位应当予以表彰和鼓励。"该规定就是对合法行为的依法确认和保护的法律规范。

3. 处罚违法行为

建筑法规仅对人们的建筑行为的规范和对合法的建筑行为进行保护是不够的，还必须对违法建筑活动给以应有惩处。只有这样，才能保证法规的实施，才能保证建筑活动的健康发展。

1.2 建筑法规体系

1.2.1 建筑法规体系的组成

我国的建筑法规体系是由建筑法律、建筑法规、建筑规范及地方法规和地方性规章所组成，形成相互联系、相互补充、相互协调的统一体系。一般由以下建筑行政法规、建筑民事法规和建筑技术法规组成。

1. 建筑行政法规

建筑行政法规是国家对建筑活动实施管理的法规。主要有建筑法、城市规划法、建筑工程勘察设计法、城市房地产管理法等。

2. 建筑民事法规

建筑民事法规是调整平等主体的公民之间、法人之间、公民与法人之间的建筑关系的法律规范的总称。主要有民法、建设合同法、建筑企业法、住宅法等。

3. 建筑技术法规

建筑技术法规是调整建筑活动中有关勘察、设计、监理、施工、安装、检测验收等建筑技术法律关系的法律规范的总称，包括技术规程、规则、规范、条例、办法、定额指标等规范性文件。主要包括：各类建筑设计规范，如民用建筑设计通则、建筑设计防火规范、住宅建筑规范、建筑施工及验收规范等。

1.2.2 建筑法规的立法原则

1. 法制统一的原则

建筑法规是国家法规体系的重要组成部分，必须服从宪法的规定，必须和相关的法规保持一致，这样执行起来才不会产生矛盾。

2. 遵循市场经济规律的原则

建筑活动必须遵循市场经济规律，才能健康持续发展；市场经济的繁荣，必须有法规规范给以正确指导，才能推动和保障市场经济的快速发展。因此，建筑活动必须按市场经济规律办事，按建筑法规办事，才能有效地规范市场、维护建筑市场秩序、保护建筑活动参加者的合法权益。

3. 责、权、利相统一的原则

在建筑活动中，责、权、利集中反映了市场经济对建筑法规的基本要求，只有责、权、利相统一，才能体现建筑法规的经济本质和国家的经济改革，才能使建筑活动的参加者在尽到责任、义务的同时获得一定的权力和利益，只有责、权、利的统一，才能推进建筑市场的繁荣。

4. 确保工程质量和安全的原则

保证建设工程质量和人民生命及财产安全是建筑法规的核心，建设工程质量指国家规定和合同约定的对建设工程适用、安全、经济、美观等各项指标的要求。

案例实训

案例：教学楼竣工未验收　提前使用质量出问题

某建筑公司与某学校签订一教学楼施工合同，明确施工单位要保质保量保工期完成学校的教学楼施工任务。工程竣工后，承包方向学校提交了竣工报告。学校为了不影响学生上课，还没组织验收就直接投入了使用。使用过程中，校方发现教学楼存在质量问题，要求施工单位修理。施工单位认为工程未经验收，学校提前使用出现质量问题，施工单位不应再承担责任。

试分析本案中建设法律关系三要素分别是什么？

【法理分析】

本案中建设法律关系主体是某建筑公司和某学校，客体是施工的教学楼。

内容是主体双方各自应当享受的权利和应当承担的义务，具体而言是某学校按照合同的约定，承担按时、足额支付工程款的义务，在按合同约定支付工程款后，该学校就有权要求建筑公司按时交付质量合格的教学楼。

建筑公司的权利是获取学校的工程款，在享受该项权利后，就应当承担义务，即按时交付质量合格的教学楼给学校，并承担保修义务。

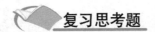
复习思考题

1. 简述建筑法规的概念、作用及立法原则。
2. 简述建筑法规的调整对象。
3. 建筑法律关系的构成要素是什么？
4. 何为建筑法规体系，由哪几部分组成？

第 2 章
建筑法律制度

　　本章介绍了建筑法总则的内容、建筑法的基本制度、建筑工程发包与承包、建筑工程监理制度、建筑工程安全生产管理制度、建筑工程质量管理制度、建筑法律责任。

2.1 建筑法总则的内容

2.1.1 建筑法立法的目的

《中华人民共和国建筑法》(以下简称《建筑法》)立法的目的是，加强对建筑活动的监督管理，维护建筑市场的秩序，保证建筑工程的质量和安全，促进建筑业的健康发展。

1. 加强对建筑活动的监督管理

在建筑业的持续发展、建筑活动规模的扩大、建筑市场的繁荣的同时，也存在一些问题。主要是建筑市场秩序混乱，建筑工程质量和安全得不到保证，侵犯建筑活动当事人的合法权益时有发生。这些问题的产生，是监督管理不够所致。因此，必须加强对建筑活动的监督管理，只有依法监督管理，才能使建筑市场依法规范、有序健康发展。因此，《建筑法》把加强对建筑活动的监督管理作为《建筑法》实施的首要目的。根据《建筑法》的规定，对建筑活动的监督包括宏观监督管理和微观监督管理。

(1) 宏观监督管理。主要是指从宏观产业政策、行业标准对建筑活动进行组织、协调控制、监督和惩治等措施。

(2) 微观监督管理。主要是指对建筑工程项目的施工许可管理，从业单位资质与从业人员资格认定管理、建筑工程发包与承包的管理以及建筑工程安全生产管理和建筑工程质量管理等。

2. 维护建筑市场秩序

我国实行的是市场经济，建筑市场是其重要的组成部分，建筑活动依法、有序进行是我国经济社会发展的需要，《建筑法》立法的另一目的是维护建筑市场秩序。

维护建筑市场秩序包括两个方面，一方面是维护现有建筑市场合法、合理的秩序，属于建筑市场合法的行为和合法的权益应予以保护，正常的建筑市场秩序就能得到维护。另一方面是清除和打击建筑市场的不规范行为。这些不规范行为主要有：建筑施工企业无证或超越资质承包建筑工程、承包企业将工程层层转包、工程承包中行贿受贿、招投标走过场、肢解建筑工程、泄露标的、垫资问题严重等。这些问题的存在，直接影响到建筑市场正常秩序，造成建筑市场的混乱。只有依法清除和打击这些违规行为，正常的建筑市场秩序才能得到充分的发展和维护。

3. 保证建筑工程的质量和安全

建筑工程的质量和安全是建筑工程的核心内容。百年大计，质量为本，只有提高建筑工程的质量和安全，才能保证建筑市场的健康发展。这就要求，建筑市场的监督管理者和建筑活动的参与者都必须按照国家建筑工程质量和安全标准来规范自己的行为。只有行为符合建筑工程质量和安全标准，建筑工程的质量和安全才有保证。对于建筑工程质量低劣、建筑安全事故多发的施工企业或个人，国家只有通过建筑立法以强制手段进行监督管理，才能保证建筑工程质量和安全。

4．促进建筑业的健康发展

建筑业是国民经济支柱产业之一，建筑业发展状况直接影响到固定资产投资效益和国民经济增长与社会发展水平的质量。因此，《建筑法》将促进建筑业健康发展，作为立法的核心目的，旨在通过建筑法律规范的制定和实施，加强对建筑活动的监督管理，维护建筑市场的秩序，保证建筑质量和安全，促进建筑业持续发展。

2.1.2 建筑法的适用范围

在中华人民共和国境内从事建筑活动，实施对建筑活动的监督管理，应当遵守本法。本法所称建筑活动，是指各类房屋建筑及其附属设施的建造和与其配套的线路、管道、设备的安装活动。《建筑法》第二条对上述适用范围作出规定，规定适用的地域范围，适用的主体单位和人以及适用的对象。

《建筑法》第八十一条规定："本法关于施工许可、建筑施工企业资质审查和建筑工程发包、承包、禁止转包，以及建筑工程监理、建筑工程安全和质量管理的规定，适用于其他专业建筑工程的建筑活动，具体办法由国务院规定。"为此，《建筑法》也适用于其他专业与建筑有关的活动，如铁路、交通运输工程、民航工程、水利工程等专业的建筑活动。

2.1.3 建筑法的立法原则

法律原则分基本原则和具体原则。建筑法律的基本原则体现了建筑法律的基本性质及基本内容。《建筑法》第三条、第四条、第五条的规定体现了建筑法的基本原则。

(1) 建筑活动应符合国家安全标准的原则。

建筑活动应该当确保建筑工程质量和安全。不管是市场的管理者和监督者，还是建筑活动的参与者都应该根据国家的建筑技术标准来规范自己的行为，确保建筑质量和建筑安全。只要有建筑活动的存在，就必然有建筑工程的质量和安全问题。建筑活动的实践证明，把建筑活动的质量和安全作为建筑法的基本原则是必需的。

(2) 国家扶持建筑业发展，支持建筑科学技术研究的原则。建筑业是国民经济的支柱产业之一，其产值已占到我国生产总值的 10%左右，对国民经济的可持续发展影响显著，特别是房地产业，更关系到人民群众的安居乐业。基于此，国家必须扶持建筑业的发展，以满足人民生活的需求。但目前，我国建筑业的科学技术水平还不够高，管理水平还不能适应现代建筑业发展的需要。因此，必须支持和激励建筑科学技术研究，加大在这方面的投入，重视建筑业人才的培养，以提高房屋建筑设计水平。国家鼓励节约能源和保护环境，提倡节能减排、循环经济，提倡采用先进技术、先进设备、先进工艺、新型建筑材料和现代管理方式。

现代管理方式是指运用现代化的科学方法和手段组织生产,采用最低的消耗,取得最大的经济效益。如利用现代科学方法,选择最优设计,采用先进的工艺、装备和控制组织生产;用科学的方法对生产经营实践进行总结、分析、改进;利用经济手段管理企业,建立各种责任制,全面实行合同制,充分调动职工积极性。采用现代企业制度等管理方式管理企业,以提高企业的经济效益和社会效益,提高生产率。为此,《建筑法》规定提倡现代化管理方式。

(3) 依法从事建筑活动,不得损害社会公共利益和他人的合法权益的原则。

在我国境内,从事建筑活动,必须遵守法律法规,如建筑许可制度,从业资格制度,工程发包、承包制度,工程监理制度等。不得在建筑活动中弄虚作假、偷工减料、违法违规,损害社会公共利益和他人的合法权益。社会公共利益是全体社会成员的利益,法规保护社会公共利益就等于保护了每一个社会成员的利益。该原则在勘察设计,建筑管理,建筑施工,发包、承包等法律制度方面均有充分体现。

(4) 任何单位和个人都不得妨碍和阻挠依法进行建筑活动的原则。

单位和个人依法进行建筑活动,其合法权益应受到法律的保护。任何单位和个人不得妨碍和阻挠依法进行的建筑活动。法律只有保护合法行为、打击违法行为,才能对行为人的行为起到规范作用,对于违法的行为起到惩罚作用,才能促进建筑业健康发展。该原则在《建筑法》第五条得到了体现。

(5) 建筑活动实施监督管理的原则。

《建筑法》第六条规定:"国务院建设行政主管部门对全国的建筑活动实施统一监督管理。"国务院住房建设部是专门负责对全国的建筑活动统一监督管理的行政主管部门。

2.2 建筑法的基本制度

2.2.1 建筑许可制度

建筑许可是指建设行政主管部门根据公民、组织的申请,依法准许申请者从事建筑活动的行政行为。包括准许、变更或终止公民、法人和其他组织从事建筑活动的具体行政行为,《建筑法》规定的建筑许可包括建筑工程施工许可和从业资格许可。

实行建筑许可证制度,旨在有效地保障建设工程质量和安全。实践证明,实施施工许可,既可监督建设单位尽快建成拟建项目,防止闲置土地,影响公众利益,又能保证建设项目开工后顺利进行,避免盲目上马,给参与建设的各方造成不必要的损失,同时也有助于建设行政主管部门对在建项目实施有效的监督管理;实行从业者许可,有利于确保从事建筑活动的单位和人员的素质,提高工程建设质量。

2.2.2 建筑工程施工许可制度

1. 建筑施工许可证

建筑许可制度是一种行政行为，是国家为了实现对建筑活动的规范管理而实施的一种行政管理手段，而实施这一手段的机关，就是建设行政主管部门。实行建筑许可制度，目的在于通过对从事建筑活动的单位和个人的资格实行行政管理，以有效保证建筑工程质量和安全，促进建筑活动能够健康、有序地发展。

2. 建筑施工许可的时间和范围

建筑工程许可的时间，即申请施工许可证的时间，根据《建筑法》第七条的规定，应在建筑工程开工前申请取得。

建筑工程许可范围，一般规定，在建设工程开工前，建设单位应按照国家有关规定向工程所在地县级以上人民政府建设行政主管部门申请领取施工许可证。特殊规定，国务院建设行政主管部门确定的限额以下的小型工程的开工，可以不申请施工许可。

3. 申请领取施工许可证的条件

《建筑法》第八条规定，申请领取施工许可证，应当具备下列条件：

(1) 已经办理了该建筑工程用地批准手续，获得有效的建设用地使用权。

(2) 在城市规划区内建筑工程，已经取得建设工程规划许可证和建设工程用地规划许可证。

(3) 建筑工程场地范围内，原有的房屋及其附属物，需要拆迁的，其拆迁进度符合施工要求。

(4) 建设方已经确定了建筑施工企业。在建筑工程开工前，建设单位通过公开招投标来确定有相应资质的建筑工程企业承包该建筑工程的施工。

(5) 有满足施工需要的施工图纸及技术资料。

施工图纸是施工的依据，是实现工程建设的最基本文件，施工图纸应符合《建设工程设计文件编制深度规定》，并通过审图公司的审查。因此，要求设计单位应按施工进度安排组织好施工图纸的配套交付，以保证施工的需要。

技术资料包括地形图、工程地质和水文地质、气象等自然资料以及原料、燃料来源、水电供应和运输条件等技术经济资料。

(6) 有保证工程质量和安全的措施。

在建筑工程开工前，建筑施工企业应负责编制建筑工程施工组织设计，以保证建筑工程质量和安全。

(7) 建设资金已经落实。

在建筑工程开工前，应落实建设资金，只有资金落实了，才能保障工程的顺利进行。资金不落实或资金不足的建筑项目，建设行政主管部门拒绝颁发施工许可证。

(8) 实行监理的建筑工程，建设单位已委托具有相应资质条件的工程监理单位。

(9) 法律、行政法规规定的其他条件。

该条的其他条件是指相关法律法规对施工许可证申领条件的特别规定。由于建筑施工的复杂性和建筑市场不断发展，施工许可证的领取条件也在不断地改进和完善。

4. 办理施工许可证的程序

申请办理施工许可证，应按下列程序进行：

(1) 建设单位向发证机关领取《建筑工程施工许可证申请表》。

(2) 建设单位持加盖单位及法定代表人印鉴的《建筑工程施工许可证申请表》并附前述"申请领取施工许可证的条件"规定的证明文件，向发证机关提出申请。

(3) 发证机关在收到建设单位报送的《建筑工程施工许可证申请表》和所附的证明文件后，对于符合条件的，应当自收到申请之日起十五日内颁发施工许可证；对于证明文件不齐全或者失效的，应当限期要求建设单位补正，审批时间可以自证明文件补正齐全后相应顺延；对于不符合条件的，应当自收到申请之日起十五日书面通知建设单位，并说明理由。

建筑工程在施工过程中，建设单位或者施工单位发生变更的，应当重新申请领取施工许可证。

建设单位申请领取施工许可证的名称、地点、规模，应当与依法签订的施工承包合同一致。

施工许可证不得伪造和涂改，并应放置在施工现场备查。

5. 施工许可证有效条件和延期限制

建设单位应当自领取施工许可证之日起三个月内开工，领证之日即为建设行政主管部门签发交付建设单位建设工程施工许可证之日。

建设单位因故不能按期开工的，应当向发证机关申请延期，延期以两次为限，每次不能超过三个月。既不开工又不申请延期或超过延期时限的施工许可证自行废止。

6. 施工的中止与恢复

在建的建筑工程因故中止施工的，建设单位应当自停止施工之日起，一个月内向发证机关报告，报告内容包括中止施工的时间、原因、在施部位、维护管理措施等，并按规定做好建筑工程的维护工作。

建筑工程恢复施工时，应当向发证机关报告，中止施工满一年的工程恢复施工前，建设单位应当报发证机关核验施工许可证。

7. 违反施工许可制度的规定

(1) 对于未取得施工许可证或者为规避办理施工许可证将工程项目分解后擅自施工的，由有管辖权的发证机关责令改正。对于不符合施工条件的，责令停止施工，并对建设单位和施工单位分别处以罚款。

(2) 对于采用虚假证明文件骗取施工许可证的，由原发证机关收回施工许可证，责令停止施工，并对责任单位予以罚款；构成犯罪的，依法追究刑事责任。

(3) 对于伪造施工许可证的，该施工许可证无效，由发证机关责令停止施工，并对责任单位处以罚款；构成犯罪的，依法追究刑事责任。

对于涂改施工许可证的，由原发证机关责令改正，并对责任单位处以罚款；构成犯罪的，依法追究刑事责任。

(4) 发证机关及其工作人员对不符合施工条件的建筑工程颁发施工许可证的，由其上级机关责令改正，对责任人员给以行政处分。徇私舞弊、滥用职权的，不得继续从事施工许可管理工作；构成犯罪的，依法追究刑事责任。

2.2.3　建筑工程从业资格许可制度

建筑工程从业资格许可制度，包括从事建筑活动的单位从业资格许可制度和从事建筑活动的个人执业资格许可制度。

1. 建筑工程从业资格许可的法律依据

建筑工程从业资格许可的法律依据主要有：《建筑企业资质管理规定》、《建筑工程勘察设计资质管理规定》、《工程管理企业资质规定》、《中华人民共和国注册建筑师条例》、《中华人民共和国注册建筑师条例实施细则》、《注册结构工程师执业资格制度暂行规定》以及《建筑法》等的相关规定。

2. 建筑工程从业许可的内容

建筑工程从业许可的内容主要有：建筑企业、勘察、设计单位和工程监理单位从事建筑活动应具备的条件及其在建筑工程从业许可范围内从事建筑活动；建筑工程执业的专业技术人员，从事建筑活动应依法取得执业资格证书。

3. 建筑工程从业资格许可的条件

《建筑法》第十二条规定，从事建筑活动的建筑施工企业、勘察单位、设计单位和工程监理单位，应符合下列条件：

(1) 有符合国家规定的注册资本；
(2) 有与其从事的建筑活动相适应的具有法定执业资格的专业技术人员；
(3) 有从事相关建筑活动所应有的技术装备；
(4) 法律、行政法规规定的其他条件。

2.2.4　从事建筑活动的专业技术人员执业资格条件

《建筑法》第十四条规定，从事建筑活动的专业技术人员，应依法取得相应的执业资格证书，并在执业资格证书许可的范围内从事建筑活动。其执业资格的条件如下：

(1) 应具有一定的专业学历和专业资历；
(2) 通过国家考试；
(3) 获得相应的建筑工程执业技术资格证书，并注册确定其执业资格。

目前，我国在建筑业已建立起各种执业资格制度。如注册建筑师、注册规划师、注册结构工程师、注册建造师、注册电气工程师、注册监理工程师等执业资格制度。专业技术人员经考试合格，取得执业资格证书并经注册后，方可以建筑师、结构工程师等名义执业。

2.2.5 从业单位的资质审查制度

建设行政主管部门对于从事建筑活动的施工企业、勘察、设计单位和工程监理单位拥有的注册资本、专业技术人员、技术装备及完成的建筑工程业绩、管理水平等进行审查，以此确定其承揽业务的范围，发给相应的资质证书，并允许其在资质等级许可的范围内从事建筑活动的一种制度。

1. 建筑业企业资质

《建筑业企业资质管理规定》将建筑企业资质分为施工总承包、专业承包和劳务分包三个序列。施工总承包分为特级、一级、二级和三级，专业承包分为一级、二级、三级和不分等级资质，劳务分包不分等级。

取得施工总承包资质的企业，可以承接施工总承包工程。并可以对所承接的施工总承包工程内各专业工程项目全部自行施工，也可以将各专业工程和劳务作业分包给具有相应资质的专业承包企业或劳务分包企业。

取得专业承包资质的企业，可以承接施工总承包企业分包的专业工程和建设单位依法发包的专业工程。专业承包企业可以对所承接的专业工程自行施工，也可将劳务作业依法分包给具有相应资质的劳务分包企业。

取得劳务分包资质的企业，可以承接施工总承包企业或专业承包企业分包的劳务作业。

有关建筑业企业的资质序列、类别和等级、资质许可、监督管理、法律责任等的详细内容，见《建筑业企业资质管理规定》。

2. 工程勘察设计资质

《建设工程勘察设计资质管理规定》对于建筑工程勘察、设计的资质分类和分级、申请和审批、监督与管理、法律责任等作了明确规定。

1) 工程勘察资质

工程勘察资质分为工程勘察综合资质、工程勘察专业资质、工程勘察劳务资质。

工程勘察综合资质只设甲级；工程勘察专业资质设甲级、乙级，根据工程性质和技术特点，部分专业可设丙级；工程勘察劳务资质不分等级。

取得工程勘察综合资质的企业，可以承接各专业(海洋工程勘察除外)、各等级的工程勘察业务；取得工程勘察专业资质的企业，可以承接相应等级的相应专业的工程勘察业务；取得工程勘察劳务资质的企业，可以承接岩土工程治理、工程钻探、凿井等工程勘察劳务业务。

2) 工程设计资质

工程设计资质分为工程设计综合资质、工程设计行业资质、工程设计专业资质和工程设计专项资质。工程设计综合资质只设甲级；工程设计行业资质、工程设计专业资质、工程设计专项资质设甲级、乙级，根据工程性质和技术特点，个别行业、专业、专项资质可以设丙级，建筑工程专业资质可以设丁级。

取得工程设计综合资质的企业，可以承接各行业、各等级的建设工程设计业务；取得工程设计行业资质的企业，可以承接相应行业、相应等级的工程设计业务及本行业范围内同级别的相应专业、专项(设计施工一体化资质除外)工程设计业务；取得工程设计专业资质的企业，可以承接专业相应等级的专业工程设计业务及同级别的相应专项工程设计业务(设计施工一体化资质除外)；取得工程专项资质的企业，可以承接本专项相应等级的专项工程设计业务。

3．工程监理企业资质

工程监理企业资质分为综合资质、专业资质和事务所资质。其中，专业资质分为甲级、乙级；房屋建筑、水利水电、公路和市政公用专业资质可设丙级。综合资质、事务所资质不分级别。

综合资质可以承担所有专业建设项目的工程监理业务。

专业甲级资质可以承担相应专业建设工程项目的监理业务，乙级资质可以承担相应专业工程类别二级及以下工程项目的工程监理业务。事务所资质可承担三级建设工程项目的工程监理业务。但是，国家规定必须实行强制性监理的工程除外。

4．工程造价咨询企业资质

《工程造价咨询企业管理办法》规定了工程造价咨询企业的资质等级与标准、资质许可、咨询管理、法律责任等内容。

工程造价咨询企业资质等级分为甲级、乙级。甲级工程造价咨询企业可以从事各类建设项目的工程造价咨询业务。乙级工程造价咨询企业可以从事工程造价5000万元人民币以下的各类建设项目工程造价的咨询业务。

2.2.6 从业人员执业资格审查制度

国家对具有一定专业学历、资历的从事建筑活动的专业技术人员，通过相关考试和注册确定其执业的技术资格，并获得相应的建筑工程文件签字权。此种规定，就是对从业人员执业资格审查制度。作为从事建筑活动的专业技术人员，应当取得相应的执业资格证书，并在许可的范围内从事建筑活动。我国从事建筑活动的专业技术人员执业资格制度有注册建筑师，注册结构师，注册城市规划师，注册监理工程师和注册工程造价师等。

1．注册建筑师

1995年9月23日国务院颁布了《中华人民共和国建筑师条例》，2008年1月29日建设部颁布了《中华人民共和国注册建筑师条例实施细则》。对注册建筑师的考试、注册、执业、继续教育、监督检查、法律责任等做出了具体规定。

1) 注册建筑师的概念

注册建筑师，是指经考试、特许、考核认定取得中华人民共和国注册建筑师执业资格证书(以下简称执业资格证书)，或者经资格互认方式取得建筑师互认资格证书(以下简称互认资格证书),并按照本细则注册,取得中华人民共和国注册建筑师注册证书(以下简称注册证书)和中华人民共和国注册建筑师执业印章(以下简称执业印章),从事建筑设计及相关业务活动的专业技术人员。

未取得注册证书和执业印章的人员,不得以注册建筑师的名义从事建筑设计及相关业务活动。

2) 注册建筑师考试

(1) 一级注册建筑师的报考条件。

① 取得建筑学硕士以上学位或相近专业工学博士学位,并从事建筑设计或者相关业务2年以上的;

② 取得建筑学学士学位或者相近专业工学硕士学位,并从事于建筑设计或相关业务3年以上的;

③ 具有建筑学专业大学本科毕业学历,并从事建筑设计或者相关业务5年以上的,或者具有建筑学相近专业(包括城市规划、建筑工程和环境艺术专业等)大学本科毕业学历,并从事建筑设计或相关业务7年以上的;

④ 取得高级工程师技术职称并从事建筑设计或者相关业务3年以上的,或者取得工程师技术职称并从事建筑设计或者相关业务5年以上的;

⑤ 不具备前四项规定的条件,但设计成绩突出,经全国注册建筑师管理委员会认定达到前四项规定的专业水平的。

(2) 二级注册建筑师的报考条件。

① 具有建筑学或者相近专业(包括城市规划、建筑工程和环境艺术等专业)大学本科毕业以上学历,从事建筑设计或者相关业务2年以上的;

② 具有建筑设计技术专业或者相近专业(包括城乡规划、房屋建筑工程、风景园林、建筑装饰技术和环境艺术等专业)大专毕业以上学历,并从事建筑设计或者相关业务3年以上的;

③ 具有建筑设计技术专业4年制中专毕业学历,并从事建筑设计或者相关业务5年以上的;

④ 具有建筑设计技术相近专业(包括工业与民用建筑、建筑装饰、城镇规划和村镇建设等专业)中专毕业学历,并从事建筑设计或者相关业务7年以上的;

⑤ 取得助理工程师以上技术职称,并从事建筑设计或者相关业务3年以上的。

(3) 注册建筑师考试内容。

一级注册建筑师考试内容包括:建筑设计前期工作、场地设计、建筑设计与表达、建筑结构、环境控制、建筑设备、建筑材料与构造、建筑经济、施工与设计业务管理、建筑法规等。上述内容分成若干科目进行考试。科目考试合格有效期为八年。

二级注册建筑师考试内容包括:场地设计、建筑设计与表达、建筑结构与设备、建筑法规、建筑经济与施工等。上述内容分成若干科目进行考试。科目考试合格有效期为四年。

(4) 执业资格证书。

经一级注册建筑师考试，在有效期内全部科目考试合格的，由全国注册建筑师管理委员会核发国务院建设主管部门和人事主管部门共同用印的一级注册建筑师执业资格证书。

经二级注册建筑师考试，在有效期内全部科目考试合格的，由省、自治区、直辖市注册建筑师管理委员会核发国务院建设主管部门和人事主管部门共同用印的二级注册建筑师执业资格证书。

3) 注册建筑师注册与管理

(1) 注册建筑师注册。

注册建筑师实行注册执业管理制度。取得执业资格证书或者互认资格证书的人员，必须经过注册方可以注册建筑师的名义执业。

取得一级注册建筑师资格证书并受聘于一个相关单位的人员，应当通过聘用单位向单位工商注册所在地的省、自治区、直辖市注册建筑师管理委员会提出申请；省、自治区、直辖市注册建筑师管理委员会受理后提出初审意见，并将初审意见和申请材料报全国注册建筑师管理委员会审批；符合条件的，由全国注册建筑师管理委员会颁发一级注册建筑师注册证书和执业印章。

(2) 初始注册。

申请注册建筑师初始注册，应当具备以下条件：

① 依法取得执业资格证书或者互认资格证书；

② 只受聘于中华人民共和国境内的一个建设工程勘察、设计、施工、监理、招标代理、造价咨询、施工图审查、城乡规划编制等单位(以下简称聘用单位)；

③ 近三年内在中华人民共和国境内从事建筑设计及相关业务一年以上；

④ 达到继续教育要求；

⑤ 没有本细则第二十一条所列的情形。

初始注册者可以自执业资格证书签发之日起三年内提出申请。逾期未申请者，须符合继续教育的要求后方可申请初始注册。

初始注册需要提交下列材料：

① 初始注册申请表；

② 资格证书复印件；

③ 身份证明复印件；

④ 聘用单位资质证书副本复印件；

⑤ 与聘用单位签订的聘用劳动合同复印件；

⑥ 相应的业绩证明；

⑦ 逾期初始注册的，应当提交达到继续教育要求的证明材料。

二级注册建筑师的注册办法由省、自治区、直辖市注册建筑师管理委员会依法制定。

注册证书和执业印章是注册建筑师的执业凭证，由注册建筑师本人保管、使用。

注册建筑师由于办理延续注册、变更注册等原因，在领取新执业印章时，应当将原执业印章交回。

禁止涂改、倒卖、出租、出借或者以其他形式非法转让执业资格证书、互认资格证书、注册证书和执业印章。

(3) 延续注册。

注册建筑师每一注册有效期为二年。注册建筑师注册有效期满需继续执业的，应在注册有效期届满三十日前，按照有关规定的程序申请延续注册。延续注册有效期为二年。

延续注册需要提交下列材料：

① 延续注册申请表；

② 与聘用单位签订的聘用劳动合同复印件；

③ 注册期内达到继续教育要求的证明材料。

(4) 变更执业单位。

注册建筑师变更执业单位，应当与原聘用单位解除劳动关系，并按照本细则第十五条规定的程序办理变更注册手续。变更注册后，仍延续原注册有效期。

原注册有效期届满在半年以内的，可以同时提出延续注册申请。准予延续的，注册有效期重新计算。

变更注册需要提交下列材料：

① 变更注册申请表；

② 新聘用单位资质证书副本的复印件；

③ 与新聘用单位签订的聘用劳动合同复印件；

④ 工作调动证明或者与原聘用单位解除聘用劳动合同的证明文件、劳动仲裁机构出具的解除劳动关系的仲裁文件、退休人员的退休证明复印件；

⑤ 在办理变更注册时提出延续注册申请的，还应当提交在本注册有效期内达到继续教育要求的证明材料。

(5) 申请人有下列情形之一的，不予注册。

① 不具有完全民事行为能力的；

② 申请在两个或者两个以上单位注册的；

③ 未达到注册建筑师继续教育要求的；

④ 因受刑事处罚，自刑事处罚执行完毕之日起至申请注册之日止不满五年的；

⑤ 因在建筑设计或者相关业务中犯有错误受行政处罚或者撤职以上行政处分，自处罚、处分决定之日起至申请之日止不满二年的；

⑥ 受吊销注册建筑师证书的行政处罚，自处罚决定之日起至申请注册之日止不满五年的；

⑦ 申请人的聘用单位不符合注册单位要求的；

⑧ 法律、法规规定不予注册的其他情形。

(6) 注册证书和印章失效的规定。

注册建筑师有下列情形之一的，其注册证书和执业印章失效：

① 聘用单位破产的；

② 聘用单位被吊销营业执照的；

③ 聘用单位相应资质证书被吊销或者撤回的；

④ 已与聘用单位解除聘用劳动关系的；

⑤ 注册有效期满且未延续注册的；

⑥ 死亡或者丧失民事能力的；

⑦ 其他导致注册失效的情形。

(7) 注销、收回的规定。

注册建筑师有下列情形之一的，由注册机关办理注销手续，收回注册证书和执业印章或公告注册证书和执业印章作废：

① 有上述(6)款所列情形发生的；

② 依法被撤销注册的；

③ 依法被吊销注册证书的；

④ 受刑事处罚的；

⑤ 法律、法规规定应当注销注册的其他情形。

注册建筑师有前款所列情形之一的，注册建筑师本人和聘用单位应当及时向注册机关提出注销注册申请；有关单位和个人有权向注册机关举报；县级以上地方人民政府建设主管部门或者有关部门应当及时告知注册机关。

被撤销注册的当事人对撤销注册、收回注册建筑师证书有异议的，可以自接到撤销注册、收回注册建筑师证书的通知之日起15日内向国务院建设行政主管部门或者省、自治区、直辖市人民政府建设行政主管部门申请复议。被撤销注册的人员可按照《中华人民共和国注册建筑师条例》的规定重新注册。

4) 注册建筑师的执业

取得资格证书的人员，应当受聘于中华人民共和国境内的一个建设工程勘察、设计、施工、监理、招标代理、造价咨询、施工图审查、城乡规划编制等单位，经注册后方可从事相应的执业活动。

从事建筑工程设计执业活动的，应当受聘并注册于中华人民共和国境内一个具有工程设计资质的单位。

(1) 注册建筑师执业范围。

① 建筑设计；

② 建筑设计技术咨询(包括建筑工程技术咨询，建筑工程招标、采购咨询，建筑工程项目管理，建筑工程设计文件及施工图审查，工程质量评估，以及国务院建设主管部门规定的其他建筑技术咨询业务)；

③ 建筑物调查与鉴定；

④ 对本人主持设计的项目进行施工指导和监督；

⑤ 国务院建设行政主管部门规定的其他业务。

一级注册建筑师的执业范围不受建筑工程项目规模和工程复杂程度的限制。二级注册建筑师的执业范围不得超越国家规定的建筑规模和工程复杂程度。

注册建筑师的执业范围不得超越其聘用单位的业务范围。注册建筑师的执业范围与其聘用单位的业务范围不符时，个人执业范围服从聘用单位的业务范围。

注册建筑师所在单位承担民用建筑设计项目，应当由注册建筑师任工程项目设计主持人或设计总负责人；工业建筑设计项目，须由注册建筑师任工程项目建筑专业负责人。

凡属工程设计资质标准中建筑工程建设项目设计规模划分表规定的工程项目，在建筑工程设计的主要文件(图纸)中，须由主持该项设计的注册建筑师签字并加盖其执业印章，方为有效。否则设计审查部门不予审查，建设单位不得报建，施工单位不准施工。

(2) 注册建筑师的权利和义务。

① 注册建筑师权利。

a. 有权以注册建筑师的名义执行注册建筑师业务。非注册建筑师不得以注册建筑师的名义执业注册建筑师业务。二级注册建筑师不得以一级注册建筑师的名义执行业务，也不得超越国家规定的二级注册建筑师的执业范围执行业务。

b. 国家规定一定跨度、跨径和高度以上的房屋建筑，应当由注册建筑师进行设计。

c. 修改经注册建筑师签字盖章的设计文件，应由原注册建筑师进行，任何单位和个人修改注册建筑师的设计图纸，应当征得该注册建筑师的同意，因特殊情况原注册建筑师不能进行修改的，可由设计单位法人代表书面委托其他符合条件的注册建筑师修改并签字盖章，对修改部分承担责任。

② 注册建筑师义务。

注册建筑师应当履行下列义务：

a. 遵守法律、法规和职业道德，维护社会公共利益；

b. 保证建筑设计的质量，要在其负责的设计图纸上签字；

c. 保守在执业中知悉的单位和个人秘密；

d. 不得同时受聘于二个以上的建筑设计单位执行业务；

e. 不得准许他人以本人的名义执行业务。

注册建筑师在每一注册有效期内应当达到全国注册建筑师管理委员会制定的继续教育标准。继续教育作为注册建筑师逾期初始注册、延续注册、重新申请注册的条件之一。

5) 注册建筑师的法律责任

(1) 因设计质量造成的经济损失，由建筑设计单位承担赔偿责任；建筑设计单位有权向签字的注册建筑师追偿。

(2) 以欺骗、贿赂等不正当手段取得注册证书和执业印章的，由全国注册建筑师管理委员会或省、自治区、直辖市注册建筑师管理委员会撤销注册证书并收回执业印章，三年内不得再次申请注册，并由县级以上人民政府建设主管部门处以罚款。其中没有违法所得的，处以1万元以下罚款；有违法所得的处以违法所得3倍以下且不超过3万元的罚款。

(3) 未经注册擅自以注册建筑师名义从事注册建筑师业务的，由县级以上人民政府建设行政主管部门责令停止违法活动，没收违法所得，并可以处以违法所得5倍以下的罚款；造成损失的，应当承担赔偿责任。

(4) 注册建筑师违反《注册建筑师条例》规定，有下列行为之一的，由县级以上人民政府建设行政主管部门责令停止违法活动，没收违法所得，并可以处以违法所得5倍以下的罚款；情节严重的，可以责令停止执行业务或者由全国注册建筑师管理委员会或者省、自治区、直辖市注册建筑师管理委员会吊销注册建筑师证书：

① 以个人名义承接注册建筑师业务、收取费用的；
② 同时受聘于二个以上建筑设计单位执行业务的；
③ 在建筑设计或者相关业务中侵犯他人合法权益的；
④ 准许他人以本人名义执行业务的；
⑤ 二级注册建筑师以一级注册建筑师的名义执行业务或者超越国家规定的执业范围执行业务的。

(5) 因建筑设计质量不合格发生重大责任事故，造成重大损失的，对该建筑设计负有直接责任的注册建筑师，由县级以上人民政府建设行政主管部门责令停止执行业务；情节严重的，由全国注册建筑师管理委员会或者省、自治区、直辖市注册建筑师管理委员会吊销注册建筑师证书。

注册建筑师其他具体要求，应按《中华人民共和国注册建筑师条例》及《中华人民共和国注册建筑师条例实施细则》执行。

2. 注册结构工程师

1) 注册结构工程师的概念及等级

注册结构工程师是指取得注册结构工程师执业资格证书，并从事于房屋结构、桥梁结构及塔架结构等工程设计及相关业务的专业技术人员。注册结构工程师分为一级注册结构工程师和二级注册结构工程师。

2) 注册结构工程师的考试

注册结构工程师考试实行全国统一大纲、统一命题、统一组织的办法，原则上每年举行一次考试。

一级注册结构工程师资格考试由基础考试和专业考试两部分组成。基础课分为公共基础课和专业基础课。一级注册结构师基础课和专业课考试科目如下：

(1) 公共基础课考试科目内容：
① 高等数学(包括概率和线代)；
② 普通物理；

③ 普通化学；

④ 理论力学；

⑤ 材料力学；

⑥ 流体力学；

⑦ 计算机应用基础(包括程序设计语言)；

⑧ 电工电子技术；

⑨ 工程经济。

(2) 专业基础课考试科目内容：

① 土木工程材料；

② 结构力学；

③ 土力学与地基基础；

④ 工程测量；

⑤ 结构设计(有钢筋混凝土结构、钢结构、砌体结构等)；

⑥ 土木工程施工与管理；

⑦ 结构试验；

⑧ 职业法规。

(3) 专业课考试科目内容。

① 钢筋混凝土结构；

② 钢结构；

③ 砌体结构与木结构；

④ 地基与基础；

⑤ 高耸与高耸建筑；

⑥ 桥梁结构。

二级注册结构工程师的考试科目按相关规定执行。

申请参加考试的人员，在通过基础考试且从事结构工程设计和相关业务，符合有关的年限后，方可申请参加专业考试。对基础和专业考试合格者，颁发注册结构工程师执业资格证书。

一级注册结构工程师考试具体办法由建设部、人事部另行制定。

3) 注册结构工程师注册

(1) 注册规定。

注册结构工程师实行注册资格执业管理制度，取得注册结构工程师资格证书人员必须注册，方能以注册结构工程师的名义执业。

取得注册结构工程师资格证书人员申请注册，一级注册机构工程师由省、自治区、直辖市、人民政府建设主管部门初审，国务院建设主管部门审批，符合条件的由全国注册结构工程师管理委员会颁发一级注册结构工程师注册证书和执业印章。二级注册结构工程师的注册受理和审批由省、自治区、直辖市、人民政府建设主管部门注册结构工程师管理委员会负责，符合条件的，由省、自治区、直辖市注册结构工程师管理委员会核发注册结构工程师证书和执业印章。

(2) 不予注册规定。

申请人有下列情形之一的，不予以注册：

① 不具备完全民事行为能力的。

② 因受刑事处罚，自处罚完毕之日起至申请注册之日止不满5年的。

③ 因在结构工程设计或相关业务中犯有错误受到行政处罚或者撤职以上行政处分，自处罚、处分决定之日起至申请注册之日止不满2年的。

④ 受吊销注册结构工程师注册证书处罚，自处罚决定之日起至申请注册之日止不满5年的。

⑤ 建设部和国务院有关部门规定不予注册的其他情形的。

(3) 继续注册的规定。

注册结构工程师注册有效期为2年，有效期届满需要继续注册的，应当在期满前30日内办理注册手续。

(4) 撤销、收回的规定。

注册结构工程师注册后，有下列情形之一的，由全国或省、自治区、直辖市注册结构工程师管理委员会撤销注册，收回注册证书：

① 完全丧失民事行为能力的。

② 受刑事处罚的。

③ 因在工程设计或者相关业务中造成工程事故，受到行政处罚或者撤职以上行政处分的。

④ 自行停止注册结构工程师业务满2年的。

被撤销注册的当事人对撤销注册有异议的，可以自接到撤销注册通知之日起15日内向建设部或省、自治区、直辖市人民政府建设行政主管部门申请复议。

被撤销注册的人员可依照有关规定的要求重新注册。

4) 注册结构工程师的执业范围

注册结构工程师的执业范围主要包括：

(1) 结构工程设计；

(2) 结构工程设计咨询；

(3) 建筑物、构筑物、工程设施等的调查和鉴定；

(4) 对本人主持设计的项目进行施工指导和监督；

(5) 建设行政主管部门和国务院有关部门规定的其他业务。

一级注册结构工程师的执业范围不受工程规模和复杂程度的限制。

5) 注册结构工程师的权利和义务

(1) 注册结构工程师应当享有下列权利：

① 有权以注册结构工程师的名义执行注册结构工程师业务；

② 在规定的范围内从事于执业活动；

③ 依靠本人的能力从事相应的执业活动；

④ 保管和使用本人的注册证书和执业印章；

⑤ 对本人执业活动进行解释和辩护；

⑥ 接受继续教育；

⑦ 获得相应的劳动报酬；

⑧ 对侵犯本人权利的行为进行申诉。

(2) 注册结构工程师应当履行下列义务：

① 遵守法律、法规和职业道德，维护社会公众利益；

② 保证工程设计的质量，并在其负责的设计图纸上签字盖章；

③ 保守在执业中知悉的单位和个人的秘密；

④ 不得同时受聘于二个以上勘察设计单位执行业务；

⑤ 不得准许他人以本人名义执行业务。

建设工程设计活动中形成的文件应由注册结构工程师按照规定签字盖章后方可生效，修改经注册结构工程师签字盖章的设计文件应由原注册结构工程师进行；因特殊情况，原注册结构工程师不能进行修改的，可由其他注册结构工程师修改并签字盖章，对修改部分承担责任。

6) 注册结构工程师执业的法律责任

因结构设计质量造成经济损失，由与设计人员有关系的勘察设计单位承担赔偿责任，勘察设计单位有权向造成经济损失的、签字盖章的注册结构工程师实行追偿。

有关注册结构工程师详细规定见《注册结构工程师执业资格制度暂行规定》。

3. 注册监理工程师

1) 注册监理工程师的概念及管理机构

(1) 注册监理工程师的概念。

注册监理工程师，是指经考试取得中华人民共和国监理工程师资格证书(以下简称资格证书)，并按照本规定注册，取得中华人民共和国注册监理工程师注册执业证书(以下简称注册证书)和执业印章，从事工程监理及相关业务活动的专业技术人员。

(2) 注册监理工程师的管理机构。

国务院建设主管部门对全国注册监理工程师的注册、执业活动实施统一监督管理。

县级以上地方人民政府建设主管部门对本行政区域内的注册监理工程师的注册、执业活动实施监督管理。

2) 注册监理工程师的考试

1992 年 6 月 4 日建设部发布了《监理工程师资格考试和注册试行办法》，对注册监理工程师的考试、注册、权利和义务做出了具体规定。

监理工程师资格考试，在全国监理工程师资格考试委员会的统一组织指导下进行，原则上每两年进行一次。

(1) 注册监理工程师的报考条件。

① 具有高级专业技术职称，或取得中级专业技术职称后具有三年以上工程设计或施工管理实践经验；

② 在全国监理工程师注册管理机关认定的培训单位经过监理业务培训，并取得培训结业证书。

(2) 注册监理工程师考试内容。

执业资格考试共设四个科目。

① 工程建设监理基本理论与相关法规；

② 工程建设合同管理；

③ 工程建设质量、投资、进度控制；

④ 工程建设监理案例分析。

符合规定条件的人员，可免试《工程建设合同管理》和《工程建设质量、投资、进度控制》两个科目。

注册监理工程师考试成绩实行两年为一个周期的滚动管理办法，参加四个科目考试人员必须在连续的两个考试年度内全部通过，免试部分科目的人员必须在一个考试年度通过应试科目。经监理工程师考试合格者，由监理工程师注册机关核发《监理工程师资格证书》，自领取证书起，5 年内未注册的，其证书失效。

3) 监理工程师的注册

注册监理工程师实行注册执业管理制度。

取得资格证书的人员，经过注册方能以注册监理工程师的名义执业。

(1) 注册申请和审批。

取得《监理工程师资格证书》的人员，可由拟聘用的工程建设监理单位统一向本地区或本部门的监理工程师注册机关提出注册申请，省、自治区、直辖市人民政府建设行政主管部门受理后，提出初步审查意见，并将初审意见和全部申报材料报国务院建设主管部门审批，对于符合条件者，注册机关择优予以注册，由国务院建设行政主管部门核发《监理工程师岗位证书》和执业印章，并报全国监理工程师注册机关备案。

(2) 申请初始注册，应当具备以下条件。

① 经全国注册监理工程师执业资格统一考试合格，取得资格证书；

② 受聘于一个相关单位；

③ 达到继续教育要求；

④ 没有《注册监理工程师管理规定》第十三条所列情形。

(3) 初始注册需要提交下列材料

① 申请人的注册申请表；

② 申请人的资格证书和身份证复印件；

③ 申请人与聘用单位签订的聘用劳动合同复印件；

④ 所学专业、工作经历、工程业绩、工程类中级及中级以上职称证书等有关证明材料；

⑤ 逾期初始注册的，应当提供达到继续教育要求的证明材料。

(4) 延续注册规定。

注册监理工程师每一注册有效期为 3 年，注册有效期满需继续执业的，应当在注册有效期满 30 日前，按照有关规定的程序申请延续注册。延续注册有效期 3 年。延续注册需要提交下列材料：

① 申请人延续注册申请表；

② 申请人与聘用单位签订的聘用劳动合同复印件；

③ 申请人注册有效期内达到继续教育要求的证明材料。

已经取得《监理工程师资格证书》但未注册人员，不得以监理工程师的名义从事建设监理业务。已经注册的监理工程师不得以个人的名义私自承接工程建设监理业务。

(5) 变更执业单位。

在注册有效期内，注册监理工程师变更执业单位，应当与原聘用单位解除劳动关系，并按有关规定的程序办理变更注册手续，变更注册后仍延续原注册有效期。

变更注册需要提交下列材料：

① 申请人变更注册申请表；

② 申请人与新聘用单位签订的聘用劳动合同复印件；

③ 申请人的工作调动证明(与原聘用单位解除聘用劳动合同或者聘用劳动合同到期的证明文件、退休人员的退休证明)。

(6) 不予注册的规定。

申请人有下列情形之一的，不予初始注册、延续注册或者变更注册：

① 不具有完全民事行为能力的；

② 刑事处罚尚未执行完毕或者因从事工程监理或者相关业务受到刑事处罚，自刑事处罚执行完毕之日起至申请注册之日止不满 2 年的；

③ 未达到监理工程师继续教育要求的；

④ 在两个或者两个以上单位申请注册的；

⑤ 以虚假的职称证书参加考试并取得资格证书的；

⑥ 年龄超过 65 周岁的；

⑦ 法律、法规规定不予注册的其他情形。

(7) 注册证书和印章失效的规定

注册监理工程师有下列情形之一的，其注册证书和执业印章失效：

① 聘用单位破产的；
② 聘用单位被吊销营业执照的；
③ 聘用单位被吊销相应资质证书的；
④ 注册有效期满且未延续注册的；
⑤ 年龄超过 65 周岁的；
⑥ 死亡或者丧失行为能力的；
⑦ 其他导致注册失效的情形。

4) 注册监理工程师的执业范围

取得资格证书的人员，应当受聘于一个具有建设工程勘察、设计、施工、监理、招标代理、造价咨询等一项或者多项资质的单位，经注册后方可从事相应的执业活动。从事工程监理执业活动的，应当受聘并注册于一个具有工程监理资质的单位。

注册监理工程师可从事下列业务：

(1) 工程监理；
(2) 工程经济与技术咨询；
(3) 工程招标与采购咨询；
(4) 工程项目管理服务；
(5) 国务院有关部门规定的其他业务。

工程监理活动中形成的监理文件由注册监理工程师按照规定签字盖章后方可生效。

修改经注册监理工程师签字盖章的工程监理文件，应当由该注册监理工程师进行；因特殊情况，该注册监理工程师不能进行修改的，应当由其他注册监理工程师修改，并签字、加盖执业印章，对修改部分承担责任。

注册监理工程师从事执业活动，由所在单位接受委托并统一收费。

因工程监理事故及相关业务造成的经济损失，聘用单位应当承担赔偿责任；聘用单位承担赔偿责任后，可依法向负有过错的注册监理工程师追偿。

5) 注册监理工程师权利和义务

(1) 注册监理工程师享有下列权利：

① 使用注册监理工程师称谓；
② 在规定范围内从事执业活动；
③ 依据本人能力从事相应的执业活动；
④ 保管和使用本人的注册证书和执业印章；
⑤ 对本人执业活动进行解释和辩护；
⑥ 接受继续教育；
⑦ 获得相应的劳动报酬；

⑧ 对侵犯本人权利的行为进行申诉。

(2) 注册监理工程师应当履行下列义务：

① 遵守法律、法规和有关管理规定；

② 履行管理职责，执行技术标准、规范和规程；

③ 保证执业活动成果的质量，并承担相应责任；

④ 接受继续教育，努力提高执业水准；

⑤ 在本人执业活动所形成的工程监理文件上签字、加盖执业印章；

⑥ 保守在执业中知悉的国家秘密和他人的商业、技术秘密；

⑦ 不得涂改、倒卖、出租、出借或者以其他形式非法转让注册证书或者执业印章；

⑧ 不得同时在两个或者两个以上单位受聘或者执业；

⑨ 在规定的执业范围和聘用单位业务范围内从事执业活动；

⑩ 协助注册管理机构完成相关工作。

4. 注册造价工程师

1) 注册造价工程师的概念及管理机构

(1) 注册造价工程师的概念。

注册造价工程师，是指通过全国造价工程师执业资格统一考试或者资格认定、资格互认，取得中华人民共和国造价工程师执业资格(以下简称执业资格)，并按照有关规定注册，取得中华人民共和国造价工程师注册执业证书(以下简称注册证书)和执业印章，从事工程造价活动的专业人员。

未取得注册证书和执业印章的人员，不得以注册造价工程师的名义从事工程造价活动。

(2) 注册造价工程师的管理机构。

国务院建设主管部门对全国注册造价工程师的注册、执业活动实施统一监督管理；国务院铁路、交通、水利、信息产业等有关部门按照国务院规定的职责分工，对有关专业注册造价工程师的注册、执业活动实施监督管理。

省、自治区、直辖市人民政府建设主管部门对本行政区域内注册造价工程师的注册、执业活动实施监督管理。

2) 注册造价工程师的考试

(1) 考试组织。

注册造价工程师执业资格考试实行全国统一考试，原则上每年一次。

(2) 报考条件。

具备下列条件之一者，均可报考。

① 工程造价大专毕业后，从事工程造价工作满5年；工程或工程经济类大专毕业后，从事工程造价业务工作满6年。

② 工程造价专业本科毕业后，从事工程造价业务工作满4年；工程或工程经济类专业本科毕业后，从事工程造价业务工作满5年。

③ 获上述专业第二学士学位、研究生毕业或获硕士学位后，从事工程造价业务工作满 3 年。

④ 获上述专业博士学位后，从事工程造价业务满 2 年。

(3) 考试内容。

① 工程造价管理相关知识；

② 工程造价的确定与控制；

③ 建设工程技术与计量(分土建工程专业和安装工程专业，报名时考生可选择其一)；

④ 工程造价案例分析。

考试合格者由省、自治区、直辖市、人事部门颁发，由人事部统一印制，建设部和人事部共同用印的中华人民共和国注册造价师执业资格证书。

3) 注册造价工程师注册

注册造价工程师实行注册执业管理制度。

取得执业资格的人员，经过注册方能以注册造价工程师的名义执业。

取得执业资格的人员申请注册的，应当向聘用单位工商注册所在地的省、自治区、直辖市人民政府建设主管部门(以下简称省级注册初审机关)或者国务院有关部门(以下简称部门注册初审机关)提出注册申请。

对申请初始注册的，注册初审机关应当自受理申请之日起 20 日内审查完毕，并将申请材料和初审意见报国务院建设主管部门(以下简称注册机关)。注册机关应当自受理之日起 20 日内做出决定。

(1) 初始注册。

申请初始注册的，应当提交下列材料：

① 初始注册申请表；

② 执业资格证件和身份证件复印件；

③ 与聘用单位签订的劳动合同复印件；

④ 工程造价岗位工作证明；

⑤ 取得资格证书的人员，自资格证书签发之日起 1 年后申请初始注册的，应当提供继续教育合格证明；

⑥ 受聘于具有工程造价咨询资质的中介机构的，应当提供聘用单位为其交纳的社会基本养老保险凭证、人事代理合同复印件，或者劳动、人事部门颁发的离退休证复印件；

⑦ 外国人、台港澳人员应当提供外国人就业许可证书、台港澳人员就业证书复印件。

如超过规定期限申请初始注册的，除提交上述材料外，还应提交建设行政主管部门认可的造价工程师继续教育证明。

准予注册的，由注册机关核发注册证书和执业印章，注册证书和执业印章是注册造价工程师的执业凭证，应由注册造价工程师自己保管和使用。

(2) 注册有效期。

造价工程师初始注册有效期为 4 年。注册有效期满要求继续执业的，应在有效期满前 2 个月申请继续注册。并应提交从事工程造价活动的业绩、工作总结和建设行政主管部门认可的继续教育证明。

4) 注册造价工程师的执业范围

(1) 建设项目建议书、可行性研究投资估算的编制和审核及项目经济评价；

(2) 工程概算、预算、结算、决算的编制和审核；

(3) 工程合同价款的签订及变更；调整工程款支付与工程索赔费用的计算；

(4) 工程量清单，标底，投标报价的编制和审核；

(5) 工程经济纠纷的鉴定及工程保险理赔的核查；

(6) 工程造价依据的编制、核审与其工程造价有关其他业务。

注册造价工程师应当在本人承担的工程造价成果文件上签字并盖章。

修改经注册造价工程师签字盖章的工程造价成果文件，应当由签字盖章的注册造价工程师本人进行；注册造价工程师本人因特殊情况不能进行修改的，应当由其他注册造价工程师修改，并签字盖章；修改工程造价成果文件的注册造价工程师对修改部分承担相应的法律责任。

5) 注册造价工程师的权利、义务

(1) 注册造价工程师享有下列权利：

① 使用注册造价工程师名称；

② 依法独立执行工程造价业务；

③ 在本人执业活动中形成的工程造价成果文件上签字并加盖执业印章；

④ 发起设立工程造价咨询企业；

⑤ 保管和使用本人的注册证书和执业印章；

⑥ 参加继续教育。

(2) 注册造价工程师应当履行下列义务。

① 遵守法律、法规、有关管理规定，恪守职业道德；

② 保证执业活动成果的质量；

③ 接受继续教育，提高执业水平；

④ 执行工程造价计价标准和计价方法；

⑤ 与当事人有利害关系的，应当主动回避；

⑥ 保守在执业中知悉的国家秘密和他人的商业、技术秘密。

注册造价工程师对经办的工程造价文件质量负有经济和法律责任。

建筑行业工程设计主要专业技术人员配备，见表 2-1。

表 2-1　建筑行业工程设计主要专业技术人员配备表

工程设计资质	注册专业设计类型与等级	(1)建筑 建筑(一级)	建筑(二级)	(2)结构 结构(一级)	结构(二级)	(3)给水排水 公用设备(给水排水)	(4)暖通空调 公用设备(暖通空调)	(5)电气 电气	(6)防护	(7)防化	(8)通信	总结
行业资质	甲级	3	5	3	5	2	2	2	3	1	2	34
	乙级	2	4	2	4	1	2	1	2		1	24
专业资质 建筑工程	甲级	3	3	3	1	2	1	2	1	2		21
	乙级	2		1	1	1	1	1	1			12
	丙级		2		2	2	1					7
	丁级	5										5
人防工程	甲级	1	3	2	1	2	1	1	1	2		19
	乙级		1	1	2		1	1		2	1	10

注：① 专业设置中的主导专业为：(1)~(5)的专业。
② 申请行业资质时，企业和人员业绩需包括建筑工程和人防工程。
③ 建筑工程丙级资质的专业设置中，(3)给水排水、(4)暖通空调专业各配备 1 名专业技术人员，其中 1 人为注册人员。
④ 建筑工程丁级资质的专业设置中，技术人员总数不少于 5 人。其中，二级以上注册建筑师或注册结构工程师不少于 1 人；具有建筑工程类专业学历、2 年以上设计经历的专业技术人员不少于 2 人；具有 3 年以上设计经历，参与过至少 2 项工程设计的专业技术人员不少于 2 人。
⑤ 取得建筑工程专业资质可承担相应等级的附建式人防工程。
⑥ 防护专业、通信专业、防化专业的人员，指从事人防工程相应专业设计工作并有相应业绩的人员。
⑦ 人防工程专业资质甲级中，防护专业 3 人、通信专业 1 人要求为高级工程师。
⑧ 人防工程专业资质乙级中，防护专业 1 人为高级工程师；结构专业也可配备 1 名一级注册结构工程师。

2.3 建筑工程发包与承包

2.3.1 建筑工程的发包

1. 建筑工程发包的概念

建筑工程发包是指建设单位或总承包单位通过招标方式或直接发包方式,将建筑工程的勘察、设计、施工等的全部或部分交由他人承包,并按建筑工程合同约定支付报酬的行为。

2. 建筑工程发包单位

通常为建筑工程的建设单位负责建筑工程的发包。

3. 建筑工程发包方式

《建筑法》第十九条规定:"建筑工程依法实行招标发包,对不适于招标发包的可以直接发包。"

1) 招标发包

是指建设单位通过招标确定承包单位的一种发包方式,招标发包分为公开招标和邀请招标。招标发包应符合国家的法律和法规的规定。如《中华人民共和国招标法》、《工程建设项目施工招标投标办法》、《工程建设项目勘察设计招标投标办法》、《工程建设项目招标范围和规模标准规定》等。

2) 直接发包

是指发包方与承包方进行协商,以约定工程建设的投资、工期和其他条件的发包方式。

建筑工程,一般应实行招标发包,不适宜于招标发包的可以直接发包,如保密工程、特殊专业工程、特殊性质工程等。

《建筑法》第二十二条规定:"建筑工程实行直接发包的,发包单位应当将建筑工程发包给具有相应资质条件的承包单位。"

4. 建筑工程发包的有关规定

1) 关于招标的规定

《建筑法》第二十条规定:"建筑工程实行公开招标的,发包单位应依照法定程序和方式,发布招标公告,提供载有招标工程主要技术要求、主要合同条款、评标的标准和方法以及开标、定标的程序等内容的招标文件。开标应当在招标文件规定的时间、地点公开进行。开标后应当按照招标文件规定的评标标准和程序对标书进行评价、比较,在具备相应资质条件的投标者中,择优选定中标者。"

《建筑法》第二十三条规定:"政府及附属部门不得滥用行政权力,限定发包单位将招标发包的建筑工程发包给指定的承包单位。"

2) 关于总承包的规定

《建筑法》第二十四条规定:"提倡对建筑工程实行总承包,禁止将建筑工程肢解发包。建筑工程的发包单位可以将建筑工程的勘察、设计、施工、设备采购一并发包给一个工程总承包单位，也可以将建筑工程勘察、设计、施工、设备采购的一项或者多项发包给一个工程总承包单位，但是不得将应当由一个承包单位完成的建筑工程肢解成若干部分发包给几个承包单位。"

3) 发包人不得指定材料设备供应商的规定

建筑材料、建筑构配件和设备的采购一般有三种方式，由建设单位采购，由承包商采购，由双方约定的供应商供应，采用何种方式，由当事人自由约定。《建筑法》第二十五条规定："按照合同约定，建筑材料、建筑构配件和设备由工程承包单位采购的，发包单位不得指定承包单位购入用于工程的建筑材料、建筑构配件和设备或者指定生产、供应商。"

2.3.2 建筑工程承包

1. 承包概念及规定

承包是指具有从事建筑活动从业资格的单位，通过投标或其他方式承揽建筑工程任务，并按建筑工程合同约定取得报酬的行为。

《建筑法》第二十六条规定："承包建筑工程的单位应持有依法取得的资质证书，并在其资质等级许可的业务范围内承揽工程，禁止建筑施工企业超越本企业资质等级许可的业务范围或者以任何形式用其他建筑施工企业的名义承揽工程；禁止建筑施工企业以任何形式允许其他单位或者个人使用本企业的资质证书、营业执照、以本企业的名义承揽工程。"

2. 承包的方式

承包方式有工程总承包、专业承包、联合体承包和分包。

1) 工程总承包

发包人将工程项目的设计、施工、材料和设备采购等任务全部或部分发包给一个具有总承包资质的总承包企业，该企业负责上述任务的全部或部分工作，并向发包人交出符合使用要求的工程项目的承包方式。

总承包的方式主要有：

(1) 设计、采购、施工总承包。

此方式是指工程总承包企业承揽从项目可行性研究、勘察、设计、采购、施工、试运行服务等工作，并对工程质量、安全、工期、造价全面负责。

(2) 设计、施工总承包。

此方式是指总承包企业承揽工程的勘察、设计和施工，并对承包工程质量、安全、工期、造价全面负责。

(3) 施工总承包。

此方式是指对工程施工全过程进行总承包。

2) 专业承包

专业承包是指具有专业承包资质的企业向工程发包人直接承包专业工程。

3) 联合体承包

联合体承包是指由两个以上承包企业共同组成联合体,以该联合体名义承包工程项目的承包方式。《建筑法》第二十七条规定:"大型建筑工程或者结构复杂的建筑工程,可以由两个以上的承包单位联合共同承包。共同承包的各方对于承包合同的履行承担连带责任。两个以上不同资质等级的单位实行联合共同承包的,应当按照资质等级低的单位的业务许可范围承揽工程。"

4) 分包

分包分为专业分包和劳务分包。

专业分包是指具备某种专业承包资质的企业向工程总承包单位承包专业工程。劳务分包是指具备相应资质的劳务分包企业向总承包单位或专业承包单位承接劳务任务、提供劳务服务。

《建筑法》第二十九条规定:"建筑工程总承包单位可以将承包工程中的部分工程发包给具有相应资质条件的分包单位;但是,除总承包合同中约定的分包外,必须经建设单位认可。施工总承包的,建筑工程主体结构的施工必须由总承包单位自行完成。建筑工程总承包单位按照总承包合同的约定对建设单位负责;分包单位按照分包合同的约定对总承包单位负责。总承包单位和分包单位就分包工程对建设单位承担连带责任。禁止总承包单位将工程分包给不具备相应资质条件的单位。禁止分包单位将其承包的工程再分包。"

3. 建筑工程承包的有关规定

禁止承包单位将其承包的全部建筑工程转包给他人,禁止承包单位将其承包的全部建筑工程肢解以后以分包的名义分别转包给他人。

2.4 建筑工程监理制度

《建筑法》第三十条规定:"国家推行建筑工程监理制度,国务院可以规定实行强制监理的建筑工程的范围。"第三十一条规定:"实行监理的建筑工程,由建设单位委托具有相应资质条件的工程监理单位监理。建设单位与其委托的工程监理单位应当订立书面委托监理合同。"

按照上述规定,建筑工程监理活动有两种不同性质的监理,一种是政府行政职能的工程监理,属于强制性监理,也称政府监理;一种是社会服务职能的工程监理,属于专业技术服务类监理,也称社会监理。

政府监理的职责是制定监理法规和依法进行监理的宏观管理;以求实现社会财富价值的最大化;社会监理的职责是依法、依约为业主服务,承担专业性、技术性强的建设监理工作。

建筑工程监理的类型有设计单位对建设项目的监理、承包商对建设项目的监理、业主委托监理单位对建设项目的监理。

2.4.1 建筑工程监理的范围

《建设工程质量管理条例》第十二条规定,下列建设工程必须实行监理:
(1) 国家重点建设工程;
(2) 大中型公用事业工程;
(3) 成片开发建设的住宅小区工程;
(4) 利用外国政府或者国际组织贷款、援助资金的工程;
(5) 国家规定必须实行监理的其他工程。

对于上述建设工程,《建设工程监理范围和规模标准规定》作出了相应的具体规定。

建设项目的监理,应贯穿于建筑活动的全过程,即从业主的投资意图、项目决策、项目设计、项目招投标、建筑施工、设备安装、系统调试到竣工验收和投产运行的全过程。

2.4.2 建筑工程监理机构及其职责

1. 建筑工程监理机构

建筑工程监理机构是指建设行政主管部门或机关和建设监理公司、监理事务所以及具备兼营建设监理业务的设计、科研、建设项目咨询等单位。

2. 建筑工程监理机构的职责

国家建设行政主管部门对建设工程项目的监理职责,是依法行政、监督、检查建筑活动的计划性、合法性、规范性。

社会监理机构的职责是依法、依约承揽工程监理业务。《建筑法》第三十四条规定:"工程监理单位应当在其资质等级许可的监理范围内,承担工程监理业务。工程监理单位应当根据建设单位的委托,客观、公正地执行监理业务。工程监理单位与被监理工程的承包单位以及建筑材料、建筑构配件和设备供应单位不得有隶属关系或者其他利害关系。"该条规定说明,工程监理是为业主服务的单位,一般不承担设计和施工业务,也不得承揽工程承包业务。《建筑法》第三十二条规定:"建筑工程监理应当依照法律、行政法规及有关的技术标准、设计文件和建筑工程承包合同,对承包单位在施工质量、建设工期和建设资金使用等方面,代表建设单位实施监督。"

2.4.3 工程监理的内容

《建筑法》第三十三条规定:"实施建筑工程监理前,建设单位应将委托的监理单位、监理的内容及监理权限、书面通知被监理的建筑施工企业。"工程监理的主要内容是对建设工程的施工质量、建设工期和建设资金使用等方面进行控制;同时对建设工程进行安全管理、合同管理和信息管理,并协调好同业主、施工、设计等单位的工作关系。

2.4.4　工程监理人员的权限

《建筑法》第三十二条规定："工程监理人员认为工程施工不符合工程设计要求、施工技术标准和合同约定的，有权要求建筑施工企业改正。工程监理人员发现工程设计不符合建筑工程质量标准或合同约定的质量要求的，应该报告建设单位要求设计单位改正。"

《建设工程质量管理条例》第三十七条规定："未经监理工程师签字，建筑材料、建筑构配件和设备不得在工程上使用或者安装，施工单位不得进行下一道工序的施工。未经总监理工程师签字，建设单位不拨付工程款，不进行竣工验收。"

2.4.5　建筑工程监理的相关规定

1. 工程监理单位资质等级的规定

《建筑工程质量管理条例》第三十四条规定："工程监理单位应依法取得相应等级的资质证书，并在其资质等级许可的范围内承担工程监理业务。"

《建筑法》第三十一条规定："实行监理的建筑工程由建设单位委托具有相应资质条件的工程监理单位监理。"

关于工程监理企业资质等级、业务范围已在《工程监理企业资质管理规定》中做出了具体规定。

2. 建筑监理违约规定

《建筑法》第三十四条规定："工程监理单位不得转让工程监理业务。"第三十五条规定："工程监理单位不按照委托监理合同的约定执行监理义务，对应当监督检查的项目不检查或不按照规定检查，给建设单位造成损失的，应当承担相应的赔偿责任。工程监理单位与承包单位串通，为承包单位谋取非法利益，给建设单位造成损失的，应当与承包单位承担连带赔偿责任。"

2.5　建筑安全生产管理制度

《建筑法》第五章对建筑活动的安全作了专章规定；目的在于加强建筑安全生产管理，保证建筑工程安全和建筑职工及其相关人员的安全。

建筑生产活动具有场地固定、物流量大、人员流动频繁、露天、高空作业、工作环境差、安全隐患高的特点，因此，建筑业属于事故高发行业。对建筑安全生产管理作出规定是非常必要的，所以建筑管理部门颁布了《建筑安全生产监督管理规定》等法规。

2.5.1 建筑工程安全生产的基本制度

1. 安全生产责任制度

《建筑法》第三十六条规定:"建筑工程安全生产管理必须坚持安全第一、预防为主的方针,建立健全安全生产的责任制度和群防群治制度。"

安全生产责任制度是指在建筑生产活动中,把不同作为的安全生产责任落实到负有生产安全管理责任的责任人员和岗位人员身上的一种制度。

群防群治制度是指利用建筑职工和群众自发进行预防和治理安全生产的一种制度。《建筑法》第四十四条规定:"建筑施工企业必须依法加强对建筑安全生产的管理,执行安全责任制度,采取有效措施,防止伤亡和其他安全生产事故的发生。建筑施工企业法定代表人对本企业安全生产负责。"

《建筑法》第四十五条规定:"施工现场安全由建筑施工企业负责,实行施工总承包的,由总承包单位负责,分包单位向总承包单位负责,服从总承包单位对施工现场的安全生产管理。"第五十条规定:"房屋拆除应当由具备保证安全条件的建筑施工单位承担,由建筑施工单位负责人对安全负责。"

2. 安全生产教育制度

安全生产教育制度是指对从事于建筑生产的职工进行建筑生产安全培训教育,增强建筑职工安全知识和技能的一种制度。《建筑法》第四十六条规定:"建筑施工企业应当建立健全劳动安全生产教育培训制度,加强对职工安全生产的教育培训,未经安全生产教育培训的人员,不得上岗作业。"

3. 安全生产检查制度

安全生产检查制度是指上级管理部门或企业自身对安全生产状况定期或不定期进行检查的管理制度。《建筑法》第四十三条规定:"建设行政主管部门负责建筑安全生产的管理,并依法接受劳动行政主管部门对建筑安全生产的指导与监督。"

4. 伤亡事故报告制度

伤亡事故报告制度是指在建筑生产活动中,发生事故时,应采取紧急措施减少人员伤亡和事故损失,按国家有关规定及时向有关部门报告的一种制度。《建筑法》第五十一条对此作出规定:"施工中发生事故时,建筑施工企业应当采取紧急措施减少人员伤亡和事故损失,并按照国家有关规定及时向有关部门报告。"

5. 安全责任追究制度

安全责任追究制度是指在建筑施工过程中对一旦发生安全责任事故的有关单位和有关责任人,按照事故情节和责任大小依法给予相应处理的一种制度。

2.5.2 建筑安全生产管理规定

1. 对建设工程设计单位的规定

建筑工程设计应当符合按照国家规定制定的建筑安全规程和技术规范,保证工程的安全性能。

2. 对建设单位的规定

《建筑法》第四十二条规定,有下列情形之一的,建设单位应当按照国家有关规定办理申请批准手续:

(1) 需要临时占用规划批准范围以外场地的;
(2) 可能损坏道路、管线、电力、邮电通信等公共设施的;
(3) 需要临时停水、停电、中断道路交通的;
(4) 需要进行爆破作业的;
(5) 法律、法规规定需要办理报批手续的其他情形。

涉及建筑主体的承重结构变动的装修工程,建设单位应当在施工前委托原设计单位或者具有相应资质条件的设计单位提出设计方案;没有设计方案的不得施工。

3. 对施工单位的规定

(1) 建设单位应向建筑施工企业提供与施工现场相关的地下管线资料,建筑施工企业应当采取措施加以保护。

(2) 建筑施工企业在编制施工组织设计时,应当根据建筑工程的特点、制度,采取相应的安全技术措施;对专业性较强的工程项目,应当编制专项安全施工组织设计,并采取安全技术措施。

(3) 建筑施工企业应当在施工现场采取维护安全、防范危险、预防火灾等措施;有条件的,应当对施工现场实行封闭管理。施工现场对毗邻的建筑物、构筑物和特殊作业环境可能造成损害的,建筑施工企业应采取安全防护措施。

(4) 建筑施工企业应当遵守有关环境保护和安全生产的法律、法规的规定,采取控制和处理施工现场的各种粉尘、废气、废水、固体废物以及噪声、振动对环境的污染和危害的措施。

(5) 建筑施工企业和作业人员在施工过程中,应当遵守有关安全生产的法律、法规和建筑行业安全规章、规程,不得违章指挥或违章作业。作业人员有权对影响人身健康的作业程序和作业条件提出改进意见,有权获得安全生产所需防护用品。作业人员对危及生命安全和人身健康的行为有权提出批评、检举和控告。

2.6 建筑工程质量管理制度

2.6.1 建筑工程质量管理制度的概念

建筑工程质量是指国家规定的和合同约定的对建筑工程的适用、安全、经济、美观等各项特性要求的总和。

建筑工程质量管理制度是指由国家规定的，与建筑工程质量管理有关的法律、法规、技术标准、设计文件以及合同等法规性文件。

建筑工程质量管理包括建设行政主管部门及其授权机构对建设工程质量的监督管理和工程承包单位对新建工程质量进行监督管理。

2.6.2 质量体系认证制度

《建筑法》第五十三条规定："国家对从事建筑活动的单位推行质量体系认证制度。从事建筑活动的单位根据自愿原则可以向国务院产品质量监督管理部门或者国务院产品质量监督管理部门授权的部门认可的认证机构申请质量体系认证。经认证合格的，由认证机构颁发质量体系认证证书。"

质量体系，是指组织为实现质量管理、保证其产品质量的组织机构、程序过程和资源所构成的有机整体，又称质量管理体系；质量体系认证，是指依据国际通用的质量管理和质量保证系列标准，经过国家认可的质量体系认证机构对组织的质量体系进行审核，对于符合规定条件和要求，颁发组织质量体系认证证书，证明组织的质量保证能力符合相应要求。上述的组织通常是企业，是质量认证体系的对象。企业质量体系认证的目的是为了提高质量信誉和企业形象，取得用户对其产品质量的信任，增强企业的市场竞争能力，提高企业的经济效益。

推行建筑工程质量体系认证制度，对从事建筑活动的企业尤为重要，因为建筑工程是一种特殊的产品，其质量优劣，对于建筑工程具有重要的影响。

2.6.3 建筑工程质量责任制度

1. 建设单位的质量责任和义务

(1) 为保证工程质量，建设单位应依法对工程建设项目实行招标或者发包。

(2) 建设单位应依法对工程建设项目的勘察、设计、施工、监理等单位提供与建设工程有关的原始资料，且原始资料必须真实、准确、齐全。

(3) 建设单位不得以任何理由，要求建筑设计单位或者建筑施工企业在工程设计或者施工作业中，违反法律、行政法规和建筑工程质量、安全标准，降低工程质量。

(4) 建设单位不得使用未经主管部门或其他有关部门审查批准的施工图设计文件。

(5) 建设单位不得对工程承包单位的建设活动进行不合理的干预。

(6) 建设单位在领取施工许可证或开工报告前，应按国家有关规定办理工程质量监督手续，并对实行监理的工程，委托具有相应资质等级的工程监理单位进行监理。

(7) 建设单位收到建设工程竣工报告后，应当组织设计、施工、工程监理等有关单位进行竣工验收。

(8) 建设单位应严格按照国家有关档案管理的规定，及时建立健全建设项目档案，并在工程竣工验收后，及时向建设行政主管部门或者其他有关部门移交。

2. 勘察、设计单位的质量责任和义务

(1) 从事建设工程勘察、设计的单位应当依法取得相应等级的资质证书，并在其资质等级许可的范围内承揽工程。禁止勘察、设计单位超越其资质等级许可的范围或者以其他勘察、设计单位的名义承揽工程。禁止勘察、设计单位允许其他单位或者个人以本单位的名义承揽工程。勘察、设计单位不得转包或者违法分包所承揽的工程。

(2) 勘察、设计单位必须按照工程建设强制性标准进行勘察、设计，并对其勘察、设计的质量负责。注册建筑师、注册结构工程师等注册执业人员应当在设计文件上签字，对设计文件负责。

(3) 勘察单位提供的地质、测量、水文等勘察成果必须真实、准确。

(4) 设计单位应当根据勘察成果文件进行建设工程设计。设计文件应当符合国家规定的设计深度要求，注明工程合理使用年限。

(5) 设计单位在设计文件中选用的建筑材料、建筑构配件和设备，应当注明规格、型号、性能等技术指标，其质量要求必须符合国家规定的标准。除有特殊要求的建筑材料、专用设备、工艺生产线等外，设计单位不得指定生产厂、供应商。

(6) 设计单位应当就审查合格的施工图设计文件向施工单位做出详细说明。

(7) 设计单位应当参与建设工程质量事故分析，并对因设计造成的质量事故提出相应的技术处理方案。

3. 施工单位的质量责任和义务

(1) 施工单位应当依法取得相应等级的资质证书，并在其相应等级许可的范围内承揽工程。

(2) 施工单位对建设工程的施工质量负责，施工单位应当建立质量责任制，确定工程项目的项目经理、技术负责人和施工管理负责人。建设工程实行总承包的，总承包单位应当对全部建设工程质量负责；建设工程勘察、设计、施工、设备采购的一项或多项实行总承包的，总承包单位应当对其承包的建设工程或采购的设备质量负责。

(3) 总承包单位依法将建设工程分包给其他单位的，分包单位应当按照分包合同的约定对其分包工程的质量向总承包单位负责，总承包单位与分包单位对分包工程的质量承担连带责任。

(4) 施工单位必须按照工程设计图纸和施工技术标准施工，不得擅自修改工程设计，不得偷工减料。施工单位在施工过程中发现设计文件和图纸有差错的，应当及时提出意见和建议。

(5) 施工单位必须按照工程设计要求的施工技术标准和合同约定，对建筑材料、建筑构配件、设备和商品混凝土进行检验，检验应当有书面记录和专人签字；未经检验或者检验不合格的，不得使用。

(6) 施工单位必须建立、健全施工质量的检验制度，严格工序管理，做好隐蔽工程质量检查和记录；隐蔽工程在隐蔽前，施工单位应通知建设单位和工程质量监督机构。

(7) 施工人员对涉及结构安全的试块、试件及有关材料，应当在建设单位或工程监理单位监督下现场取样，并送具有相应资质等级的质量检测单位进行检测。

(8) 施工单位对施工中出现质量问题的建设工程或竣工验收不合格的建设工程，应当负责返修。

(9) 建筑物在合理使用寿命内，必须确保地基基础工程和主体结构的质量，建筑工程竣工时，屋顶、墙面不得留有渗漏、开裂等质量缺陷；对已发现的质量缺陷，建筑施工企业应当修复。

(10) 建筑工程实行保修制度。建筑工程的保修范围应当包括地基基础工程、主体结构工程、屋面防水工程和其他土建工程，以及电气管线、上下水管道的安装工程、供热、供冷系统工程等项目。

4. 工程监理单位的质量责任和义务

(1) 工程监理单位应依法取得相应等级的资质证书，并在其资质等级许可范围内承揽工程监理业务。

(2) 工程监理单位与被监理工程的施工承包单位以及建筑材料、建筑构配件和设备供应单位不得有隶属关系或者其他利害关系。

(3) 工程监理单位应当依照法律、法规以及有关技术标准、设计文件和建设工程承包合同，代表建设单位对施工质量实施监理，并对施工质量承担监理责任。

(4) 工程监理单位应当选派具有相应资质的总监理工程师和监理工程师进驻主施工现场。未经监理工程师签字，建筑材料、建筑构配件和设备不得在工程上使用或者安装，施工单位不得进行下一道工序的施工，未经总监理工程师签字，建设单位不得拨付工程款，不进行竣工验收。

2.6.4 建筑工程质量监督管理制度

建筑工程质量监督管理是指建设行政主管部门及其授权机构对建设工程进行的监督和管理，其依据是有关法律、法规、技术标准及设计文件。

1. 建筑工程质量管理监督的权限

国务院建设行政主管部门对全国的建设工程质量实施监督管理；县级以上地方人民政府建设行政主管部门对行政区域内的建设工程质量实施监督管理。

2. 建筑工程质量监督管理机构

(1) 由建设行政主管部门或者有关部门委托建设工程监督机构实施；

(2) 从事房屋建筑工程和市政基础设施工程质量监督的机构，必须经国务院建设行政主管部门或省、自治区、直辖市人民政府建设行政主管部门考核。

(3) 从事专业建设工程质量监督的机构，必须经国务院建设行政主管部门或省、自治区、直辖市人民政府建设行政主管部门考核，经考核合格后，方可实施质量监督。

2.7 建筑法律责任

2.7.1 建筑法律责任的概念

建筑法律责任是指从事建筑活动的违法行为人就其违法行为所应承担的法律后果。建筑法律责任的方式分为补偿性方式和惩罚性方式。

2.7.2 建筑法律责任的类型

建筑法律责任的类型有建筑民事责任、建筑行政责任和刑事法律责任。

1. 建筑民事责任

《建筑法》规定的民事违法行为如下：

(1) 建筑施工企业转让，出借资质证书或者允许他人以本企业名义承揽工程的；
(2) 承包单位将承包工程转包或者非法分包的；
(3) 擅自改变建筑主体或者承重结构的；
(4) 降低工程质量标准的；
(5) 建筑设计单位不按照建筑工程质量、安全标准进行设计的；
(6) 建筑施工中偷工减料，使用不合格的建筑材料、建筑构配件和设备的；
(7) 建筑施工企业不履行保修义务或者拖延履行保修义务的；
(8) 有关主管部门违规颁发资质证书、施工许可证、指定工程承包单位或者给不合格工程出具质量合格文件或按合格工程验收的；
(9) 在建筑物合理使用寿命内，因建筑质量不合格而使他人受到损害的。

2. 建筑行政责任

《建筑法》规定的行政法律责任违法行为如下：

(1) 国家机关工作人员在依法行使职务时，有索贿、受贿、行贿行为的；
(2) 有关主管部门人员滥用职权颁发资质等级证书的；
(3) 有关主管部门的人员滥用职权或玩忽职守颁发施工许可证或违法竣工验收的。

3. 刑事法律责任

《建筑法》规定的依法承担刑事法律责任的违法行为如下：

(1) 以欺骗手段取得资质证书，构成犯罪的；
(2) 在工程发包与承包中受贿、索贿、行贿，构成犯罪的；
(3) 弄虚作假、降低工程质量，构成犯罪的；
(4) 擅自变动建筑主体或承重结构的装修工程施工，构成犯罪的；
(5) 建筑施工单位发生安全事故造成重大伤亡事故或其他严重后果的；
(6) 建设单位要求建筑设计单位或建筑施工企业违反建筑工程质量、安全标准、降低工程质量，构成犯罪的；

(7) 建筑设计单位不按建筑工程质量、安全标准进行设计，构成犯罪的；

(8) 建筑施工企业在施工中偷工减料、使用不合格建筑材料、建筑构配件和设备，或者有其他不按照工程设计图纸或施工技术标准的施工行为，构成犯罪的；

(9) 有关主管部门滥用职权、徇私舞弊或玩忽职守，构成犯罪的；

(10) 政府及所属部门的工作人员违反工程发包与承包规定，限定发包单位将招标、发包的工程发包给指定的承包单位，构成犯罪的。

2.7.3 建筑违法行为的法律责任

《建筑法》对于建设单位、勘察、设计单位、监理单位、施工单位、建设行政主管部门违法行为和承担的法律责任做出了规定。

1. 建设单位的法律责任

(1) 建设单位未取得施工许可证或开工报告未经批准擅自施工的，责令改正，对于不符合开工条件的责令停止施工，可以处以罚款。

(2) 建设工程发包单位将工程发包给不具有相应资质条件的承包单位的，或者违反本法规定将建筑工程肢解发包的，责令改正，处以罚款。

(3) 建设单位要求建筑设计单位或者建筑施工企业违反建筑工程质量、安全标准、降低工程质量的，责令改正，可以处以罚款；构成犯罪的，依法追究刑事责任。

(4) 建设单位在工程发包与承包中索贿、受贿、行贿，构成犯罪的，依法追究刑事责任；不构成犯罪的，分别处以罚款、没收贿赂的财物，对直接负责的主管人员和其他直接责任人员给予处分。

(5) 涉及建筑主体或承重结构变动的装修工程擅自施工的，责令改正，处以罚款。

(6) 《建设工程质量管理条例》规定，建设单位有下列行为之一，责令改正，并处以罚款：

① 迫使承包方以低于成本的价格竞标的；
② 任意压缩合理工期的；
③ 明示或暗示设计单位或施工单位违反工程建设强制性标准，降低工程质量的；
④ 施工图设计文件未经审查或审查不合格，擅自施工的；
⑤ 建设项目应实行工程监理而未实行工程监理的；
⑥ 未按国家规定办理工程质量监督手续的；
⑦ 明示或暗示施工单位使用不合格的建筑材料、建筑构配件和设备的；
⑧ 未按照国家规定将竣工验收报告、有关认可文件或者准许使用文件报送备案的。

(7) 《建设工程质量管理条例》规定，建设单位未组织竣工验收，擅自交付使用的；验收不合格，擅自交付使用的；对不合格的建设工程按照合格工程验收的等行为之一的，责令改正，处以罚款；造成损失的，依法承担赔偿责任。

(8) 建筑工程竣工验收后，建设单位未向建设行政主管部门或者其他有关部门移交建设项目档案的，责令改正，处以罚款。

2. 勘察设计单位的法律责任

(1) 《建筑法》第六十五条规定："超越本单位资质等级承揽工程的，责令停止违法行为，处以罚款，可以责令停业整顿，降低资质等级；情节严重的，吊销资质证书，有违法所得的，予以没收。未取得资质证书承揽工程的，予以取缔，并处罚款，有违法所得的，予以没收。以欺骗手段取得资质证书的，吊销资质证书，处以罚款；构成犯罪的，依法追究刑事责任。"

(2) 《建筑法》第七十三条规定："建筑设计单位不按照建筑工程质量、安全标准进行设计的，责令改正，处以罚款；造成工程质量事故的，责令停业整顿、降低资质等级或者吊销资质证书，没收违法所得，并处罚款；造成损失的，依法承担赔偿责任；构成犯罪的，依法追究刑事责任。"

3. 监理单位的法律责任

(1) 监理单位超越资质等级承揽工程的，未取得资质证书承揽工程的，以欺骗手段取得资质证书的，其违法行为的法律责任同《建筑法》第六十五条规定。

(2) 《建筑法》第六十九条规定："工程监理单位与建设单位或者建筑施工企业串通，弄虚作假、降低工程质量的，责令改正，处以罚款，降低资质等级或者吊销资质证书；有违法所得的，予以没收；造成损失的，承担连带赔偿责任；构成犯罪的，依法追究刑事责任。工程监理单位转让监理业务的，责令改正，没收违法所得，可以责令停业整顿，降低资质等级；情节严重的，吊销资质证书。"

4. 施工单位的法律责任

(1) 施工单位超越本单位资质等级承揽工程的，责令停止违法行为，处以罚款，可以责令停业整顿，降低资质等级；情节严重的，吊销资质证书；有违法所得的，予以没收。未取得资质证书承揽工程的，予以取缔，并处罚款；有违法所得的，予以没收。以欺骗手段取得资质证书的，吊销资质证书，处以罚款；构成犯罪的，依法追究刑事责任。

(2) 建筑施工企业转让、出借资质证书或者以其他方式允许他人以本企业的名义承揽工程的，责令改正，没收违法所得，并处罚款，可以责令停业整顿，降低资质等级；情节严重的，吊销资质证书。对因该项承揽工程不符合规定的质量标准造成的损失，建筑施工企业与以本企业名义的单位或者个人承担连带赔偿责任。

(3) 承包单位将承包的工程转包的，或者违反本法规定进行分包的，责令改正，没收违法所得，并处罚款，可以责令停业整顿，降低资质等级；情节严重的，吊销资质证书。承包单位有前款规定的违法行为的，对因转包工程或者违法分包的工程不符合规定的质量标准造成的损失，与接受转包或者分包的单位承担连带赔偿责任。

(4) 施工单位与监理单位或者建设单位串通、弄虚作假、降低工程质量的，责令改正，处以罚款，降低资质等级或吊销资质证书；有违法所得的，予以没收；造成损失的，承担连带赔偿责任；构成犯罪的，依法追究刑事责任。

(5) 建筑施工企业在施工中偷工减料的，使用不合格的建筑材料、建筑构配件和设备的，或者有其他不按照工程设计图纸或者施工技术标准施工行为的，责令改正，处以罚款；情节严重的，责令停业整顿，降低资质等级或者吊销资质证书；造成建筑工程质量不符合规定的质量标准的，负责返工、修理，并赔偿因此造成的损失；构成犯罪的，依法追究刑事责任。

(6) 建筑施工企业不履行保修义务或者拖延履行保修义务的,责令改正,可以处以罚款,并对在保修期内因屋顶、墙面渗漏、开裂等质量缺陷造成的损失,承担赔偿责任。

(7) 建筑施工企业违反本法规定,对建筑安全事故隐患不采取措施予以消除的,责令改正,可以处以罚款;情节严重的,责令停业整顿,降低资质等级或者吊销资质证书;构成犯罪的,依法追究刑事责任。建筑施工企业的管理人员违章指挥、强令职工冒险作业,因而发生重大伤亡事故或者造成其他严重后果的,依法追究刑事责任。

(8) 在工程中行贿的企业,可以责令停业,降低资质等级。行贿人员构成犯罪的,依法追究刑事责任;不构成犯罪的,分别处以罚款,没收行贿的财物,对直接负责的主管人员和其他直接负责人员给予处分。

5. 建设行政主管部门的法律责任

(1) 对不具备相应资质等级条件的单位颁发该等级资质证书的,由其上级机关责令收回所发的资质证书,对直接负责的主管人员和其他直接责任人员给予行政处分;构成犯罪的,依法追究刑事责任。

(2) 政府及其所属部门的工作人员违反本法规定,限定发包单位将招标发包的工程发包给指定的承包单位的,由上级机关责令改正;构成犯罪的,依法追究刑事责任。

(3) 负责颁发建筑工程施工许可证的部门及其工作人员对不符合施工条件的建筑工程颁发施工许可证的,负责工程质量监督检查或者竣工验收的部门及其工作人员对不合格的建筑工程出具质量合格文件或者按合格工程验收的,由上级机关责令改正,对责任人员给予行政处分;构成犯罪的,依法追究刑事责任;造成损失的,由该部门承担相应的赔偿责任。

案例实训

案例1: 工程非法转包,工程质量难保[①]

2007年,某中学与某县建筑队签订了兴建一幢教学楼和宿舍楼的建设工程承包合同,建筑队包工包料。合同订立后,县建筑队将宿舍楼的施工任务包给了某乡工程队,校方施工现场的代表发现后并未阻止。工程完工后,校方与县建筑队对教学楼与宿舍楼一起验收,发现宿舍楼质量低劣,水管漏水,很多房间竟找不到电源,根本无法使用。校方要求县建筑队返工,并赔偿损失。县建筑队则称宿舍楼由乡工程队施工,当初转包时校方并未制止,应视为同意,有关责任应由乡工程队负责。后又查明,乡工程队是几个农民临时拼凑的,根本不具备施工资格;宿舍楼的质量问题是由于乡工程队偷工减料所致,因问题严重无法返工,只有推倒重建,由此造成18万元的损失,并耽误了该校的开学时间,造成学生不能按时入学的情况。某中学强烈要求解除合同,并要求县建筑队赔偿直接损失18万元和其他损失3万元,而此时乡工程队已经解散。

案例2: 质量不符合约定,应承担返修责任[②]

2006年,某商业总公司与某建筑公司签订一份建筑工程施工承包合同。合同约定,建

---

① 朱昊. 建筑法规案例与评析. 北京:机械工业出版社,2007年7月,第276页。
② 朱昊. 建筑法规案例与评析. 北京:机械工业出版社,2007年7月,第280页。

筑公司为商业总公司建筑一栋8层营业、办公两用楼，承包方式为包工包料，开工时间为2006年5月10日，竣工时间为2006年12月30日。经双方和质量部门验收合格后交付使用。2006年12月25日工程竣工，但经双方和质量部门检验，大楼部分非关键性地方不符合合同的约定，但不影响大楼的整体使用。此时建筑公司因另一工程急需马上开工，于是便提出少收部分工程款作为补偿，建筑公司不再返工重建不符合合同规定的地方，随后，建筑公司将施工队伍全部调往他地。商业总公司不同意，要求建筑公司返工重建。

【法理分析】

案例1的焦点问题是，由于工程非法转包造成的工程质量责任应由谁来承担？

《建设工程质量管理条例》第二十五条规定："施工单位不得转包或者违法分包工程。"所称转包，是指承包单位承包建设工程后，不履行合同约定的责任和义务，将其承包的全部建设工程转给他人或者将其承包的全部建设工程肢解以后以分包的名义分别转给其他单位承包的行为。《建设工程质量管理条例》第二十六条规定："施工单位对建设工程的施工质量负责……建设工程实行总承包的，总承包单位应当对全部建设工程质量负责。"根据上述法律的规定，本案的县建筑队应当依法对该工程质量问题承担责任。

案例2的焦点问题是，由于工程施工质量不符合合同的约定，但不影响整体工程的使用，承包方可否以少收工程款的方式免除其返工改建的义务？

国务院于2000年1月10日颁布的《建设工程质量管理条例》第三十二条规定："施工单位对施工中出现质量问题的建设工程或者竣工验收不合格的建设工程，应当负责返修"。根据此规定，某商业总公司有权要求某建筑公司返修。某建筑公司应承担由于工程施工质量不符合合同约定的返修义务。另外，某建筑公司还应承担相应的违约责任。

复习思考题

1. 建筑工程许可制度主要包括哪些内容？
2. 简述建设工程从业资格许可制度的主要内容。
3. 什么是建筑执业许可制度？各自的对象是什么？
4. 简述建筑工程发包承包的主要内容。
5. 简述建筑工程监理的类型及范围。
6. 建筑安全生产的基本制度有哪些？
7. 建筑工程勘察、设计单位的建筑工程安全生产责任包括哪些？
8. 论述施工单位的安全责任。
9. 建筑工程勘察、设计单位的建筑工程质量责任和义务包括哪些？
10. 施工单位的质量责任是什么？
11. 论述勘察、设计的法律责任。
12. 论述注册建筑师的执业范围及法律责任。

第 3 章
城乡规划法律制度

本章主要介绍城乡规划法的概念、城乡规划的制定、城乡规划实施、城乡规划管理工作、选址意见书制度、建设用地规划许可制度、建设工程规划许可证制度,以及违反城乡规划法的法律责任。

3.1 城乡规划法概述

3.1.1 城乡规划及城乡规划区

1. 城乡规划

是指国务院建设主管部门为了满足城乡建设的需要与可持续发展的要求，结合土地、人口等自然资源及历史文化传统等条件，对城市、镇、乡、村的未来建设活动做出的具有法律效力总体与实施措施。

《中华人民共和国城乡规划法》(以下简称《城乡规划法》)第二条规定："本法所称城乡规划，包括城镇体系规划、城市规划、镇规划、乡规划和村庄规划。城市规划、镇规划分为总体规划和详细规划。详细规划分为控制性详细规划和修建性详细规划。"

2. 城乡规划区

《城乡规划法》第二条规定："本法所称规划区，是指城市、镇和村庄的建成区以及因城乡建设和发展需要，实行规划控制的区域。规划区的具体范围由有关人民政府在组织编制的城市总体规划、镇总体规划、乡规划和村镇规划中，根据城乡经济社会发展水平和统筹城乡发展的需要划定。"

3. 城乡规划法规

是指由国家权力机关或其授权机构制定的，规范城乡规划活动，指导和调控城乡建设和发展有关的法律、法规的总称。

目前，我国现行的《城乡规划法》是在《城市规划法》、《村镇和集镇规划建设管理条例》、《建设项目选址规划管理办法》等法律、法规实施经验的基础上结合国民经济发展需要制定的。《城乡规划法》与原《城市规划法》相比较有以下不同。

(1) 从城市到城乡，把原来的城乡二元法律体系转变为城乡统筹的法律体系；
(2) 城市规划法是注重指导城市建设，城乡规划法是强调资源保护；
(3) 城市规划法重视规划的编制和审批，城乡规划法重视规划的实施和监督；
(4) 城市规划法没有对责任主体的处罚，城乡规划法则有严格的责任追究；
(5) 城市规划法强调规划部门的作用，城乡规划法强调公众参与与社会监督；
(6) 城乡规划法完善了对违章建筑的处理机制，规定了行政处罚和强制措施；
(7) 城乡规划法重视了城乡规划的修改条件和审批手续。

3.1.2 城乡规划法的立法目的与适用范围

1. 立法目的

《城乡规划法》第一条规定："为了加强城乡规划管理，协调城乡规划布局、改善人居环境、促进城乡经济社会全面协调可持续发展,制定本法。"

2. 城乡规划法的适用范围

《城乡规划法》第二条规定:"制定和实施城乡规划,在规划区内进行建设活动,必须遵守本法。"第三条规定:"城市和镇应当依照本法制定城市规划和镇规划。城市、镇规划区内的活动应当符合规划要求。"从上面的规定说明,城乡规划法规的适用范围是规划区以及在规划区从事与城乡规划管理活动相关的单位和人员。具体是指编制、审批、管理城乡规划的各级人民政府,建设主管部门以及受委托的城乡规划编制单位及人员;还有依法从事城乡规划活动的建设、设计、施工单位和个人以及从事与城乡规划相关的科研、教学单位和人员,上述与城乡规划相关的单位和人员,只要在规划区内进行建设活动都必须符合规划要求,违反规划行为必受到处罚。

3.1.3 城乡规划法的原则

1. 遵循城乡统筹、合理布局原则

《城乡规划法》第四条规定:"制定和实施城乡规划,应当遵循城乡统筹、合理布局、节约土地、集约发展和先规划后建设的原则,改善生态环境,促进资源、能源节约和综合利用,保护耕地等自然资源和历史文化遗产,保持地方特色、民族特色和传统风貌,防止污染和其他公害;并符合区域人口发展、国防建设、防灾减灾和公共卫生、公共安全的需要。在规划区内进行建设活动,应当遵守土地管理、自然资源和环境保护等法律、法规的规定。"由此规定说明,制定和实施城乡规划,应以科学发展观,统筹城市、镇、乡和村的规划建设,适应经济社会可持续发展;促进区域合理布局、协调、健康的发展。

2. 节约土地、集约发展的原则

合理使用土地,节约用地是我国的基本国策,城乡规划必须珍惜和合理地利用土地资源,精打细算,节约土地、节约资源,开展综合利用,发展循环经济,保护耕地,走可持续、集约式发展的道路。

3. 遵循先规划后建设的原则

城乡建设应有计划、有目标,按照一定程序进行,因此必须坚持先规划后建设的原则。各级城乡规划主管部门应依法定程序对批准的规划实施规划管理,并按《城乡规划法》的规定进行监督检查,坚决纠正"先建设后规划"、"边建设边规划"的违规行为,对于在规划区的建设活动,必须取得规划许可,方可进行,以保证城乡建设的健康持续发展。

4. 坚持环境保护、改善生态环境的原则

城乡规划的制定应重视环境保护,改善生活环境和生态环境,防止造成污染和其他公害;城乡规划时应认真分析,评价城乡建设发展的环境条件和资源条件。在环境容量许可的条件下,合理的确定建设规模、建设步骤和建设标准,促进资源、能源的节约和综合利用,保护生态环境,改善生态环境。

5. 体现地方特色的原则

城乡规划应从城乡的实际出发，结合不同的自然资源、文化遗产资源、风景名胜资源、人口、土地、社会经济发展状况等条件，合理规划，保持民族传统和地方风貌，尊重村民意愿，体现城乡特点和地方特色。

6. 保护历史文化遗产的原则

历史文化遗产具有重要的历史意义、革命纪念意义、文化艺术价值和科学价值，是人类的宝贵财产，是不可再生的文化资源。保护好文物，继承中华民族优秀的历史，是城市规划的重要任务之一。城乡规划应与历史文化名城整体风貌相协调。加强对历史名城、名镇、名村的保护。对于风景名胜区、传统街区应保持和延续传统格局及历史风貌，维护历史文化的真实性和完整性。学习、借鉴、继承和发扬中华民族优秀文化。正确处理经济发展同历史文化遗产保护的关系。做到城乡规划与历史文物、名胜古迹保护相结合。

7. 关注民生的原则

编制城乡规划，应当考虑人民群众的需要，改善人居环境，方便群众生活，充分关心中低收入人群，扶助弱势群体，维护社会稳定和公共安全。做好城乡建设规划，提高防灾、抗灾的能力，切实保障人民群众生命财产安全和生活水平的提高。

8. 公众参与的原则

编制城乡规划，应当坚持"政府组织，专家领衔、部门合作、公众参与、科学决策"的原则；严格遵循城乡规划编制、审批、修改、备案的程序要求，建立完善规划公开、公众参与、科学决策的程序和制度，城乡规划的公开、公众参与，以提高规划工作的透明度，增强城乡规划同人民群众的联系，促进了依法从政，群众监督，共同执行城乡规划。

3.2 城乡规划的制定

3.2.1 城乡规划的编制

为了加强城乡规划管理，协调城乡空间布局，改善人居环境，促进城乡经济社会全面协调和可持续发展。必须以科学发展观为指导，结合区域的土地、人口、资源、环境以及工业、科技、文化、金融、商业、交通、市政、能源、通信、防灾、国防等的发展，统筹安排，合理地编制城乡规划。

1. 城乡规划编制的原则

(1) 分级组织编制，逐级负责审批。

《城乡规划法》第十二条规定："国务院城乡规划主管部门会同国务院有关部门组织编制全国城镇体系规划，用于指导省域城镇体系规划、城市总体规划的编制。"第十三条规定："省、自治区人民政府组织编制省域城镇体系规划。"第十四条规定："城市人民政府组织编制城市总体规划。"第十五条规定："县人民政府组织编制县人民政府所在地镇的总体规划，其他镇的总体规划由镇人民政府组织编制。"由此可见，城乡规划的编制是自上而下的分级编制。

对城乡规划的审查批准，则是自下而上逐级审批。全国城镇体系规划由国务院城乡规划主管部门报国务院审批；省域城镇体系规划报国务院审批；直辖市的城市总体规划由直辖市人民政府报国务院审批，省、自治区人民政府所在地的城市以及国务院确定的城市的总体规划，由省、自治区人民政府审查同意后，报国务院审批。其他城市总体规划，由城市人民政府报省、自治区人民政府审批。县人民政府所在地镇的总体规划报上一级人民政府审批。其他镇的总体规划由镇人民政府报上一级人民政府审批。

(2) 级别不同、内容不同的原则。

《城乡规划法》第十七条规定："城市总体规划、镇总体规划的内容应该包括：城市、镇的发展布局，功能分区，用地布局，综合交通体系，禁止、限制和适宜建设的地域范围，各类专项规划等。"

规划区范围、规划区内建设用地规模、基础设施和公共服务设施用地、水源地和水系、基本农田和绿化用地、环境保护、自然与历史文化遗产保护以及防灾减灾等内容，应当作为城市总体规划、镇总体规划的强制性内容。

城市总体规划、镇总体规划的规划期限一般为二十年。城市总体规划还应当对城市更长远的发展做出预测性安排。

《城乡规划法》第十八条规定："乡规划、村庄规划应当从农村实际出发，尊重村民意愿，体现地方和农村特色。"尽可能满足村民生产和生活的需要，改善人居环境，促进乡、村庄建设健康可持续发展。

乡规划、村庄规划的内容应当包括：规划区范围、住宅、道路、供水、排水、电、垃圾收集、畜禽养殖场所等农村生产、生活服务设施、公益事业等各项建设的布局、建设要求，以及对耕地等自然资源和历史文化遗产保护、防灾减灾等的具体安排。乡规划还应当包括本行政区域内的村庄发展布局。

(3) 详细规划服从总体规划的原则。

《城乡规划法》第十九规定："城市人民政府城乡规划主管部门根据城市总体规划的要求，组织编制城市的控制性详细规划，经本级人民政府批准后，报本级人民代表大会常务委员会和上一级人民政府备案。"第二十条规定："镇人民政府根据镇总体规划的要求，组织编制镇的控制性详细规划，报上一级人民政府审批。县人民政府所在地镇的控制性详细规划，由县人民政府城乡规划主管部门根据镇总体规划的要求组织编制，经县人民政府批准后，报本级人民代表大会常务委员会和上一级人民政府备案。"第二十一条规定："城市、县人民政府城乡规划主管部门和镇人民政府可以组织编制重要地块的修建性详细规划。修建性详细规划应当符合控制性详细规划。"按照此条规定，修建性详细规划主要用于指导各项建筑和工程设施施工的规划设计。

(4) 因地制宜、切实可行的原则。

《城乡规划法》第三条规定："县级以上地方人民政府根据本地农村经济社会发展水平，按照因地制宜、切实可行的原则，确定应当制定乡规划、村庄规划的区域。在确定的区域内的乡、村庄，应当依照本法制定规划，规划区内的乡、村庄建设应当符合规划要求。"

第二十二条规定:"乡、镇人民政府组织编制乡规划、村庄规划,报上一级人民政府审批。村庄规划在报送审批前,应当经村民会议或者村民代表会议讨论同意。"这是因为村庄规划涉及土地使用,关系村庄的切身利益,影响村民的生产和生活以及居住环境、文化娱乐等问题。城乡规划编制只有结合城乡具体条件,因地制宜,方能切实可行。

2. 城乡规划的编制体系和编制阶段

城乡规划编制体系由城镇体系规划、城镇总体规划、城镇详细规划和乡村规划组成。城镇体系规划是编制城镇总体规划的依据,城镇总体规划是编制城镇详细规划的依据。

城市规划编制一般分为总体规划和详细规划两个阶段。在编制总体规划前根据需要可编制城市总体规划纲要;大中城市可在总体规划的基础上编制分区规划,也可单独制定专项规划。

1) 城镇体系规划

城镇体系规划是指在全国或一定地区内,以区域生产力合理布局和城镇的职能分工为依据,确定不同人口规模等级和职能分工的城镇的分布及发展规划。城镇包括设市城市、县城及其他重要编制镇和独立工矿区。城镇体系规划的主要任务是:依据区域经济、社会发展战略和城市化战略目标和任务,确定区域内不同层次城镇的地位、性质和作用,合理进行布局,指导分级城镇的协调和可持续发展。《城乡规划法》第十三条规定:"省域城镇体系规划的内容应当包括:城镇空间布局和规模控制,重大基础设施的布局,为生态环境、资源等需要严格控制的区域。"除此之外,还应对区域与城市的发展和开发条件进行综合评价;对区域人口增长做出预测,明确城市发展目标;确定城镇体系的等级、分工、规模和空间布局;统筹安排区域基础设施;保护区域生态环境、自然和人文景观以及历史文化遗产;提出近期重点发展城镇的规划建设及政策和措施等。

2) 城镇总体规划

城镇总体规划是对一定时期内城镇性质、发展目标、发展规模、土地利用、空间布局及城镇建设进行的综合安排。城镇总体规划涉及经济、社会、人口、土地、资源、环境、文化等,只有科学合理地把城镇总体规划做好,才能促进城镇经济社会全面协调可持续发展。

《城乡规划法》第十七条规定:"城市总体规划、镇总体规划的内容应当包括:城市、镇的发展布局,功能分区,用地布局,综合交通体系,禁止、限制和适宜建设的地域范围,各类专项规划等。规划区的范围,规划区内建设用地规模、基础设施和公共服务设施用地,水源地和水系,基本农田和绿化用地,环境保护,自然与历史文化遗产保护以及防灾减灾等内容,应当作为城市总体规划、镇总体规划的强制性内容。"

城市总体规划、镇总体规划的规划期限一般为20年,城市总体规划还应当对城市更长远的发展做出预测性安排。"

3. 城市规划的编制

1) 编制城市规划的原则

城市规划是政府调整城市空间资源,指导城乡发展与建设,维护社会公平,保障公共安全和公众利益的重要公共政策之一。因此,编制城市规划应遵循以下原则。

(1) 编制城市规划，应当以科学发展观为指导，以构建社会主义和谐社会为基本目标，坚持五个统筹，坚持中国特色的城镇化道路；坚持节约和集约利用资源，保护生态环境，保护人文资源，尊重历史文化；坚持因地制宜确定城市发展目标与战略，促进城市全面协调可持续发展。

(2) 编制城市规划，应当考虑人民群众的需要，改善人居环境，方便群众生活，充分关注中低收入人群，扶助弱势群体，维护社会稳定和公共安全。

(3) 编制城市规划，应当坚持政府组织、专家领衔、部门合作、公众参与、科学决策的原则。

(4) 城市规划分为总体规划和详细规划两个阶段。大、中城市根据需要，可以依法在总体规划的基础上组织编制分区规划。

(5) 国务院建设主管部门组织编制全国城镇体系规划和省、自治区人民政府组织编制的省域城镇体系规划，应当作为城市总体规划编制的依据。

(6) 编制城市规划，应当遵守国家有关标准和技术规范，采用符合国家有关规定的基础资料。

(7) 承担城市规划编制的单位，应当取得城市规划编制资质证书，并在资质等级许可的范围内从事城市规划的编制工作。

2) 城市规划编制组织

(1) 城市人民政府负责组织编制城市总体规划和城市分区规划，具体工作由政府建设主管部门承担。

城市人民政府应当依据城市总体规划，结合国民经济和社会发展规划以及土地利用总体规划组织制定近期建设规划。

控制性详细规划由城市人民政府建设主管部门依据已经批准的城市总体规划或城市分区规划组织编制。

修建性详细规划可由有关单位依据控制性详细规划以及建设主管部门提出的规划条件，委托城市规划编制单位编制。

(2) 城市人民政府提出编制城市总体规划前，应当对现行总体规划及各专项情况的实施情况进行总结。对基础设施的支撑能力和建设条件做出评价；针对存在问题和出现的新情况，从土地、水、能源和环境等城市长期发展保障出发，依据全国城镇体系规划和省域城镇体系规划，着眼区域统筹和城乡统筹，对城市的定位、发展目标、城市功能和空间布局等战略问题进行前瞻性研究，作为城市总体规划编制的基础。

(3) 城市总体规划应当按照以下程序组织编制：

① 在总结研究的基础上，按规定提出编撰工作的报告，经同意后方可组织编制。其中，组织编制直辖市、省会城市、国务院指定的城市总体规划的，应当向国务院建设主管部门提出报告。

② 组织编制城市总体规划纲要，按规定提请审查。其中，组织编制直辖市、省会城市、国务院指定市的总体规划的，应当报请国务院建设主管部门组织审查；组织编制其他城市总体规划的，应当报省、自治区建设主管部门组织审查。

③ 依据国务院建设主管部门或省、自治区建设主管部门提出的审查意见，组织编制

城市总体规划成果，按法定程序报请审查和批准。

(4) 在城市总体规划的编制中，对于涉及资源与环境保护、区域统筹与城乡统筹、城市发展目标与空间布局、城市历史文化遗产保护等重大专题、应当在城市人民政府的组织下，由相关领域的专家领衔进行研究。

(5) 在城市总体规划的编制中，应充分吸取政府有关部门和军事机关的意见，并将提出意见的采纳结果作为城市总体规划报送审批材料的专题组成部分。

组织编制城市详细规划，应当充分听取政府有关部门的意见，保证有关专业规划的空间落实。

(6) 在城市总体规划报送审批前，城市人民政府应当依法采取有效措施，充分征求社会公众的意见。采取公示、征询等方式充分听取规划涉及的单位、公众的意见。对有关意见采纳和结果应当公布。

(7) 城市总体规划的调整，应当按规定向规划审批机关提出调整报告，经认定后依照法律规定组织调整。

城市详细规划的调整，应当取得规划批准机关的同意。规划调整方案，应当向社会公开，听取有关单位和公众的意见，并将有关意见的采纳结果公示。

3) 城市规划的编制要求

编制城市规划，要妥善处理城乡关系，引导城镇化健康发展，体现布局合理、资源节约、环境友好的原则，保护自然与文化资源，体现城市特色，考虑城市安全和国防建设需要。

(1) 编制城市规划，对涉及城市发展长期保障的资源利用和环境保护、区域协调发展、风景名胜资源管理、自然与文化遗产保护、公共安全和公众利益等方面的内容，应当确定为必须严格执行的强制性内容。

(2) 编制城市总体规划，应当先组织编制总体规划纲要，研究确定总体规划中的重大问题，作为编制规划成果的依据。

(3) 编制城市总体规划，应当以全国城镇体系规划、省域城镇体系规划以及其他上层次法定规划为依据，从区域经济社会发展的角度研究城市定位和发展战略，按照人口与产业、就业岗位的协调发展要求，控制人口规模，提高人口素质，按照有效配置公共资源、改善人居环境的要求，充分发挥中心城市的区域辐射和带动作用，合理确定城乡空间布局，促进区域经济社会全面、协调和可持续发展。

(4) 编制城市近期建设规划，应当依据已经依法批准的城市总体规划，明确近期内实施城市总体规划的重点和发展时序，确定城市近期发展方向、规模、空间布局、重要基础设施和公共服务设施选址安排，提出自然遗产与历史文化遗产的保护、城市生态环境建设与治理的措施。

(5) 编制城市分区规划，应当依据已经依法批准的城市总体规划，对城市土地利用、人口分布和公共服务设施、基础设施的配置做出进一步的安排，对控制性详细规划的编制提出指导性要求。

(6) 编制城市控制性详细规划，应当依据已经依法批准的城市总体规划或分区规划，考虑相关专项规划的要求，对具体地块的土地利用和建设提出控制指标，作为建设主管部门(城乡规划主管部门)做出建设项目规划许可的依据。

编制城市修建性详细规划，应当依据已经依法批准的控制性详细规划，对所在地块的建设提出具体的安排和设计。

(7) 历史文化名城的城市总体规划，应当包括专门的历史文化名城保护规划。历史文化街区应当编制专门的保护性详细规划。

(8) 城市规划成果的表达应当清晰、规范，成果文件、图件与附件中说明、专题研究、分析图纸等表达应有区分。城市规划成果文件应当以书面和电子文件两种方式表达。

(9) 城市规划编制单位应当严格依据法律、法规的规定编制城市规划，提交的规划成果应当符合《城市规划编制办法》和国家有关标准。

4) 城市规划编制的内容

(1) 总体规划纲要应当包括下列内容：

① 市域城镇体系规划纲要的内容包括提出市域城乡统筹发展战略；确定生态环境、土地和水资源、能源、自然和历史文化遗产保护等方面的综合目标和保护要求，提出空间管制原则；预测市域总人口及城镇化水平，确定各城镇人口规模、职能分工、空间布局方案和建设标准；原则确定市域交通发展策略。

② 提出城市规划区范围。

③ 分析城市职能、提出城市性质和发展目标。

④ 提出禁建区、限建区、适建区范围。

⑤ 预测城市人口规模。

⑥ 研究中心城区空间增长边界，提出建设用地规模和建设用地范围。

⑦ 提出交通发展战略及主要对外交通设施布局原则。

⑧ 提出重大基础设施和公共服务设施的发展目标。

⑨ 提出建立综合防灾体系的原则和建设方针。

(2) 市域城镇体系规划应包括下列内容：

① 提出市域城乡统筹的发展战略。其中位于人口、经济、建设高度聚集的城镇密集地区的中心城市，应当根据需要，提出与相邻行政区域在空间发展布局、重大基础设施和公共服务设施建设、生态环境保护、城乡统筹发展等方面进行协调的建议。

② 确定生态环境、土地和水资源、能源、自然和历史文化遗产等方面的保护与利用的综合目标和要求，提出空间管制原则和措施。

③ 预测市域总人口及城镇化水平，确定各城市人口规模、职能分工、空间布局和建设标准。

④ 提出重点城市的发展定位、用地规模和建设用地控制范围。

⑤ 确定市域交通发展战略；原则确定市域交通、通信、能源、供水、排水、防洪、垃圾处理等重大基础设施、重要社会服务设施、危险品生产储存设施的布局。

⑥ 根据城市建设、发展和资源管理的需要划定城市规划区。城市规划区的范围应当位于城市行政管辖范围内。

⑦ 提出实施规划的措施和有关建议。

(3) 中心城区规划应包括下列内容：
① 分析确定城市性质、职能和发展目标。
② 预测城市人口规模。
③ 划定禁建区、限建区、适建区和已建区、并制定空间管制措施。
④ 确定村镇发展与控制的原则和措施，确定需要发展、限制发展和不再保留的村庄，提出村镇建设控制标准。
⑤ 安排建设用地、农业用地、生态用地和其他用地。
⑥ 研究中心城区空间增长边界，确定建设用地规模，划定建设用地范围。
⑦ 确定建设用地的空间布局，提出土地使用强度管制区划和相应的控制指标(建筑密度、建筑高度、容积率、人口容量等)。
⑧ 确定市级和区级中心的位置和规模，提出主要的公共服务设施的布局。
⑨ 确定交通发展战略和城市公共交通的总体布局，落实公交优先政策，确定主要对外交通设施和主要道路交通设施布局。
⑩ 确定绿地系统的发展目标及总体布局，划定各种功能绿地的保护范围(绿线)，划定河湖水面的保护范围(蓝线)，确定岸线的使用原则。
⑪ 确定历史文化保护及地方传统特色保护的内容和要求，划定历史文化街区、历史建筑保护范围(紫线)，确定各级文物保护单位的范围；研究确定特色风貌保护重点区域及保护措施。
⑫ 研究住房需求，确定住房政策、建设标准和居住用地布局，重点确定经济适用房，普通商品住房等满足低收入人群住房需求的居住用地布局及标准。
⑬ 确定电信、供水、排水、供电、燃气、供热、环卫发展目标及重大设施总体布局。
⑭ 确定生态环境保护与建设目标，提出污染控制与治理措施。
⑮ 确定综合防灾与公共安全保障体系，提出防洪、消防、人防、抗震、地质灾害防护等规划原则和建设方针。
⑯ 划定旧区范围，确定旧区有机更新的原则和方法，提出改善旧区生产、生活环境的标准和要求。
⑰ 提出地下空间开发利用的原则和建设方针。
⑱ 确定空间发展时序，提出规划实施步骤、措施和政策建议。
(4) 城市总体规划的强制性内容如下：
《城市规划编制办法》第七条规定："城市规划分为总体规划和详细规划两个阶段。大中城市根据需要，可以依法在总体规划的基础上组织编制分区规划。城市详细规划分为控制性详细规划和修建性详细规划。"
① 城市规划区范围；
② 市域内应当控制开发的地域包括基本农田保护区、风景名胜区、湿地水源保护区等生态敏感区、地下矿产资源分布地区等；
③ 城市建设用地规划，包括规划期限内城市建设用地的发展规模、土地使用强度管制区划和相应的控制指标(建设用地面积、容积率、人口容量等)、城市各类绿地的具体布局、城市地下空间的开发布局；

④ 城市基础设施和公共服务设施布局，包括城市干道系统网络、城市轨道交通网络、交通枢纽布局、城市水源地及其保护区范围和其他重大市政基础设施、文化、教育、卫生、体育等方面主要公共服务设施的布局；

⑤ 城市历史文化遗产保护，包括历史文化保护的具体控制指标和规定、文化历史街区、历史建筑、重要地下文物埋藏区的具体位置和界线等；

⑥ 生态环境与建设目标，污染控制与治理措施；

⑦ 城市防灾工程，包括城市的防洪标准，防洪堤走向；城市抗震与消防疏散通道；城市人防设施布局；地质灾害防护规定。

总体规划纲要成果，包括纲要文本、说明、相应的图纸和研究报告。

城市总体规划的成果，应当包括规划文本、图纸及附件(说明、研究报告和基础资料等)。在规划文本中应当明确表述规划的强制性内容。

城市总体规划应当明确综合交通、环境保护、商业网点、医疗卫生、绿地系统、河湖水系、历史文化名城保护、地下空间、基础设施、综合防灾等专项规划的原则。

编制各类专项规划，应当依据总体规划。

(5) 城市近期建设规划的主要内容

近期建设规划期限，应与城市国民经济和社会发展规划的年限一致，并应满足城市总体规划的强制性内容。《城乡规划法》第三十四条规定："城市、县、镇人民政府应当根据城市总体规划、镇总体规划、土地利用总体规划和年度计划以及国民经济和社会发展规划，制定近期建设规划，报总体规划审批机关备案。"

近期建设规划的期限原则上应当与城市国民经济和社会发展的规划年限一致，并不得违背城市总体规划的强制性内容。近期建设规划的规划期限为五年，近期建设规划到期时，应当根据城市总体规划组织编制新的近期建设规划。

近期建设规划的内容应当包括：

① 确定近期人口和建设用地规模，确定近期建设用地范围和布局。

② 确定近期交通发展策略，确定主要对外交通设施和主要道路交通设施布局。

③ 确定各项基础设施、公共服务和公益设施的建设规模和选址。

④ 确定近期居住用地安排和布局。

⑤ 确定历史文化名城、历史文化街区、风景名胜区等的保护措施，城市河湖水系、绿化、环境等保护、整治和建设措施。

⑥ 确定控制和引导城市近期发展的原则和措施。

近期建设规划的成果应当包括规划文本、图纸，以及包括相应说明和附件。在规划文本中应当明确表达规划的强制性内容。

(6) 分区规划的主要内容。

编制分区规划，应当综合考虑城市总体规划确定的城市布局、片区特征、河流、道路等自然和人工界限，结合行政区划，划定分区的范围界限。

编制分区规划的主要任务是：在总体规划的基础上，对城市土地利用、人口分布和公共设施、城市基础设施的配置做出进一步的安排，以便与详细规划更好地衔接。分区规划应当包括下列内容：

① 确定分区的空间布局、功能分区、土地使用性质和居住人口分布。
② 确定绿地系统、河湖水面、供电高压线走廊、对外交通设施用地界线和风景名胜区、文物古迹、历史文化街区的保护范围，提出空间形态的保护要求。
③ 确定市、区、居住区级公共服务设施的分布、用地范围和控制原则。
④ 确定主要市政公用设施的位置、控制范围和工程干管的线路位置、管径，进行管线综合。
⑤ 确定城市干道的红线位置、断面、控制点坐标和标高，确定支路的走向、宽度，确定主要交叉口、广场、公交站场、交通枢纽等交通设施的位置和规模，确定轨道交通线路的走向及控制范围，确定主要停车场的规模与布局。

分期规划的成果应当包括规划文本、图件，以及包括相应的说明的附件。

(7) 城镇详细规划。

《城乡规划法》第二条规定："城市、镇规划分为总体规划和详细规划，详细规划分为控制性详细规划和修建性详细规划。"

详细性规划的主要任务是：以总体规划或分区规划为依据，详细规定建设用地的各项控制指标和其他规划管理要求，控制性详细规划主要是为了控制建设用地性质、使用强度和空间环境。并指导修建性详细规划的编制。

控制性详细规划应当包括下列内容：
① 确定规划范围内不同性质用地的界线，确定各类用地内适建、不适建或者有条件地允许建设的建筑类型。
② 确定各地块的建筑高度、建筑密度、容积率、绿地率等控制指标，确定公共设施的配套要求，交通出口方位、停车泊位、建筑后退红线距离等要求。
③ 提出各地块的建筑体量、体型、色彩等城市设计指导原则。
④ 根据交通需求分析，确定地块出入口位置、停车泊位、公共交通场站的用地范围和站点位置，步形交通以及其他交通设施。规定各级道路的红线、断面、交叉口形式及渠化措施、控制点坐标和标高。
⑤ 根据规划建设容量，确定市政工程管线位置、管径和工程设施的用地界线，进行管线综合。确定地下空间开发利用具体要求。
⑥ 制定相应的土地使用与建筑管理规定。

控制性详细规划确定的各地块的主要用途、建筑密度、建筑高度、容积率、绿地率、基础设施和公共服务设施配套规定应当作为强制性内容。

修建性详细规划应当包括下列内容：
① 建设条件分析及综合技术经济论证。
② 建筑、道路和绿地等的空间布局和景观规划设计，布置总平面图。
③ 对住宅、医院、学校和托幼等建筑进行日照分析。
④ 根据交通影响分析，提出交通组织方案和设计。
⑤ 市政工程管线规划设计和管线综合。
⑥ 竖向规划设计。
⑦ 估算工程量、拆迁量和造价，分析投资效益。

控制性详细规划成果。应当包括规划文本、图件和附件。图件由图纸和图则两部分组成，规划说明、基础资料和研究报告收入附件。修建性详细规划成果应当包括规划说明书、图纸。

3.2.2 乡、村庄规划

《城乡规划法》第十八条规定："乡规划、村庄规划应当从农村实际出发，尊重村民意愿、体现地方和农村特色。"

乡、村庄的规划应执行本条的规定，应充分考虑农村经济、社会及文化发展的现状，合理确定乡、村庄规划的区域及规划区的范围，征得村民的意见和建议，体现地方和农村特色，满足村民生产和生活需求。

乡规划、村庄规划的内容应当包括规划区范围、住宅、道路、供水、排水、供电、垃圾收集、畜禽养殖场所等农村生产、生活服务设施、公益事业等各项建设的布局、建设要求，以及对耕地等自然资源和历史文化遗产保护、防灾减灾等的具体安排。乡规划还应当包括本行政区域内的村庄发展布局。

1. 乡规划

分为乡域规划和乡驻地规划，一般包括以下内容。

(1) 提出产业发展目标，落实相关生产、生活服务设施以及公益事业等各项建设的空间布局。

(2) 落实规划期内各阶段人口规模与人口分布情况。

(3) 确定乡的职能及规模，明确乡政府驻地规划建设用地标准与规划区范围。

(4) 制定各专项规划，并提出自然和历史文化保护、防灾减灾等要求，确定规划区内生态环境保护与优化目标。

(5) 提出实施规划的措施和有关建议，明确规划强制性内容等。

(6) 乡规划还应体现对村规划的指导性，确定中心村、基层村的层次与等级，提出村庄集约建设的分阶段目标及实施方案。

2. 村庄规划

村庄规划的主要内容如下。

(1) 安排村庄内的农业生产、生活服务设施、居住、道路、工程建设等用地布局。

(2) 确定村庄内的给水、排水、供电等工程设施及其管线走向、敷设方式。

(3) 明确垃圾收集点、公厕等环境卫生设施的分布、规模。

(4) 确定防灾、减灾设施的分布和规模。

(5) 对村庄建设时序进行安排，并对近期建设的工程投资等进行估算和分析。

3.2.3 城乡规划的审批

1. 城乡规划的审批制度

《城乡规划法》第十二条至第十五条对城乡规划的审批制度做出了规定。

(1) 全国城镇体系规划由国务院城乡规划主管部门报国务院审批。
(2) 省域城镇体系规划由省、自治区人民政府报国务院审批。
(3) 直辖市的城市总体规划由直辖市人民政府报国务院审批。
(4) 省、自治区人民政府所在地的城市以及国务院确定的城市总体规划由省、自治区人民政府报国务院审批。
(5) 其他城市的总体规划，由城市人民政府报省、自治区人民政府审批。
(6) 县人民政府所在地镇的总体规划，报上一级人民政府审批，其他镇的总体规划由镇人民政府报上一级人民政府审批。
(7) 城市的控制性详细规划由本级人民政府审批；镇的控制性详细规划报上一级人民政府审批；县人民政府所在地镇 的详细规划，由县人民政府审批。

2. 专家、公众和有关部门的参与

《城乡规划法》第二十六条规定："城乡规划报送审批前，组织编制机关应当依法将城乡规划草案予以公告，并采取论证会、听证会或者其他方式征求专家和公众的意见，公告时间不得少于30日。组织编制机关应充分考虑专家和公众的意见，并在报送审批的材料中附具意见采纳情况及理由。"第二十七条规定："省域城镇体系规划、城市总体规划、镇总体规划批准前，审批机关组织专家和有关部门进行审查。"

3.3 城乡规划的实施

3.3.1 城乡规划实施的原则

《城乡规划法》第二十八条规定："地方各级人民政府应当根据当地经济社会发展水平，量力而行，尊重群众意愿，有计划、分步骤地组织实施城乡规划。"

城乡规划的实施涉及城乡的开发建设和发展的基本要求、模式、类型及方法、城乡规划管理的基本原则、管理结构等内容。

城乡建设和发展应根据当地经济社会发展水平，因地制宜、实事求是，从土地、水、能源供给和环境容量支持的可能出发，量力而行。在规划实施过程中，规划主管部门应尊重群众的意愿，体现群众的要求，改善生产和生活环境，对于分期建设和发展目标，有计划、分步骤地组织实施。

3.3.2 城乡规划的实施内容

1. 城市建设和发展

《城乡规划法》第二十九条规定："城市的建设和发展，应当优先安排基础设施以及公共服务设施的建设，妥善处理新区开发与旧区改建的关系，统筹兼顾进城务工人员生活和周边农村经济社会发展、村民生产与生活的需要。"

基础设施和公共服务设施，是城市生产和生活、经济和社会、建设和发展最重要的基

础，基础建设好了，有利于促进城市的经济发展，改善城市居民的社会、经济和文化生活以及人居环境。在城市新区开发和旧区的改建过程中，要处理好相互关系，要注意配套设施的衔接和完善，防止盲目建设；城市的建设和发展，应统筹兼顾进城务工人员的生活和周边农村经济社会发展，促进城市和农村建设的可持续发展。

2. 镇的建设和发展

《城乡规划法》第二十九条规定："镇的建设和发展，应当结合农村经济社会发展和产业结构调整，优先安排供水、排水、供电、供气、道路、通信、广播电视等基础设施和学校、卫生院、文化站、幼儿园、福利院等公共服务设施的建设，为周围农村提供服务。"

3. 乡、村庄的建设和发展

乡、村庄的建设和发展，应当因地制宜、节约用地，发挥村民自治组织的作用，引导村民合理建设，改善农村生产、生活条件。

3.3.3 城市新区开发与旧区的改建

1. 城市新区的开发和建设

《城乡规划法》第三十条规定："城市新区的开发和建设，应当合理地确定建设规模和时序，充分利用现有市政基础设施和公共服务设施，严格保护自然资源和生态环境，体现地方特色。在城市总体规划、镇总体规划确定的建设用地范围以外，不得设立各类开发区、城市新区。"

1) 城市新区开发

城市新区开发是指按照城市总体规划的安排，在城市建成区以外的一定区域进行集中成片、综合配套的开发建设活动。如高新技术开发区、经济技术开发区、各类工业园区等。

城市新区的开发，是由于城市社会经济的发展、城市规模的不断扩大、城市生产、生活日益增长的需要，城市新区是城市建设和发展的重要组成部分。

2) 城市新区的类型

城市新区的类型主要有新市区的开发、高新技术开发区、经济技术开发区、各类工业园区以及城郊卫星城镇的开发建设等。

(1) 新市区的开发是在建成区的外围进行集中成片的开发建设，以解决城市建成区人口密度过大、建筑密度过高、用地结构不合理等问题，使旧城区的环境得到改善。

(2) 高新技术开发区是指以研究、开发和生产高技术产品为主，促进科研成果商品化、产业化的开发区，包括市政、生活福利等配套设施。高新技术产业开发区是在城市附近划出一定的地域，实行与城市其他地区不同的特殊优惠政策和相关限制政策，以吸引投资，促进外贸、增加就业，引进先进技术，促进本地经济发展。它是我国利用外资引进高新技术促进经济发展一种形式。我国国家级高新技术开发区已达到 60 余个，主要分布在沿海城市。

(3) 经济技术开发区是以生产产品为主，提供优惠政策，提供良好的投资环境，以吸引内外投资，引进先进的技术，促进地区经济技术的发展。经济技术开发区的建设主要集中在沿海城市和对外开放条件较好的城市。经济技术开发区应当依托现有市区，尽可能利用城市现有设施，分期进行建设，提高开发效益。

(4) 卫星城镇的开发建设，是为了控制大城市的市区人口和用地规模，缓解大城市市区交通拥堵和环境污染。按照城市总体规划的要求，将市区需要搬迁的项目或拟新建的大、中型项目安排到周围的小城镇去，有计划，有重点开发这些小城镇，逐步形成以大城市为中心的城镇体系。

(5) 新工矿区的开发建设是指国家根据矿产资源的开发和加工的需要在城市郊区或郊县开发建设大、中型工矿企业或工业园区，形成相对独立的工矿区，并按城市规划的要求，进行配套建设。

城市新区的开发建设，应以相关法规为依据，符合当地城市规划，适应经济社会发展，做到有序、协调、可持续发展。

3) 新区开发的主要内容

城市新区的开发应在城市规划的指导下，统一组织基础设施和公共服务设施。新区开发的主要内容如下：

(1) 合理地布局各项建设项目选址定点。

新建项目的选址、定点，应保证有可靠的水源、能源、交通、防灾等建设条件，避开有开采价值的地下矿藏、有保护价值的地下文物古迹、有不良工程地质现象的地段。

新建项目的定点，应不妨碍城市的发展，不危害城市的安全，不污染城市的环境，不影响城市各项功能的协调。

(2) 居住区应优先安排在自然环境的良好地段。

新区的居民应有良好的生活环境和居住环境。居住区应位于新区自然环境的良好地段。保证居住区的建筑有良好的朝向、通风、采光条件，居住区的相邻地段的土地开发不得妨碍居住区的安全、卫生与安静。

(3) 工业项目布局应位于工程地质和水文地质良好地段。

工业项目的布局应考虑专业化和协作化的要求，工业项目的定点应考虑水源、能源、交通、气象、工程地质和水文地质等因素的影响，合理布局，统筹安排。防止产生有毒、有害废弃物对城市环境的污染。并避开文物古迹和风景名胜保护区。

(4) 产生危害的建设项目，如生产和储存易燃、易爆、有毒、放射性等设施，其场地应避开居民密集的地区，并应符合卫生防护距离的要求。以免影响城市安全，危害居民健康。

(5) 城市对外交通运输设施、高压线走廊及重要的军事设施，应避开居住区，以免妨碍城市发展。

(6) 位于新区的经济开发区、高新科技区、工业园区，应尽量依托现有市区，充分利用现有基础设施，分期分批开发建设，提高投资效益。

2. 旧城区的改建

《城乡规划法》第三十一条规定："旧城区的改建，应当保护历史文化遗产和传统风貌，合理确定拆迁和建设规模，有计划地对危房集中、基础设施落后等地段进行改建。历史文化名城、名镇、名村的保护以及受保护建筑物的维护和使用，应当遵守有关法律、行政法规和国务院的规定。"

3.3.4 风景名胜区保护和利用

风景名胜区是指具有观赏、文化或者科学价值，自然景观、人文景观比较集中，环境优美，可供人们游览或者进行科学、文化活动的区域。风景名胜资源是珍贵的自然文化遗产，是不可再生的自然资源，国家为了加强对风景名胜区的管理，有效保护和合理利用风景名胜资源，于2006年9月6日颁布了《风景名胜区条例》，对风景名胜区的设立、规划、保护、利用和管理做出了具体规定。国家对风景名胜区实行科学规划、统一管理、严格保护、永续利用的原则，实施对风景名胜区的规划管理。

《城乡规划法》第三十二条规定："城乡建设和发展，应当依法保护和合理利用风景名胜资源，统筹安排风景名胜区及周边乡、镇、村庄的建设。风景名胜区的规划、建设和管理，应当遵守有关法律、行政法规和国务院的规定。"

1. 风景名胜区的规划

风景名胜区划分为国家级风景名胜区和省级风景名胜区。自然景观和人文景观能够反映重要自然变化过程中重大历史文化发展过程，基本处于自然状态或者保护历史的原貌，具有国家代表性的为国家风景名胜区；具有区域代表性的为省级风景名胜区。

风景名胜区规划分为总体规划和详细规划。

(1) 风景名胜区的总体规划。

风景名胜区总体规划的编制，应当体现人与自然和谐相处，区域协调发展和经济社会全面进步的要求，坚持保护优先，开发服从保护的原则，突出风景名胜区的自然特性，文化内涵和地方特色。风景名胜区总体规划应当包括下列内容：

① 风景资源评价；
② 生态资源保护措施，重大建设项目布局，开发利用强度；
③ 风景名胜区的功能结构和空间布局；
④ 禁止开发和限制开发的范围；
⑤ 风景名胜区的游客容量；
⑥ 有关专项规划。

风景名胜区应当自设立之日起，2年内编制完成总体规划。总体规划的规划期一般为20年。

(2) 风景名胜区详细规划。

风景名胜区的详细规划应当根据核心景区和其他景区的不同要求编制，确定基础设施、旅游设施、文化设施等建设项目的选址、布局与规模，明确建设用地范围和规划设计条件。并应当符合风景名胜区总体规划。风景名胜区总体规划的规划期届满前两年，规划组织的编制机关应当组织专家对规划进行评估，做出是否重新编制规划的决定。在新规划批准前原规划继续有效。

(3) 风景名胜区规划的审批。

国家级的风景名胜区的总体规划，由省、自治区、直辖市人民政府审查后，报国务院审批。国家级风景名胜区详细规划，由省、自治区人民政府建设主管部门或者直辖市人民政府风景名胜区主管部门报国务院建设主管部门审批。省级名胜区的总体规划，由省、自治区、直辖市人民政府审批报国务院建设主管部门备案。省级风景名胜区的详细规划，由省、自治区、直辖市人民政府建设主管部门或直辖市人民政府风景名胜区主管部门审批。

风景名胜区规划经批准后，风景名胜区内的单位和个人应当遵守、服从规划管理，未经批准，不得在风景名胜区内进行各类建设活动。

(4) 风景名胜区规划的修改。

经批准的风景名胜区规划不得擅自修改。如确需对风景名胜区总体规划中的风景名胜区的范围、性质、保护目标、生态资源保护措施、重大建设项目布局、开发利用强度以及风景名胜区的功能结构、空间布局、游客容量等进行修改的，应当报原审批机关批准；对其他内容进行修改的，应当报原审批机关备案。

风景名胜区详细规划确需修改的，应当报原审批机关批准。

政府或者政府部门修改风景名胜区规划，对公民、法人或其他组织造成财产损失的，应当依法给予补偿。

2. 风景名胜区的保护

(1) 风景名胜区的景观和自然环境，应当根据可持续发展的原则，严格保护，不得破坏或随意改变。风景名胜区管理机构，应当建立健全风景名胜资源的保护各项管理制度。风景名胜区的居民和游览者应当保护风景名胜区的景物、水体、林草植被、野生动物和各项设施。

(2) 风景名胜区的管理机构应当对名胜风景区内的重要景观进行调查、鉴定，并制定相应的保护措施。

(3) 风景名胜区禁止进行下列活动：
① 开山、采石、开矿、开荒、修坟、立碑等破坏景观、植被和地形地貌的活动；
② 修建储存爆炸性、易燃性、放射性、毒害性、腐蚀性物品设施；
③ 在景物或设施上刻画、涂污；
④ 乱扔垃圾。

(4) 禁止违反名胜区规划，在名胜景区内设立各类开发区和在核心景区建设宾馆、招待所、培训中心、疗养院以及与风景名胜无关的其他建筑。已经建设的应当按照风景区的规划逐步迁出。

(5) 在风景名胜区内从事于上述(3)(4)禁止范围以外的建设活动，应经风景名胜区管理机构审核后，依照有关法律、法规的规定办理审批手续。

在国家风景名胜区内修建缆车、索道等重大建设工程，项目的选址方案应当报国务院建设主管部门核准。

(6) 在风景名胜区进行下列活动，应当经风景名胜区管理机构审核后，依照有关法律、法规的规定报有关主管部门批准。
① 设置张贴商业广告；
② 举办大型游乐等活动；
③ 改变水资源、水环境的自然状态的活动；

④ 其他影响景观的活动。

(7) 风景名胜区内的建设项目应当符合风景名胜区规划，并与景观相协调，不得破坏景观、污染环境、妨碍游览。

在风景名胜区内进行建设活动的，建设单位、施工单位应当制定污染防治和水土保持方案，并采取有效措施，保护好周围景物、水体、林草植被、野生动物资源和地形地貌。

(8) 国家建立风景名胜区管理信息系统，对风景名胜区规划实施和资源保护情况进行动态监测。

3. 风景名胜区的利用和管理

1) 风景名胜区的利用

风景名胜区管理机构应当根据风景名胜区的特点，保护民族民间传统文化，开展健康有益的游览观光和文化娱乐活动，普及历史文化和科学知识。

2) 风景名胜区管理机构

风景名胜区管理机构应当根据风景名胜区规划，合理利用风景名胜资源，改善交通、服务设施和游览条件。

风景名胜区管理机构应当在风景名胜区内设置风景名胜区标志和路标、安全警示等标牌。

风景名胜区内宗教活动场所的管理，依照国家有关宗教活动场所管理的规定执行。

风景名胜区内涉及自然资源保护、利用、管理和文物保护以及自然保护区管理的，还应当执行国家有关法律、法规的规定。

国务院建设主管部门应当对国家级风景名胜区的规划实施情况、资源保护状况进行监督检查和评估。对发现的问题，应当及时纠正、处理。

风景名胜区管理机构应当建立健全安全保障制度，加强安全管理，保障游览安全，并督促风景名胜区内的经营单位接受有关部门依据法律、法规进行的监督检查。

关于风景名胜区的规划保护、利用和管理，详见《风景名胜区条例》、《国家重点风景名胜区总体规划编制报批管理规定》等相关法规的规定。

城市地下空间的开发和利用，应当与经济和技术发展水平相适应，遵循统筹安排、综合开发、合理利用的原则，充分考虑防火减灾、人民防空和通信等需要，并符合城市规划要求，履行规划审批手续。

城乡规划确定的铁路、公路、港口、机场、道路、绿地、输配电设施及输电线路走廊、通信设施、广播电视设施、管道设施、河道、水库、水源地、自然保护区、防汛道路、消防通道、核电站、垃圾填埋场及焚烧厂、污水处理厂和公共服务设施的用地以及其他需要依法保护的用地，禁止擅自改变用途。

3.3.5 城乡规划管理许可证制度

1. 建设项目选址意见书制度

《城乡规划法》第三十六条规定："按照国家规定需要有关部门批准或者核准的建设

项目(包括新建、扩建、改建工程项目)，划拨方式提供国有土地使用权的，建设单位在报送有关部门批准或者核准前，应当向城乡规划主管部门申请核发选址意见书。其他建设项目则不需要申请选址意见书。"按照该条的规定，在城乡规划区内的建设项目的选址和布局都必须符合城乡规划，并经城市规划行政主管部门核发选址意见书。

1) 选址意见书的概念

选址意见书是指建设项目在立项过程中，在上报的设计任务书中附有由城市规划行政主管部门提出的建设项目场地选择在那个城市或那个地区地段的意见书等文件。实行建设项目选址意见书制度，城乡规划、行政主管部门应当参加建设项目设计任务书阶段的选址工作，对确定安排在城市规划区内的建设项目，从城市规划方面提出选址意见书。设计任务书报请批准时，必须附有城市规划行政主管部门的选址意见书，这样可以确保建设项目能按照规划实施。

在城乡规划区内进行建设工程项目，其选址和布局应符合城市规划要求，建设项目的用地应符合城市用地性质，其建筑布局、基础设施、交通、动力等规划应同城市规划相协调。特别是大、中型项目，选址布局对城市规划影响大。城市在可行性研究阶段，是通过宏观管理和规划管理来控制建设项目的选址布局。实行选址意见书制度，可以是城市将宏观管理与规划管理统一起来，确保建设项目按照规划实施，做到有利生产、方便生活、节约土地、保护环境，以取得良好的经济效益，社会效益和环境效益。

2) 建设项目选址意见书的内容

(1) 建设项目的基本情况。

主要是建设项目的名称、性质、用地与建设规模，供水与能源的需求量，采取的运输方式与运输量，以及废水、废气、废渣的排放方式和排放量。

(2) 建设项目规划选址的主要依据。

① 经批准的项目建议书；

② 建设项目与城市规划布局的协调；

③ 建设项目与城市交通、通信、能源、市政、防灾规划的衔接与协调；

④ 建设项目配套的生活设施与城市生活居住及公共设施规划的衔接与协调；

⑤ 建设项目对城市环境可能造成的污染影响，以及与城市环境规划和风景名胜、文物古迹保护规划协调；

(3) 建设项目选址、用地范围和具体规划要求。

除上述内容外，建设项目选址意见书还应包括项目地址和用地范围的附图和明确有关问题的附件。

3) 选址意见书的审批和管理

建设项目选址意见书的审批权限实行分级规划管理。

县人民政府计划行政主管部门审批的建设项目，由县人民政府城市规划行政主管部门核发选址意见书；

地级、县级市人民政府计划行政主管部门审批的建设项目，由该市人民政府城市规划行政主管部门核发选址意见书；

直辖市、计划单列市人民政府计划行政主管部门审批的建设项目，由直辖市、计划单列市人民政府城市规划行政主管部门核发选址意见书；

省、自治区人民政府计划行政主管部门审批的建设项目，由项目所在地县、市人民政府城市规划行政主管部门提出审查意见，报省、自治区人民政府城市规划行政主管部门核发选址意见书；

中央各部门、公司审批的小型和限额以下的建设项目，由项目所在地县、市人民政府城市规划行政主管部门核发选址意见书；

国家审批的大中型和限额以上的建设项目，由项目所在地县、市人民政府城市规划行政主管部门提出审查意见，报省、自治区、直辖市、计划单列市人民政府城市规划行政主管部门核发选址意见书，并报国务院城市规划行政主管部门备案。

对于符合手续的项目，各级人民政府、城市规划行政主管部门，应在规定的审批期内，核发选址意见书，不得无故拖延。

2. 建设用地规划许可证制度

1) 建设用地规划许可证概念

建设用地规划许可证是指城乡规划行政主管部门根据建设单位和个人提出的建设用地申请，依据城乡规划和建设项目的用地需求，确定建设用地的位置、面积和界线的法定凭证。

2) 划拨建设用地规划许可证

《城乡规划法》第三十七条规定："在城市、镇规划区内以划拨方式提供国有土地使用权的建设项目，经有关部门批准、核准备案后，建设单位应向城市、县人民政府城乡规划主管部门提出建设用地许可申请，由城市、县人民政府城乡规划主管部门依据控制性详细规划核定建设用地的位置、面积、允许建设的范围，核发建设用地规划许可证。建设单位在取得建设用地规划许可证后，方可向县级以上地方人民政府土地主管部门申请用地，经县级以上人民政府审批后，由土地主管部门划拨土地。"

3) 出让建设用地规划许可证

(1) 管理建设用地规划许可证部门。

全国建设用地土地使用权出让、转让规划管理，由国务院城市规划行政主管部门负责指导工作。省、自治区、直辖市行政区域内建设用地土地使用权出让、转让规划管理，由本省、自治区、直辖市、人民政府城镇规划行政主管部门负责指导工作。

城镇规划区内建设用地土地使用权出让、转让的规划管理，由直辖市、市和县人民政府城镇规划行政主管部门负责。

(2) 出让建设用地规划的条件。

《城乡规划法》第三十八条规定："在城市、镇规划区内以出让方式提供国有土地使用权的，在国有土地使用权出让前，城市、县人民政府城乡规划主管部门应当依据控制性详细规划，提出出让地块的位置、使用性质、开发强度等规划条件，作为国有土地使用权出让合同的组成部分。未确定规划条件的地块，不得出让国有土地使用权。"

建设用地土地权出让的投放量，应当与城镇土地的资源、经济社会的发展和市场对土地的使用相适应。城镇主管部门和有关部门应根据城镇规划实施的要求，编制城镇区域内建设用地土地使用权出让规划，包括地块性质、数量、位置、用地面积及出让步骤，以保证建设用地土地使用权出让有序进行。

在城镇出让的地块必须具有城镇规划行政主管部门提出的规划设计条件及附图，规划设计条件包括：地块的土地使用性质、地块的面积、容积率、建筑密度、建筑高度、停车泊位、主要出入口、绿地率、必须配套的公共设施、工程设施、建筑界线及其他要求。出让地块的附图应当包括地块区位和现状，地块坐标、标高，道路红线坐标、标高，出入口位置、建筑界线以及地块周围地区环境及道路、水、电、气等基础设施条件。

国有土地使用权出让合同、转让合同必须附具规划及附图。

(3) 建设规划许可证领取。

以出让方式取得国有土地使用权的建设项目，在签订国有土地使用权出让合同后，建设单位应当持建设项目的批准、核准、备案文件和国有土地使用权出让合同，向城市、县人民政府城乡规划主管部门领取建设用地规划许可证。

城市、县人民政府城乡规划主管部门不得在建设用地规划许可证中，擅自改变作为国有土地使用权出让合同组成部分的规划条件。

《城乡规划法》第三十九条规定："规划条件未纳入国有土地使用权出让合同的，该国有土地使用权出让合同无效；对未取得建设用地规划许可证的建设单位批准用地的，由县级以上人民政府撤销有关批准文件；占用土地的，应当及时退回；给当事人造成损失的，应当依法给予赔偿。"

4) 建设用地规划许可证的内容

建设用地的审批程序如下。

(1) 现场踏勘。城市规划行政主管部门受理了建设单位建设用地申请后，应同建设单位会同有关部门到选址地点进行现场调查和踏勘，核对有关申请内容，及时发现问题，予以解决。

(2) 征求意见。城乡规划行政主管部门应当在审批建设用地前，征求环保、消防、文物保护、土地管理等相关部门的意见。

(3) 提供设计条件。城乡规划行政主管部门初审通过后，可向建设单位提供建设用地地址与范围的红线图，在红线图上应标明场址现状和规划道路，并提出用地规划条件和要求。建设单位可根据已批准的红线图委托方案设计。

(4) 审查总平面图。主要审查建设用地性质、规模、布局和运输方式等是否符合城市规划的要求。建构筑物及工程设施是否符合合理用地、节约用地的原则。

(5) 核审用地面积。根据城乡规划设计用地定额指标结合该建设用地具体情况，核审用地面积，防止浪费土地。

(6) 核发建设用地规划许可证。经城乡规划行政主管部门按照建设用地审批程序批准后，应由该部门核发建设用地规划许可证。

5) 建设用地审批后的管理

建设用地审批后，城乡规划行政主管部门应加强监督、检查。对征用划拨的土地进行复核，对于建设用地的使用情况进行监督检查，以便发现问题及时解决。

6) 临时用地的管理

在城市、镇规划区内进行临时建设的，应当经城市、县人民政府城乡规划主管部门批准。临时建设影响近期建设规划或者控制性详细规划的实施以及交通、市容、安全等的，不得批准。

临时建设应当在批准的使用期限内自行拆除。临时建设和临时用地规划管理的具体办法，由省、自治区、直辖市人民政府制定。

临时用地是指在城市、镇规划内进行临时建设时，由于施工堆料、堆场或其他情况需要临时使用并按期收回的土地。建设单位需要临时用地，须持上级主管部门批准的临时用地文件，向城市规划部门申请用地，经批准后，发给临时建设用地许可证。临时用地期限一般不超过两年，临时用地到期后，建设单位应自行拆除。

3. 建设工程规划许可证制度

1) 建设工程规划许可证概念

建设工程规划许可证是指在城市、镇规划区内进行建筑物、构筑物、道路、管线或其他工程建设的建设单位或者个人，按照规定，向城乡规划行政主管部门申请领取建设工程的法律凭证。

2) 建设工程规划许可证的申请和核发

《城乡规划法》第四十条规定："在城市、镇规划区内进行建筑物、构筑物、道路、管线和其他工程建设的。建设单位或者个人应当向城市、县人民政府城乡规划主管部门或者省、自治区、直辖市人民政府确定的镇人民政府申请办理建设工程规划许可证。"

申请办理建设工程规划许可证，应当提交使用土地的有关证明文件、建设工程设计方案等材料。需要建设单位编制修建性详细规划的建设项目，还应当提交修建性详细规划。对于符合控制性详细规划和规划条件的。由城市、县人民政府城乡规划主管部门或者省、自治区、直辖市人民政府确定的镇人民政府核发建设工程规划许可证。

城市、县人民政府城乡规划主管部门或者省、自治区、直辖市人民政府确定的镇人民政府应当依法将经审定的修建性详细规划、建设工程设计方案的总平面图予以公布。

3) 乡村建设工程规划许可证申请与核发

《城乡规划法》第四十一条规定："在乡、村庄规划区内，进行乡镇企业、乡村公共设施和公益事业建设的，建设单位或者个人，应当向乡、镇人民政府提出申请，由乡镇人民政府报城市、县人民政府城乡规划主管部门核发乡村建设规划许可证。在乡、村庄规划区内使用原有宅基地进行农村村民住宅建设的规划管理办法，由省、自治区、直辖市制定。"

在乡、村庄规划区内进行乡镇企业、乡村公共设施和公益事业建设以及农村村民住宅建设，不得占用农用地；确需占用农用地的，应当依照《中华人民共和国土地管理法》有关规定办理农用地转用审批手续后，由城市、县人民政府城乡规划主管部门核发乡村建设规划许可证。

建设单位或者个人在取得乡村建设规划许可证后，方可办理用地审批手续。

建设工程规划许可证，不仅保证了建设单位和个人进行建设活动的合法权益；也是城市规划管理人员对建设活动进行监督检查的法定依据；同时也是城市建设档案的重要内容。因此，在城市、镇规划区内进行建设活动，应依法严格实施建设工程规划许可制度，以保证城乡建设有序、有效实施。

城乡建设主管部门不得在城乡规划确定的建设用地范围以外做出规划许可。

4) 规划条件的变更

建设单位应当按照规划条件进行建设。确需变更的必须向城市、县人民政府城乡规划主管部门提出申请。变更内容不符合控制性详细规划的，城乡规划主管部门不得批准。城市、县人民政府城乡规划主管部门应当及时将依法变更后的规划条件通报同级土地主管部门并公示。建设单位应当及时将依法变更后的规划条件报有关人民政府土地主管部门备案。

5) 建设工程规划许可证的内容

(1) 建设工程的审批。

城市建设工程是城市的重要组成部分，是影响城市环境、城市风貌、城市经济和社会发展的重要因素。因此，各项建设工程应严格遵守城市规划，凡在规划区内的建设活动，都必须由规划行政主管部门的审查批准，方可进行。

建设单位或个人取得建设用地规划许可证后，可依法向土地管理部门领取土地使用权证，然后向规划行政主管部门提出建设申请。

(2) 建设工程审批后的管理。

建设工程经核准后，规划行政管理部门应加强监督检查，内容如下：

① 验线。

检查建设工程施工放线是否符合建设工程规划许可证的要求，并经规划行政主管部门确认无误后，方可施工。

② 现场检查。

城市规划管理人员到施工现场或有关单位，检查建设工程的位置、施工等是否符合规划条件，建设单位或个人应予以配合。

6) 规划条件的核实

《城乡规划法》第四十五条规定："县级以上地方人民政府城乡规划主管部门按照国务院规定对建设工程是否符合规划条件予以核实。未经核定不符合规划条件的，建设单位不得组织竣工验收。建设单位应当在竣工验收后六个月内向城乡规划主管部门报送有关竣工验收资料。"

7) 临时建设的管理

临时建设是指经规划主管部门批准在规划区内建设的临时使用并限期拆除的建构筑物及其他设施。临时建设应当办理《临时建设工程规划许可证》，各个城市对此都有明确的规定。

《城乡规划法》第四十四条规定："在城市、镇规划区内进行临时建设的，应当经城市、县人民政府城乡规划主管部门批准。临时建设影响近期建设规划或者控制性详细规划的实施以及交通、市容、安全等的，不得批准。临时建设应当在批准的使用期限内自行拆除。"

3.3.6 规划设计单位资格管理制度

1. 原则规定

《城乡规划法》第二十四条规定："城乡规划组织编制机关应当委托具有相应资质等级的单位承担城镇规划的具体编制工作。从事城乡规划编制工作应当具备下列条件，并经国务院城乡规划主管部门或者省、自治区、直辖市人民政府城乡规划主管部门依法审查合格，取得相应等级的资质证书后，方可在资质等级许可的范围内从事城乡规划的编制工作。"

(1) 有法人资格；
(2) 有规定数量的经国务院城乡规划主管部门注册的规划师；
(3) 有规定数量的相关专业技术人员；
(4) 有相应的技术装备；
(5) 有健全的技术、质量、财务管理制度。

依据本条规定，凡从事城市规划设计活动的单位，必须按照规定申请资格证书，经审查合格并取得《城市规划设计证书》后，方可承担城市规划设计任务。任何无证单位，均不得承担城市规划设计任务。

2. 城市规划设计资格证书及分级标准

城市规划设计资格分为甲、乙、丙、丁四级。城市规划设计证书按下列标准进行分级：

1) 甲级

(1) 甲级城市规划设计单位应是技术力量雄厚，专业配套齐全，单位专业技术人员级配合理，高级技术职称和其他技术人员的比例不小于1：5，其中城市规划专业有二名以上高级技术职称人员，建筑、经济、道路交通、园林绿化、给排水、电力、电讯、煤气热力、区域规划、环保等专业至少有15名具有大专以上学历，从事规划设计十五年以上的技术骨干。

(2) 单位承担过两次20万人口以上城市总体规划编制(含修改或调整)任务。

(3) 单位专业技术具有国内同行业先进水平，近五年内有过下列成就之一者：获得两项部、省级以上优秀城市规划设计奖；具有一定的科研力量，近五年内获得两项以上部、省级以上科技进步奖；近五年内承担过国家、部级标准、规范、定额的编制工作。

(4) 单位有先进的技术装备，其中计算机(32位以上的微机)及配套辅助设备齐全，并有一定计算机软件开发能力。

(5) 单位有健全的技术、质量、经营、财务管理制度，有较高的综合管理水平，持有省、部级全面质量管理达标验收合格证书和财务管理达到省、部级三级标准。

2) 乙级

(1) 乙级城市规划设计单位应是技术力量强，专业配置齐全，专业技术人员级配合理，高级技术职称与其他技术人员比例不小于1：6。其中城市规划专业有二名以上高级技术职称人员，建筑、经济、道路交通、给排水、电力、电讯、煤气热力、区域规划、环保等专业至少有10名具有大专以上学历，从事城市规划设计十年以上的技术骨干。

(2) 单位独立承担过两次设市城市总体规划编制(含修改或调整)任务。

(3) 单位近五年内有下列成就之一者：获得一项省级以上优秀设计奖；近五年获一项省级科技进步奖；近五年内承担过省级标准、规范、定额的编制工作。

(4) 单位有较先进的配套技术装备和计算机应用设备。

(5) 单位有一定的综合管理水平，持有市以上全面质量管理达标验收证书和市级财务达标。

3) 丙级

(1) 丙级城市规划设计单位具有较强的技术力量，专业较齐全，单位专业技术人员 5 人以上，其中城市规划专业有两名以上中级技术职称人员，建筑、经济、道路交通、园林绿化、给排水等专业，至少有 6 名六年以上城市规划设计实践经验的技术骨干。

(2) 单位独立承担过两次以上建制镇总体规划编制(含修改或调整)任务。

(3) 单位有必要的技术装备。

(4) 单位有一定的管理能力，能按全面质量管理要求进行质量管理，有必要的质量、技术、财务、行政管理制度。

4) 丁级

(1) 丁级城市规划设计单位应有一定的技术力量，专业技术人员 10 人以上，其中至少有 3 名 5 年以上城市规划设计实践经验的技术骨干。

(2) 单位承担过城市规划设计任务。

(3) 有必要的技术手段，有质量、技术等管理制度。

3. 《城市规划设计证书》的适用范围

1) 甲级

取得甲级规划设计单位，承担规划设计任务的范围不受限制。

2) 乙级

取得乙级证书的城市规划设计单位，可以承担下列规划设计。

(1) 受本省或本市委托承担本省或本市规划设计任务的范围不受限制；

(2) 20 万人口以下城市总体规划和各种专项规划的编制(含修改或调整)；

(3) 各种详细规划；

(4) 研究拟定大型工程项目选址意见书。

3) 丙级

取得丙级证书的城市规划设计单位，可以承担下列规划设计：

(1) 当地及建制镇总体规划编制和修订；

(2) 中小城市的各种详细规划；

(3) 当地各项专项规划；

(4) 中、小型工程项目选址的可行性研究。

4) 丁级

取得丁级证书的城市规划设计单位，可以承担下列规划设计：

(1) 小城市及建制镇的各种详细规划；

(2) 当地各种小型专项规划设计；

(3) 小型工程项目选址的可行性研究。

4. 资格审批与管理

1) 资格审批

申请《城市规划设计证书》的单位，必须具备下列基本条件；

(1) 有符合国家规定，依照法定程序批准设立独立机构的文件；
(2) 有明确的名称、组织机构、法人代表和固定的工作场所、健全的财务制度；
(3) 符合《城市规划设计资格证书》分级标准规定的条件。

城市规划设计单位的资质实行分级审批制度。申请甲、乙级规划设计资格单位，经省、自治区、直辖市城乡规划主管部门初审，签署意见后报国务院城市规划行政主管部门审批。丙、丁级城市规划设计单位资格，由各省、自治区、直辖市城市规划行政主管部门审批。

申请城市规划设计证书的单位，须填写申请表一式五份。申请甲级城市规划设计资格由国家城市规划行政主管部门组织城市规划资格审查委员会审定，住建部颁发《城市规划设计证书》。乙级城市规划设计单位资格由各省、自治区、直辖市城市规划行政主管部门审查，报住建部城市规划司平衡，住建部颁发《城市规划设计证书》。丙、丁级城市规划设计单位资格由各省、自治区、直辖市城市规划主管部门，经省、自治区、直辖市城市规划资格审查委员会审定，由省、自治区、直辖市城市规划行政主管部门审批并颁发《城市规划设计证书》。并将取得证书单位名单报国家城市规划主管部门备案。

2) 资格管理

(1) 城市规划设计资格每三年由原初审部门进行一次检查或复查，对确实具备条件的单位可按分级标准办理升级手续；对不具备所持证书等级条件的，应报原发证部门降低其资格等级或收回其证书。

(2) 城市规划单位如撤销，应向原发证部门办理证书的注销手续。城市规划设计单位合并应按上述有关规定重新申请。

(3) 持有城市规划设计资格证书的单位应承揽与本单位资格等级相符的规划设计任务；跨省、自治区、直辖市承揽规划设计任务的单位应持证书副本到任务所在地的省一级城市规划行政主管部门申报，认可后即可承担规划设计任务。

(4) 城市规划设计单位提交的设计文件，必须在文件封面注明单位资格等级和证书编号。审查规划设计文件时要核实城市规划设计单位的资格。

城市规划证书是从事城市规划设计的资格凭证，只限持证单位使用，不得转让，不得超越证书规定的范围承揽任务。

3.3.7 城市规划从业人员执业资格审查制度

1. 注册城市规划师概念

注册城市规划师是指通过全国统一考试，取得注册城市规划师执业资格证书，并经注册登记后从事城市规划业务工作的专业技术人员。

2. 注册城市规划师报考条件

具备以下条件之一者，可申请参加注册城市规划师执业资格考试。
(1) 取得城市规划专业大专学历，并从事城市规划业务工作满 6 年；
(2) 取得城市规划专业大学本科学历，并从事城市规划业务工作满 4 年；或取得城市规划相近专业大学本科学历，并从事城市规划业务工作满 5 年；

(3) 取得通过评估的城市规划专业大学本科学历，并从事城市规划业务工作满 3 年；

(4) 取得相近专业硕士学位，并从事城市规划业务工作满 3 年；

(5) 取得城市规划专业硕士学位或相近专业博士学位，并从事城市规划业务工作满 2 年；

(6) 取得城市规划专业博士学位，并从事城市规划业务工作满 1 年；

(7) 人事部、住建部规定的其他条件。

3. 注册城市规划师考试

注册城市规划师执业资格考试实行全国统一大纲、统一命题、统一组织的办法。考试工作由人事部、住建部共同负责，日常工作委托全国城市规划执业制度管理委员会办公室承担，具体考务工作委托人事部人事考试中心组织实施，原则上每年举行一次。住建部负责组织有关专家编制考试大纲、编写培训教材和组织命题工作，统一规划并组织考前培训等有关工作。人事部负责组织有关专家审定考试科目、考试大纲和试题，会同住建部对考试进行检查、监督和指导。并负责组织或授权组织实施考务工作。

注册城市规划师职业水平考试科目有《城市规划原理》、《城市规划相关知识》、《城市规划管理与法规》和《城市规划实务》4 个科目。其中《城市规划实务》为主观题，其余三科为客观题。考试科目要求在连续两个年度内全部考过。

注册城市规划师执业资格考试合格者，由省、自治区、直辖市人事部门颁发人事部统一印制、人事部和住建部用印的中华人民共和国注册城市规划师执业资格证书。

4. 注册城市规划师注册与管理

1) 注册规划师的管理

住建部及各省、自治区、直辖市规划行政主管部门负责注册城市规划师的注册管理工作。各级人事部门对注册城市规划师的注册情况有检查、监督的责任。

2) 证书颁发与注册规定

取得注册城市规划师执业资格证书申请注册的人员，可由本人提出申请，经所在单位同意后报所在地省级城市规划行政主管部门审查，统一报住建部注册登记。经批准注册的申请人，由住建部核发《注册城市规划师注册证》。

申请注册的人员必须同时具备以下条件。

(1) 遵纪守法，遵守注册城市规划师职业道德；

(2) 取得注册城市规划师执业资格证书；

(3) 所在单位考核同意；

(4) 身体健康，能坚持在注册城市规划师岗位上工作。

再次注册者，应经单位考核合格并有参加继续教育、业务培训的证明。

注册城市规划师每次注册有效期为三年。有效期满前三个月，持证者应当重新办理注册登记。

3) 撤销注册的规定

注册城市规划师有下列情况之一的，其所在单位应及时向所在省级城市规划行政主管部门报告，有关的省级城市规划行政主管部门必须及时向住建部办理撤销注册手续。

(1) 完全丧失民事行为能力的；
(2) 受到刑事处罚的；
(3) 脱离注册城市规划师岗位连续 2 年以上；
(4) 因在城市规划工作中的失误造成损失，受到行政处罚或者撤职以上行政处分的。

被撤销注册的当事人对撤销注册有异议的，可以在接到撤销注册通知之日起 15 日内向住建部申请复议。

5. 注册城市规划师的权利和义务

(1) 注册城市规划师应严格执行国家有关城市规划工作的法律、法规和技术规范，秉公办事，维护社会公众利益，保证工作成果质量。

(2) 注册城市规划师对所经办的城市规划工作成果的图件、文件以及建设用地和建设工程规划许可文件有签名盖章权，并承担相应的法律和经济责任。

(3) 注册城市规划师有权对违反国家有关法律、法规和技术规范的要求及决定提出劝告。

(4) 注册城市规划师应保守工作中的技术和经济秘密。

(5) 注册城市规划师不得同时受聘于二个或二个以上单位执行城市规划业务。不得准许他人以本人名义执行业务。

(6) 注册城市规划师按规定接受专业技术人员继续教育，不断更新知识，提高工作水平。参加规定的专业培训和考核，并作为重新注册登记的必备条件之一。

3.4 城市规划的修改

依法批准的城乡规划，是城乡建设和规划管理的依据，一经批准，应严格执行。但由于城市规划具有长期性，其期限一般为二十年，在这期间我国正处于改革开放、依法治国、经济持续快速发展、建设小康社会的时期。由于客观形势的发展，原先制定的城市规划难以完全适应这一变化。为了不影响城市建设和发展，适应经济发展和社会发展客观要求，就必须对现有规划进行及时的调整，以便在法律上明确省域城镇体系规划、城市总体规划、镇总体规划修改的条件和程序。

3.4.1 总体规划的修改

《城乡规划法》第四十六条规定："省域城镇体系规划、城市总体规划、镇总体规划的组织编制机关，应当组织有关部门和专家定期对规划实施情况进行评估，并采取论证会、听证会或者其他方式征求公众意见。组织编制机关应当向本级人民代表大会常务委员会、镇人民代表大会和原审批机关提出评估报告并附具征求意见的情况。"

有下列情形之一的，组织编制机关方可按照规定的权限和程序修改省域城镇体系规划、城市总体规划、镇总体规划。

(1) 上级人民政府制定的城乡规划发生变更，提出修改规划要求的；

(2) 行政区划调整确需修改规划的；
(3) 因国务院批准重大建设工程确需修改规划的；
(4) 经评估确需修改规划的；
(5) 城乡规划的审批机关认为应当修改规划的其他情形。

修改省域城镇体系规划、城市总体规划、镇总体规划前，组织编制机关应当对原规划的实施情况进行总结，并向原审批机关报告；修改涉及城市总体规划、镇总体规划强制性内容的，应当先向原审批机关提出专题报告，经同意后，方可编制修改方案。

修改后的省域城镇体系规划、城市总体规划、镇总体规划，应当依照《城乡规划法》第十三条、第十四条、第十五条和第十六条规定的审批程序报批。

3.4.2 详细规划的修改

《城乡规划法》第四十八条规定：修改控制性详细规划的，组织编制机关应当对修改的必要性进行论证，征求规划地段内利害关系人的意见，并向原审批机关提出专题报告，经原审批机关同意后，方可编制修改方案。修改后的控制性详细规划，应当依照《城乡规划法》第十九条、第二十条规定的审批程序报批。控制性详细规划修改涉及城市总体规划、镇总体规划的强制性内容的，应当先修改总体规划。

修改乡规划、村庄规划的，应当依照《城乡规划法》第二十二条规定的审批程序报批。

城市、县、镇人民政府修改近期建设规划的，应当将修改后的近期建设规划报总体规划审批机关备案。

在选址意见书、建设用地规划许可证、建设工程规划许可证或者乡村建设规划许可证发放后，因依法修改城乡规划给被许可人合法权益造成损失的，应当依法给予补偿。

经依法审定的修建性详细规划、建设工程设计方案的总平面图不得随意修改；确需修改的，城乡规划主管部门应当采取听证会等形式，听取利害关系人的意见；因修改给利害关系人合法权益造成损失的，应当依法给予补偿。

3.5 违反城乡规划法的法律责任

在城乡规划区内进行建设，必须严格执行《城乡规划法》的规定，对于违反《城乡规划法》的任何单位和个人以及规划行政主管部门和工作人员，都应承担相应的法律责任。

3.5.1 建设单位法律责任

1. 违规建设的法律责任

《城乡规划法》第六十四条规定："未取得建设工程规划许可证或者未按照建设工程规划许可证的规定进行建设的，由县级以上地方人民政府城乡规划主管部门责令停止建设；尚可采取改正措施消除对规划实施影响的，限期改正，处建设工程造价百分之五以上百之十以下罚款；无法采取改正措施消除影响的，限期拆除，不能拆除的，没收实物或者违法收入，可以并处建设工程造价百分之十以下的罚款。"

2. 违规进行乡村建设的法律责任

《城乡规划法》第六十五条规定："在乡、村庄规划区内未依法取得乡村建设规划许可证或者未按照乡村建设规划许可证的规定进行建设的，由乡、镇人民政府责令停止建设、限期改正；逾期不改正的，可以拆除。"

3. 违规进行临时建设的法律责任

《城乡规划法》第六十六条规定：建设单位或者个人有下列行为之一的，由所在地城市、县人民政府城乡规划主管部门责令限期拆除，可以并处临时建设工程造价一倍以下的罚款。

(1) 未经批准进行临时建设的；
(2) 未按照批准内容进行临时建设的；
(3) 临时建筑物、构筑物超过批准期限不拆除的。

4. 违规未报竣工验收资料的法律责任

《城乡规划法》第六十七条规定："建设单位未在建设工程竣工验收后六个月内向城乡规划主管部门报送有关竣工验收资料的，由所在地城市、县人民政府城乡规划主管部门责令限期补报；逾期不补报的，处一万元以上五万元以下的罚款。"

3.5.2 规划主管部门工作人员的法律责任

(1) 对依法应当编制城乡规划而未组织编制，或者未按法定程序编制审批、修改城乡规划的，由上级人民政府责令改正，通报批评；对有关人民政府负责人和其他直接责任人员依法给予处分。

(2) 城乡规划组织编制机关委托不具有相应资质等级的单位编制城乡规划的，由上级人民政府责令改正，通报批评；对有关人民政府负责人和其他直接责任人员依法给予处分。

(3) 镇人民政府或者县级以上人民政府城乡规划主管部门有下列行为之一的，由本级人民政府、上级人民政府城乡规划主管部门或者监察机关依据职权责令改正，通报批评；对直接负责的主管人员和其他直接责任人员依法给予处分：

① 未依法组织编制城市的控制性详细规划、县人民政府所在地镇的控制性规划的；
② 超越职权或者对不符合法定条件的申请人核发选址意见书、建设用地规划许可证、建设工程规划许可证、乡村建设规划许可证的；
③ 对符合法定条件的申请人未在法定期限内核发选址意见书、建设用地规划许可证、建设工程规划许可证、乡村建设规划许可证的；
④ 未依法对经审定的修建性详细规划、建设工程设计方案的总平面图予以审批的；
⑤ 同意修改修建性详细规划、建设工程设计方案的总平面图未采取听证会议形式听取利害关系人的意见的；

⑥ 发现未依法取得规划许可或者违反规划许可的规定在规划区内进行建设违规行为，而不予查处或者接到举报后不依法处理的。

(4) 县级以上人民政府有关部门有下列行为之一的，由本级人民政府或者上级人民政府有关部门责令改正，通报批评；对直接负责的主管人员和其他直接责任人员依法给予处分。

① 对未依法取得选址意见书的建设项目核发建设项目批准文件的；

② 未依法在国有土地使用权出让合同中确定规划条件或者改变国有土地使用出让合同中依法确定的规划条件的；

③ 对未依法取得建设用地规划许可证的建设单位划拨国有土地使用权的。

3.5.3 城乡规划编制单位法律责任

(1) 城乡规划编制单位有下列行为之一的，由所在地城市、县人民政府及乡规划主管部门责令限期改正，处合同约定的规划编制费一倍以上二倍以下的罚款，情节严重的，责令停业整顿，由原发证机关降低资质等级或者吊销资质证书；造成损失的，依法承担赔偿责任：

① 超越资质等级许可的范围承揽城乡规划编制工作；

② 违反国家有关标准编制城乡规划。

未依法取得资质证书承揽城乡规划编制工作的，由县级以上地方人民政府城乡规划主管部门责令停止违法行为，依照前款规定处以罚款；造成损失的，依法承担赔偿责任。

以欺骗手段取得资质证书承揽城乡规划编制工作的，由原发证机关吊销资质证书，并依照②规定处以罚款；造成损失的，依法承担赔偿责任。

(2) 城乡规划编制单位取得资质证书后，不再符合相应的资质条件的，原发证机关责令限期改正；逾期不改正的，降低资质等级或者吊销资质证书。

案例实训

案例1：无"一书两证"违法建设酒店[①]

××旅游房地产发展有限公司在××市度假区××路××号投资两亿多元建××花园酒店及配套用房 21 668.99m^2。酒店有各类客房 200 余间，包括一幢联体别墅和多幢单体别墅。酒店于 2004 年 11 月 20 日正式对外试营业，该市多名高层领导参加了酒店的试营业仪式。

2005 年 3 月，该市规划局公布××花园酒店为违法建筑，理由是该花园酒店未取得"一书两证"。

令人不解的是，这么重要的事情投资方当时却表示不太清楚；但最终承认，××花园酒店从 1994 年开始就已进入项目准备期；当时开工的所有批准文件都是经当地××县政府

---

① 朱昊. 建筑法规案例与评析. 北京：机械工业出版社，2007 年 7 月，21 页。

批准发放的,由于此项目跨度期长,有些项目根据需要需作变更调整,加上当地政府几次变更,对于前期的批准文件与后期的调整项目需有一个衔接过程,故有关手续一直在办理之中,从未停止过。

【案例评析】

本案的焦点问题是,××旅游房地产发展有限公司在无任何批准手续的情况下,竟能建成投资两亿多元,建筑面积为 21668.99m² 的××花园酒店及配套用房;且有××市多名高层领导参加了酒店的试营业仪式,真是不可思议。

在城市内进行工程项目的建设,必须有"一书两证"(即建设项目选址意见书、建设用地规划许可证和建设工程规划许可证),《中华人民共和国城市规划法》第三十条规定:"城市规划区内的建设工程的选址和布局必须符合城市规划。设计任务书报请批准时,必须附有城市规划行政主管部门的选址意见书";第三十一条规定:"在城市规划区内进行建设需要申请用地的,必须持国家批准建设项目的有关文件,向城市规划行政主管部门申请定点,由城市规划行政主管部门核定其用地位置和界限,提供规划设计条件,核发建设用地规划许可证。建设单位或者个人在取得建设用地规划许可证后,方可向县级以上地方人民政府土地管理部门申请用地,经县级以上人民政府审查批准后,由土地管理部门划拨土地";第三十二条规定:"在城市规划区内新建、扩建和改建建筑物、构筑物、道路、管线和其他工程设施,必须持有关批准文件向城市规划行政主管部门提出申请,由城市规划行政主管部门根据城市规划提出的规划设计要求,核发建设工程规划许可证件。建设单位或者个人在取得建设工程规划许可证件和其他有关批准文件后,方可申请办理开工手续。"××旅游房地产发展有限公司建的××花园酒店及配套用房,在未取得"一书两证"的情况下就开工,属于典型的严重违反《中华人民共和国城市规划法》的行为。没有"一书两证",意味着没有经过认证和审批,这样做是很危险的。该市地震局某高级工程师认为,××花园酒店是建在××湖岸边的山上,由于山顶不平整,随着时间的推移,房屋整体会发生不均匀沉降,引起房屋倾斜,还将带来安全隐患。此外,还有更深层的问题是,这么大规模的工程,为何在建成后才被公布为违法建筑?在××酒店的试营业仪式上,为何又有该市多名高层领导参加?

案例 2:擅自增加建筑面积,违法行为终被查处[①]

2007 年 8 月,某房地产开发有限责任公司经市规划局批准,在该市某地建设公寓大厦。该公寓楼工程由地上 18 层和 32 层两部分组成,建设规划为 7 万 m²,但该单位自主将 18 层部分加高 9 层(现为 27 层),超建设面积约 5400 平方米,因此被市规划局查处。

【案例评析】

案例 2 的焦点问题是,某房地产开发有限责任公司超建筑面积约 5400m² 的建设行为属何性质?

---

① 朱昊. 建筑法规案例与评析. 北京:机械工业出版社,2007 年 7 月,5~6 页。

《中华人民共和国城乡规划法》第六十四条规定："未取得建设工程规划许可证或者未按照建设工程规划许可证的规定进行建设的，由县级以上地方人民政府城乡规划主管部门责令停止建设；尚可采取改正措施消除对规划实施的影响的，限期改正，处建设工程造价百分之五以上百分之十以下的罚款；无法采取改正措施消除影响的，限期拆除，不能拆除的，没收实物或者违法收入，可以并处建设工程造价百分之十以下的罚款"。

根据第六十四条的规定，某房地产开发有限责任公司行为显然属于严重违法的行为。某房地产开发有限责任公司违法行为主要表现为：未按法律规定向规划行政主管部门申报修改方案，擅自将公寓大厦加高9层，非法增加建设面积约5400 m²。按照规划审批程序规定，已取得审定设计方案通知书的建设单位或申报单位，由于自身的原因，再次申报设计方案要求改变建筑高度、建筑密度、建筑布局等事项时，应持函件(详细说明改变的具体理由)和有关图纸报规划行政主管部门。规划行政主管部门协调同意后，方可受理申报，并需重新审定修改后的规划与建筑设计。该房地产开发有限责任公司未经允许，擅自修改设计，增加建筑面积，实属违法，应得到相应处罚。

案例3：临时建筑应拆除，法律尊严应维护

某市××市场的建筑物属于临时建筑，其建筑物使用时间已有5年多。该市规划国土分局认为，××市场的建筑物已超过批准的使用年限，于是下令拆除。××市场几百名个体状告规划国土分局，诉请撤销拆除令。一审法院判决中，依据《某市土地监察条例》认定××市场的建筑是违法的，应当依法拆除，规划国土分局的拆除决定对事实认定正确。但同时，法院又认为，拆除决定中规定的拆除时间违反了《某市农副产品集贸市场条例》的规定，于是以"新市场未建成，拆除××市场的时机尚不具备"为由，判令撤销拆除令。规划国土分局在一审中败诉。该分局不服一审判决提起上诉，称原审判决自相矛盾，适用法律不当，既然认为××市场已被确认为违法建筑，就不再适用于《某市农副产品集贸市场条例》。受该《条例》保护的"市场"应是合法的，而绝不应是违法建筑。此外，××市场还违反了《某市商品市场条例》，建于高架桥下，不符合城市规划，根本不符合市场的构成要件。二审法院最后做出终审判决，以"适用法律、法规错误"为由，做出撤销一审法院关于"撤销国土分局拆除××市场的处罚决定"的判决。

【案例评析】

案例3的焦点问题是，××市场的临时建筑物应不应该拆除？

《中华人民共和国城乡规划法》第四十四条规定"在城市、镇规划区内进行临时建设的，应当经城市、县人民政府城乡规划主管部门批准。临时建设影响近期建设规划或者控制性详细规划的实施以及交通、市容、安全等的，不得批准。临时建设应当在批准的使用期限内自行拆除"。根据第四十四条的规定，该市规划国土分局下令拆除××市场已超过批准使用年限建筑物的决定是正确的。一审法院在判决中的认定显然是不妥的，即不应对同一事实前面给予肯定，而后面又予以否定。二审法院最后以"适用法律、法规错误"为由，做出撤销一审法院的终审判决使该规划国土分局在与××市场个体户的官司中反败为胜，维护了规划管理的权威性和合理性，及时纠正了一审法院的错误判决。

案例4：村委会违法建厂房规划部门依法查处①

×村位于某城市规划区范围以内，该村委会为了加快农业结构调整，在村北约 222 万 m^2(3330 亩)的用地上建蔬菜大棚，占用了 100 万 m^2(1500 亩)；又经村委会集体研究，报镇政府同意，利用剩余 122 万 m^2(1830 亩)建自用的工业厂房。该市规划部门发现后，责令其立即停止施工并等待处罚。

【案例评析】

本案的焦点问题是，该村委会建厂房的行为是否违法，镇政府是否有审批的权利。村委会利用集体土地盖蔬菜大棚，进行农业生产是允许的；而建设工业厂房，则是违法的，因为，该地区是位于城市规划区范围以内。《中华人民共和国城市规划法》第三十一条规定："在城市规划区内进行建设需要申请用地的，必须持国家批准建设项目的有关文件，向城市规划行政主管部门申请定点，由城市规划行政主管部门核定其用地位置和界限，提供规划设计条件，核发建设用地规划许可证。建设单位或者个人在取得建设用地规划许可证后，方可向县级以上地方人民政府土地管理部门申请用地，经县级以上人民政府审查批准后，由土地管理部门划拨土地。"该村委会在城市规划区内建设工业厂房，虽经镇政府同意，但未经上级规划行政主管部门批准，未办理合法的报批手续，属违法建设行为。另外，县以上的人民政府才有权审批土地，而镇政府无权审批土地。

本案如何解决？《中华人民共和国城市规划法》第四十条规定："在城市规划区内，未取得建设工程规划许可证件或者违反建设工程规划许可证件的规定进行建设，严重影响城市规划的，由县级以上地方人民政府城市规划行政主管部门责令停止建设，限期拆除或者没收违法建筑物、构筑物或者其他设施；影响城市规划，尚可采取改正措施的，由县级以上地方人民政府城市规划行政主管部门责令限期改正，并处罚款。"

复习思考题

1. 简述城乡规划编制的原则。
2. 简述城乡规划编制阶段及其主要内容。
3. 选址意见书的内容有哪些？
4. 简述建设用地规划许可证的内容。
5. 简述建设工程规划许可证的内容。
6. 城市总体规划强制性内容有哪些？
7. 简述控制性详细规划的内容。
8. 简述修建性详细规划的内容。
9. 简述风景名胜区总体规划的内容。
10. 论述建设单位的法律责任。

---

① 朱昊. 建筑法规案例与评析. 北京：机械工业出版社，2007 年 7 月，3 页。

第4章
建筑勘察设计法律制度

本章介绍了建筑勘察设计法律制度的概念、建筑工程的勘察制度、建筑工程设计制度、施工图设计文件的审查制度、工程建设标准设计法律制度,以及建筑工程勘察、设计监督管理和违反建筑勘察设计制度的法律责任。

4.1 建筑勘察设计法规概述

4.1.1 建筑工程勘察设计的概念

建筑工程勘察设计是建筑工程勘察和建筑工程设计的总称。

1. 建筑工程勘察的概念

建设工程勘察是指根据建设工程的要求，查明、分析、评价建设场地的地质地理环境特征和岩土工程条件，编制建设工程文件的活动。

2. 建筑工程设计的概念

建筑工程设计是指根据建筑工程的要求，对建筑工程所需的技术、经济、资源、环境等条件进行综合分析、论证，编制建设工程设计文件的活动。

3. 建筑工程勘测设计法律制度

建筑工程勘察设计法律制度是调整工程勘察、设计活动所产生的各种社会关系法律规范的总称。各种社会关系主要有：勘察设计管理部门对从事勘察、设计活动的单位和个人的资格认证的行政管理关系，与建设单位和勘察设计单位之间因编制、审批等而发生行政审批关系；在工程建设中，建设单位同勘察设计单位之间的经济协作关系；建设工程勘察设计单位内部的管理关系。

现行的建筑工程勘察设计活动的法规主要有：《建设工程勘察设计管理条例》、《建设工程勘察设计资质管理规定》、《建设工程勘察质量管理办法》、《建筑工程设计招标投标管理办法》、《外商投资建设工程设计企业管理规定》等法规。

4.1.2 建筑工程勘察设计的原则

1. 市场准入制的原则

对从事建筑工程勘察、设计活动的单位实行资质等级管理制度，对专业技术人员实行执业资格注册管理制度。任何单位和个人必须依法从事建设工程勘察、设计活动。

2. 适应社会经济发展的原则

建设工程勘察、设计应当与社会、经济发展水平相适应，做到经济效益、社会效益和环境效益相统一。

3. 坚持先设计后施工的原则

从事建设工程勘察、设计活动，应当坚持先勘察、后设计、再施工的原则。

4. 依法设计的原则

从事建设工程勘察、设计活动的单位和个人，必须依法进行勘察、设计，严格执行工程建设强制性标准，并对建设工程勘察、设计的质量负责。

5. 采用先进技术的原则

建设工程勘察、设计活动，应采用先进技术、先进工艺、先进设备、新型材料和现代管理方法。

4.1.3 建筑工程勘察阶段划分

建筑工程勘察阶段分为可行性研究勘察、初步勘察和详细勘察三个阶段。

1. 可行性研究勘察

可行性研究勘察是在建设工程可行性研究阶段进行，也称为项目选址勘察。应根据自然条件、建设条件进行技术经济论证，提出选址比较方案。该阶段的勘察任务，应对拟建项目场址稳定性和适宜性做出评价。

2. 初步勘察

初步勘察任务是在可行性研究勘察的基础上，对场址内建筑地段的稳定性做出岩土工程评价，并确定主要建筑物的基础方案、场地总平面布置方案、不良工程地质现象的治理方案，以满足初步设计或扩大的初步设计要求。

3. 详细勘察

详细勘察阶段应对场址内的建筑物地基基础处理与加固、不良地质现象的防治工程进行岩土工程的计算与评价，满足施工图设计要求。

4.2 建筑工程的勘察设计资质管理制度

4.2.1 建设工程勘察设计资质资格管理规定

国家对从事建设工程勘察、设计活动的单位实行资质管理制度，建设工程勘察、设计单位应当在其资质等级许可的范围内，承揽建设工程勘察、设计业务，禁止建设工程勘察、设计单位超越其资质等级许可的范围或以其他建设工程勘察、设计单位的名义承揽建设工程勘察、设计业务。禁止建设工程勘察、设计单位允许其他单位或个人以本单位的名义，承揽建设工程勘察、设计业务。国家对参加建设工程勘察、设计活动的专业技术人员，实行执业资格注册管理制度，未经注册的建设工程勘察、设计人员，不得以注册执业人员的名义从事于建设工程勘察、设计活动。

4.2.2 建设工程勘察设计资质分类和分级

建设工程勘察、设计资质分为工程勘察资质和工程设计资质。

1. 工程勘察资质

工程勘察资质分为工程勘察综合资质、工程勘察专业资质、工程勘察劳务资质。

1) 工程勘察综合资质

工程勘察综合资质只设甲级；取得工程勘察综合资质的企业，可以承接各专业(海洋工程勘察除外)、各等级工程勘察业务。

2) 工程勘察专业资质

工程勘察专业资质现有岩土工程、水文地质勘察、工程测量、海洋工程勘测等专业。工程勘察专业资质设甲级、乙级，根据工程性质和技术特点，部分专业可以设丙级。取得工程勘察专业资质的企业，可以承接相应等级相应专业的工程勘察业务。

3) 工程勘察劳务资质

工程勘察劳务资质不分等级。取得工程勘察劳务资质的企业，可以承接岩土工程治理、工程钻探、凿井等工程勘察劳务业务。

2. 工程设计资质

工程设计资质分为工程设计综合资质、工程设计行业资质、工程设计专业资质和工程设计专项资质。

1) 工程设计综合资质

工程设计综合资质是指涵盖21个行业的设计资质。工程设计综合资质只设甲级；取得工程设计综合资质的企业，可以承接各行业、各等级的建设工程设计业务。

2) 工程设计行业资质

工程设计行业资质设甲级、乙级。根据工程性质和技术特点，个别行业、专业、专项资质可以设丙级(如建筑、市政、电力送变电、水利、农林、公路行业)；建筑工程专业资质可以设丁级。

取得工程设计行业资质的企业，可以承接相应行业相应等级的工程设计业务及本行业范围内同级别的相应专业、专项(设计施工一体化资质除外)工程设计业务。

工程设计行业资质是指涵盖某个行业资质标准中的全部设计类型的设计资质。工程设计行业资质分为21个行业，即煤炭、化工石化医药、石油天然气(海洋石油)、电力、冶金、军工、机械、商物粮、核工业、电子通信广电、轻纺、建材、铁道、公路、水运、民航、市政、农林、水利、海洋、建筑。

3) 工程设计专业资质

工程设计专业资质是指某个行业资质标准中的某一个专业的设计资质。如建筑行业中的建筑专业、结构专业、给排水专业、暖通空调专业。取得工程设计专业资质的企业，可以承接本专业相应等级的专业工程设计业务及同级别的相应专项工程设计业务(设计施工一体化资质除外)。

4) 工程设计专项资质

工程设计专项资质是指对行业已形成产业的专项技术，独立进行设计以及设计施工一体化而设立的资质。工程设计专项资质有建筑装饰工程设计、建筑智能化系统设计、轻型钢结构工程设计、风景园林工程设计、消防设施工程设计、环境工程设计、照明工程设计等专项资质标准。取得工程设计专项资质的企业，可以承接本专项相应等级的专项工程设计业务。

上述不同类别、不同等级资质的企业，其承担工程设计的范围，详见原建设部2007年颁布的《工程设计资质标准》中的相关规定。

4.2.3 勘察设计资质标准

勘察、设计资质证书分为《工程勘察证书》和《工程设计证书》，由住房建设部统一印制。

勘察、设计资质分为四级，即甲、乙、丙、丁四级。资质分级标准的制定主要考虑因素：技术力量、技术人员、工作条件、工程成果、技术专业和社会信誉等。

1. 甲级

(1) 技术力量雄厚，专业配备齐全，有同时承担两项复杂地质条件工程项目的勘察任务或者两项大型项目设计任务的技术骨干；
(2) 具有本行业技术专长和计算机软件的开发能力；
(3) 独立承担过本行业两项以上大型复杂地质条件工程项目的勘察或者两项大型项目的设计任务，并已投产取得好的效果；
(4) 参加过国家和部门、地方建设工程标准规范的编制工作；
(5) 建立了一套有效的全面质量管理体系；
(6) 有较先进、齐全的技术装备和固定的工作场所以及好的社会信誉。

2. 乙级

(1) 技术力量强、专业配套齐全，有同时承担两项比较复杂地质条件工程项目勘察任务或两项中型项目设计任务的技术骨干；
(2) 有相应的技术专长，能够利用国内外本行业的软件，做出比较先进的勘察、设计成果；
(3) 独立承担过本行业两项以上中型较复杂地质条件工程项目的勘察或两项中型项目的设计任务，并建成投产取得较好效果；
(4) 近五年内有一项以上的工程获得过省、部级优秀工程勘察、优秀工程设计奖；
(5) 建立了一套有效的全面质量管理体系；
(6) 有相应配套的技术装备和固定工作场所以及好的社会信誉。

3. 丙级

(1) 有一定的技术力量、专业齐全、有同时承担两项小型勘察或设计任务的技术骨干；

(2) 独立承担过本行业两项以上小型工程项目的勘察或设计任务，并已建成投产效果良好；

(3) 有较健全的管理制度；

(4) 有必要的技术装备和固定的工作场所。

4. 丁级

(1) 有一定的技术力量，有承担小型工程勘察或设计任务的技术骨干；

(2) 能承担本行业小型工程项目勘察或设计任务；

(3) 有较健全的管理制度；

(4) 有必要的技术装备和固定的工作场所。

4.2.4 勘察设计的业务范围

1. 甲级

持有甲级证书的勘察、设计单位，可在全国范围内承担证书规定的行业大、中、小型工程建设项目的工程勘察或工程设计任务。

2. 乙级

持乙级证书的勘察、设计单位，可在本省、自治区、直辖市范围内承担证书规定的行业中、小型工程建设项目的勘察或工程设计任务。跨省、自治区、直辖市承担任务的，需经项目所在地省、自治区、直辖市勘察、设计主管部门批准。

3. 丙级

持有丙级证书的勘察、设计单位，可以在本省、自治区、直辖市承担证书规定的行业小型工程建设项目的工程勘察或工程设计任务，铁道行业持有丙级证书的单位，可以在本路局内承担本专业相应的工程勘察或工程设计任务。其他行业持有丙级证书的单位需要跨省、自治区、直辖市承担任务的，应当持项目主管部门出具的证明，经项目所在的省、自治区、直辖市勘察、设计主管部门批准。

4. 丁级

持有丁级证书的勘察、设计单位，可以在确定的行业内承担证书规定的行业小型工程建设项目的工程勘察或工程设计任务。

4.2.5 建设工程勘察设计发包与承包

1. 发包与承包的规定

建设工程勘察、设计发包依法实行招标发包或直接发包。实行招标发包的建设工程勘察、设计应当符合《中华人民共和国招标投标法》的规定。直接发包的工程建设勘察、设计项目按照《建设工程勘察设计管理条例》的规定有下列建设工程：

(1) 采用特定的专利或者专有技术的；
(2) 建筑艺术造型有特殊要求的；
(3) 国务院规定的其他建设工程的勘察、设计。

发包方可以把整个建设工程的勘察、设计发包给一个勘察、设计单位，也可以将建设工程的勘察、设计分别发包给几个勘察、设计单位。发包方不得将建设工程勘察、设计业务发包给不具有相应勘察、设计资质等级的建设工程勘察、设计单位；除建设工程主体部分的勘察、设计外，经发包方书面同意，承包方可以将建设工程的其他部分的勘察、设计再分包给其他具有相应资质等级的建设工程勘察、设计单位。

建设工程勘察、设计单位不得将所承揽的建设工程勘察、设计转包；并应在勘察、设计资质证书规定的资质等级和业务范围内承揽建设工程勘察、设计业务。建设工程的勘察、设计的发包方与承包方应当执行国家规定的建设工程勘察、设计程序，并应当签订建设工程勘察、设计合同，执行国家有关建设工程勘察、设计的管理规定。

2．评标规定

建设工程勘察、设计方案评标，应当以投标人的业绩、信誉和勘察、设计人员的能力以及设计方案的优劣为依据，进行综合评定。招标人应在评标委员会推荐的候选方案中确定中标方案。如果招标人认为评标委员会推荐的候选方案不能最大限度地满足招标文件规定要求的，应当依法重新招标。

4.2.6 资质申请与审批

1．资质申请

1) 甲级资质申请程序

申请工程勘察甲级资质、工程设计甲级资质，以及涉及铁路、交通、水利、信息产业、民航等方面的工程设计乙级资质的，应当向企业工商注册所在地的省、自治区、直辖市人民政府建设主管部门提出申请。其中，国务院国资委管理的企业应当向国务院建设主管部门提出申请；国务院国资委管理的企业下属一层级的企业申请资质，应当由国务院国资委管理的企业向国务院建设主管部门提出申请。

省、自治区、直辖市人民政府建设主管部门应当自受理申请之日起 20 日内初审完毕，并将初审意见和申请材料报国务院建设主管部门。

国务院建设主管部门应当自省、自治区、直辖市人民政府建设主管部门受理申请材料之日起 60 日内完成审查，公示审查意见，公示时间为 10 日。其中，涉及铁路、交通、水利、信息产业、民航等方面的工程设计资质，由国务院建设主管部门送国务院有关部门审核，国务院有关部门在 20 日内审核完毕，并将审核意见送国务院建设主管部门。

2) 乙级及以下资质申请程序

工程勘察乙级及以下资质、劳务资质、工程设计乙级(涉及铁路、交通、水利、信息产业、民航等方面的工程设计乙级资质除外)及以下资质许可由省、自治区、直辖市人民政府建设主管部门实施。具体实施程序由省、自治区、直辖市人民政府建设主管部门依法确定。

省、自治区、直辖市人民政府建设主管部门应当自做出决定之日起 30 日内，将准予资质许可的决定报国务院建设主管部门备案。

工程勘察、工程设计资质证书分为正本和副本，正本一份，副本六份，由国务院建设主管部门统一印制，正、副本具备同等法律效力。资质证书有效期为 5 年。

3) 资质申请

企业首次申请工程勘察、工程设计资质，应当提供以下材料：

(1) 工程勘察、工程设计资质申请表；

(2) 企业法人、合伙企业营业执照副本复印件；

(3) 企业章程或合伙人协议；

(4) 企业法定代表人、合伙人的身份证明；

(5) 企业负责人、技术负责人的身份证明、任职文件、毕业证书、职称证书及相关资质标准要求提供的材料；

(6) 工程勘察、工程设计资质申请表中所列注册执业人员的身份证明、注册执业证书；

(7) 工程勘察、工程设计资质标准要求的非注册专业技术人员的职称证书、毕业证书、身份证明及个人业绩材料；

(8) 工程勘察、工程设计资质标准要求的注册执业人员、其他专业技术人员与原聘用单位解除聘用劳动合同的证明及新单位的聘用劳动合同；

(9) 资质标准要求的其他有关材料。

4) 企业申请资质升级

企业申请资质升级应当提交以下材料：

(1) 提供首次申请中第(1)、(2)、(5)、(6)、(7)、(9)项所列资料；

(2) 工程勘察、工程设计资质标准要求的非注册专业技术人员与本单位签订的劳动合同及社保证明；

(3) 原工程勘察、工程设计资质证书副本复印件；

(4) 满足资质标准要求的企业工程业绩和个人工程业绩。

5) 企业增项申请

企业增项申请工程勘察、工程设计资质，应当提交下列材料：

(1) 提供首次申请中第(1)、(2)、(5)、(6)、(7)、(9)项所列资料；

(2) 工程勘察、工程设计资质标准要求的非注册专业技术人员与本单位签订的劳动合同及社保证明；

(3) 原资质证书正、副本复印件；

(4) 满足相应资质标准要求的个人工程业绩证明。

6) 企业资质证书变更申请

企业申请资质证书变更，应当提交以下材料：

(1) 资质证书变更申请；

(2) 企业法人、合伙企业营业执照副本复印件；

(3) 资质证书正、副本原件；

(4) 与资质变更事项有关的证明材料。

企业改制的，除提供前款规定资料外，还应当提供改制重组方案、上级资产管理部门或者股东大会的批准决定、企业职工代表大会同意改制重组的决议。

2. 审批机构

国家对从事建设工程勘察、设计活动的单位实行资质管理制度。甲、乙级单位的资质由全国工程勘察、设计资质评审委员会审批。其中乙级单位的资质在全国工程勘察、设计资质评定委员会宏观控制的数量内，由国务院有关主管部门或地方省级勘察、设计单位资质审定委员会审批，并颁发住建部统一盖章的证书。

丙级单位的资质，由省、自治区、直辖市工程勘察、设计资质审定委员会审批；计划单列市勘察、设计主管部门，管理力量较强，机构健全的，经住建部批准后，享有与省级相同资格。

3. 审批程序

申请甲、乙证书的单位，按照隶属关系报国务院主管部门或者省、自治区、直辖市主管勘察、设计工作的部门进行初审；再由初审部门报送所申请行业归口管理的国务院主管部门，经行业部门组织专家审查，并签署意见后，报全国工程勘察、设计资质审定委员会审定，审定合格的单位，由住建部颁发资质证书。

申请丙、丁级证书单位，其申请表统一报送所在地市一级人民政府建设行政主管部门审查，经审查后上报省、自治区、直辖市主管勘察、设计工作的部门颁发资格证书，并将取得证书的单位名单抄送住建部和国务院有关行业主管部门备案。

4.3 建筑工程勘察设计文件编制

4.3.1 设计文件编制与审批的法律依据

设计文件编制与审批的法律依据主要有：
(1) 1978 年国家建设委员会颁发的《设计文件编制和审批办法》；
(2) 1984 年 8 月国家计划委员会《关于简化基本建设项目审批手续的通知》；
(3) 2000 年 9 月国务院颁发的《建设工程勘察设计管理条例》；
(4) 2008 年 11 月住房与城乡建设部批准《建设工程设计文件编制深度的规定》等。

4.3.2 工程设计的原则

(1) 贯彻经济社会发展规划、城乡规划和产业政策；
(2) 综合利用资源，坚持循环经济、节能减排；
(3) 满足环保要求，改善生态环境；
(4) 执行安全、卫生和环境保护等方面的工程建设技术强制性标准；
(5) 采用新技术、新工艺、新材料、新设备；

(6) 重视技术和经济效益的结合；
(7) 公共建筑和住宅设计应注意经济、实用和美观。

4.3.3 工程设计的依据

为了使设计文件的编制符合工程建设要求和实际情况，设计单位应参加设计任务书的编制、建设地址的选择、建设规划等设计前期工作，为编制好设计文件作准备。《建设工程勘察设计条例》第二十五条规定：编制建设工程勘察、设计文件、应当以下列规定为依据：

(1) 项目批准文件；
(2) 城市规划；
(3) 工程建设强制性标准；
(4) 国家规定的建设工程勘察、设计深度要求。

铁路、交通、水利等专业建设工程，还应当以专业规划的要求为依据。

4.3.4 工程勘察文件的内容和要求

1. 勘察报告的内容

(1) 勘察目的、任务要求、依据的技术标准；
(2) 拟建工程概况；
(3) 勘察方法及勘察工作布置；
(4) 场地地形、地貌、地层、地质构造、岩土性质及其均匀性；
(5) 各项岩土性质指标，岩土的强度参数、变形参数、地基承载建议值；
(6) 地下水埋藏情况、类型、水位及其变化；
(7) 土和水对建筑材料的腐蚀性；
(8) 可能影响工程稳定的不良地质作用的描述和对工程危害程度的评价；
(9) 场地稳定和适宜性的评价。

2. 勘察报告的要求

岩土工程勘察报告应对岩土利用、整治和改造方案，进行分析论证，提出建议；对工程使用期间可能发生的岩土工程问题进行预测，提出监控和预防措施的建议。

对岩土利用、整治和改造的建议，宜进行不同方案的技术经济论证，并提出对设计、施工和现场监测要求的建议。

3. 勘察图件的内容

(1) 勘察总平面布置图；
(2) 工程地质柱状图；
(3) 工程地质剖面图；
(4) 原位测试成果图表；

(5) 室内试验成果图表。

4.3.5 勘察设计文件编制要求与实施

(1) 编制建设工程勘察、设计文件，应当真实准确，满足建设工程规划、选址、设计、岩土治理和施工的需要。编制方案设计文件，应满足初步设计文件和控制概算的需要。编制初步设计文件，应满足主要设备材料订货和编制施工图文件的需要。编制施工图设计文件，应满足设备材料采购，非标准设备制作和施工的需要，并注明建设工程合理使用年限。

(2) 设计文件中选用的材料、构配件、设备，应当注明其规格、型号、性能等技术指标，其质量要求必须符合国家规定的标准。除有特殊要求的建筑材料、专用设备和工艺生产线等外，设计单位不得指定生产厂、供应商。

(3) 建设单位、施工单位、监理单位不得修改建设工程勘察、设计文件；确需修改建设工程勘察、设计文件的，应由原建设工程勘察、设计单位修改。经原建设工程勘察、设计单位书面同意，建设单位也可以委托其他具有相应资质的建设工程勘察、设计单位修改。修改单位对修改的勘察、设计文件负相应责任。施工单位、监理单位发现建设工程勘察、设计文件不符合工程建设强制性标准、合同约定的质量要求的，应当报告建设单位，建设单位有权要求建设工程勘察、设计单位对建设工程勘察、设计文件进行补充修改。建设工程勘察、设计文件内容需要作重大修改的，建设单位应报经原审批机关批准后，方可修改。

(4) 建设工程勘察、设计文件中规定采用的新技术、新材料，可能影响建设工程质量和安全，又没有国家技术标准的，应当由国家认可的检测机构进行试验、论证，出具检测报告，并经国务院有关部门或省、自治区、直辖市人民政府有关部门组织的建设工程技术专家委员会审定后方可使用。

(5) 建设工程勘察、设计单位应当在建设工程施工前，向施工单位和监理单位说明建设工程勘察、设计意图，解释建设工程勘察、设计文件，建设工程勘察、设计单位应当解决施工中出现的勘察设计问题。

4.3.6 建设工程设计文件的内容和深度

1. 设计阶段

(1) 一般建设项目，按两个阶段进行设计，即初步设计和施工图设计。

(2) 技术上复杂的项目，可增加技术设计阶段，按初步设计、技术设计和施工图设计三个阶段进行。

(3) 民用建筑工程一般分为方案设计、初步设计和施工图设计三个阶段；对于技术要求相对简单的民用建筑工程，经有关主管部门同意，且合同中没有做初步设计的约定，可在方案设计审批后直接进入施工图设计。

(4) 对于涉及面广且组成复杂的联合企业、大型矿区、油田、林区、垦区等建设项目，为了解决开发方案和建设的总体布局等重大问题，在进行常规设计之前，应进行总体规划设计或总体设计。

2. 各阶段设计内容及深度如下

1) 总体设计阶段的内容和深度

总体设计一般应包括以下文字说明和必要的图纸：

(1) 建设规模和占地面积；
(2) 项目组成及功能分区；
(3) 产品方案、原料来源、工艺流程及主要设备配置；
(4) 主要建筑物和构筑物、公共辅助工程；
(5) "三废"综合利用和环境保护方案；
(6) 总平面布置及运输方案；
(7) 生产组织概况和劳动定员估计；
(8) 生产区的规划设想；
(9) 施工基础布置和地方材料来源；
(10) 建设总进度和各项工程进度配合要求；
(11) 投资估算等。

总体设计的深度是能满足初步设计的开展；主要大型设备、材料的预先安排；占用土地有关事项的谈判。

2) 初步设计的内容和深度

初步设计一般包括以下文字说明和必要的图纸：

(1) 工程设计依据。
① 政府有关主管部门的批文，如该项目的可行性研究报告、工程立项报告、方案设计文件等审批文件的文号和名称；
② 设计所执行的主要法规和详细的主要标准；
③ 工程所在地区的气象、地理条件、建设场地的工程地质条件；
④ 公用设施和交通运输条件；
⑤ 规划用地、环保、卫生、绿化、消防、人防、损害等要求和依据资料完整；
⑥ 建设单位提供的有关使用要求或生产工艺等资料。
(2) 建设规模和设计范围。
① 工程设计规模及项目组成；
② 分期建设的情况；
③ 承担的设计范围与分工。
(3) 产品方案、各类资源和原料的来源和用量、主要设备选型及配置。
(4) 总图设计及交通运输。
(5) 主要建筑物、构筑物、公用及辅助设施。
(6) 新技术采用情况，主要材料用量，外部协作条件。
(7) 综合利用及"三废"治理方案。
(8) 生活区建设情况。
(9) 抗震和人防措施。
(10) 生产组织和劳动定员。

(11) 总指标(总用地面积、总建筑面积、反映建筑规模的技术指标)以及其他各项技术经济指标。

(12) 建设顺序和期限。

(13) 设计特点，采用新技术、新材料、新设备和新结构的情况。

(14) 提前设计审批时需解决或确定的主要问题。如城市规划、红线、拆迁和动力、能源供应的协作问题；建筑面积、总概算存在的问题，设计标准方面的问题以及明确需要进行专题研究的问题等。

初步设计的深度应满足设计方案的比选和确定、主要设备材料的订货、土地使用、基建投资的控制、施工图设计的编制，施工和生产准备等的要求。

3) 技术设计的内容和深度

技术设计阶段的内容，根据建设项目的复杂程度和工程特点，由有关部门自行确定。技术设计的深度应能满足确定设计方案中重大问题和有关试验、设备制造等方面的要求。

4) 施工图设计的内容和深度

施工图设计的内容应根据批准的初步设计进行编制。其深度应能够满足设备材料的安排、非标准设备的制作、施工图预算的编制和施工的要求等。

5) 建筑工程设计文件的审批

(1) 特大型、特殊项目的初步设计和总概算，报国务院批准。

(2) 大型建设项目初步设计和总概算的审批权按隶属关系，由国务院主管部门或省、自治区、直辖市审查，提出审查意见，报国务院批准。技术设计按隶属关系由国务院主管部门或省、自治区、直辖市批准。

(3) 中型建设项目初步设计和总概算，按隶属关系，由国务院主管部门或省、市、自治区审查批准，批准文件抄送住房和城乡建设部备案，国家指定的中型项目的初步设计和总概算，要报住房和城乡建设部审批。

(4) 小型建设项目的初步设计的审批权按隶属关系，由有关部门或省、自治区、直辖市自行规定；技术设计按隶属关系由有关部门或省、自治区、直辖市审批。

总体规划设计(或总体设计)的审批权限与初步设计的审批权限相同；施工图纸的设计除主管部门指定审查外，一般不再审批。

6) 设计文件的修改

设计文件是工程建设项目的主要依据，经批准后，一般不得任意修改，若必须修改，应符合下列规定：

(1) 计划任务书的修改。

修改计划任务书的主要内容，如建设规模、建设地点、产品方案、协作关系等方面的修改，必须经原计划任务书审批机关批准。

(2) 初步设计的修改。

修改初步设计的主要内容：如主要工艺流程、总平面布置、主要设备、建筑面积、建筑标准、总定员、总概算等方面的修改，须经原审批机关批准，修改工作须由原设计单位负责进行。

(3) 建设工程设计文件的补充、修改。

建设、施工、监理单位不得修改建设工程勘察、设计文件。确需修改的，应由原勘察、设计单位修改。也可以经原勘察、设计单位书面同意，建设单位再委托具有相应资质勘察、设计单位修改。修改单位对修改的勘察、设计文件承担相应责任。

在工程项目建设过程中，施工单位、监理单位发现建设工程勘察、设计文件，不符合工程建设强制性标准、合同约定质量要求，应当报告建设单位。建设单位有权要求建设工程勘察、设计单位，对建设工程勘察、设计文件进行补充、修改。

4.3.7 施工图设计文件的审查制度

1. 施工图设计文件审查的概念

施工图设计文件审查是国务院建设行政主管部门和省、自治区、直辖市人民政府建设行政主管部依法认定的设计审查机构，根据国家的法律、法规、技术标准与规范，对施工图进行结构安全和强制性标准、规范执行情况等进行的独立审查。它是政府主管部门对建筑工程勘察、设计质量监督管理的重要环节，是建设工程必不可少的程序。工程建设各方必须认真执行。

建设部(现住建部)于2000年02月下发的《建筑工程施工图设计文件审查暂行办法》对具体事项做出了相关规定。

2. 施工图审查的范围和内容

1) 审查范围

凡属于建筑工程设计等级分级标准中的各类新建、改建、扩建的建筑工程项目均属于审查范围。省、自治区、直辖市人民政府建设行政主管部门，可结合本地的实际，确定具体的审查范围。

2) 施工图审查的主要内容

(1) 建筑物稳定性、安全性审查，包括地基基础和结构主体体系是否安全、可靠；

(2) 是否符合消防、节能、环保、抗震、卫生、人防等有关强制性标准、规范；

(3) 施工图设计是否达到规定的深度要求；

(4) 是否损害公众利益。

3. 施工图审查机构

《建设工程施工图设计文件审查暂行办法》规定：符合下列条件的机构和人员方可承担施工图的审查工作。

1) 审查机构应具有的条件

(1) 具有符合设计审查条件的工程技术人员组成的独立法人实体；

(2) 有固定工作场所，注册资金不少于20万元；

(3) 有健全的技术管理和质量保证体系；

(4) 地级以上城市(含地级市)的审查机构，具有符合条件的结构审查人员不少于6人，勘察、建筑和其他配套专业的审查人员不少于7人；县级城市的设计审查机构应具备的条件，由省级人民政府主管部门规定；

(5) 审查人员应当熟悉掌握国家和地方现行的强制性标准、规范；

2) 设计审查人员必须具备下列条件

(1) 具有 10 年以上的结构设计工作经历，独立完成过五项二级以上(含二级)项目工程设计的一级注册结构工程师、高级工程师，年满 35 周岁，最高不超过 65 周岁；

(2) 有独立工作能力，并有一定的语言文字表达能力；

(3) 有良好的职业道德。

凡符合上述规定的直辖市、计划单列市、省会城市的设计审查机构，由省、自治区、直辖市建设行政主管部门初审后，报国务院建设行政主管部门审批，并颁发施工图设计审查许可证；其他城市的设计审查机构由省级建设行政主管部门审批，并颁发施工图设计审查许可证。取得施工图设计审查许可证的机构，方可承担审查工作。

4. 施工图审查的报送

设计单位将施工图完成后，由建设单位将施工图报送建设行政主管部门，建设行政主管部门委托有关审查机构，进行结构安全和强制性标准、规范执行情况等内容的审查。建设单位还应同时提供下列资料：

(1) 批准的立项文件或初步设计批准文件；

(2) 主要的初步设计文件；

(3) 工程勘察成果报告；

(4) 结构计算书及计算软件名称。

施工图审查中涉及人防、消防、环保、抗震、通信、管线、煤气、节能、幕墙等专项审查的项目时，应当逐步做到有关专业审查与结构安全性审查统一报送、统一受理；通过有关专项审查后，由建设行政主管部门统一颁发设计审查批准书。

5. 施工图审查的要求

(1) 审查机构在收到审查材料后，应当在规定的时间内完成审查工作，并提出工作报告。

(2) 审查单位在审查结束后，应向建设行政主管部门提交书面的施工图审查报告，并应由审查人员签字，审查机构盖章。

(3) 对于审查合格的项目，建设行政主管部门收到审查报告后，应及时向建设单位通报审查结果，并颁发施工图审查批准书。对于审查不合格的项目，提出书面意见后，由审查机构将施工图退回建设单位，并由原设计单位修改，重新送审。

(4) 审查机构应当在收到审查材料后 20 个工作日内完成审查工作，并提出审查报告；特级和一级项目应当在 30 日内完成审查工作，并提出审查报告。其中重大及技术复杂项目的审查时间可适当延长。

(5) 施工图一经审查通过，不得擅自进行修改。如遇特殊情况需要进行涉及审查主要内容的修改时，必须重新报请原审批部门，由原审批部门委托审查机构审查后再批准实施。

(6) 建设单位或设计单位对审查机构做出的审查报告，如有重大分歧时，可向省、自治区、直辖市人民政府主管部门提出复查申请，由省、自治区、直辖市人民政府主管部门组织专家论证并做出复查结果。

(7) 建设单位对报送材料的真实性负责；勘察、设计单位对提交的勘察报告、设计文件的真实性负责。并积极配合审查工作，对于弄虚作假的单位和个人将依法予以处罚。

6. 施工图的报审

建设单位在办理施工图报审时，应提供下列资料：

(1) 工程建设项目的批准文件；

(2) 规划部门签发的工程用地红线图(原图)；

(3) 经主管部门备案及鉴证的工程勘察合同、工程设计合同(原件)；

(4) 初步设计文件及初步设计审批意见书(对一阶段设计项目，则提供方案设计文件和审批意见书)；

(5) 工程勘察成果报告(详勘)3 份(其中封面、目录及修改补充目录应为 4 份)以及工程勘察中的原始资料。二级以上(含二级)项目的工程勘察报告须附《建设工程施工图设计文件技术性审查报告》；

(6) 一级以上(含一级)的建筑工程项目应提供该项目桩基静载荷试压报告(原件)；

(7) 3 套完整的盖有设计单位出图专用章、注册建筑师、注册结构工程师执业专用章、签署齐全的施工图(其中封面、目录及修改补充目录、建筑总平面应为 4 份)和结构计算书及计算软件名称、版本；

(8) 工程勘察设计单位的《业绩手册》；

(9) 审查管理部门认为需要的其他资料。

4.4 建筑工程勘察设计的监督管理与法律责任

4.4.1 建筑工程勘察设计管理

1. 监督管理机构

根据《建设工程勘察设计管理条例》第三十一条规定："国务院建设行政主管部门对全国的建设工程勘察设计活动实施统一监督管理。国务院铁路、交通、水利等有关部门按照国务院规定的职责分工，负责对全国有关专业建设工程勘察、设计活动的监督管理。县级以上地方人民政府建设行政主管部门对在本行政区域内建设工程勘察、设计活动实施监督管理。县级以上地方人民政府交通、水利等有关部门在各自职责范围内，负责对本行政区域内的有关专业建设工程勘察、设计活动的监督管理。"

任何单位和个人，对建设工程勘察、设计活动中的违法行为都有权检举、控告及投诉。

2. 监督的内容

县级以上人民政府建设行政主管部门或者交通、水利等有关部门应当对施工图设计文件中涉及公共利益、公众安全、工程建设强制性标准的内容进行审查，未经审查批准的施工设计文件不得使用。

建设工程勘察、设计单位在建设工程勘察、设计资质证书规定的业务范围内跨部门、跨地区承揽勘察、设计业务的，有关地方人民政府及所属部门不得设置障碍，不得违反国家规定收取任何费用。

4.4.2 法律责任

1. 建设单位的违法责任

(1) 建设单位作为发包方，将建设工程勘察、设计业务发包给不具有相应资质等级的建设工程勘察、设计单位，责令整改，并处50万元以上100万元以下的罚款。

(2) 建设单位在施工图设计文件未经审查或审查不合格，仍擅自施工，将处20万元以上50万元以下的罚款。

2. 勘察设计单位的违法责任

(1) 未取得资质证书承揽工程的，予以取缔，以欺骗手段取得资质证书承揽工程的，吊销资质证书；超越资质等级许可的范围或者以其他建设工程勘察、设计单位的名义承揽建设工程勘察、设计业务；或允许其他单位或个人以本单位的名义承揽建设工程勘察、设计业务的建设工程勘察、设计单位，可责令其停业整顿、降低资质等级；情节严重的，吊销其资质证书。对于有上述行为的勘察、设计单位，还应处合同约定的勘察、设计费1倍以上2倍以下的罚款，并没收其非法所得。

(2) 建设工程勘察、设计单位将所承揽的建设工程勘察、设计转包的，责令改正，没收违法所得，处合同约定的勘察费、设计费25%以上50%以下的罚款，可以责令停业整顿，降低资质等级；情节严重的，吊销资质证书。

(3) 勘察、设计单位未按照工程建设强制性标准进行勘察、设计的，设计单位未根据勘察成果文件进行工程设计的或者设计单位指定建筑材料、建筑配件的生产厂、供应商；对于有上述行为，责令其改正，并处以10万元以上30万元以下的罚款，因上述行为造成工程事故的，责令停业整顿，降低资质等级，情节严重的，吊销资质证书；造成损失的，依法承担赔偿责任。

3. 勘察设计执业人员的违法责任

(1) 未经注册的建设工程勘察、设计人员，擅自以注册执业人员的名义从事建设工程勘察设计活动的，责令停止违法行为；

(2) 建设工程勘察、设计注册执业人员和其他专业技术人员只能受聘于一个建设工程勘察、设计单位，未受聘于建设工程勘察、设计单位的或同时受聘于两个以上建设工程勘察、设计单位不得从事于建设工程勘察、设计活动；责令停止违法行为，没收违法所得，处罚所得2倍以上5倍以下的罚款，情节严重的，可以责令停止执行业务或吊销资格证书，给他人造成损失的，依法承担赔偿责任。

4. 监督管理人员的违法责任

国家机关工作人员在建设工程勘察、设计活动的监督管理工作中，玩忽职守、滥用职权、徇私舞弊构成犯罪的，依法追究刑事责任。尚不构成犯罪的依法给予行政处分。

4.5 工程建设标准法律制度

我国 1988 年 12 月 29 日颁布的《中华人民共和国标准化法》(以下简称标准化法)第二条第四款规定："对建设工程的设计、施工方法和安全要求，应当制定标准。"该规定为工程建设标准的制定确立了法律依据，并对建设工程的设计、施工和安全标准提出了规范要求。

4.5.1 工程建设标准的概念及分类

1. 工程建设标准的概念

工程建设标准是指对基本建设中各类工程建设项目的勘察、规划、设计、施工、安装、验收、管理以及维护等活动制定的标准。该标准的制定应以科学技术和实践经验的总结为基础，由某一部门或单位负责，组织在这方面技术水平高的专家、学者参加工程建设标准的编制工作，并按国家标准规范的编制程序，通过准备、初稿、征求意见稿并反复征求相关人员的意见，经有关各方协商一致，形成送审稿，经由主管部门批准、发布，作为基本建设领域共同遵守的准则和技术依据。工程建设标准是建设法律法规体系的重要组成部分，是规范工程建设活动的具体法规，是建设行政主管部门有效地实行科学管理、强化宏观调控的基础和手段。认真推广和执行工程建设标准，对于规范建设市场的行为、促进建设市场的繁荣、推进工程建设技术的进步、提高工程建设质量、开展节能减排、循环经济、节约原料、节约投资、保障工程建设中人民生命财产的安全。实现良好的社会效益、经济效益和环境效益。

2. 工程建设标准的分类

根据不同的划分性质，分类如下：
1) 根据约束性划分为强制性标准和推荐性标准。

《标准化法》第七条规定："国家标准、行业标准分为强制性标准和推荐性标准。"强制性标准是必须执行的，推荐性标准是自愿采用的。

(1) 强制性标准。

强制性标准是指保障人体健康、人身、财产安全的标准和法律、行政法规规定强制执行的标准。强制性执行标准必须以国家强制力保障严格执行的标准。工程建设国家标准主要包括：

① 工程建设勘察、规划、设计、施工、安装及验收等通用的综合性标准和重要的通用的质量标准；

② 工程建设通用的有关安全、卫生和环境保护的标准；

③ 工程建设重要的术语、符号、代号、量与单位、建筑模数和制图方法的标准；

④ 工程建设重要的通用试验、检验和评定标准；

⑤ 工程建设重要的通用的信息技术标准；

⑥ 国家需要控制的其他工程建设通用标准。

(2) 推荐性标准。

推荐性标准是强制性标准以外的其他标准。是国家推荐并鼓励企业自愿采用的标准。

2) 根据内容性质划分为设计标准、施工及验收标准和建设定额标准

(1) 设计标准，针对从事工程设计所依据的技术标准。一般分为建筑设计标准、结构设计标准、防火设计标准、给水排水设计标准等；

(2) 施工验收标准，针对从事于施工验收所依据的技术标准。施工标准一般分为建设工程施工标准和安装工程施工标准。验收标准是指检验、接受竣工项目的规程、办法与标准；

(3) 建设定额标准，国家规定的消耗在单位建筑产品上活劳动和物化劳动的数量标准，以及用货币体现的某些必要费用额度。

3) 根据属性划分

按工程建设标准的属性划分为技术标准、经济标准和管理标准。

(1) 技术标准，是指工程建设中需要协调统一的技术要求所制定的标准。技术标准一般包括工程质量特性、采用的技术措施和方法等，它是从事生活建设和商品流通所共同遵守的技术标准。

(2) 经济标准，是指在工程建设中只对经济方面需要协调统一的工作事项所制定的标准。用以衡量工程经济的性能和工程造价等，如工程概预算定额、工程造价指标、投资估算定额等。

(3) 管理标准，是指为使管理机构行使其管理职能而制定的具有特定管理职能的标准。如《建设工程质量监督规范》、《建设工程监理规范》。

4.5.2 工程建设标准的层次及适用范围

根据《标准化法》第六条规定："工程建设标准划分为国家标准、行业标准、地方标准及企业标准四个层次。"

1. 国家标准

对于跨行业、跨地区，需要在全国范围内统一的技术要求的标准。国家标准由国务院标准化行政主管部门制定。

2. 行业标准

对于没有国家标准而又需要全国某个行业范围内统一的技术要求的标准。行业标准由国务院有关行政主管部门制定，报国务院标准化行政主管部门备案。

3. 地方标准

对于没有国家标准和行业标准而又需要在省、自治区、直辖市范围内统一的工业产品的安全、卫生要求，可以制定地方标准，地方标准由省、自治区、直辖市标准化行政主管部门制定，并报国务院标准化行政主管部门和国务院有关行政主管部门备案。

4. 企业标准

在某一企业范围内统一并通用的标准设计，作为企业组织性依据。企业标准须报当地政府标准化行政主管部门和有关行政部门备案。企业标准在企业内部适用。

4.5.3 工程建设标准的制定

1. 工程建设标准的制定原则

(1) 制定标准应当有利于保障安全和人民的身体健康，保护消费者利益，保护环境。

(2) 制定标准应当有利于合理利用国家资源，推广科学技术成果，提高经济效益，并符合使用要求，有利于产品的互换，做到技术上先进，经济上合理。

(3) 制定标准应该做到有关标准的协调配套。

(4) 制定标准应当有利于促进对外经济技术合作和对外贸易。

(5) 制定标准应当发挥行业协会、科学研究机构和学术团体的作用。

制定标准的部门应当组织专家组成的标准化技术委员会，负责标准的草拟，参加标准草案的审查工作。

(6) 标准实施后，制定标准的部门应当根据科学技术的发展和经济建设的需要适时进行复审，以确定现行继续有效或者予以修订、废止。

2. 工程建设国家标准的制定

1) 工程建设国家标准的编制

工程建设标准的编制，是指标准制定部门对需要制定的工程建设标准的项目、组织、草拟、编写和报批的活动，它是工程建设标准制定的重要环节。

国家标准的编制工作程序一般分为准备、征求意见稿、送审稿和报批稿四个阶段。

(1) 准备阶段工作的主要内容有：

① 主编单位根据上级主管部门下达的制定标准规范的计划要求，落实编制组成员，成立标准规范编制组。在主编单位领导下共同主持制定标准的工作。编制组应认真学习《标准化法》等有关文件，提出制定国家标准的初步工作计划，草拟制定标准的内容范围及其章节目录的初步方案；提出需要调整研究的主要问题和必要的科学实验项目的初步安排以及编制组成员分工等。

② 主编单位筹备工作完成后，应召开编制组第一次工作会议。其内容包括：宣布编制组成员，学习建设标准化工作的有关文件，讨论通过工作大纲和会议纪要。会议纪要应发给国家标准的参编部门和单位，并报国务院建设行政主管部门备案。

(2) 征求意见稿。

① 根据工程建设标准的初步方案，认真开展调查研究工作，调查的对象应具有代表性和典型性，调查结束后，应及时提出调查报告，并将收集到的国内外有关标准、规范的资料统一归档。

② 在进行科学实验时，要统一试验方法，定期进行检查，做好协调工作，抓紧完成实验项目，对已取得的成果，要写出科学实验报告，及时进行鉴定。鉴定成果及有关原始

资料由编辑组统一归档。

③ 编制组对调查研究和科学实验报告、资料及科研成果，做深入细致的分析比较，去粗取精、去伪存真，加工整理为若干专题报告。对其中一些重大的问题，一时得不出结论的，应认真研究，需要召开专题讨论会的，应邀请有代表性和有经验的专家参加，对讨论会的结果形成会议纪要，并由编制组统一归档。

④ 在做好上述工作的基础上，编写标准征求意见稿。主编单位对征求意见稿的内容全面负责。

⑤ 主编单位应把标准规范征求意见稿及其重点问题征求意见的提纲，印发各有关部门和单位，广泛征求意见。必要时，对重要问题，可采取走访或召开专题会议形式征求意见。

(3) 送审阶段。

送审阶段的主要工作有：

① 标准规范编制组，应将各方面对标准规范征求意见稿所提的意见，逐条进行归纳整理，在分析研究的基础上提出修改初步意见。对其中某些重大问题或争论问题，视具体情况，有的可召开专题讨论会，有的可作些调查研究或必要的补充实验验证工作。提出修改的初步意见。最后，经编制组全组人员认真讨论、修改、提出标准化规范修订稿，并相应修改专题报告。

② 标准规范组在进行修订稿的同时，应起草标准规范的编制说明。编制说明应按照标准规范的章、节顺序，对其中主要编制内容简明扼要地加以说明，其内容一般应包括：对标准规范的主要问题进行调查研究和科学实验的工作情况、数据及其成熟程度、存在的问题以及在执行中应注意的事项。

③ 为了验证标准化规范修订稿是否符合有关的方针、政策和技术先进、经济合理、安全适用、确保质量的要求，标准规范的主编部门，应视标准规范的具体情况，组织若干设计、施工单位，选择有代表性的工程进行试用，对其主要的技术、经济指标进行分析比较，写出设计或试用报告。

在标准规范送审前，规范编制组全体人员应根据国家关于工程建设标准规范工作的有关办法和规定，对标准规范修订稿进行逐句、逐条、逐节和逐章的审查，切实把好质量关。

④ 标准规范编制组应写好标准规范的送审报告。送审文件一般包括：国家标准送审稿及条文说明、送审报告、主要问题的专题报告、试设计或施工试用报告等。送审报告的主要内容包括：制定标准任务来源、制定标准过程中所做的主要工作，标准中重点内容确定的依据及其成熟程度、与国外相关标准水平对比、标准实施后的经济效益、社会效益和标准中尚存在的主要问题和今后需要进行的工作等。应经过具体事例和数字，深入浅出地加以阐述清楚。最后对标准做出全面评价。

⑤ 国家标准送审稿的审查，一般采取召开审查会议的形式。审查会议由主编部门主持召开，参加会议的代表应包括国务院有关行政主管部门的代表，有经验的专家代表，相关国家标准编制组或管理组的代表。会议期间以主编部门为主，吸收有关代表组成标准规范审查会议领导小组，负责研究解决会议中提出的重大问题。会议由代表和编制组成员共同对标准送审稿进行审查，对于一些主要问题或有分歧的问题，要充分讨论和协商，集中

代表的正确意见，然后提出修改方案，写出标准规范审查会议纪要。在会议纪要中，对会议审查的重点问题，应提出明确的审查意见，对于有分歧的问题，也应如实反映，并提出倾向性的意见，供审批标准规范时参考。审查会议纪要内容一般包括：审查会议概况、标准送审稿中重点内容及分歧较大问题的审查意见、对标准送审稿的评价、会议代表及领导小组成员名单等。

（4）报批阶段。

报批阶段的工作主要包括：

① 标准规范编制组应根据审查会议或预审所提出的意见，认真进行讨论、研究，并对标准修订稿进行全面修改，形成标准报批稿及条文说明。标准的报批文件经主编单位审查后报主编部门。报批文件一般包括：标准报批稿及其条文说明、报批报告、审查会议纪要，主要问题的专题报告、试设计或施工试用报告等。

② 主编部门应对标准报批文件进行全面的审查，并会同国务院标准化行政主管部门，共同对标准报批稿进行审核。而后，由主编部门将共同确认的标准报批文件，一式三份报国务院工程建设行政主管部门审批。

2) 工程建设国家标准的审批和发布

国家标准由国务院工程建设行政主管部门审查批准，由国务院标准化行政主管部门统一编号，国务院标准主管行政部门和国务院工程建设行政主管部门联合发布。

国家标准的编号由国家标准代号、发布标准的顺序号和发布标准的年号组成，强制性国家标准编号组成。如《建筑设计防火规范》GB 50016—2014 中，GB 是国家标准的代号，50016 是发布标准的顺序号，2014 是发布标准的年号。推荐性国家标准的编号组成，如《建设工程项目管理规范》GB/T 50326—2006，GB/T 是推荐性国家标准代号，50326 是发布标准的顺序号，2006 是发布标准的年号。

国家标准的出版由国务院建设行政主管部门负责组织。国家标准属于科技成果。对技术水平高，取得显著经济效益或社会效益的国家标准，应纳入各级科学技术进步奖的范围，予以奖励。

3) 工程建设标准的复审与修订

（1）工程建设国家标准的复审。

工程建设国家标准的复审是指对现行的工程建设标准的适用范围、技术水平、指标参数等内容进行复查和审议，以确认其继续有效、废止或予以修订的活动。国家标准实施后，通过一段实践检验，能否适用于工程建设可持续发展需要，由国家标准的管理部门适时组织有关单位进行复审，一般是五年进行一次。具体工作由国家标准管理单位负责，复审可采取函审或会议审查，一般由该标准参编单位或审查单位或个人参加。

（2）工程建设国家标准的修订。

国家标准复审后，标准管理单位应提出其继续有效或者予以修订、废止的意见，经该国家标准的主管部门确认后，报国务院工程建设行政主管部门批准，对确认继续有效的应继续使用，对于需要修订的，由其管理单位负责修订。

3. 工程建设行业标准的制定

行业标准的编制计划，由国务院有关行政主管部门根据国务院工程建设行政主管部门的统一部署组织编制和下达。并报国务院工程建设行政主管部门备案。行业标准不应与国家标准相抵触，行业标准之间应当协调、统一，避免重复和产生矛盾。行业标准的制定、修订工作程序，与国家标准相同。行业标准的编号由行业标准的代号(如 JG 表示建筑行业标准，JT 表示交通行业标准等)、标准发布的顺序号和批准的年号组成。如《办公楼建筑设计规范》JGJ 67—2006，JGJ 是行业强制性标准的代号，67 是发布标准的顺序号，2006 是标准发布的年号。

行业标准由国务院有关行政主管部门联合审批、发布，并由其主编部门编号。行业标准发布后，应报国务院工程建设行政主管部门备案。行业标准实施后，一般应 8 年复审一次，确定其继续有效或予以修订、废止。并将复审结果报国务院工程建设行政主管部门。

4. 工程建设地方标准的制定

工程建设地方标准由省、自治区、直辖市建设行政主管部门统一计划、统一审批、统一发布、统一管理。

制定工程建设地方标准，应严格执行国家有关法律、法规和技术经济政策，结合自然条件，合理利用资源，以实践经验和科学发展综合成果为依据，做到协商一致，共同确认，并不得同国家标准和行业标准相抵触。当确有充分依据，需对国家标准或行业标准的条文进行修改的，必须经相应标准的批准部门审批。

工程建设地方标准中，对直接涉及人民生命财产安全、人体健康、环境保护和公共利益的条文，应经国务院建设行政主管部门确认后，可作为强制性条文。工程建设地方标准应报国务院建设行政主管部门备案，未经备案的工程建设地方标准，不得在建设活动中使用。

5. 工程建设企业标准的制定

工程建设企业标准是对企业生产、经营活动中的重要事项所做的统一规定，应当包括企业生产、经营活动的各个环节。工程建设企业标准一般包括企业技术标准、管理标准和工作标准。

1) 技术标准

技术标准是指对工程建设企业中需要协调和统一的技术标准。应当根据企业的任务，对材料、设备采购的技术要求，勘察、设计或施工质量、方法或工艺、安全、卫生、环保的技术要求以及试验、检验和评定的方法作出规定。企业的技术标准可结合自身的特点和实际需要，制定优于国家标准、行业标准或地方标准的企业标准；对于没有国家标准、行业标准的或地方标准的，工程建设企业应当制定企业标准。

2) 管理标准

管理标准是指对工程建设企业中需要协调和统一的管理要求所制定的标准。管理标准应按企业现代化管理要求，对本企业的组织、计划、技术、质量、财务管理等事项做出具体规定。

3) 工作标准

工作标准是指工程建设企业中需要协调和统一的事项要求所制定的标准。
工作标准应对企业各类工作岗位的任务、职责、权限、技能、方法、程序、评定等做出具体规定。

4.5.4 工程建设标准的管理

工程建设标准实行分级管理。国家建设行政主管部门负责全国工程建设强制性标准的监督管理工作。国务院有关行政主管部门按照职能分工负责实施工程建设强制性标准的监督管理工作。县级以上人民政府建设行政主管部门负责本行政区域内实施工程建设强制性标准的监督管理工作。

国家建设行政主管部门的主要职责是：
(1) 制定和颁发全国工程建设标准设计管理办法和有关规定；
(2) 制定和下达国家标准的规划和计划；
(3) 审批和颁布国家通用标准设计图集；
(4) 指导和协调国务院有关部门和省、自治区、直辖市建设行政主管部门的标准设计工作；
(5) 组织国家标准设计的审查；
(6) 组织标准设计工作的经验的交流和优秀设计标准的评选。

国务院有关部门和省、自治区、直辖市建设行政主管部门负责管理本部门、本地区的标准设计工作。各省、自治区、直辖市工程建设标准设计机构协助管理部门具体实施。其主要职责是：承担国家标准设计的编制和研究工作；制定和下达行业标准设计和地方标准设计的规划和计划工作。

工程建设标准发布以后，应成立国家标准管理组，他是实施国家标准管理基层单位，负责国家标准的日常管理。管理组成员应经国家标准管理部门审定后，报国务院工程建设主管部门备案。

国家标准管理组主要任务是：
(1) 对管理的国家标准进行解释和宣传贯彻工作；
(2) 对国家标准遗留问题，负责组织调研、必要的测试；
(3) 对国家标准的实施情况进行调查，收集国内外有关信息；
(4) 参与有关工程建设质量的调研和咨询；
(5) 负责开展国家标准的研究和学术交流活动；
(6) 负责国家标准的复审、局部修订和技术档案工作。

4.5.5 违反工程建设强制性标准的法律责任

(1) 工程建设强制性标准实行执法检查制度，对于通过执法检查发现的违法行为，实行法律制裁。

工程建设强制性标准监督检查的主要内容包括：
① 有关工程技术人员是否熟悉、掌握强制性标准；
② 工程项目的规划、勘察、设计、施工、验收等是否符合强制性标准的规定；

③ 工程项目采用的材料、设备是否符合强制性标准的规定；
④ 工程项目的安全、质量是否符合强制性标准的要求。
(2) 违反工程建设强制性标准的法律责任
① 建设单位的法律责任

a. 明示或暗示施工单位使用不合格的建筑材料、建筑构配件和不合格材料的；
b. 明示或暗示设计单位或施工单位违反工程强制性标准，降低工程质量的。

对上述违法行为，责令改正，并处以 20 万元以上 50 万元以下的罚款。
② 建设工程勘察设计单位的法律责任。

勘察、设计单位违反工程建设强制性标准进行勘察、设计的责令改正，并处以 10 万元以上 30 万元以下罚款。对于造成工程质量事故的，责令停业整顿，降低资质等级。情节严重的，吊销资质证书。

③ 施工单位的法律责任。

施工单位违反工程建设强制性标准的，责令改正，处工程合同约定价款的 2%以上 4%以下的罚款；造成建设工程质量不符合规定的质量标准的，负责返工修理，并赔偿造成的损失；情节严重的，责令停业整顿，降低资质等级或吊销资质证书。

④ 工程监理单位的法律责任。

工程监理单位违反工程建设强制性标准规定，将不合格的建设工程、不合格的建筑材料、建筑构配件和设备，按照合格签字，责令改正，处以 50 万元以上 100 万元以下的罚款，降低资质等级或者吊销资质证书；有违法所得的，予以没收；造成损失的，承担连带赔偿责任。违反工程建设强制性标准，造成工程质量、安全隐患或者工程事故的，按照《建设工程质量管理条例》的有关规定，对事故责任单位和责任人进行处罚。

案例实训

案例 1：不具备设计资质 所签合同无效纠纷案[①]

【案情摘要】

2007 年 2 月 8 日，上海某绿化管理投资有限公司(原告，以下简称绿化公司)与某装饰工程有限公司(被告，以下简称装饰公司)签订了《室内装饰设计合同书》。合同约定：装饰公司负责上海市徐家汇路 1 号金玉兰广场四层一区内全部装修工程的室内装潢设计，提供令绿化公司满意的室内装饰设计、结构加固方案及室内管道、机电配套(照明、电气、给水排水及空调等)系统的全套设计图纸。绿化公司要求装饰公司在 2007 年 2 月 21 日前完成整个项目的全部设计图纸。设计费共计人民币 168000 元。在此期间，装饰公司陆续提供了该项目的设计草案及设计图纸，绿化公司则支付装饰公司设计费人民币 100800 元。2007 年 3 月 5 日，装饰公司仍未依合同约定向绿化公司提供整个项目的全部设计图纸。绿化公司遂诉至法院，要求装饰公司返还设计费 100800 元，赔偿相当于两个月免租期的经济损失 320000元，并提供了相应的证据予以证明。

---

① 住建部高等学校土建学科教学指导委员会编写. 建设法规教程. 中国建筑工业出版社，2011 年 9 月，167～169 页。

【审判结果】

经法院审理查明，装饰公司不具备建筑装饰设计资质。故做出以下判决：

① 双方于 2007 年 2 月 8 日签订的《室内装饰设计合同书》无效。

② 装饰公司在本判决生效后 15 日内返还绿化公司人民币 100800 元。

③ 装饰公司在本判决生效后 15 日内赔偿绿化公司经济损失人民币 142459 元。

④ 绿化公司在本判决生效后 15 日内将根据《室内装饰设计合同书》所取得的绿化公司图纸 991 张及磁盘 2 张返还装饰公司。

判决后，装饰公司提出上诉，认为自己营业执照上的经营范围有建筑装潢设计内容，故有设计资质，且图纸上有设计所的盖章，故设计合同有效，要求撤销原判，驳回被上诉人的诉讼请求。被上诉人(绿化公司)则要求维持原判。

二审法院认为，装饰公司无建筑装饰设计资质，绿化公司亦未严格审查，故双方之间签订的《室内装饰设计合同书》无效，双方应返还财产并各自承担相应的责任。原审据此所做的判决并无不当，上诉人认为自己具有设计资质是因执照上有此内容，该理由显然不成立；图纸上的盖章亦上诉人本身的印章，故其上诉请求本院不予支持。据此，驳回上诉，维持原判。

【法理分析】

要求建设工程勘察、设计等承包单位具备相应的从业资质是我国建设工程领域一项重要的管理制度，并由国家法律、行政法规明确加以规定。《建设工程勘察设计管理条例》第八条规定："建设工程勘察、设计单位应当在其资质等级许可的范围内承揽建设工程勘察、设计业务。禁止建设工程勘察、设计单位超越其资质等级许可的范围或者以其他建设工程勘察、设计单位的名义承揽建设工程勘察、设计业务。"《建设工程质量管理条例》第七条规定："建设单位应当将工程发包给具有相应资质等级的单位。"第十八条规定："从事建设工程勘察、设计的单位应当依法取得相应等级的资质证书，并在其资质等级许可的范围内承揽工程。"上述规定属行政法规的强制性规定，装饰公司违反法律、行政法规的强制性规定，在无建筑装饰设计资质的情况下承揽装饰工程设计，其签订的合同应认定无效。

原审被告所辩称的，其营业执照上的经营范围有建筑装潢设计内容，仅表明在公司核准登记时，核准了该项经营业务。而建设工程资质管理则是国家在建设领域采取的行政许可制度，除了在公司登记时要有相应的经营范围，还要获得相应的资质等级才能从事相应的建设活动。设计的相应资质等级要向建设行政主管部门申请，且具有强制法规定的功能。《最高人民法院关于适用〈合同法〉若干问题的解释》第十条规定："当事人超越经营范围订立合同，人民法院不因此认定合同无效。但违反国家限制经营、特许经营以及法律、行政法规禁止经营规定的除外。"因此，原审被告的上诉理由并不成立。

案例 2：设计人承担违约责任条件纠纷案

【案情摘要】

2006 年，某房地产开发公司(以下简称开发公司)与某设计院(以下简称设计院)签订了一份《建设工程设计合同》，由设计院承接开发公司发包的关于某大楼建设的初步设计，设计费 20 万元，设计期限为 3 个月。同时，双方还约定，由开发公司提供设计所需要的勘察报告等基础资料和提交时间，设计院按进度要求交付设计文件，如不能按时交付设计文件，则应当承担违约责任。

合同签订后，开发公司向设计院交付定金 4 万元。但是在提供基础资料时缺少有关工程勘察报告。后经设计院多次催要，开发公司才于 10 天后交付全部资料，导致设计院加班加点仍未按时完成设计任务。在工程结算时，开发公司要求设计院减少设计费。设计院提出异议，遂产生纠纷。

【分析评论】

我国行政机关在对勘察设计进行管理时，往往是作为一项制度进行管理的，但在实践中，勘察、设计往往是两个合同。本案例中的合同就是这种情况。这个时候，对于合同中的设计单位，提供包括勘察资料在内的设计基础资料，是发包人的义务，发包人应按时向设计人提交完整、详尽的资料和文件。这是设计人进行建设工程设计的前提和基础，也是发包人应尽的义务。发包人未按合同约定的时间提交资料或提交资料有瑕疵的，应当承担违约责任。同时，设计人在发包人按约定提交基础资料前，有权拒绝发包人相应的履行要求。《合同法》第六十七条规定："当事人互负债务，有先后履行顺序，先履行一方未履行的，后履行一方有权拒绝其履行要求。先履行一方履行债务不符合约定的，后履行一方有权拒绝其相应的履行要求。"本案中，开发公司未按约定提交勘察报告，是设计院不能按约定完成设计任务的直接原因，设计院提交设计文件的时间应当相应顺延。而且根据《合同法》第二百八十五条规定："因发包人未按照期限提供必需的设计工作条件而造成设计返工、停工或修改的，发包人应按设计人实际消耗的工作量增付费用。"因此，设计院还有权向开发公司索要赶工费用。

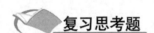

复习思考题

1. 建设工程勘察、设计的内容包括哪些？
2. 建设工程勘察、设计的基本原则是什么？
3. 论述建设工程设计文件编制与审批的依据和内容。
4. 论述建筑工程勘察、设计资格的分级标准及业务范围。
5. 什么是施工图审查？
6. 施工图审查的范围和内容有哪些？
7. 简述工程建设标准的分类。
8. 工程建设国家标准主要包括哪些内容？

第 5 章
城市房地产管理法律制度

　　本章主要介绍了房地产开发管理、房地产交易管理、房地产权属管理的法律制度、房地产物业管理法律制度以及房地产违法行为的法律责任。

5.1 房地产管理法律制度概述

5.1.1 房地产法的概念

房地产是房产和地产的总称，它包括房屋财产和土地财产。

房地产法是调整房地产法律关系的行为规范，是指调整国家、集体、公民法人及其他社会组织在房地产用地、房地产开发、房地产交易、房地产权属、房地产管理和服务活动中形成的以房地产为核心的社会关系的法律、法规、规章和政策的总称。房地产法是我国房地产管理的根本大法。

5.1.2 房地产法立法目的与适用范围

1. 立法目的

为了加强对城市房地产的管理，维护房地产秩序，保障房地产权利人的合法权益，促进房地产业的健康发展，制定《中华人民共和国城市房地产管理法》(以下简称《城市房地产管理法》)。

2. 适用范围

在中华人民共和国城市规划区国有土地范围内取得房地产开发用地的土地使用权、从事房地产开发、房地产交易，实施房地产管理，应当遵守本法。

5.1.3 房地产法规体系

1. 宪法有关的内容

城市的土地属于国家所有。农村和城市郊区的土地，除由法律规定属于国家所有的以外，属于集体所有；宅基地和自留地、自留山，也属于集体所有。

国家为了公共利益的需要，可以依照法律规定对土地实行征收或者征用并给予补偿。

任何组织或者个人不得侵占、买卖或者以其他形式非法转让土地。土地的使用权可以依照法律的规定转让。

一切使用土地的组织和个人必须合理地利用土地。

2. 法律

基本法律，如《民法通则》、《物权法》等，奠定了房地产的民法基础；

普通法律，如《土地管理法》、《城市房地产管理法》、《城乡规划法》等构成了房地产管理法律的框架。

3. 行政法规

房地产管理行政法规是对房地产管理法律的细化和补充，在房地产法律体系中具有重要的地位。如《城镇国有土地使用权出让和转让暂行条例》、《城市房地产开发经营管理条例》、《城市房屋拆迁管理条例》、《物业管理条例》等。

4. 部门规章

国务院有关部门和直属机构(如住建部、国土资源部)颁发的房地产规范性的文件，是对房地产管理、法律、法规的完善，也是房地产法规体系的重要组成部分。如《房地产企业资质管理规定》、《招标、拍卖挂牌出让国有土地使用权规定》、《住宅专项维修资金管理办法》、《物业服务企业资质管理办法》等。

5. 地方性法规

由各省级人大及其常委会、省会城市和较大的市人大及其常委会颁布的房地产管理规范性文件，如《上海房地产登记条例》。

6. 地方政府规章

由省级人民政府、省会城市和较大的市人民政府制定的适用于各自行政区域的房地产规范性文件，如《北京市城市房地产转让管理办法》等。

5.1.4 房地产管理法律制度

(1) 房地产开发管理法律制度，包括房地产企业资质、开发用地、拆迁、开发建设管理的法律制度。

(2) 房地产交易管理法律制度，包括房地产价格、转让、租赁、抵押、中介服务等法律制度。

(3) 房地产权属管理法律制度，包括土地使用、房屋所有权发证制度。

(4) 房地产物业管理法律制度，包括业主自治管理、物业管理、物业使用与维护等法律制度。

5.2 房地产开发管理法律制度

5.2.1 房地产开发的概念与原则

1. 房地产开发的概念

《城市房地产管理法》第二条规定："本法所称的房地产开发，是指在依据本法取得国有土地使用权的土地上进行基础设施、房屋建设的行为。"

2. 房地产开发的原则

《城市房地产管理法》第二十五条规定："房地产开发必须严格执行城市规划,按照经济效益、社会效益、环境效益相统一的原则,实行全面规划、合理布局、综合开发、配套建设。"

(1) 执行城市规划的原则。

《城乡规划法》第三条规定："城市和镇应当依照本法制定城市规划和镇规划。城市、镇规划区内建设活动应当符合规划要求。"房地产开发是城镇开发建设的重要组成部分,必须严格执行城镇规划。

(2) 贯彻经济效益、社会效益和环境效益相统一的原则。

房地产开发是一种投资,是一项经济活动,首先追求的是经济效益,但在追求经济效益的同时,也应考虑社会效益和环境效益,符合有关法规的规定,才能促进房地产开发的健康发展。

(3) 坚持全面规划、合理布局、综合开发、配套建设的原则。

房地产开发应全面规划、合理布局,所谓全面规划、合理布局是指在开发建设用地内,对拟建的建构筑物、交通线路、工程管线、绿化美化等设施进行全面规划,按照使用功能要求,考虑防火、日照、卫生、交通等因素进行合理布局、综合开发,并要求在开发主体工程的同时,对基础设施、配套公共服务设施应同步建设,以方便生产和生活。综合开发有利于节约用地、降低成本、缩短工期、提高经济效益。

5.2.2 房地产开发企业

1. 房地产开发企业的概念和设立条件

房地产开发企业是以营利为目的,从事房地产开发和经营的企业。《城市房地产管理法》规定,设立房地产开发企业,应当具备下列条件:

(1) 有自己的名称和组织机构;
(2) 有固定的经营场所;
(3) 有符合国务院规定的注册资本;
(4) 有足够的专业技术人员;
(5) 法律、行政法规规定的其他条件。

2. 房地产开发企业设立程序

《城市房地产管理法》规定,设立房地产开发企业,应当向工商行政管理部门申请设立登记。工商行政管理部门对符合本法规定条件的,应当予以登记,发给营业执照;对不符合本法规定条件的,不予登记。

设立有限责任公司、股份有限公司,从事房地产开发经营的,还应当执行公司法的有关规定。

房地产开发企业在领取营业执照后的一个月内,应当到登记机关所在地的县级以上地方人民政府规定的部门备案。

3. 房地产开发企业的资质

依据《房地产开发企业资质管理规定》，房地产开发企业应当依法申请核定企业资质等级，并承担相应的房地产开发项目。未取得房地产开发资质等级证书的企业，不得从事房地产开发经营业务。

4. 房地产开发企业资质等级条件

房地产开发企业资质等级，按照企业条件分为一、二、三、四四个资质等级。各资质等级企业的条件如下：

1) 一级资质

(1) 注册资本不低于 5000 万元；

(2) 从事房地产开发经营 5 年以上；

(3) 近 3 年房屋建筑面积累计竣工 30 万 m^2 以上，或者累计完成与此相当的房地产开发投资额；

(4) 连续 5 年建筑工程质量合格率达 100%；

(5) 上一年房屋建筑施工面积 15 万 m^2 以上，或者完成与此相当的房地产开发投资额；

(6) 有职称的建筑、结构、财务、房地产及有关经济类的专业管理人员不少于 40 人，其中具有中级以上职称的管理人员不少于 20 人，持有资格证书的专职会计人员不少于 4 人；

(7) 工程技术、财务、统计等业务负责人具有相应专业中级以上职称；

(8) 具有完善的质量保证体系，商品住宅销售中实行了《住宅质量保证书》和《住宅使用说明书》的制度；

(9) 未发生重大工程质量事故。

2) 二级资质

(1) 注册资本不低于 2000 万元；

(2) 从事房地产开发经营 3 年以上；

(3) 近 3 年房屋建筑面积累计竣工 15 万 m^2 以上，或者累计完成与此相当的房地产开发投资额；

(4) 连续 3 年建筑工程质量合格率达 100%；

(5) 上一年房屋建筑施工面积 10 万 m^2 以上，或者完成与此相当的房地产开发投资额；

(6) 有职称的建筑、结构、财务、房地产及有关经济类的专业管理人员不少于 20 人，其中具有中级以上职称的管理人员不少于 10 人，持有资格证书的专职会计人员不少于 3 人；

(7) 工程技术、财务、统计等业务负责人有相应专业中级以上职称；

(8) 具有完善的质量保证体系，商品住宅销售中实行了《住宅质量保证书》和《住宅使用说明书》制度；

(9) 未发生过重大工程质量事故。

3) 三级资质

(1) 注册资本不低于 800 万元；

(2) 从事房地产开发经营 2 年以上；

(3) 房屋建筑面积累计竣工 5 万 m² 以上，或者累计完成与此相当的房地产开发投资额；

(4) 连续 2 年建筑工程质量合格率达 100%；

(5) 有职称的建筑、结构、财务、房地产及有关经济类的专业管理人员不少于 10 人，其中具有中级以上职称的管理人员不少于 5 人，持有资格证书的专职会计人员不少于 2 人；

(6) 工程技术、财务等业务负责人具有相应专业中级以上职称，统计等其他业务负责人具有相应专业初级以上职称；

(7) 具有完善的质量保证体系，商品住宅销售中实行了《住宅质量保证书》和《住宅使用说明书》制度；

(8) 未发生过重大工程质量事故。

4) 四级资质

(1) 注册资本不低于 100 万元；

(2) 从事房地产开发经营 1 年以上；

(3) 已竣工的建筑工程质量合格率达 100%；

(4) 有职称的建筑、结构、财务、房地产及有关经济类的专业管理人员不少于 5 人，持有资格证书的专职会计人员不少于 2 人；

(5) 工程技术负责人具有相应专业中级以上职称，财务负责人具有相应专业初级以上职称，配有专业统计人员；

(6) 商品住宅销售中实行了《住宅质量保证书》和《住宅使用说明书》制度；

(7) 未发生过重大工程质量事故。

5. 房地产开发企业暂定资质

新设立的房地产开发企业应当自领取营业执照之日起 30 日内，持下列文件到房地产开发主管部门备案：

(1) 营业执照复印件；

(2) 企业章程；

(3) 验资证明；

(4) 企业法定代表人的身份证明；

(5) 专业技术人员的资格证书和劳动合同；

(6) 房地产开发主管部门认为需要出示的其他文件。

房地产开发主管部门应当在收到备案申请后 30 日内向符合条件的企业核发《暂定资质证书》。《暂定资质证书》有效期 1 年。房地产开发主管部门可以视企业经营情况延长《暂定资质证书》有效期，但延长期限不得超过 2 年。

自领取《暂定资质证书》之日起 1 年内无开发项目的，《暂定资质证书》有效期不得延长。

6. 房地产开发企业资质等级核定申请

房地产开发企业应当申请核定企业资质等级，申请核定资质等级的房地产开发企业应当提交下列证明文件：
(1) 企业资质等级申报表；
(2) 房地产开发企业资质证书(正、副本)；
(3) 企业负债表及验资报告；
(4) 企业法定代表人和经济、技术、财务负责人的职称证件；
(5) 已开发经营项目的有关证明材料；
(6) 房地产开发项目手册及《住宅质量保证书》、《住宅使用说明书》执行情况报告；
(7) 其他有关文件证明。

7. 房地产开发企业资质审批

一级资质由省、自治区、直辖市人民政府建设行政主管部门初审，报国务院建设行政主管部门审批。

二级资质及二级资质以下企业的审批办法由省、自治区、直辖市人民政府建设行政主管部门制定。

经资质审查合格的企业，由资质审批部门发给相应等级的资质证书。

资质证书由国务院建设行政主管部门统一制作。资质证书分为正本和副本，资质审批部门可以根据需要核发资质证书副本若干份。

任何单位和个人不得涂改、出租、出借、转让、出卖资质证书。企业遗失资质证书，必须在新闻媒体上声明作废后，方可补领。

企业发生分立、合并的，应当在向工商行政管理部门办理变更手续后的 30 日内，到原资质审批部门申请办理资质证书注销手续，并重新申请资质等级。

企业变更名称、法定代表人和主要管理、技术负责人，应当在变更 30 日内，向原资质审批部门办理变更手续。

企业破产、歇业或者因其他原因终止业务时，应当在向工商行政管理部门办理注销营业执照后的 15 日内，到原资质审批部门注销资质证书。

8. 不同资质等级企业的业务范围

一级资质的房地产开发企业承担房地产项目的建设规模不受限制，可以在全国范围承揽房地产开发项目。

二级资质及二级资质以下的房地产开发企业可以承担建筑面积 25 万 m^2 以下的开发建设项目，承担业务的具体范围由省、自治区、直辖市人民政府建设行政主管部门确定。各资质等级企业应当在规定的业务范围内从事房地产开发经营业务，不得越级承担任务。

9. 房地产企业资质年检制度

房地产开发企业的资质实行年检制度。对于不符合原定资质条件或者有不良经营行为的企业，由原资质审批部门予以降级或者注销资质证书。

一级资质房地产开发企业的资质年检由国务院建设行政主管部门或者其委托的机构负责。二级资质及二级资质以下房地产开发企业的资质年检由省、自治区、直辖市人民政府建设行政主管部门制定办法。房地产开发企业无正当理由不参加资质年检的，视为年检不合格，由原资质审批部门注销资质证书。房地产开发主管部门应当将房地产开发企业资质年检结果向社会公布。

5.2.3 房地产开发用地

房地产开发用地供应方式有土地使用权出让和划拨两种。

1. 土地使用权出让

(1) 土地使用权出让的概念。

土地使用权出让，是指国家将国有土地使用权(以下简称土地使用权)在一定年限内出让给土地使用者，由土地使用者向国家支付土地使用权出让金的行为。

(2) 土地使用权出让。

城市规划区内的集体所有的土地，经依法征用转为国有土地后，该幅国有土地的使用权方可有偿出让。

土地使用权出让，必须符合土地利用总体规划、城市规划和年度建设用地计划。

县级以上地方人民政府出让土地使用权用于房地产开发的，须根据省级以上人民政府下达的控制指标拟订年度出让土地使用权总面积方案，按照国务院规定，报国务院或者省级人民政府批准。

土地使用权出让，由市、县人民政府有计划、有步骤地进行。出让的每幅地块、用途、年限和其他条件，由市、县人民政府土地管理部门会同城市规划、建设、房产管理部门共同拟订方案，按照国务院规定，报经有批准权的人民政府批准后，由市、县人民政府土地管理部门实施。

直辖市的县人民政府及其有关部门行使前款规定的权限，由直辖市人民政府规定。

2. 土地使用权出让方式

土地使用权出让，可以采取拍卖、招标或者双方协议的方式。

商业、旅游、娱乐和豪华住宅用地，有条件的，必须采取拍卖、招标方式；没有条件、不能采取拍卖、招标方式的，可以采取双方协议的方式。

采取双方协议方式出让土地使用权的出让金不得低于按国家规定所确定的最低价。

1) 协议出让

协议出让土地使用权就是出让人与受让人双方就土地使用权所涉及的有关事项，如出让土地的面积、用途、年限、出让金等反复协商达成一致并签订土地使用权出让协议的行为。其特点是由于存在受让人的单一性，因而缺少公开竞争机制。

2) 招标出让

招标出让国有建设用地使用权是指市、县人民政府国土资源行政主管部门(以下简称出让人)发布招标公告，邀请特定或不特定的自然人、法人和其他组织参加国有建设用地使用权投标，根据投标结果确定国有建设用地使用权的行为。其特点是引入了市场竞争机制。

3) 拍卖出让

拍卖出让国有建设用地使用权是指出让人发布拍卖公告，由竞买人在指定时间、地点进行公开竞价，根据出价结果和"价高者得"的原则确定土地使用者的行为。其特点是具有公开性，价格是确定受让人的唯一条件。

4) 挂牌出让

挂牌出让土地使用权，是指出让人发布挂牌公告，按公开规定的期限将拟出让的宗地的交易条件在指定的土地交易场所挂牌公布，接受竞买人的报价申请并更新挂牌价格，根据挂牌期限截止时间的结果确定土地使用者的行为。如果在挂牌期限截止时仍有两个或者两个以上的竞买人要求报价的，出让人应当对挂宗地进行现场竞价，由出让价最高者取得土地使用权。挂牌出让的特点是可以公开、公正地竞争。

3. 土地使用权出让的最高年限

土地使用权出让的最高年限是指一次性出让签约的最高年限。我国《城镇国有土地使用权出让和转让暂行条例》第十二条规定，根据土地的不同用途，土地使用权出让的最高年限分别为：

(1) 居住用地 70 年；
(2) 工业用地 50 年；
(3) 教育、科技、文化、卫生、体育用地 50 年；
(4) 商业、旅游、娱乐用地 40 年；
(5) 综合或其他用地 50 年。

4. 土地使用权出让合同

《城市房地产管理法》第十五条规定："土地使用权出让，应当签订书面出让合同。"土地使用权出让合同由出让人和受让人双方签订。合同主要条款如下：

(1) 合同主体；
(2) 标的；
(3) 价格及支付方式；
(4) 期限；
(5) 开发建设与利用要求；
(6) 土地使用权转让、出让、抵押的条件；
(7) 期限届满的处置；
(8) 违约责任；
(9) 争议的解决等。

取得土地使用权者应当按照出让合同规定开发、利用、经营土地。如果需要改变土地使用权出让合同约定的土地用途的，必须取得出让方和市、县人民政府规划行政主管部门的同意，签订土地使用权出让合同变更协议或者重新签订土地使用权出让合同，相应调整土地使用权出让金。

5. 土地出让金

土地使用者取得一定年限的土地使用权需向土地所有者支付土地使用权出让金，简称土地出让金。

《城市房地产管理法》第十六条规定："土地使用者必须按照出让合同约定，支付土地使用权出让金；未按照出让合同约定支付土地使用权出让金的，土地管理部门有权解除合同，并可以请求违约赔偿。"

第十七条规定："土地使用者按照出让合同约定支付土地使用权出让金的，市、县人民政府土地管理部门必须按照出让合同约定，提供出让的土地；未按照出让合同约定提供出让土地的，土地使用者有权解除合同，由土地管理部门返还土地使用权出让金，土地使用者并可以请求违约赔偿。"

土地使用权出让金应全部上缴财政，列入预算，用于城市基础设施建设和土地开发。

6. 土地使用权的终止和续期

土地使用权出让合同约定的使用年限届满，土地使用者需要继续使用土地的，应当至迟于届满前一年申请续期，除根据社会公共利益需要收回该幅土地的，应当予以批准。经批准准予续期的，应当重新签订土地使用权出让合同，依照规定支付土地使用权出让金。

1) 土地使用权的终止

(1) 土地使用权出让合同约定的使用年限届满，土地使用者未申请续期或者虽申请续期但未获批准的，土地使用权由国家无偿收回。

(2) 国家对土地使用者依法取得的土地使用权，在出让合同约定的使用年限届满前不收回；在特殊情况下，根据社会公共利益的需要，可以依照法律程序提前收回，并根据土地使用者使用土地的实际年限和开发土地的实际情况给予相应的补偿。

(3) 土地使用权因土地灭失而终止。

(4) 以出让方式取得土地使用权进行房地产开发的，必须按照土地使用权出让合同约定的土地用途、动工开发期限开发土地。满二年未动工开发的，可以无偿收回土地使用权；但是，因不可抗力或者政府、政府有关部门的行为或者动工开发必需的前期工作造成动工开发延迟的除外。

2) 土地使用权的续期

《城市房地产管理法》第二十二条规定："土地使用权出让合同约定的使用年限届满，土地使用者需要继续使用土地的，应当至迟于届满前一年申请续期，除根据社会公共利益需要收回该幅土地的，应当予以批准。经批准准予续期的，应当重新签订土地使用权出让合同，依照规定支付土地使用权出让金。"

5.2.4 土地使用权划拨

1. 土地使用权划拨的概念

土地使用权划拨，是指县级以上人民政府依法批准，在土地使用者缴纳补偿、安置等费用后将该幅土地交付其使用，或者将土地使用权无偿交付给土地使用者使用的行为。

依照《城市房地产管理法》规定，以划拨方式取得土地使用权的，除法律、行政法规另有规定外，没有使用期限的限制。但未经许可，不得进行转让、出租、抵押等经营活动。

2. 划拨土地使用权的范围

《城市房地产管理法》第二十四条规定，下列建设用地的土地使用权，确属必需的，可以由县级人民政府依法批准划拨：

(1) 国家机关用地和军事用地；
(2) 城市基础设施用地和公益事业用地；
(3) 国家重点扶持的能源、交通、水利等项目用地；
(4) 法律、行政法规规定的其他用地。

2001年国土资源部制定发布了《划拨用地目录》，只有符合该目录的建设用地项目，由建设单位提出申请，经有批准权的人民政府批准，方可以划拨的方式提供土地使用权。

目前在房地产开发中，只有经济适用住房和廉租住房可以通过划拨方式供地。在《经济适用住房管理办法》第七条和《廉租房保障办法》第十三条对此作了规定。

5.2.5 房地产转让

1. 房地产转让的概念

房地产转让，是指房地产权利人通过买卖、赠予或者其他合法方式将其房地产转移给他人的行为。房地产转让有两种类型，即出让方式和划拨方式。

2. 房地产转让的条件

1) 以出让方式取得土地使用权的，转让房地产时，应当符合下列条件
(1) 按照出让合同约定已经支付全部土地使用权出让金，并取得土地使用权证书；
(2) 按照出让合同约定进行投资开发，属于房屋建设工程的，完成开发投资总额的百分之二十五以上，属于成片开发土地的，形成工业用地或者其他建设用地条件。

转让房地产时房屋已经建成的，还应当持有房屋所有权证书。

2) 以划拨方式取得土地使用权的，转让房地产时，应符合下列条件
(1) 应当按照国务院规定，报有批准权的人民政府审批。有批准权的人民政府准予转让的，应当由受让方办理土地使用权出让手续，并依照国家有关规定缴纳土地使用权出让金。
(2) 以划拨方式取得土地使用权的，转让房地产报批时，有批准权的人民政府按照国务院规定决定可以不办理土地使用权出让手续的，转让方应当按照国务院规定将转让房地产所获收益中的土地收益上缴国家或者作其他处理。
(3) 有下列情形之一的，经有批准权的人民政府批准，可以不办理土地使用权出让手续，但应当将转让房地产所获收益中的土地收入交国家或作其他处理。
① 经城市规划行政部门批准，转让土地用于建设国家机关用地和军事用地；城市基础设施用地和公用事业用地；国家重点扶持的能源、交通、水利等项目用地；
② 私有住宅转让后仍用于居住的；
③ 按照国务院住房制度改革有关规定，出售公有住宅的；
④ 同一宗土地上部分房屋转让，而土地使用权不可分割转让的；
⑤ 转让的房地产暂时难以确定土地使用权出让用途、年限和其他条件的；
⑥ 根据城市规划土地使用权不宜出让的；
⑦ 县级以上人民政府规定暂时无法或不需要采取土地使用权出让方式的其他情形。

3. 禁止转让的房地产

下列房地产，不得转让：

(1) 以出让方式取得土地使用权的，不符合本法第三十九条规定的条件的；
(2) 司法机关和行政机关依法裁定、决定查封或者以其他形式限制房地产权利的；
(3) 依法收回土地使用权的；
(4) 共有房地产，未经其他共有人书面同意的；
(5) 权属有争议的；
(6) 未依法登记领取权属证书的；
(7) 法律、行政法规规定禁止转让的其他情形。

4. 房地产转让的程序

房地产转让，应当按照下列程序办理：

(1) 房地产转让当事人签订书面转让合同；
(2) 房地产转让当事人在房地产转让合同签订后 90 日内持房地产权属证书、当事人的合法证明、转让合同等有关文件向房地产所在地的房地产管理部门提出申请，并申报成交价格；
(3) 房地产管理部门对提供的有关文件进行审查，并在 7 日内做出是否受理申请的书面答复，7 日内未作书面答复的，视为同意受理；
(4) 房地产管理部门核实申报的成交价格，并根据需要对转让的房地产进行现场查勘和评估；
(5) 房地产转让当事人按照规定缴纳有关税费；
(6) 房地产管理部门办理房屋权属登记手续，核发房地产权属证书。

5. 房地产转让合同

《城市房地产管理法》第四十一条规定："房地产转让，应当签订书面转让合同。"

房地产转让合同应当载明下列主要内容：

(1) 双方当事人的姓名或者名称、住所；
(2) 房地产权属证书名称和编号；
(3) 房地产坐落位置、面积、四至界限；
(4) 土地宗地号、土地使用权取得的方式及年限；
(5) 房地产的用途或使用性质；
(6) 成交价格及支付方式；
(7) 房地产交付使用的时间；
(8) 违约责任；
(9) 双方约定的其他事项。

以出让方式取得土地使用权的，转让房地产后，受让人改变原土地使用权出让合同约定的土地用途的，必须取得原出让方和市、县人民政府城市规划行政主管部门的同意，签订土地使用权出让合同变更协议或者重新签订土地使用权出让合同，相应调整土地使用权出让金。

6. 商品房销售

商品房销售分为商品房现售和商品房预售两种。商品房销售应符合下列规定：

1) 商品房现售条件

商品房现售，应当符合以下条件：

(1) 现售商品房的房地产开发企业应当具有企业法人营业执照和房地产开发企业资质证书；

(2) 取得土地使用权证书或者使用土地的批准文件；

(3) 持有建设工程规划许可证和施工许可证；

(4) 已通过竣工验收；

(5) 拆迁安置已经落实；

(6) 供水、供电、供热、燃气、通信等配套基础设施具备交付使用条件，其他配套基础设施和公共设施具备交付使用条件或者已确定施工进度和交付日期；

(7) 物业管理方案已经落实。

房地产开发企业应当在商品房现售前将房地产开发项目手册及符合商品房现售条件的有关证明文件报送房地产开发主管部门备案。

2) 商品房预售条件

《城市房地产管理法》第四十五条规定：商品房预售，应当符合下列条件：

(1) 已交付全部土地使用权出让金，取得土地使用权证书；

(2) 持有建设工程规划许可证；

(3) 按提供预售的商品房预算，投入开发建设的资金达到工程建设总投资的百分之二十五以上，并已经确定施工进度和竣工交付日期；

(4) 向县级以上人民政府房产管理部门办理预售登记，取得商品房预售许可证明。

3) 申请办理《商品房预售许可证》

申请办理《商品房预售许可证》应提交下列证件(复印件)及资料：

(1) 商品房预售许可申请表；

(2) 开发企业的《营业执照》和资质证书；

(3) 土地使用权证、建设工程规划许可证、施工许可证；

(4) 投入开发建设的资金占工程建设总投资的比例符合规定条件的证明；

(5) 工程施工合同及关于施工进度的说明；

(6) 商品房预售方案。预售方案应当说明预售商品房的位置、面积、竣工交付日期等内容，并应当附预售商品房总平面图、分层平面图。

房地产管理部门在接到开发经营企业申请后，应当详细查验各项证明和资料，并到现场查勘。经审查，开发企业的申请符合法定条件的，房地产管理部门应当在受理之日起 10 日内，依法做出准予预售的行政许可书面决定，发送开发企业，并自做出决定之日起 10 日内向开发企业颁发、送达《商品房预售许可证》。

未取得《商品房预售许可证》的，不得进行商品房预售。

商品房预售，开发企业应当与承购人签订商品房预售合同。开发企业应当自签约之日起 30 日内，向房地产管理部门和市、县人民政府土地管理部门办理商品房预售合同登记备案手续。

商品房预售款必须用于有关工程的建设。

商品房预售的，商品房预购人将购买的未竣工的预售商品房再行转让，应符合国务院的相关规定。

7. 商品房买卖合同

商品房销售时，房地产开发企业和买受人应当订立书面商品房买卖合同。

商品房买卖合同应当明确以下主要内容：

(1) 当事人名称或者姓名和住所；

(2) 商品房基本状况；

(3) 商品房的销售方式；

(4) 商品房价款的确定方式及总价款、付款方式、付款时间；

(5) 交付使用条件及日期；

(6) 装饰、设备标准承诺；

(7) 供水、供电、供热、燃气、通信、道路、绿化等配套基础设施和公共设施的交付承诺和有关权益、责任；

(8) 公共配套建筑的产权归属；

(9) 面积差异的处理方式；

(10) 办理产权登记有关事宜；

(11) 解决争议的方法；

(12) 违约责任；

(13) 双方约定的其他事项。

关于商品房销售面积误差的处理方式，销售代表，商品房交付时间，商品房质量保修等，应按国家的相应规定执行。

5.2.6 城市房屋拆迁

1. 房屋拆迁概述

为了加强对城市房屋拆迁的管理，维护拆迁当事人的合法权益，保障建设项目的顺利进行，2001年6月国务院颁发了《城市房屋拆迁管理条例》。在城市规划区内国有土地上实施房屋拆迁，并需要对被拆迁人补偿、安置的，应执行本条例。

城市规划区内国有土地上实施房屋拆迁，拆迁人应当对被拆迁人给予补偿、安置；被拆迁人应当在搬迁期限内完成搬迁。拆迁人是指取得房屋拆迁许可证的单位；被拆迁人是指被拆迁房屋的所有人。

城市房屋拆迁必须符合城市规划，有利于城市旧区的改造和生态环境改善，保护文物古迹。

国务院房地产行政主管部门主管全国的城市房屋拆迁工作。

县级以上地方人民政府房地产行政主管部门或者人民政府授权的部门，主管本行政区域内的城市房屋拆迁工作。

县级以上地方人民政府土地行政主管部门依照有关法律、行政法律的规定，负责与城市房屋拆迁有关的土地管理工作。

2. 拆迁管理

1) 房屋拆迁许可证制度

拆迁房屋的单位取得房屋拆迁许可证后，方可实施拆迁。

申请领取房屋拆迁许可证的，应当向房屋所在地的市、县人民政府房屋拆迁管理部门提交下列资料：

(1) 建设项目批准文件；
(2) 建设用地规划许可证；
(3) 国有土地使用权批准文件；
(4) 拆迁计划和拆迁方案；
(5) 办理存款业务的金融机构出具的拆迁补偿安置资金证明。

市、县人民政府房屋拆迁管理部门应当自收到申请之日起 30 日内，对申请事项进行审查；经审查，对符合条件的，颁发房屋拆迁许可证。

房屋拆迁管理部门在发放房屋拆迁许可证的同时，应当将房屋拆迁许可证中载明的拆迁人、拆迁范围、拆迁期限等事项，以房屋拆迁公告的形式予以公布。房屋拆迁管理部门和拆迁人应当及时向被拆迁人做好宣传、解释工作。

拆迁人应当在房屋拆迁许可证确定的拆迁范围和拆迁期限内，实施房屋拆迁。需要延长拆迁期限的，拆迁人应当在拆迁期限届满 15 日前，向房屋拆迁管理部门提出延期拆迁申请；房屋拆迁管理部门应当自收到延期拆迁申请之日起 10 日内给予答复。

2) 拆迁方式

拆迁人可以自行拆迁，也可以委托具有拆迁资格的单位实施拆迁。

(1) 自行拆迁，拆迁人自己进行拆迁，并对被拆迁人进行补偿和安置；拆迁人自己拥有拆迁机构的，一般采用自行拆迁的方式。

(2) 委托拆迁，拆迁人将房屋拆迁、补偿和安置委托给具有拆迁资格的单位进行。拆迁人应当向被委托的拆迁单位出具委托书，并签订委托合同，拆迁人应当自拆迁委托合同订立之日起 15 日内，将拆迁委托合同报房屋拆迁管理部门备案。被委托的拆迁单位不得转让拆迁业务。

房屋拆迁管理部门不得作为拆迁人，不得接受拆迁委托。

拆迁范围确定后，拆迁范围内的单位和个人，不得进行下列活动：

① 新建、扩建、改建房屋；
② 改变房屋和土地用途；
③ 租赁房屋。

3) 拆迁安置协议

拆迁人与被拆迁人应当依照《城市房屋拆迁管理条例》的规定，就补偿方式和补偿金额、安置用房面积和安置地点、搬迁期限、搬迁过渡方式和过渡期限等事项，订立拆迁补偿安置协议。

拆迁租赁房屋的，拆迁人应当与被拆迁人、房屋承租人订立拆迁补偿安置协议。

房屋拆迁管理部门代管的房屋需要拆迁的，拆迁补偿安置协议必须经公证机关公证，并办理证据保全。

4) 拆迁纠纷

(1) 拆迁补偿安置协议订立后，被拆迁人或者房屋承租人在搬迁期限内拒绝搬迁的，拆迁人可以依法向仲裁委员会申请仲裁，也可以依法向人民法院起诉。诉讼期间，拆迁人可以依法申请人民法院先予执行。

(2) 达不成拆迁补偿安置协议的。

① 拆迁人与被拆迁人或者拆迁人、被拆迁人与房屋承租人达不成拆迁补偿安置协议的，经当事人申请，由房屋拆迁管理部门裁决。房屋拆迁管理部门是被拆迁人的，由同级人民政府裁决。裁决应当自收到申请之日起 30 日内做出。

② 当事人对裁决不服的，可以自裁决书送达之日起 3 个月内向人民法院起诉。拆迁人依照本条例规定已对被拆迁人给予货币补偿或者提供拆迁安置用房、周转用房的，诉讼期间不停止拆迁的执行。

③ 被拆迁人或者房屋承租人在裁决规定的搬迁期限内未搬迁的，由房屋所在地的市、县人民政府责成有关部门强制拆迁，或者由房屋拆迁管理部门依法申请人民法院强制拆迁。

实施强制拆迁前，拆迁人应当就被拆除房屋的有关事项，向公证机关办理证据保全。

3. 拆迁补偿

1) 拆迁补偿的对象

拆迁补偿的对象是被拆迁房屋的所有人。

2) 拆迁补偿的范围

拆迁补偿的范围是被拆除的房屋及其附属物。对于拆除未超过期限的临时建筑，应当给予适当的补偿。但拆除超过批准期限的临时建筑和违章建筑不予补偿。

3) 拆迁补偿的方式

拆迁补偿的方式可以实行货币补偿，也可以实行房屋产权调换。

(1) 货币补偿是指拆迁人以支付货币的方式，赔偿被拆迁人因拆除房屋所造成的经济损失。

货币补偿的金额，根据被拆迁房屋的区位、用途、建筑面积等因素，以房地产市场评估价格确定。

(2) 产权调换是指拆迁人用异地或原地再建设的房屋与被拆迁人的房屋进行交换，被拆迁人原来的房屋被拆迁后，仍保留相应房屋的产权。实行房屋产权调换的，拆迁人与被拆迁人依照货币补偿方式中的补偿金额的计算方法，计算被拆迁房屋的补偿金额和调换房屋的价格，结清产权调换的差价。

拆迁非公益事业房屋的附属物，不作产权调换，由拆迁人给予货币补偿。

拆迁公益事业用房的，拆迁人应当依照有关法律、法规的规定和城市规划的要求予以重建，或者给予货币补偿。

拆迁租赁房屋，被拆迁人与房屋承租人解除租赁关系的，或者被拆迁人对房屋承租人进行安置的，拆迁人对被拆迁人给予补偿。

被拆迁人与房屋承租人对解除租赁关系达不成协议的，拆迁人应当对被拆迁人实行房屋产权调换。产权调换的房屋由原房屋承租人承租，被拆迁人应当与原房屋承租人重新订立房屋租赁合同。

4. 拆迁安置

拆迁人应当提供符合国家质量安全标准的房屋，用于拆迁安置；同时，拆迁人应当对被拆迁人或者房屋租赁人支付搬迁补助费。如在过渡期限内，被拆迁人或者房屋承租人自行安排住处的，拆迁人应当支付临时安置补助费。

拆迁人不得擅自延长期限，周转房的使用人也应当按时腾退周转房。因拆迁人的责任延长过渡期限，对自行安排住处的被拆迁人或者房屋承租人，应当自逾期之月起付给临时安置补助费。

搬迁补助费和临时安置补助费的标准，由省、自治区、直辖市人民政府规定。

5. 特殊房屋的拆迁

1) 产权不明确的房屋

拆迁产权不明确的房屋，拆迁人应当提出补偿安置方案，报房屋拆迁管理部门审核同意后实施拆迁。拆迁前，拆迁人应当就被拆迁房屋的有关事项向公证机关办理证据保全。

2) 租赁房屋

拆迁租赁房屋，被拆迁人与房屋承租人解除租赁关系的，或者被拆迁人对房屋承租人进行安置的，拆迁人对被拆迁人给予补偿。

被拆迁人与房屋承租人对解除租赁关系达不成协议的，拆迁人应当对被拆迁人实行房屋产权调换。产权调换的房屋由原房屋承租人承租，被拆迁人应当与原房屋承租人重新订立房屋租赁合同。

3) 设有抵押权的房屋

拆迁设有抵押权的房屋，依照国家有关担保的法律执行。

4) 非住宅房屋

因拆迁非住宅房屋造成停产、停业的，拆迁人应当给予适当补偿。

5.2.7 房地产抵押

1. 房地产抵押的概念

房地产抵押，是指抵押人以其合法的房地产以不转移占有的方式向抵押权人提供债务履行担保的行为。债务人不履行债务时，抵押权人有权依法以抵押的房地产拍卖所得的价款优先受偿。

房地产抵押之后，如果债务人到期不履行债务或者债务人在抵押期间解散、被宣布破产。抵押权人就可以依法将抵押的房地产拍卖，对于拍卖所得的价款，抵押权人可比其他债权人优先得到清偿债务的权力。

所谓抵押人是指将依法取得的房地产提供给抵押权人，作为本人或者第三人履行债务担保的公民、法人或者其他组织。

所谓抵押权人，是指接受房地产抵押作为债务人履行债务担保的公民、法人或者其他组织。

房地产抵押，应当遵循自愿、互利、公平和诚实信用的原则。依法设定的房地产抵押，受国家法律保护。

2. 房地产抵押权的设定

《城市房地产管理法》第四十八条规定："依法取得的房屋所有权连同该房屋占用范围内的土地使用权，可以设定抵押权。以出让方式取得的土地使用权，可以设定抵押权。"

1) 可以设定抵押权的地产

(1) 抵押人所有的房屋和其他地上附着物；

(2) 抵押人依法享有处分权的国有土地使用权；

(3) 抵押人依法承包并经发包方同意抵押的荒山、荒沟、荒丘、荒滩等荒地的土地使用权；

(4) 乡(镇)村企业的厂房等建筑物；

(5) 预购商品房；

(6) 在建工程。

2) 不得设定抵押权的地产

(1) 权属有争议的房地产；

(2) 用于教育、医疗、市政等公共福利事业的房地产；

(3) 列入文物保护的建筑物和有重要纪念意义的其他建筑物；

(4) 已依法公告列入拆迁范围的房地产；

(5) 被依法查封、扣押、监管或者以其他形式限制的房地产；

(6) 依法不得抵押的其他房地产。

3. 房地产抵押合同

《城市房地产管理法》第五十条规定："房地产抵押，抵押人和抵押权人应当签订书面抵押合同。"

1) 房地产抵押合同的概念

房地产抵押合同是指债务人或者第三人不移转对房地产的占有，将房地产作为债权担保而与债权人达成的明确相互权利义务关系的协议。依据此协议，债务人或者第三人提供的抵押房地产上为债权人设定的抵押权，债务人或者第三人对债权人之债权承受房地产物上的担保义务。当债务人不履行债务时，抵押权人有权依法主张就拍卖该房地产的价款优先受偿。

2) 房地产抵押合同的内容

《城市房地产抵押管理办法》第二十六条规定："房地产抵押合同应当载明下列主要内容。"

(1) 抵押人、抵押权人的名称或者个人姓名、住所；

(2) 主债权的种类、数额；

(3) 抵押房地产的处所、名称、状况、建筑面积、用地面积以及四至等；

(4) 抵押房地产的价值；

(5) 抵押房地产的占用管理人、占用管理方式、占用管理责任以及意外损毁、灭失的责任；

(6) 债务人履行债务的期限；

(7) 抵押权灭失的条件；

(8) 违约责任；

(9) 争议解决方式；

(10) 抵押合同订立的时间与地点；

(11) 双方约定的其他事项。

以预购商品房贷款抵押的，须提交生效的预购房屋合同。

3) 对以在建工程抵押的，抵押合同还应当载明以下内容

(1) 《国有土地使用权证》、《建设用地规划许可证》和《建设工程规划许可证》编号；

(2) 已交纳的土地使用权出让金或需交纳的相当于土地使用权出让金的款额；

(3) 已投入在建工程的工程款；

(4) 施工进度及工程竣工日期；

(5) 已完成的工作量和工程量。

抵押权人要求抵押房地产保险的，以及要求在房地产抵押后限制抵押人出租、转让抵押房地产或者改变抵押房地产用途的，抵押当事人应当在抵押合同中载明。

4. 房地产抵押登记

《城市房地产抵押管理办法》第三十条规定："房地产抵押合同自签订之日起 30 日内，抵押当事人应当到房地产所在地的房地产管理部门办理房地产抵押登记。"房地产抵押合同自抵押登记之日起生效。

1) 房地产抵押登记应交文件

办理房地产抵押登记，应当向登记机关交验下列文件：

(1) 抵押当事人的身份证明或法人资格证明；

(2) 抵押登记申请书；

(3) 抵押合同；

(4) 《国有土地使用权证》、《房屋所有权证》或《房地产权证》，共有的房屋还必须提交《房屋共有权证》和其他共有人同意抵押的证明；

(5) 可以证明抵押人有权设定抵押权的文件与证明材料；

(6) 可以证明抵押房地产价值的资料；

(7) 登记机关认为必要的其他文件。

2) 房地产抵押登记

登记机关应当对申请人的申请进行审核。凡权属清楚、证明材料齐全的，应当在受理登记之日起 7 日内决定是否予以登记，对不予登记的，应当书面通知申请人。

以依法取得的房屋所有权证书的房地产抵押的，登记机关应当在原《房屋所有权证》上作他项权利记载后，由抵押人收执。并向抵押权人颁发《房屋他项权证》。

以预售商品房或者在建工程抵押的，登记机关应当在抵押合同上作记载。抵押的房地产在抵押期间竣工的，当事人应当在抵押人领取房地产权属证书后，重新办理房地产抵押登记。

3） 房地产变更抵押登记

抵押合同发生变更或者抵押关系终止时，抵押当事人应当在变更或者终止之日起15日内，到原登记机关办理变更或者注销抵押登记。

因依法处分抵押房地产而取得土地使用权和土地建筑物、其他附着物所有权的，抵押当事人应当自处分行为生效之日起30日内，到县级以上地方人民政府房地产管理部门申请房屋所有权转移登记，并凭变更后的房屋所有权证书向同级人民政府土地管理部门申请土地使用权变更登记。

5. 抵押房地产的占用与管理

《城市房地产抵押管理办法》第三十六条规定："已作抵押的房地产，由抵押人占用与管理。抵押人在抵押房地产占用与管理期间应当维护抵押房地产的安全与完好。抵押权人有权按照抵押合同的规定监督、检查抵押房地产的管理情况。"

抵押权可以随债权转让。抵押权转让时，应当签订抵押权转让合同，并办理抵押权变更登记。抵押权转让后，原抵押权人应当告知抵押人。经抵押权人同意，抵押房地产可以转让或者出租。抵押房地产转让或者出租所得价款，应当向抵押权人提前清偿所担保的债权。超过债权数额的部分，归抵押人所有，不足部分由债务人清偿。

6. 抵押房地产的处分

有下列情况之一的，抵押权人有权要求处分抵押的房地产：

(1) 债务履行期满，抵押权人未受清偿的，债务人又未能与抵押权人达成延期履行协议的；

(2) 抵押人死亡，或者被宣告死亡而无人代为履行到期债务的；或者抵押人的合法继承人、受遗赠人拒绝履行到期债务的；

(3) 抵押人被依法宣告解散或者破产的；

(4) 抵押人违反本办法的有关规定，擅自处分抵押房地产的；

(5) 抵押合同约定的其他情况。

有上述情况之一的，经抵押当事人协商可以通过拍卖等合法方式处分抵押房地产。协议不成的，抵押权人可以向人民法院提起诉讼。请求法院拍卖、变卖抵押房地产。

房地产抵押合同签订后，土地上新增的房屋不属于抵押财产。处分抵押房地产时，可以依法将土地上新增的房屋与抵押财产一同处分，但对处分新增房屋所得，抵押权人无权优先受偿。

以划拨方式取得的土地使用权连同地上建筑物设定的房地产抵押进行处分时，应当从处分所得的价款中缴纳相当于应当缴纳的土地使用权出让金的款额后，抵押权人方可优先受偿。

法律、法规另有规定的依照其规定。

5.2.8 房屋租赁

1. 房屋租赁的概念

房屋租赁，是指房屋所有权人作为出租人将其房屋出租给承租人使用，由承租人向出租人支付租金的行为。

《城市房屋租赁管理办法》第四条规定："公民、法人或其他组织对享有所有权的房屋和国家授权管理和经营的房屋可以依法出租。房屋租赁当事人应当遵循自愿、平等、互利的原则。"

2. 房屋租赁的规定

房屋租赁，出租人和承租人应当签订书面租赁合同，约定租赁期限、租赁用途、租赁价格、修缮责任等条款，以及双方的其他权利和义务，并向房产管理部门登记备案。

住宅用房的租赁，应当执行国家和房屋所在城市人民政府规定的租赁政策。租用房屋从事生产、经营活动的，由租赁双方协商议定租金和其他租赁条款。

以营利为目的，房屋所有权人将以划拨方式取得使用权的国有土地上建成的房屋出租的，应当将租金中所含土地收益上缴国家。具体办法由国务院规定。

3. 房屋租赁的管理机构

国务院建设行政主管部门主管全国城市房屋租赁管理工作。

省、自治区、直辖市建设行政主管部门主管本行政区域内城市房屋租赁管理工作。

市、县人民政府房地产行政主管部门(以下简称房地产管理部门)主管本行政区域内的城市房屋租赁管理工作。

4. 不得出租的房屋

有下列情形之一的房屋不得出租：
(1) 未依法取得房屋所有权证的；
(2) 司法机关和行政机关依法裁定、决定查封或者以其他形式限制房地产权利的；
(3) 共有房屋未取得共有人同意的；
(4) 权属有争议的；
(5) 属于违法建筑的；
(6) 不符合安全标准的；
(7) 已抵押，未经抵押权人同意的；
(8) 不符合公安、环保、卫生等主管部门有关规定的；
(9) 有关法律、法规规定禁止出租的其他情形。

5. 房屋租赁合同

《城市房地产管理法》第五十四条规定："房屋租赁，出租人和承租人应当签订书面租赁合同，约定租赁期限、租赁用途、租赁价格、修缮责任等条款，以及双方的其他权利和义务，并向房产管理部门登记备案。"

房屋租赁，当事人应当签订书面租赁合同，租赁合同应当具备以下条款：

(1) 当事人姓名或者名称及住所；
(2) 房屋的坐落、面积、装修及设施状况；
(3) 租赁用途；
(4) 租赁期限；
(5) 租金及交付方式；
(6) 房屋修缮责任；
(7) 转租的约定；
(8) 变更和解除合同的条件；
(9) 违约责任；
(10) 当事人约定的其他条款。

6. 房屋租赁合同的变更与解除

有下列情形之一的，房屋租赁当事人可以变更或者解除租赁合同：

(1) 符合法律规定或者合同约定可以变更或解除合同条款的；
(2) 因不可抗力致使租赁合同不能继续履行的；
(3) 当事人协商一致的。

因变更或者解除租赁合同使一方当事人遭受损失的，除依法可以免除责任的以外，应当由责任方负责赔偿。

7. 房屋租赁合同的终止和续期

房屋租赁期限届满，租赁合同终止。承租人需要继续租用的，应当在租赁期限届满前3个月提出，并经出租人同意，重新签订租赁合同。

8. 房屋租赁登记

房屋租赁实行登记备案制度。

签订、变更、终止租赁合同的，当事人应当向房屋所在地市、县人民政府房屋管理部门登记备案。

9. 房屋租赁双方的权利和义务

(1) 房屋租赁当事人按照租赁合同约定，享有权利，并承担相应的义务。
(2) 出租人在租赁期限内，确需提前收回房屋时，应当事先征得承租人同意，给承租人造成损失的，应当予以赔偿。
(3) 出租住宅用房的自然损坏或合同约定由出租人修缮的，出租人负责修复。不及时修复，致使房屋发生破坏性事故，造成承租人财产损失或者人身伤害的，应当承担赔偿责任。
(4) 租用房屋从事生产、经营活动的，修缮责任由双方当事人在租赁合同中约定。
(5) 承租人应当爱护并合理使用所承租的房屋及附属设施，不得擅自拆改、扩建或增添，确需变动的，必须征得出租人的同意，并签订书面合同。

(6) 因承租人过错造成房屋损坏的，由承租人负责修复或者赔偿。

10. 出租房屋的提前收回

承租人有下列行为之一的，出租人有权终止合同，收回房屋，因此而造成损失的，由承租人赔偿：

(1) 将承租的房屋擅自转租的；
(2) 将承租的房屋擅自转让、转借他人或擅自调换使用的；
(3) 将承租的房屋擅自拆改结构或改变用途的；
(4) 拖欠租金累计6个月以上的；
(5) 拖欠住宅用房无正当理由闲置6个月以上的；
(6) 利用承租房屋进行违法活动的；
(7) 故意损坏承租房屋的；
(8) 法律、法规规定其他可以收回的。

11. 房屋的转租

房屋转租，是指房屋承租人将承租的房屋再出租的行为。

(1) 承租人在租赁期限内，征得出租人同意，可以将承租房屋的部分或全部转租给他人。
(2) 出租人可以从转租中获得收益。
(3) 房屋转租，应当订立转租合同。转租合同必须经原出租人书面同意，并按照相关规定办理登记备案手续。
(4) 转租合同的终止日期不得超过原租赁合同规定的终止日期，但出租人与转租双方协商约定的除外。
(5) 转租合同生效后，转租人享有并承担转租合同规定的出租人的权利和义务，并且应当履行原租赁合同规定的承租人的义务，但出租人与转租双方另有约定的除外。
(6) 转租期间，原租赁合同变更、解除或者终止，转租合同也随之相应的变更、解除或者终止。

5.2.9 房地产中介服务

1. 房地产中介服务的概念

房地产中介服务是指房地产咨询、房地产价格评估、房地产经纪等活动的总称。

房地产咨询是指为房地产活动当事人提供法律法规、政策、信息、技术等方面服务的经营活动。

房地产价格评估是指对房地产进行测算，评定其经济价值和价格的经营活动。

房地产经纪是指为委托人提供房地产信息和居间代理业务的经营活动。

2. 房地产中介服务人员资格管理

1) 房地产咨询员

从事房地产咨询业务的人员，必须是具有房地产及相关专业中等以上学历，有与房地产咨询业务相关的初级以上专业技术职称并取得考试合格证书的专业技术人员。

房地产咨询人员的考试办法,由省、自治区人民政府建设行政主管部门和直辖市房地产管理部门制订。

2) 房地产价格评估人员

(1) 房地产估价师必须是经国家统一考试、执业资格认证,取得《房地产估价师执业资格证书》,并经注册登记取得《房地产估价师注册证》的人员。未取得《房地产估价师注册证》的人员,不得以房地产估价师的名义从事房地产估价业务。

房地产估价师的考试办法,由国务院建设行政主管部门和人事主管部门共同制定。

(2) 房地产估价员必须是经过考试并取得《房地产估价员岗位合格证》的人员。未取得《房地产估价员岗位合格证》的人员,不得从事房地产估价业务。

房地产估价员的考试办法,由省、自治区人民政府建设行政主管部门和直辖市房地产管理部门制订。

(3) 房地产经纪人必须是经过考试、注册并取得《房地产经纪人资格证》的人员。未取得《房地产经纪人资格证》的人员,不得从事房地产经纪业务。

房地产经纪人的考试和注册办法另行制定。

3. 房地产中介服务机构的设立

设立房地产中介服务机构应具备下列条件:

(1) 有自己的名称、组织机构;
(2) 有固定的服务场所;
(3) 有规定数量的财产和经费;
(4) 从事房地产咨询业务的,具有房地产及相关专业中等以上学历、初级以上专业技术职称人员须占总人数的 50%以上;从事房地产评估业务的,须有规定数量的房地产估价师;从事房地产经纪业务的,须有规定数量的房地产经纪人。

跨省、自治区、直辖市从事房地产估价业务的机构,应到该业务发生地省、自治区人民政府建设行政主管部门或者直辖市人民政府房地产行政主管部门备案。

设立房地产中介服务机构,应当向当地的工商行政管理部门申请设立登记。房地产中介服务机构在领取营业执照后的一个月内,应当到登记机关所在地的县级以上人民政府房地产管理部门备案。

经委托人同意,房地产中介服务机构可以将委托的房地产中介业务转让委托给具有相应资格的中介服务机构代理,但不得增加佣金。

4. 房地产中介服务合同

房地产中介服务合同应当包括下列主要内容:

(1) 当事人姓名或者名称、住所;
(2) 中介服务项目的名称、内容、要求和标准;
(3) 合同履行期限;
(4) 收费金额和支付方式、时间;
(5) 违约责任和纠纷解决方式;

(6) 当事人约定的其他内容。

5. 房地产中介服务费用

房地产中介服务费用由房地产中介服务机构统一收取，房地产中介服务机构收取费用应当开具发票，依法纳税。

房地产中介服务机构开展业务应当建立业务记录，设立业务台账。业务记录和业务台账应当载明业务活动中的收入、支出等费用，以及省、自治区建设行政主管部门和直辖市房地产管理部门要求的其他内容。

6. 房地产中介服务的行为管理

房地产中介服务人员在房地产中介活动中不得有下列行为：

(1) 索取、收受委托合同以外的酬金或其他财物，或者利用工作之便，牟取其他不正当的利益；
(2) 允许他人以自己的名义从事房地产中介业务；
(3) 同时在两个或两个以上中介服务机构执行业务；
(4) 与一方当事人串通损害另一方当事人利益；
(5) 法律、法规禁止的其他行为。

5.2.10 房地产开发

1. 房地产开发项目资本金制度

《城市房地产开发经营管理条例》第十三条规定："房地产开发项目，应当建立资本金制度，资本金占项目总投资的比例不得低于20%。"资本金达不到规定标准的房地产开发企业，不得开工新项目。

2. 房地产开发期限

《城市房地产管理法》第二十六条规定："以出让方式取得土地使用权进行房地产开发的，必须按照土地使用权出让合同约定的土地用途、动工开发期限开发土地。超过出让合同约定的动工开发日期满一年未动工开发的，可以征收相当于土地使用权出让金百分之二十以下的土地闲置费；满二年未动工开发的，可以无偿收回土地使用权；但是，因不可抗力或者政府、政府有关部门的行为或者动工开发必需的前期工作造成动工开发迟延的除外。"

3. 房地开发项目、设计、施工与竣工

《城市房地产管理法》第二十七条规定："房地产开发项目的设计、施工，必须符合国家有关标准和规范。房地产开发项目竣工，经验收合格后，方可交付使用。"

《城市房地产开发经营管理条例》第十八条规定：住宅小区等群体房地产开发项目竣工，应当依照本条例第十七条的规定和下列要求进行综合验收：

(1) 城市规划设计条件的落实情况；

(2) 城市规划要求配套的基础设施和公共设施的建设情况；

(3) 单项工程的工程质量验收情况；

(4) 拆迁安置方案的落实情况；

(5) 物业管理的落实情况。

住宅小区等群体房地产开发项目实行分期开发的，可以分期验收。

5.3 房地产交易管理法律制度

5.3.1 房地产交易的一般规定

《城市房地产管理法》第二条规定："本法所称房地产交易，包括房地产转让，房地产抵押和房屋租赁"。

1. 房地产交易的形式

1) 房地产转让

房地产转让是指房地产权利人通过买卖，赠予或者其他合法方式将其房地产转移给他人的行为。根据《城市房地产转让管理规定》，其他合法方式，主要包括下列行为：

(1) 以房地产作价入股，与他人成立企业法人，房地产权属发生变更的；

(2) 一方提供土地使用权，另一方或者多方提供资金，合资、合作开发经营房地产而使房地产权属发生变更的；

(3) 因企业被收购，兼并或合并，房地产权属随之转移的；

(4) 以房地产抵债的；

(5) 法律、法规规定的其他情形。

2) 房地产抵押

房地产抵押是指抵押人以其合法的房地产以不转移占有的方式向抵押权人提供债务履行担保的行为。债务人不履行债务时，抵押权人有权依法以抵押的房地产拍卖所得的价款优先受偿。

3) 房屋租赁

房屋租赁，指房屋所有权人作为出租人将其房屋出租给承租人使用，由承租人向出租人支付租金的行为。

2. 房地产交易的原则

《城市房地产管理法》第三十二条规定："房地产转让、抵押时，房屋的所有权和该房屋占用范围内的土地使用权同时转让、抵押。"

这是因为房屋和土地是无法分开的，如果将二者分开，其经济价值就会受到影响。因此规定这样的交易原则，对于保护债权人的利益更加重要。

5.3.2 房地产交易价格管理制度

1. 房地产价格定期公布制度

《城市房地产管理法》第三十三条规定："基准地价，标定地价和各类房屋的重置价格应当定期确定并公布。"

基准地价是指按照不同的土地级别、区域，分别评估和测算的商业、工业、住宅等各类用地的使用权的平均价格。

标准地价是指以基准地价为依据，根据市场行情，地块大小、形状、容积率、微观区位和土地使用年限等条件评定的具体某一地块在某一时间的价格。

房屋重置价格，是指按当地的建筑技术、工艺水平、建筑材料价格、人工和运输费用等条件，重新建造同类结构、式样、质量标准的房屋价格。

2. 房地产价格的评估制度

《城市房地产管理法》第三十四条规定："国家实行房地产价格评估制度。房地产价格评估，应当遵循公正、公平、公开的原则，按照国家规定的技术标准和评估程序，以基准地价、标定地价和各种房屋的重置价格为基础，参照当地的市场价格进行评估。"

3. 房地产成交价格申报制度

《城市房地产管理法》第三十五条规定："国家实行房地产成交价格申报制度。房地产权利人转让房地产，应当向县级以上地方人民政府规定的部门如实申报成交价，不得瞒报或者作不实的申报。"

5.4 房屋权属管理制度

5.4.1 房屋登记的概念

房屋登记是房屋登记机构依法将房屋权利和其他应当记载的事项在房屋登记簿上予以记载的行为。

房屋登记机构是指直辖市、市、县人民政府建设(房地产)主管部门或者其设置的负责房屋登记工作的机构。

《城市房地产管理法》第六十条规定："国家实行土地使用权和房屋所有权登记发证制度。"

5.4.2 国有土地范围内房屋登记

1. 所有权登记

1) 房屋所有权初始登记

《房屋登记办法》第三十条规定，因合法建造房屋申请房屋所有权初始登记的，应当提交下列材料：
(1) 登记申请书；
(2) 申请人身份证明；
(3) 建设用地使用权证明；
(4) 建设工程符合规划的证明；
(5) 房屋已竣工的证明；
(6) 房屋测绘报告；
(7) 其他必要材料。

房地产开发企业申请房屋所有权初始登记时，应当对建筑区划内依法属于全体业主共有的公共场所、公用设施和物业服务用房等房屋一并申请登记，由房屋登记机构在房屋登记簿上予以记载，不颁发房屋权属证书。

2) 房屋所有权转移登记

《房屋登记办法》第三十二条规定，发生下列情形之一的，当事人应当在有关法律文件生效或者事实发生后申请房屋所有权转移登记：
(1) 买卖；
(2) 互换；
(3) 赠予；
(4) 继承、受遗赠；
(5) 房屋分割、合并，导致所有权发生转移的；
(6) 以房屋出资入股；
(7) 法人或者其他组织分立、合并，导致房屋所有权发生转移的；
(8) 法律、法规规定的其他情形。

3) 房屋所有权变更登记

《房屋登记办法》第三十六条规定，发生下列情形之一的，权利人应当在有关法律文件生效或者事实发生后申请房屋所有权变更登记：
(1) 房屋所有权人的姓名或者名称变更的；
(2) 房屋坐落的街道、门牌号或者房屋名称变更的；
(3) 房屋面积增加或者减少的；
(4) 同一所有权人分割、合并房屋的；
(5) 法律、法规规定的其他情形。

4) 房屋所有权注销登记

《房屋登记办法》第三十八条规定，经依法登记的房屋发生下列情形之一的，房屋登记簿记载的所有权人应当自事实发生后申请房屋所有权注销登记：
(1) 房屋灭失的；
(2) 放弃所有权的；
(3) 法律、法规规定的其他情形。

2. 抵押权登记

1) 抵押权登记

《房屋登记办法》第四十二条规定："以房屋设定抵押的，当事人应当申请抵押权登记。"

申请抵押权登记，应当提交下列文件：

(1) 登记申请书；
(2) 申请人的身份证明；
(3) 房屋所有权证书或者房地产证书；
(4) 抵押合同；
(5) 主债权合同；
(6) 其他必要材料。

2) 房屋登记

以房屋设定抵押的，应当申请抵押权设立登记。《房屋登记办法》第四十四条规定，对符合规定条件的抵押权设立登记，房屋登记机构应当将下列事项记载于房屋登记簿：

(1) 抵押当事人、债务人的姓名或者名称；
(2) 被担保债权的数额；
(3) 登记时间。

《房屋登记办法》第五十条规定："以房屋设定最高额抵押的，当事人应该申请最高额抵押权设立登记。"

3) 抵押权变更登记

《房屋登记办法》第四十五条规定：当抵押权设立登记所列事项发生变化或者发生法律、法规规定变更抵押权的其他情形的，当事人应当申请抵押权变更登记。

申请抵押权变更登记，应当提交下列材料：

(1) 登记申请书；
(2) 申请人的身份证明；
(3) 房屋他项权证书；
(4) 抵押人与抵押权人变更抵押权的书面协议；
(5) 其他必要材料；

因抵押当事人姓名或者名称发生变更，或者抵押房屋坐落的街道、门牌号发生变更申请变更登记的，无须提交前述第(4)项材料。

4) 抵押权转移登记

《房屋登记办法》第四十七条规定，经依法登记的房屋抵押权因主债权转让而转让，申请抵押权转移登记的，主债权的转让人和受让人应当提交下列材料：

(1) 登记申请书；
(2) 申请人的身份证明；
(3) 房屋他项权证书；
(4) 房屋抵押权发生转移的证明材料；
(5) 其他必要材料。

5) 抵押权注销登记

经依法登记的房屋抵押权发生下列情形之一的，权利人应当申请抵押权注销登记：

(1) 主债权消灭；

(2) 抵押权已经实现；
(3) 抵押权人放弃抵押权；
(4) 法律、法规规定抵押权消灭的其他情形。

3. 地役权登记

《房屋登记办法》第六十三条规定："在房屋上设立地役权的，当事人可以申请地役权设立登记。"第六十五条规定："对符合规定条件的地役权设立登记，房屋登记机构应当将有关事项记载于需役地和供役地房屋登记簿，并可将地役权合同附于供役地和需役地房屋登记簿。"

已经登记的地役权变更、转让或者消灭的，当事人应当提供有关材料，申请变更登记、转移登记、注销登记。

4. 预告登记

《房屋登记办法》第六十七规定，有下列情形之一的，当事人可申请预告登记：
(1) 预购商品房；
(2) 以预购商品房设定抵押；
(3) 房屋所有权转让、抵押；
(4) 法律、法规规定的其他情形。

第六十八条规定："预告登记后，未经预告登记的权利人书面同意，处分该房屋申请登记的，房屋登记机构应当不予办理。预告登记后，债权消灭或者自能够进行相应的房屋登记之日起三个月内，当事人申请房屋登记的，房屋登记机构应当按照预告登记事项办理相应的登记。"

5. 其他登记

包括更正登记和异议登记。

《房屋管理办法》第七十五条规定："房屋登记机构发现房屋登记簿的记载错误，应当书面通知有关权利人在规定的期限内办理更正登记。"第七十七条规定："房屋登记机构受理异议登记的，应当将异议事项记载于房屋登记簿。"

异议登记期间，房屋登记簿记载的权利人处分房屋申请登记的，房屋登记机构应当暂缓办理。

权利人处分房屋申请登记，房屋登记机构受理登记申请但尚未将申请登记事项记载于房屋登记簿之前，第三人申请异议登记的，房屋登记机构应当中止办理原登记申请，并书面通知申请人。

5.4.3 房屋登记的程序

1. 申请

申请房屋登记，申请人应当向房屋所在地的房屋登记机构提出申请，并提交申请登记材料。

2. 受理

申请人申请登记且材料齐全的，房屋登记机构应当予以受理，并出具书面凭证。

3. 审核

房屋登记机构应当对申请人申请登记的材料进行审核。

4. 记载于登记簿

经审核，申请登记符合条件的，房屋登记机构应予以登记，并将申请登记事项记载于房屋登记簿。

5. 发证

房屋登记机构根据房屋登记簿的记载，缮写并向权利人发放房屋权属证书，包括《房屋所有权证》、《房屋共有权证》、《房屋他项权证》。

5.5 物业管理法律制度

5.5.1 物业管理概念及其基本内容

1. 物业管理概念

物业管理是指业主通过选聘物业服务企业，由业主和物业服务企业按照物业服务合同约定，对房屋及配套的设施设备和相关场地进行维修、养护、管理，维护物业管理区域内的环境卫生和相关秩序的活动。

2. 物业管理的基本内容

1) 常规性的公共服务

物业服务企业提供最基本的管理服务，确保物业完好和正常服务、业主与物业使用人员正常工作、生活和良好的环境。以住宅小区为例，公共服务有以下内容：

(1) 房屋共用的部位维护与管理；

(2) 房屋共用设施、设备及其运行的维修；

(3) 环境卫生、绿化管理服务；

(4) 小区内交通、消防和公共秩序等协助管理事项服务；

(5) 物业装饰、装修管理服务；

(6) 物业档案资料的管理；

(7) 代收、代缴服务收费等。

2) 专项服务

物业服务企业为满足部分业主的需求，而提供的针对性的服务。包括日常生活、商业服务、文教卫生、社会福利以及各类中介服务等。

3) 特约服务

受个别业主的委托,物业服务企业提供的特约服务,是专项服务的补充和完善。

5.5.2 物业服务企业资质及物业管理师资格管理

1. 物业服务企业资质管理

1) 物业服务企业的概念

物业服务企业是指依法设立、具有独立法人资格,从事物业管理服务活动的企业。

2) 物业服务企业的资质和范围

物业服务企业资质等级分为一、二、三级。

一级资质物业服务企业可以承接各种物业管理项目。

二级资质物业服务企业可以承接 30 万 m^2 以下的住宅项目和 8 万 m^2 以下的非住宅项目的物业管理业务。

三级资质物业服务企业可以承接 20 万 m^2 以下住宅项目和 5 万 m^2 以下的非住宅项目的物业管理业务。

2. 物业管理师资格

1) 物业管理师

物业管理师是指经全国统一考试,取得物业管理师资格证书,并依法注册取得物业管理师注册证,从事于物业管理工作的专业管理人员。

2) 考试

实行全国统一大纲、统一命题的考试制度,原则上每年举行一次,考试科目包括:物业管理基本制度与政策、物业管理实务、物业管理综合能力和物业经营管理。符合有关条件的人员,可免试物业管理基本制度与政策和物业经营管理。

参加全部四个科目的考试人员,必须在连续两个考试年度内通过全部科目;免试部分科目的人员必须在一个考试年度内通过应试科目。

3) 注册

取得资格证书的人员,必须经注册方可以物业管理师的名义执业。并受聘于一个具有物业管理资质的企业。

4) 执业

物业管理师的执业范围:

(1) 制定并组织实施物业管理方案;

(2) 审定并监督执行物业管理财务预算;

(3) 查验物业共用部位、共用设施设备和有关资料;

(4) 负责房屋及配套设施设备和相关场地的维修、养护与管理;

(5) 维护物业管理区域内环境卫生和秩序;

(6) 法律、法规规定和物业管理合同约定的其他事项。

5.5.3 业主的权利和义务

1. 业主的权利

房屋的所有权人为业主。

业主在物业管理活动中,享有下列权利:

(1) 按照物业服务合同的约定,接受物业服务企业提供的服务;
(2) 提议召开业主大会会议,并就物业管理的有关事项提出建议;
(3) 提出制定和修改管理规约、业主大会议事规则的建议;
(4) 参加业主大会会议,行使投票权;
(5) 选举业主委员会成员,并享有被选举权;
(6) 监督业主委员会的工作;
(7) 监督物业服务企业履行物业服务合同;
(8) 对物业共用部位、共用设施设备和相关场地使用情况享有知情权和监督权;
(9) 监督物业共用部位、共用设施设备专项维修资金(以下简称专项维修资金)的管理和使用;
(10) 法律、法规规定的其他权利。

2. 业主在物业管理活动中履行的义务

(1) 遵守管理规约、业主大会议事规则;
(2) 遵守物业管理区域内物业共用部位和共用设施设备的使用、公共秩序和环境卫生的维护等方面的规章制度;
(3) 执行业主大会的决定和业主大会授权业主委员会作出的决定;
(4) 按照国家有关规定交纳专项维修资金;
(5) 按时交纳物业服务费用;
(6) 法律、法规规定的其他义务。

5.5.4 业主大会及物业服务合同

1. 业主大会

物业管理区域内全体业主组成业主大会。业主大会应当代表和维护物业管理区域内全体业主在物业管理活动中的合法权益。

一个物业管理区域成立一个业主大会。物业管理区域的划分应当考虑物业的共用设施设备、建筑物规模、社区建设等因素。具体办法由省、自治区、直辖市制定。

同一个物业管理区域内的业主,应当在物业所在地的区、县人民政府房地产行政主管部门或者街道办事处、乡镇人民政府的指导下成立业主大会,并选举产生业主委员会。但是,只有一个业主的,或者业主人数较少且经全体业主一致同意,决定不成立业主大会的,由业主共同履行业主大会、业主委员会职责。

1) 下列事项由业主共同决定
(1) 制定和修改业主大会议事规则；
(2) 制定和修改管理规约；
(3) 选举业主委员会或者更换业主委员会成员；
(4) 选聘和解聘物业服务企业；
(5) 筹集和使用专项维修资金；
(6) 改建、重建建筑物及其附属设施；
(7) 有关共有和共同管理权利的其他重大事项。
2) 业主委员会执行业主大会的决定事项，履行下列职责
(1) 召集业主大会会议，报告物业管理的实施情况；
(2) 代表业主与业主大会选聘的物业服务企业签订物业服务合同；
(3) 及时了解业主、物业使用人的意见和建议，监督和协助物业服务企业履行物业服务合同；
(4) 监督管理规约的实施；
(5) 业主大会赋予的其他职责。

2. 物业服务合同

业主委员会应当与业主大会选聘的物业服务企业订立书面的物业服务合同。

物业服务合同应当对物业管理事项、服务质量、服务费用、双方的权利义务、专项维修资金的管理与使用、物业管理用房、合同期限、违约责任等内容进行约定。

5.6 房地产违法行为的法律责任

《城市房地产管理法》对房地产的违法行为规定如下：

(1) 违反《城市房地产管理法》的规定，擅自批准出让或者擅自出让土地使用权用于房地产开发的，由上级机关或者所在单位给予有关责任人员行政处分。

(2) 未取得营业执照擅自从事房地产开发业务的，由县级以上人民政府工商行政管理部门责令停止房地产开发业务活动，没收违法所得，可以并处罚款。

(3) 未支付全部土地使用权出让金、并未取得土地使用权证书而转让土地使用权的，由县级以上人民政府土地管理部门没收违法所得，可以并处罚款。

(4) 违反《城市房地产管理法》第四十条规定："以划拨方式取得土地使用权的，转让房地产时，应当按照国务院的规定，报有批准权的人民政府审批。违反此规定转让房地产的，由县级以上人民政府土地管理部门责令缴纳土地使用权出让金，没收违法所得，可以并处罚款。"

(5) 违反商品房预售规定预售商品房的，由县级以上人民政府房产管理部门责令停止预售活动，没收违法所得，可以并处罚款。

(6) 违反《城市房地产管理法》房地产中介服务机构，应申请登记领取营业执照后，方可开业的规定，未取得营业执照擅自从事房地产中介服务业务的，由县级以上人民政府

工商行政管理部门责令停止房地产中介服务业务活动,没收违法所得,可以并处罚款。

(7) 没有法律、法规的依据,向房地产开发企业收费的,上级机关应当责令退回所收取的钱款;情节严重的,由上级机关或者所在单位给予直接责任人员行政处分。

(8) 房产管理部门、土地管理部门工作人员玩忽职守、滥用职权,构成犯罪的,依法追究刑事责任;不构成犯罪的,给予行政处分。

房地管理部门、土地管理部门工作人员利用职务上的便利,索取他人财物,或者非法收受他人财物为他人谋取利益,构成犯罪的,依照惩治贪污罪、贿赂罪的补充规定追究刑事责任;不构成犯罪的,给予行政处分。

案例实训

案例1:以出让方式取得的土地使用权被无偿收回[①]

1995年9月1日,被告定安县政府根据原告某芦荟公司的申请做了批复,同意将200亩土地安排给芦荟公司作为芦荟综合开发项目用地,同时约定,芦荟公司应于1997年11月8日以前完成项目建设。同年9月8日,原定安县土地管理局将上述200亩土地使用权分为四块出让给芦荟公司,并颁发了第360号《国有土地使用证》(以下简称360号土地证)。1997年6月,芦荟公司因资金不足停工。2005年1月4日,县政府发布公告,拟无偿收回芦荟公司的360号土地证项下的土地使用权。对此,第三人中国农业银行海南省分行营业部以芦荟公司已将该地抵押给省农业发展银行并办理了抵押登记,芦荟公司取得贷款后已对该地投入建设为由,于同年1月24日书面向定安县国土环境资源局提出异议,又于同年2月28日向定安县国土环境资源局递交一份对县政府拟无偿收回芦荟公司土地使用权的盘活方案。县政府和县国土环境资源局对该盘活方案不予采纳。县政府根据《城市房地产管理法》第二十六条规定,于同年6月30日做出53号决定,决定无偿收回芦荟公司360号土地证项下的土地使用权并注销其土地证。中国农业银行海南分行营业部不服,向省人民政府申请行政复议,省人民政府维持了县政府做出的53号决定。同年12月14日,芦荟公司以县政府作为被告向法院提起行政诉讼。

【法理分析】

一审法院认为:根据《闲置土地处置办法》第三条规定,市、县人民政府土地行政主管部门对其认定的闲置土地,应当通知土地使用者,拟定该宗闲置土地处置方案,闲置土地上依法设立抵押权的,还应通知抵押权人参与处置方案的拟定工作;处置方案经原批准用地的人民政府批准后,由市、县人民政府土地行政主管部门组织实施。县政府做出的53号决定,没有通知土地使用者即芦荟公司,且明知道该地设有抵押权的情况下,未通知抵押权人参与该闲置土地的处置工作,属违反法定程序。依法应予以撤销。被告县政府不服,上诉。

二审法院经审理认为:一、2005年1月4日县政府发布公告,第三人中国农业银行海南省分行营业部于同年1月20日和2月24日分别向上诉人县政府提出处置该宗土地的异

[①] 《中华人民共和国城市房地产管理法》案例注释版,中国法制出版社。

议材料和盘活方案，上诉人县政府经讨论认为该地属于闲置土地，不予采纳该意见。虽然上诉人未直接将无偿收回土地使用权告知通知书送达给第三人中国农业银行海南省分行营业部，但是中国农业银行海南省分行营业部实际参与了处置，只是在实体权益上得不到上诉人的支持而已，事实上已经行使了《闲置土地处置办法》第三条所规定的土地抵押权人能够行使的各种权利。二、《城市房地产管理法》第二条第三款规定，本法所称房地产开发，是指在依据本法取得国有土地使用权的土地上进行基础设施、房屋建设的行为。根据上述规定，并不排除工业用地。因此，撤销一审判决，维持53号决定。

【法条链接】

1. 《城市房地产管理法》第二条、第二十六条。
2. 《城市房地产开发经营管理条例》第十五条；《城镇国有土地使用权出让和转让暂行2009条例》第五条、第十七条、第十九条。
3. 《闲置土地处置办法》第三条、第四条、第五条。

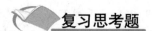

复习思考题

1. 简述房地产的含义。
2. 房地产开发的原则有哪些？
3. 设立房地产开发企业的条件有哪些？
4. 我国房地产开发土地使用权的出让有哪几种方式？
5. 简述房地产开发企业的资质等级及其业务范围。
6. 房地产交易有哪几种方式？
7. 国有土地范围内房屋登记有哪些类型？
8. 房地产违法行为的法律责任有哪些？
9. 简述物业管理的基本内容。

第 6 章
土地管理法律制度

　　本章简述了土地管理的基本制度、土地用途的管制制度、土地利用总体规划、国有建设用地和农村集体建设用地管理以及违反土地管理法的法律责任。

6.1 土地管理法律制度概述

6.1.1 土地的概念与分类

1. 土地的概念

土地是地球表面上由土壤、岩石、气候、水文、地貌、植物等组成的自然综合体，它包括人类过去和现在的活动结果。

狭义的土地仅指地球表层的陆地部分；广义的土地不仅包括陆地部分，而且还包括光、热、空气、海洋等。

2. 土地的分类

(1) 按照所有权人分为国有土地、集体所有土地。

(2) 按土地用途分为农用地、建设用地和未利用地。

农用地是指直接用于农业生产的土地，包括耕地、林地、草地、农田水利用地、养殖水面等。

建设用地是指建造建筑物、构筑物的土地，包括城乡住宅和共公设施用地、工矿用地、交通、水利设施用地、旅游用地、军事设施用地等。

未利用地是指农用地和建设用地以外的土地。

6.1.2 土地管理法规

土地管理法规是指国家制定的关于规范土地权属、使用、开发、管理监督等活动的行为规范的总称。它是调整人们在开发、利用和保护土地过程中所产生的各种社会关系的行为准则。《中华人民共和国土地管理法》(以下简称《土地管理法》)第三条规定："十分珍惜、合理利用土地和切实保护耕地是我国的基本国策。"为了加强土地管理，维护土地的社会主义公有制，保护、开发土地资源，合理利用土地，切实保护耕地，促进社会经济的可持续发展，国家制定了一系列有关土地管理的规定；主要有《土地管理法》、《物权法》、《城市房地产管理法》、《城乡规划法》、《农村土地承包法》、《城镇国有土地使用权出让和转让暂行条例》、《土地管理法实施条例》、《基本农田保护条例》、《土地登记办法》等法律法规。

6.2 土地管理法律制度

6.2.1 土地管理基本制度

1. 土地的社会主义公有制

《土地管理法》第二条规定:"中华人民共和国实行土地的社会主义公有制,即全民所有制和劳动群众集体所有制。"根据《土地管理法》的规定,城市市区的土地属于国家所有,农村和城市郊区的土地,除法律规定的属于国家所有外,属于农民集体所有。

1) 土地的全民所有权

全民所有,即国家所有土地的所有权由国务院代表国家行使。《土地管理法实施条例》第二条规定,下列土地属于全民所有即国家所有:

(1) 城市市区的土地;

(2) 农村和城市郊区中已经依法没收、征收、征购为国有的土地;

(3) 国家依法征用的土地;

(4) 依法不属于集体的林地、草地、荒地、滩涂及其他土地;

(5) 农村集体经济组织全部成员转为城镇居民的,原属于其成员集体所有的土地;

(6) 因国家组织移民、自然灾害等原因,农民成建制地集体迁移后不再使用的原属于迁移农民集体所有的土地。

2) 集体土地所有权

农民集体土地所有权是指农村集体经济组织依法对其所有的土地享有的占有、使用、收益和处分,并排除他人非法干扰的权利。《土地管理法》第十条规定:"农民集体所有的土地依法属于村民集体所有的,由村集体经济组织或村民委员会经营、管理;已经分别属于村内两个以上农村集体经济组织的农民集体所有的,由村内各该农村集体经济组织或者村民小组经营、管理;已经属于乡(镇)农民集体所有的,由乡(镇)农村集体经济组织经营、管理。"

集体土地所有权的范围包括:农村和城市郊区的土地,除法律规定和属于国家所有的外,属于集体所有;宅基地和自留地、自留山,属于集体所有。

2. 国有土地有偿使用制度

《土地管理法》第二条规定:"任何单位和个人不得侵占、买卖或者以其他形式非法转让土地。土地使用权可依法转让。国家依法实行国有土地有偿使用制度。但是,国家在法律规定的范围内划拨国有土地使用权的除外。"

1) 土地使用权的概念

土地使用权是指土地使用人依法取得土地并享有的占用、使用、收益和处分的权利。土地使用权在法律上的具体表现为土地使用人对土地可依法行使使用、出租、转让、抵押的权利。

《土地管理法》第九条规定:"国有土地和农民集体所有的土地,可以依法确定给单位或者个人使用，使用土地的单位或个人，有保护、管理和合理利用土地的义务。"

2) 取得土地使用权的方式

《土地管理法实施条例》第二十九条规定，国有土地有偿使用权的方式包括：

(1) 国有土地使用权出让；

(2) 国有土地租赁；

(3) 国有土地使用权作价或者入股。

农民集体所有的土地使用权可以通过承包、转让、继承等方式取得，农民也可依法取得农民集体所有的宅基地、自留地、自留山的使用权。

3. 土地使用权转让制度

《土地管理法》第二条规定："土地使用权可以依法转让。"

4. 国有土地划拨制度

在《城市房地产管理法》中，对土地使用权划拨已作了阐述，划拨的本质是依法无偿取得土地使用权。一般情况下，只有军事设施用地、城市基础设施用地等重大建设项目方可通过划拨方式取得土地使用权。

5. 租赁土地使用权

在一定时期内国家将土地使用权让与土地使用者使用，使用者按年度向国家交纳租金的行为。

6. 作价出资入股

作价出资入股是指在一定时期内将国有土地使用权出让金作价，投资入股。

6.2.2 土地用途管制基本制度

1. 土地用途管制制度

《土地管理法》第四条规定："国家实行土地用途管制制度。国家编制土地利用总体规划，规定土地用途，将土地分为农用地、建设用地和未利用地。严格限制农用地转为建设用地，控制建设用地的总量，对耕地实行特殊保护。"

土地用途管制制度是指国家为保证土地资源的合理利用，经济、社会和环境的协调发展，通过编制土地利用总体规划划定土地用途区域，确定土地的使用限制条件、土地所有制，使用者必须严格按国家确定的用途利用土地的制度。

2. 土地登记制度

《土地登记办法》第二条规定："土地登记，是指将国有土地使用权、集体土地所有权、集体土地使用权和土地抵押权、地役权以及依照法律法规规定需要登记的其他土地权利记载于土地登记簿公示的行为。"

土地登记是土地用途管制的重要组成部分，是土地所有者、使用者合法权益的法律凭证。

1) 土地登记的概念

土地登记是指国家依照规定的程序将土地的权属、用途、面积、政府对该宗地的利用设置的管制条件等情况，登记在专门的簿册上，同时向土地的所有者和土地使用者颁发土地证书的一种法律制度。《土地管理法实施条例》第三条规定："国家依法实行土地登记发证制度。依法登记的土地所有权和土地使用权受法律保护，任何单位和个人不得侵犯。"

《土地管理法》第十一条规定："农民集体所有的土地，由县级人民政府登记造册，核发证书，确认所有权。农民集体所有的土地依法用于非农业建设的，由县级人民政府登记造册，核发证书，确认建设用地使用权。单位和个人依法使用的国有土地，由县级以上人民政府登记造册，核发证书，确认使用权；其中，中央国家机关使用的国有土地的具体登记发证机关，由国务院确定。

确认林地、草原的所有权或者使用权，确认水面、滩涂的养殖使用权，分别依照《中华人民共和国森林法》、《中华人民共和国草原法》和《中华人民共和国渔业法》的有关规定办理。"

根据本条规定，国有土地使用者，农民集体土地的所有制，农民集体土地的建设用地使用者，必须进行土地登记。依法登记的土地的所有权和使用权受法律保护，任何单位和个人不得侵犯。

2) 土地登记的一般规定

(1) 土地登记单位。土地以宗地为单位进行登记。宗地是指土地权属界线封闭的地块或者空间。

(2) 土地登记的程序。土地登记的程序为申请、受理、登记、发证。

① 申请。申请人申请土地登记，应当根据不同的登记事项提交下列材料：

a. 土地登记申请书；

b. 申请人身份证明材料；

c. 土地权属来源证明；

d. 地籍调查表、宗地图及宗地界址坐标；

e. 地上附着物权属证明；

f. 法律法规规定的完税或者减免税凭证；

g. 本办法规定的其他证明材料。

② 受理。当申请人材料齐全、符合法定形式，国土资源行政主管部门应当受理土地登记申请。

③ 审核。国土资源行政主管部门受理土地登记后，认为必要的，可以就有关登记事项向申请人询问，也可以对申请登记的土地进行实地查看。

④ 登记。根据对土地登记申请的审核结果，以宗地为单位填写土地登记簿；土地归户卡。

土地登记簿应当载明下列内容：
　　a. 土地权利人的姓名或者名称、地址；
　　b. 土地的权属性质、使用权类型、取得时间和使用期限、权利以及内容变化情况；
　　c. 土地的坐落、界址、面积、宗地号、用途和取得价格；
　　d. 地上附着物情况。
　　⑤　发证。国土资源行政主管部门根据土地薄登记的相关内容，以宗地为单位填写土地权利证书。对共有一宗土地的，应当为两个以上土地权利人分别填写土地权利证书。
　　土地权利证书包括：
　　a. 国有土地使用证；
　　b. 集体土地所有证；
　　c. 集体土地使用证；
　　d. 土地他项权利证明书。

3. 基本农田保护制度

　　《土地管理法》第三十四条规定："国家实行基本农田保护制度。"为了保护基本农田，确保该制度实施，国家颁布了《基本农田保护条例》，规定地方各级人民政府应确保土地利用总体规划对土地利用的管控作用，确保基本农田面积不能减少；任何单位或者个人不得占用、闲置、荒芜基本农田。
　　下列耕地应当根据土地利用总体规划划入基本农田保护区，严格管理：
　　(1) 经国务院有关主管部门或者县级以上地方人民政府批准确定的粮、棉、油生产基地内的耕地；
　　(2) 有良好的水利与水土保持设施的耕地，正在实施改造计划以及可以改造的中、低产田；
　　(3) 蔬菜生产基地；
　　(4) 农业科研、教学试验田；
　　(5) 国务院规定应当划入基本农田保护区的其他耕地。

6.3　土地利用总体规划

6.3.1　土地利用总体规划的含义及其编制

1. 土地利用总体规划的含义

　　土地利用总体规划是指国家根据社会经济可持续发展要求，结合当地的自然经济、社会条件等因素，在一定区域范围内对土地的开发、利用、治理和保护在空间、时间上的总体布局。土地利用总体规划是实行土地管理制度的纲领性文件，是落实土地宏观调控和土地用途管制、规划城乡建设和统筹各项土地利用活动的重要依据。

《土地管理法》第十七条规定："各级人民政府应当根据国民经济和社会发展规划、国土整治和资源环境的保护要求、土地供给能力以及各项建设对土地的需求，组织编制土地利用总体规划。"土地利用总体规划的规划期限一般为5年。

2. 土地利用总体规划的编制

1) 编制程序

《土地利用总体规划编制审查办法》规定，土地利用总体规划一般分为国家、省、市、县和乡(镇)五级，特殊情况下可编制跨行政区域的土地利用总体规划。全国土地利用总体规划，由国务院土地行政主管部门会同国务院有关部门编制，报国务院批准。省、自治区、直辖市的土地利用总体规划，由省、自治区、直辖市人民政府组织本级土地行政主管部门和其他有关部门编制，报国务院批准。乡(镇)土地利用总体规划，由乡(镇)人民政府编制，逐级上报省、自治区、直辖市人民政府批准。

2) 编制原则

《土地管理法》第十九条规定，土地利用总体规划应按下列原则编制：
(1) 严格保护基本农田，控制非农业建设占用农用地；
(2) 提高土地利用率；
(3) 统筹安排各类、各区域用地；
(4) 保护和改善生态环境，保障土地的可持续利用；
(5) 占用耕地与开发复垦耕地相平衡。

3) 编制内容

《土地利用总体规划编制审查办法》第十六条规定，土地利用总体规划应当包括下列内容：
(1) 现行规划实施情况评估；
(2) 规划背景与土地供需形势分析；
(3) 土地利用战略；
(4) 规划主要目标的确定，包括耕地保有量、基本农田保护面积、建设用地规模和土地整理复垦开发安排等；
(5) 土地利用结构、布局和节约集约用地的优化方案；
(6) 土地利用的差别化政策；
(7) 规划实施的责任和保障措施。

全国、省级、地级土地利用总体规划属于宏观控制性规划，重点应当强化规划指标，县、乡级规划是实施性、管理性规划，重点是落实上级下达的各项指标。

6.3.2 土地利用总体规划的审批与修编

1. 土地利用总体规划的审批

土地利用总体规划的审查和报批，分为土地利用总体规划大纲审查和土地利用总体规划审查、报批两个阶段。

土地利用总体规划大纲经本级人民政府审查同意后，逐级上报审批机关同级的国土资源行政主管部门审查；审查通过后，国土资源行政主管部门依据审查通过的土地利用总体规划大纲，编制土地利用总体规划。

土地利用总体规划实行逐级审批。

（1）省、自治区、直辖市的土地利用总体规划，报国务院批准。

（2）省、自治区人民政府所在地的市，人口在100万以上的城市以及国务院指定的城市土地利用总体规划，经省、自治区人民政府审查同意后，报国务院批准。

（3）其他地区的土地利用总体规划，逐级上报省、自治区、直辖市人民政府批准；其中乡(镇)土地利用总体规划可由省级人民政府授权设区的市、自治州人民政府批准。

2. 土地利用总体规划的修编

经批准的土地利用总体规划的修改，须经原批准机关批准；未经批准，不得改变土地利用总体规划确定的土地用途。

土地利用总体规划在实施过程中，由于经济和社会发展的要求，土地利用总体规划会出现一些不符合持续发展的情形。为了适应这一变化，应对土地利用总体规划进行修改，但修改应符合规定的法律程序。经国务院批准的大型能源、交通、水利等基础设施建设用地，需要改变土地利用总体规划的，根据国务院的批准文件修改土地利用总体规划。

经省、自治区、直辖市人民政府批准的能源、交通、水利等基础设施建设用地，需要改变土地利用总体规划的，属于省级人民政府土地利用总体规划批准权限内的，根据省级人民政府的批准文件修改土地利用总体规划。

6.4　建设用地

建设用地是指建造建筑物、构筑物的土地。《土地管理法》第四十三条规定："任何单位或者个人进行建设，需要使用土地的，必须依法申请使用国有土地；但是，兴办乡镇企业和村民建设住宅经依法批准使用本集体经济组织农民集体所有的土地的，或者乡(镇)村公共设施和公益事业建设经依法批准使用农民集体土地的除外。"

6.4.1　国有建设用地

《土地管理法》第五十三条规定："经批准的建设项目需要使用国有建设用地的，建设单位应持法律、行政法规规定的有关文件，向有批准权的县级以上人民政府土地行政主管部门提出建设用地申请，经土地行政主管部门审查，报本级人民政府批准。"

1. 农用地转用

《土地管理法》第四十四条规定："建设占用土地，涉及农用地转为建设用地的，应当办理农用地转用审批手续。"

1) 农用地转用的依据

将农用地转用的依据主要是土地利用总体规划、土地利用年度计划、建设用地供应政策。

2) 农用地转为建设用地的规定

(1) 建设占用土地,涉及农用地转为建设用地的,应当符合土地利用总体规划和土地利用年度计划中确定的农用地转用指标;城市和村庄、集镇建设占用土地,涉及农用地转用的,还应当符合城市规划和村庄、集镇规划。不符合规定的,不得批准农用地转为建设用地。

(2) 在土地利用总体规划确定的城市建设用地范围内,为实施城市规划占用土地的,按照下列规定办理:

① 市、县人民政府按照土地利用年度计划拟订农用地转用、补充耕地方案、征用土地方案,分批次逐级上报有批准权的人民政府。

② 有批准权的人民政府土地行政主管部门对农用地转用方案、补充耕地方案、征用土地方案进行审查,提出审查意见,报有批准权的人民政府批准;其中,补充耕地方案由批准农用地转用方案的人民政府在批准农用地转用方案时一并批准。

③ 农用地转用方案、补充耕地方案、征用土地方案经批准后,由市、县人民政府组织实施,按具体建设项目分别供地。

在土地利用总体规划确定的村庄、集镇建设用地范围内,为实施村庄、集镇规划占用土地的,由市、县人民政府拟订农用地转用方案,依照相应规定的程序办理。

3) 具体项目占用土地规定

具体建设项目需要使用土地的,建设单位应当根据建设项目的总体设计一次申请,办理建设用地审批手续;分期建设的项目,可以根据可行性研究报告确定的方案分期申请建设用地,分期办理建设用地有关审批手续。

具体建设项目需要占用土地利用总体规划确定的城市建设用地范围内的国有建设用地的,按照下列规定办理:

(1) 建设项目可行性研究论证时,由土地行政主管部门对建设项目用地有关事项进行审查,提出建设项目用地预审报告;可行性研究报告报批时,必须附有土地行政主管部门出具的建设项目用地预审报告。

(2) 建设单位持建设项目的有关批准文件,向市、县人民政府土地行政主管部门提出建设用地申请,由市、县人民政府土地行政主管部门审查,拟订供地方案,报市、县人民政府批准;需要上级人民政府批准的,应当报上级人民政府批准。

(3) 供地方案经批准后,由市、县人民政府向建设单位颁发建设用地批准书。有偿使用国有土地的,由市、县人政府土地行政主管部门与土地使用者签订国有土地有偿使用合同;划拨使用国有土地的,由市、县人民政府土地行政主管部门向土地使用者核发国有土地划拨决定书。

(4) 土地使用者应当依法申请土地登记。

通过招标、拍卖方式提供国有建设用地使用权的,由市、县人民政府土地行政主管部门会同有关部门拟订方案,报市、县人民政府批准后,由市、县人民政府土地行政主管部门组织实施，并与土地使用者签订土地有偿使用合同。土地使用者应当依法申请土地登记。

4) 具体建设项目占用国有建设用地的规定

具体建设项目需要使用土地的，必须依法申请使用土地利用总体规划确定的城市建设用地范围内的国有建设用地。能源、交通、水利、矿山、军事设施等建设项目确需使用土地利用总体规划确定的城市建设用地范围外的土地，涉及农用地的，按照下列规定办理：

(1) 建设项目可行性研究论证时，由土地行政主管部门对建设项目用地有关事项进行审查，提出建设项目用地预审报告；可行性研究报告报批时，必须附具土地行政主管部门出具的建设项目用地预审报告。

(2) 建设单位持建设项目的有关批准文件，向市、县人民政府土地行政主管部门提出建设用地申请，由市、县人民政府土地行政主管部门审查，拟订农用地转用方案、补充耕地方案、征用土地方案和供地方案(涉及国有农用地的，不拟订征用土地方案)，经市、县人民政府审核同意后，逐级上报有批准权的人民政府批准；其中，补充耕地方案由批准农用地转用方案的人民政府在批准农用地转用方案时一并批准；供地方案由批准征用土地的人民政府在批准征用土地方案时一并批准(涉及国有农用地的，供地方案由批准农用地转用的人民政府在批准农用地转用方案时一并批准)。

(3) 农用地转用方案、补充耕地方案、征收土地方案和供地方案经批准后，由市、县人民政府组织实施，向建设单位颁发建设用地批准书。有偿使用国有土地的，由市、县人民政府土地行政主管部门与土地使用者签订国有土地有偿使用合同；划拨使用国有土地的，由市、县人民政府土地行政主管部门向土地使用者核发国有土地划拨决定书。

5) 具体建设项目占用国有未利用地的规定

具体建设项目需要占用土地利用总体规划确定的国有未利用地的，按照省、自治区、直辖市的规定办理；但是，国家重点建设项目、军事设施和跨省、自治区、直辖市行政区域的建设项目以及国务院规定的其他建设项目用地，应当报国务院批准。

2. 土地的征收和征用

《土地管理法》第二条规定："国家为了公共利益的需要，可以依法对土地实行征收或者征用并给予补偿。"

1) 土地征收和征用的概念

(1) 土地征收。

为了满足社会公共利益的需要，国家将集体所有土地转为国有土地所采取的强制性措施。征收集体所有制土地应当依法足额支付土地补偿费，安置补助费，地上附着物和青苗补偿等费用。安排被征地农民的社会保障费用，保障被征收农民的生活，维持被征地农民的合法权益。

(2) 土地征用。

土地征用与土地征收不同，土地征用只是土地使用权的改变。被征用的土地，经某种紧急需要使用后，应当返还给被征用人。如征用后有毁损、灭失，应当给予补偿。例如，因抢险、救灾征用的土地。

2) 征地的审批

征收下列土地的，由国务院批准：

(1) 基本农田；
(2) 基本农田以外的耕地超过 35 公顷的；
(3) 其他土地超过 70 公顷的。

征收前款规定以外的土地的，由省、自治区、直辖市人民政府批准，并报国务院备案。

征收农用地的，应当依照有关规定先行办理农用地转用审批手续。

经省、自治区、直辖市人民政府在征地批准权限内批准农用地转用的，同时办理征地审批手续，不再另行办理征地审批，超过征地批准权限的，应当依照本条第一款的规定另行办理征地审批。

3) 征地补偿

征收土地的，按照被征收土地的原用途给予补偿。

征收耕地的补偿费用包括土地补偿费、安置补助费以及地上附着物和青苗的补偿费。

(1) 征收耕地的土地补偿费，为该耕地被征收前三年平均年产值的 6～10 倍。
(2) 征收耕地的安置补助费，按照需要安置的农业人口数计算。需要安置的农业人口数，按照被征收的耕地数量除以征地前被征收单位平均每人占有耕地的数量计算。每一个需要安置的农业人口的安置补助费标准，为该耕地被征收前三年平均年产值的 4～6 倍。但是，每公顷被征收耕地的安置补助费，最高不得超过被征收前三年平均年产值的 15 倍。
(3) 被征收土地上的附着物和青苗的补偿标准，由省、自治区、直辖市规定。
(4) 征收城市郊区的菜地，用地单位应当按照国家有关规定缴纳新菜地开发建设基金。

依照上述规定支付土地补偿费和安置补助费，尚不能使需要安置的农民保持原有生活水平的，经省、自治区、直辖市人民政府批准，可以增加安置补助费。但是，土地补偿费和安置补助费的总和不得超过土地被征收前三年平均年产值的 30 倍。

6.4.2 农村集体建设用地

1. 建设用地的范围

(1) 兴办乡镇企业使用集体经济组织农民集体所有土地。
(2) 村民建设住宅使用本集体经济组织农民集体所有土地。
(3) 乡(镇)村公共设施、公益事业建设经依法批准使用的农民集体所有的土地。

2. 使用农民集体所有建设用地的审批

(1) 乡镇企业用地审批，由县级以上的人民政府批准；涉及占用农用地的，依照农用地转用的有关规定办理批准手续。
(2) 乡(镇)村公共设施、公益事业建设用地的审批，由县级以上地方人民政府批准；涉及占用农用地的，依照农用地转用的有关规定办理审批手续。
(3) 农村村民住宅用地，经乡(镇)人民政府审核，由县级人民政府批准；其中，涉及占用农用地的，依照农用地转用的有关规定办理审批手续。

3. 集体建设用地的收回

《土地管理法》第六十五条规定，有下列情形之一的，农村集体经济组织报经原批准用地人民政府批准，可以收回土地使用权：
  (1) 为乡(镇)村公共设施和公益事业建设，需要使用土地的；
  (2) 不按照批准的用途使用土地的；
  (3) 因撤销、迁移等原因停止使用土地的。
依照规定收回农民集体所有土地的，对土地使用权人应当给予适当补偿。

6.5 违反土地管理法的法律责任

6.5.1 违反土地权属变更规定的法律责任

1. 买卖或非法转让土地

《土地管理法》第七十三条规定："买卖或者以其他形式非法转让土地的，由县级以上人民政府土地行政主管部门没收违法所得；对违反土地利用总体规划擅自将农用地改为建设用地的，限期拆除在非法转让的土地上新建的建筑物和其他设施，恢复土地原状，对符合土地利用总体规划的，没收在非法转让的土地上新建的建筑物和其他设施；可以并处罚款；对直接负责的主管人员和其他直接责任人员，依法给予行政处分；构成犯罪的，依法追究刑事责任。"

2. 违法转让集体土地

《土地管理法》第八十一条规定："擅自将农民集体所有的土地的使用权出让、转让或者出租用于非农业建设的，由县级以上人民政府土地行政主管部门责令限期改正，没收违法所得，并处罚款。"

3. 不按规定办理土地变更登记

《土地管理法》第八十二条规定："不依照本法规定办理土地变更登记的，由县级以上人民政府土地行政主管部门责令其限期办理。"

6.5.2 破坏耕地的法律责任

《土地管理法》第七十四条规定："违反本法规定，占用耕地建窑、建坟或者擅自在耕地上建房、挖砂、采石、采矿、取土等，破坏种植条件的，或者因开发土地造成土地荒漠化、盐渍化的，由县级以上人民政府土地行政主管部门责令限期改正或者治理，可以并处罚款；构成犯罪的，依法追究刑事责任。"第七十五条规定："拒不履行土地复垦义务的，由县级以上人民政府土地行政主管部门责令限期改正；逾期不改正的，责令缴纳复垦费，专项用于土地复垦，可以处以罚款。"

6.5.3 非法占用土地的法律责任

1. 违法批准占用土地

《土地管理法》第七十六条规定:"未经批准或者采取欺骗手段骗取批准,非法占用土地的,由县级以上人民政府土地行政主管部门责令退还非法占用的土地,对违反土地利用总体规划擅自将农用地改为建设用地的,限期拆除在非法占用的土地上新建的建筑物和其他设施,恢复土地原状,对符合土地利用总体规划的,没收在非法占用的土地上新建的建筑物和其他设施,可以并处罚款;对非法占用土地单位的直接负责的主管人员和其他直接责任人员,依法给予行政处分;构成犯罪的,依法追究刑事责任。超过批准的数量占用土地,多占的土地以非法占用土地论处。"

2. 非法占用集体土地作宅基地

《土地管理法》第七十七条规定:"农村村民未经批准或者采取欺骗手段骗取批准,非法占用土地建住宅的,由县级以上人民政府土地行政主管部门责令退还非法占用的土地,限期拆除在非法占用的土地上新建的房屋。超过省、自治区、直辖市规定的标准,多占的土地以非法占用土地论处。"

3. 非法批地的法律责任

《土地管理法》第七十八条规定:"无权批准征收、使用土地的单位或者个人非法批准占用土地的,超越批准权限非法批准占用土地的,不按照土地利用总体规划确定的用途批准用地的,或者违反法律规定的程序批准占用、征收土地的,其批准文件无效,对非法批准征收、使用土地的直接负责的主管人员和其他直接责任人员,依法给予行政处分;构成犯罪的,依法追究刑事责任。非法批准、使用的土地应当收回,有关当事人拒不归还的,以非法占用土地论处。非法批准征用、使用土地,对当事人造成损失的,依法应当承担赔偿责任。"

4. 非法侵占、挪用征地费的法律责任

《土地管理法》第七十九规定:"侵占、挪用被征收土地单位的征地补偿费用和其他有关费用,构成犯罪的,依法追究刑事责任;尚不构成犯罪的,依法给予行政处分。"

5. 拒不交还土地使用权的法律责任

《土地管理法》第八十条规定:"依法收回国有土地使用权当事人拒不交出土地的,临时使用土地期满拒不归还的,或者不按照批准的用途使用国有土地的,由县级以上人民政府土地行政主管部门责令交还土地,处以罚款。"

6. 违规建筑的法律责任

《土地管理法》第八十三条规定:"依照本法规定,责令限期拆除在非法占用的土地上新建的建筑物和其他设施的,建设单位或者个人必须立即停止施工,自行拆除;对继续施工的,做出处罚决定的机关有权制止。建设单位或者个人对责令限期拆除的行政处罚决

定不服的,可以在接到责令限期拆除决定之日起15日内,向人民法院起诉;期满不起诉又不自行拆除的,由做出处罚决定的机关依法申请人民法院强制执行,费用由违法者承担。"

7. 土地行政主管部门工作人员的法律责任

《土地管理法》第八十四条规定:"土地行政主管部门的工作人员玩忽职守、徇私舞弊,构成犯罪的,依法追究刑事责任;尚不构成犯罪的,依法给予行政处分。"

案例实训

案例1:为公共利益需要提前收回国有土地使用权①

原告佛山市某贸易有限公司诉称,2003年10月31日,被告佛山市国土资源局做出收回国有土地使用权的决定,收回了原告公司的国有土地使用权,用于建设佛山科学技术学院下设的国际交流学院。原告认为,国际学术交流学院的成立未履行审批程序,其本身不合法,故被告依法不能收回诉争土地。原告请求法院撤销被告做出的收回国有土地使用权的决定。被告辩称,2002年8月1日为发展教育事业,扩建佛山科学技术学院,被告经佛山市人民政府办公室批准,依法做出收回原告土地使用权的决定,该决定符合公共利益,也符合法律规定,请求法院维持被告做出的收地决定。

【法理分析】

根据《土地管理法》第五十八条规定,为公共利益需要使用土地的,由有关人民政府土地行政主管部门报经原批准用地的人民政府或者有批准权的人民政府批准,可以收回国有土地使用权。被告佛山市国土资源局作为土地行政主管部门,为公共利益需要使用土地并经有批准权的人民政府批准,可以收回国有土地使用权。本案被告佛山市国土资源局得到佛山市人民政府的批准后做出决定,收回原告的国有土地使用权,并划拨给佛山科学技术学院作教育用地使用,该收地行为符合公共利益的需要,也符合法定程序。

原告主张佛山科学技术学院的国际交流学院的成立未经国家教育委员会审批,其成立不合法,且性质属于社会力量办学,故该学院需要用地并非是为了公共利益需要。根据法律规定,国际交流学院作为佛山科学技术学院的内部机构,其资金全部来源于国家投资,性质属于国有公立大学的一部分,故其使用土地是为了公共利益的需要。

法院驳回原告起诉,维持被告佛山市国土资源局做出的收地决定。

案例2:土地使用权转让应合法②

2003年,××市粮食局以建粮油批发市场为由,经当地政府批准,从该市城市规划区范围内的某村,以每公顷33万元的价格征耕地约7.3万m²。粮食局当年征地申请的计划是:每年批发、零售粮油2500万吨,成交额可达2000万元,实现利税100万元,可以繁荣该市的经济,据说其规模要达到全省第一。但是其后发生事情却让该村民多年以来一直气愤不平。粮油批发市场没有建起来,对国家和当地百姓的承诺也没有兑现,约7.3万m²(一百

---

① 郑润梅. 建设法规概论. 北京:中国建材工业出版社,2010年7月,第84页。
② 朱昊. 建筑法规案例与评析. 北京:机械工业出版社,2007年7月,第35页。

多亩)耕地却落到粮食局的手里。随后,这些耕地即被分割成多份,每份约为 $420m^2$,以股金的形式把土地的使用权转移到个人和一些单位手里,每份 3.5 万元。得到土地使用权的人,便各自建起了民宅、商店、酒店、公司等。粮食局自己所建的粮油批发交易大厅,约有 $200m^2$,但未营业。征用了这么多的土地,只盖了这么小的交易厅,就连这个交易大厅现在也租给了私人,做了存放方便面的库房。二十多名村民代表表示,如果被征走的土地真是国家需要,他们能理解和支持,但是现在看到的这种情况却让他们不服气,无论如何要弄个明白,讨个说法。

【法理分析】

本案的焦点问题是,粮食局改变土地使用权用途和转让土地使用权行为是否合法。

这是一起典型的擅自改变土地使用权用途和私自转让土地使用权的案例。《中华人民共和国土地管理法》第五十六条明确规定:"建设单位使用国有土地的,应当按照土地使用权出让等有偿使用合同的约定或者土地使用权划拨批准文件的规定使用土地;确需改变该幅土地建设用途的,应当经有关人民政府土地行政主管部门同意,报原批准用地的人民政府批准。其中,在城市规划区内改变土地用途的,在报批前,应当先经有关城市规划行政主管部门同意。"

按《中华人民共和国土地管理法》第五十六条的规定,粮食局在本案中的违法行为有二:首先,粮食局非法改变了土地使用权用途。粮食局当初是以粮油批发市场为由征用农民的土地,其建设项目必须是粮油批发市场。但是粮食局却没有按规划、按原来的计划规模建设批发市场,却将大部分土地转向了房地产开发,征来的耕地被改变了用途,其所作所为已与粮油批发交易毫无关系,实际上是改变了土地使用权用途,显然,该粮食局的行为违反了《中华人民共和国土地管理法》的规定。二是非法转让土地使用权。按《城镇国有土地使用权出让和转让暂行条例》第十九条的规定,未按土地使用权出让合同规定的期限和条件投资开发、利用土地的,土地使用权不得转让。粮食局未按土地使用权出让合同规定的期限和条件投资开发、利用土地,而擅自将这些耕地分割成多份,每份土地面积约为 $420 m^2$,以每份 3.5 万元,采用股金的形式把土地使用权转移到个人和一些单位,此举属于非法转让土地使用权的行为。

复习思考题

1. 我国土地产权的类型有哪些?各是如何定义的?
2. 简述土地利用总体规划的概念及其内容。
3. 我国建设用地的审批程序有哪些?
4. 土地违法行为的法律责任有哪些?

第 7 章
建设工程合同法律制度

  本章简述了合同的概念、立法、订立、效力、履行、合同的变更、转让和终止、违约责任、建筑工程合同和建设工程施工合同的概念、内容及建筑工程合同示范文本。

7.1 合同法概述

7.1.1 合同的概念

《中华人民共和国合同法》(以下简称《合同法》)第二条规定:"本法所称合同是平等主体的自然人、法人,其他组织之间设立、变更、终止民事权利义务关系的协议。"第八条规定:"依法成立的合同,对当事人具有法律约束力,当事人应当按照约定履行自己的义务,不得擅自变更或者解除合同,依法成立的合同,受法律保护。"

7.1.2 我国的合同立法

1999年10月1日起实施《合同法》,共分23章,428条,分为总则、分则和附则三个部分,总则包括《合同法》的基本原则、合同的订立、合同的效力、合同的履行以及合同的变更、转让和违约责任等;分则对十五种合同,即买卖合同、供用电(水、汽、热力)合同、赠予合同、借款合同、租赁合同、融资租赁合同、承揽合同、建设工程合同、运输合同、技术合同、保管合同、仓储合同、委托合同、行纪合同和居间合同做出了具体规定;附则是关于《合同法》在时间上的适用。

7.1.3 合同的订立

1. 合同订立方式

《合同法》第十三条规定:"当事人订立合同、采取要约、承诺方式。"

要约是希望同他人订立合同的意思表示,该意思表示应当符合下列规定:

(1) 内容具体确定;

(2) 表明经受要约人承诺,要约人即受该意思表示约束。

发出要约的当事人称为要约人,接受要约的人则称为受要约人。

要约邀请是希望他人向自己发出要约的意思表示,寄送的价目表、拍卖公告、招标公告、招股说明书、商业广告等为要约邀请,商业广告的内容符合要约规定的,视为要约。

要约到达受要约人时生效。

要约可以撤回、撤销,撤回要约的通知应当在要约到达受要约人之前或者与要约同时到达受要约人;撤销要约的通知应当在受要约人发出承诺通知之前到达受要约人。但有下列情形之一的,要约不得撤销。

(1) 受约人确定了承诺期限或者以其他形式明示要约不可撤销;

(2) 受要约人有理由认为要约是不可撤销的,并已经为履行合同作了准备工作。

有下列情形之一时,要约失效:

(1) 拒绝要约的通知到达要约人;

(2) 要约人依法撤销要约；
(3) 承诺期限届满，受要约人未做出承诺；
(4) 受要约人对要约的内容做出实质性变更。

承诺是受要约人同意要约的意思表示。承诺应当以通知的方式做出，但根据交易习惯或者要约表明可以通过行为做出承诺除外。承诺通知到达要约人时生效。承诺不需要通知的，根据交易习惯或者要约的要求做出承诺的行为时生效。

承诺的内容应当与要约的内容一致，受要约人对要约的内容做出实质性变更的，为新要约，有关合同标的、数量、质量、价款或者报酬、履行期限、履行地点和方式、违约责任和解决争议方法等的变更，是对要约内容的实质性变更。

承诺对要约的内容做出非实质性变更的，除要约人及时表示反对或者要约表明，承诺不得对要约的内容做出任何变更的以外，该承诺有效，合同的内容以承诺的内容为准。

2. 合同的成立

1) 合同成立的时间

《合同法》第二十五条规定："承诺生效时合同成立。"确立合同成立的时间，一是承诺通知到达要约人时生效；二是承诺不需要通知的，根据交易习惯或者要约的要求做出承诺的行为时生效。

2) 合同成立的地点

《合同法》第三十四条规定："承诺生效的地点为合同成立的地点。采用数据电文形式订立合同的，收件人的主营业地为合同成立的地点；没有主营业地的，其经常居住地为合同成立的地点。当事人另有约定的，按照其约定。"第三十五条规定："当事人采用合同书形式订立合同的，双方当事人签字或盖章的地点为合同成立的地点。"

3. 合同的形式

《合同法》第十条规定："当事人订立合同，有书面形式、口头形式和其他形式。"这些合同的法定形式具有相同的法律效力。当事人可根据需要自主选择。

法律、行政法规规定或者当事人约定采用书面形式订立合同，应当采用书面形式。书面形式是指合同书、文件和数据电文等形式。

4. 合同的内容

《合同法》第十二条规定：合同的内容由当事人约定，一般包括以下条款。

(1) 当事人的名称或者姓名和住所；
(2) 标的；
(3) 数量；
(4) 质量；
(5) 价款或者报酬；
(6) 履行期限、地点和方式；
(7) 违约责任；
(8) 解决争议的办法等。

当事人可以参照各类合同的示范文本订立合同。

7.1.4 合同的效力

合同的效力是指法律赋予依法成立的合同对当事人各方的约束力。

1. 合同的生效要件

生效要件是指已经成立的合同发生法律效力应具备的法律条件。合同的生效一般应具备下列要件。

(1) 合同当事人具有相应的民事行为能力；
(2) 意思表示真实；
(3) 合同内容不违反法律和社会公共利益；
(4) 具备法律法规要求的形式。

2. 无效合同

《合同法》第五十二条规定：有下列情形之一的，合同无效。

(1) 一方以欺诈、胁迫手段订立合同，损害国家利益；
(2) 恶意串通、损害国家、集体或者第三人利益；
(3) 以合法形式掩盖非法目的；
(4) 损害社会公共利益；
(5) 违反法律、行政法规的强制性规定。

《合同法》第五十三条规定：合同中下列免责条款无效：

① 造成对方人身伤害的；
② 因故意或重大过失造成对方财产损失的。

《合同法》第五十六条规定："无效的合同或者被撤销的合同自始没有法律约束力。合同部分无效，不影响其他部分效力的，其他部分仍然有效。"第五十七条："合同无效、被撤销或者终止的，不影响合同中独立存在的有关解决争议方法的条款的效力。"

第五十八条："合同无效或者被撤销后，因该合同取得的财产，应当予以返还，不能返还或者没有必要返还的，应当折价补偿。有过错的一方，应当赔偿对方因此所受到的损失，双方都有过错的，应当各自承担相应的责任。"

第五十九条："当事人恶意串通，损害国家、集体或者第三人利益的，因此取得的财产收归国家所有或者返回集体、第三人。"

3. 可撤销合同

《合同法》第五十四条规定：下列合同，当事人一方有权请求人民法院或者仲裁机构变更或者撤销。

(1) 因重大误解订立的；
(2) 在订立合同时显失公平的。

一方以欺诈、胁迫的手段或者乘人之危，使对方在违背真实意思的情况下订立的合同，受损害方有权请求人民法院或者仲裁机构变更或者撤销。

当事人要求变更的，人民法院或仲裁机构不得撤销。

7.1.5 合同的履行

1. 合同履行的原则

《合同法》第六十条规定："当事人应按照约定全面履行自己的义务。当事人应当遵循诚实信用原则，根据合同的性质、目的和交易习惯履行通知、协助、保密等义务。"根据本条规定，合同履行的原则应该是全面履行自己义务和诚实信用的执行合同条款。

2. 合同履行中的抗辩权

为了保证合同的履行对双方当事人的法律效力，防止或避免单方不履行合同的情况发生，《合同法》规定了同时履行抗辩权、后履行抗辩权和不安抗辩权。

1) 同时履行抗辩权

《合同法》第六十六条规定："当事人互负债务，没有先后履行顺序的，应当同时履行，一方在对方履行之前有权拒绝其履行要求。一方在对方履行债务不符合约定时，有权拒绝其相应的履行要求。"

2) 后履行抗辩权

《合同法》第六十七条规定："当事人互负债务，有先后履行顺序，先履行一方未履行的，后履行一方有权拒绝其履行要求。先履行一方履行债务不符合约定的，后履行一方有权拒绝其相应的履行要求。"

3) 不安抗辩权

《合同法》第六十八条规定：应当先履行债务的当事人，有确切证据证明对方有下列情形之一的，可以终止履行。

(1) 经营状况严重恶化；
(2) 转移财产、抽逃资金，以逃避债务；
(3) 丧失商业信誉；
(4) 有丧失或者可能丧失履行债务能力的其他情形。

7.1.6 合同的变更、转让和终止

1. 合同的变更

《合同法》第七十七条规定："当事人协商一致，可以变更合同。"

合同的变更是指在合同成立后，尚未履行或者尚未完全履行之前，当事人对合同内容所做的某些修改和补充，如数量的增减、履行期限等的改变。合同变更后应不改变原合同的实质内容。

2. 合同的转让

合同的转让是指合同当事人一方依法将其合同的权利和义务全部或部分转让给第三人

的行为。

1) 债权转让

《合同法》第七十九条规定：债权人可以将合同的权利全部或者部分转让给第三人，但有下列情形之一的除外。

(1) 根据合同性质不得转让；
(2) 依照当事人的约定不得转让；
(3) 依照法律规定不得转让。

债权人转让权利的，应当通知债务人。未经通知，该转让对债务人不发生效力。债权人转让权利的通知不得撤销，但经受让人同意的除外。

2) 债务转让

债务转让是指合同债务人将合同的义务全部或部分转让给第三方的行为。《合同法》第八十四条规定："债务人将合同的义务全部或部分转移给第三人的，应当经债权人同意。"债务人转移义务的，新债务人可以主张原债务人对债权人的抗辩。新债务人应承担与主债务有关的从债务，但该从债务专属于原债务人自身的除外。

3) 债权债务转让

《合同法》第八十八条规定："当事人一方经对方同意，可以将自己在合同中的权利和义务一并转让给第三人。"这属于合同承受的情形。债权债务一并转让有两种情形，一是一方当事人与他人订立合同后，依照其与第三人的约定，由第三人取代自己在合同关系中的法律地位，承受合同中规定的权利和义务。另一种情形是当事人订立合同后合并的，由合并后的法人或者其他组织行使合同权利，履行合同义务。当事人订立合同后分立的，除债权人和债务人另有约定以外，由分立的法人或者其他组织对合同的权利和义务享有连带债权，承担连带债务。

3. 合同的终止

合同的终止，是指合同关系不复存在，合同的权利和义务消灭。《合同法》第九十一条规定：有下列情形之一的，合同的权利义务终止。

(1) 债务已按照约定履行；
(2) 合同解除；
(3) 债务相互抵消；
(4) 债务人依法将标的物提存；
(5) 债权人免除债务；
(6) 债权债务同归一人；
(7) 法律规定或者当事人约定终止的其他情形。

7.1.7 违约责任

《合同法》第一百零七条规定："当事人一方不履行合同义务或者履行合同义务不符合约定，应当承担继续履行，采取补救措施或者赔偿损失等违约责任。"第一百一十七条规定:"因不可抗力不能履行合同的,根据不可抗力的影响,可以部分或全部免除责任,但法规另有规定的除外。当事人延迟履行后发生不可抗力的,不能免除责任。"

7.2 建设工程合同

7.2.1 建设工程合同的概念

《合同法》第二百六十九条规定:"建设工程合同是承包人进行工程建设,发包人支付价款的合同。建设工程合同包括工程勘察、设计、施工合同。"这里的承包人是指接受委托进行勘察、设计、施工的单位;发包人是指委托任务的建设单位。

发包人可以与总承包人订立建设工程合同,也可以分别与勘察人、设计人、施工人订立勘察、设计、施工承包合同。发包人不得将应当由一个承包人完成的建设工程肢解成若干部分发给几个承包人。

总承包人或者勘察、设计、施工承包人经发包人同意,可以将自己承包的部分工作交由第三人完成。第三人就其完成的工作成果与总承包人或者勘察、设计、施工承包人向发包人承担连带责任。承包人不得将其承包的全部建设工程转包给第三人或者将其承包的全部建设工程肢解以后以分包的名义分别转包给第三人。

禁止承包人将工程分包给不具备相应资质条件的单位。禁止分包单位将其承包的工程再分包。建设工程主体结构的施工必须由承包人自行完成。

7.2.2 建设工程合同的种类

按其内容不同可分为以下主要类型。

1. 工程咨询服务合同

工程咨询服务合同是指在项目建设前期,建设项目投资人委托有相应资质的工程咨询公司,为建设项目投资决策提供咨询建议和意见的合同。

2. 工程勘察合同

工程勘察合同是指建设单位委托工程勘察、设计单位,编制建设工程勘察文件的活动。

3. 工程设计合同

工程设计合同是指建设单位委托工程设计单位编制建设工程设计文件的合同。

4. 工程承包合同

工程承包合同是指建设单位与施工单位为完成建设工程约定的施工任务签订的合同。

5. 建设工程委托监理合同

建设工程委托监理合同是指建设单位与工程监理单位为完成建设工程约定的监理任务签订的合同。

6. 工程保险合同

工程保险合同是指建设单位与保险机构签订的建设工程相关的保险合同。

7. 融资合同

融资合同是指建设单位与金融机构签订的各种债务融资合同。

7.2.3 建设工程勘察设计合同

1. 勘察设计合同的订立

1) 合同的订立

进行工程勘察、设计活动，工程勘察、设计的委托方与承接方应依法签订勘察、设计合同，明确双方的权利和义务。国家重大建设工程合同应按照国家规定的程序和国家批准的投资计划、可行性研究报告等文件订立。

勘察、设计合同的内容，应包括提交合同文件的期限、设计的质量要求以及其他协作条款。《合同法》第二百七十四条规定："勘察、设计合同的内容包括提交有关基础资料(包括概预算)的期限、质量要求、费用以及其他协作条件等条款。"

2) 合同的示范文本

签订勘察、设计合同，应当采用书面形式，可使用住建部制定的示范文本：

建设工程勘察合同(1)(GF-2000-0203)，适用于岩土工程勘察、水文地质勘察(含凿井)工程测量、工程物探；

建设工程勘察合同(2)(GF-2000-0204)，适用于岩土工程设计、治理、监测；

建设工程设计合同(1)(GF-2000-0209)适用于民用建设工程设计；

建设工程设计合同(2)(GF-2000-0210)适用于专业建设工程设计。

3) 设计合同的履行与违约责任

勘察、设计合同当事人的主要义务如下：

(1) 委托方的义务。

① 向承包方提供相关基础资料，并对资料可靠性负责；

② 为承包方人员提供必要工作和生活条件；

③ 按合同约定支付承包方勘察、设计费；

④ 维护承包方成果和设计文件，不得擅自修改、不得转让。

(2) 承包方的义务。

① 应按现行的标准、规范、规程和技术条例进行勘察工作，并按合同规定的进度、质量提交勘察成果；

② 设计单位应根据任务书或有关批准文件、设计技术标准、技术法规、定额等提出

的勘察技术要求进行设计,并按合同约定的进度和质量提交设计文件。

③ 勘察、设计单位应配合项目施工进行技术交底,并解决施工过程中出现的有关问题。

2. 违约责任

合同当事人双方应全面履行合同的约定义务,不按合同约定履行义务的依法应承担违约责任。

(1)《合同法》第二百八十条规定:"勘察、设计质量不符合要求或者未按照期限提交勘察、设计文件拖延工期,造成发包人损失的,勘察人、设计人应当继续完善勘察、设计,减少或者免收勘察、设计费并赔偿损失。"

(2)《合同法》第二百八十五条规定:"因发包人变更计划、提供的资料不准确,或未按照期限提供必需的勘察、设计工作条件而造成勘察、设计的返工、停工或者修改设计,发包人应当按照勘察人、设计人实际消耗的工作量增付费用。

3. 建筑工程勘察、设计文件的实施

《建设工程勘察设计管理条例》第二十八条规定:"建设单位、施工单位、监理单位不得修改建设工程勘察、设计文件;确需修改建设工程勘察、设计文件的,应当由原建设工程勘察、设计单位修改。经原建设工程勘察、设计单位书面同意,建设单位也可以委托其他具有相应资质的建设工程勘察、设计单位修改。修改单位对修改的勘察、设计文件承担相应责任。

施工单位、监理单位发现建设工程勘察、设计文件不符合工程建设强制性标准、合同约定的质量要求的,应当报告建设单位,建设单位有权要求建设工程勘察、设计单位对建设工程勘察、设计文件进行补充、修改。"

建设工程勘察、设计单位应当在建设工程施工前,向施工单位和监理单位说明建设工程勘察、设计意图,解释建设工程勘察、设计文件。

建设工程勘察、设计单位应当及时解决施工中出现的勘察、设计问题。

7.2.4 建设工程施工合同

1. 建设工程施工合同的概念

建设工程合同是承包人进行工程建设,发包人支付价款的合同。

建设工程施工合同是指发包方(建设单位)和承包方(施工人)为完成商定的施工工程,明确相互权利、义务的协议。建筑工程施工合同是建筑、安装合同的合称。依照施工合同承包人要完成约定的建筑、安装任务,发包人应提供必要的施工条件和支付工程价款。双方在订立合同时,应遵守自愿、公平、诚实、信用等原则。

建设工程施工合同是施工单位进行工程建设主要依据之一,也是工程建设的主要合同。因此,应加强对建设工程施工合同的管理。国家实施的《合同法》、《建筑法》、《建设工程施工合同管理办法》等法律、法规,都有许多涉及建设工程施工合同的规定。均应严格执行。

2. 建设工程施工合同的订立

实行招标、投标的建设工程，施工招标人与中标人应当根据中标价订立建设工程施工合同。不实行招标、投标的建设工程，在承包方编制的施工图预算的基础上，由发承包双方协商订立合同。

1) 施工合同的计价类型

(1) 固定价。固定价是指合同总价或者单价在合同约定的风险范围内不可调整。

(2) 可调价。可调价是指合同总价或者单价在合同实施期内，根据合同约定的办法调整。

(3) 成本加酬金。成本加酬金是指工程施工最终的合同价格，将按照工程的实际成本再加上一定的酬金计算。

2) 建设工程施工合同的内容

施工合同的内容包括：

(1) 工程范围；
(2) 建设工期；
(3) 中间交工工程的开工和竣工时间；
(4) 工程质量；
(5) 工程造价、技术资料交付时间；
(6) 材料和设备供应责任；
(7) 拨款和结算；
(8) 竣工验收；
(9) 质量保修范围和质量保证期；
(10) 双方相互协作等条款。

3. 施工合同当事人的义务

建筑工程施工合同签订后，对于发包方和承包方具有法律约束力，双方应同时履行合同的义务。

1) 发包人的主要义务

(1) 开工前的主要义务。
① 办理土地征用，拆迁补偿和临时用地许可证等手续；
② 办理施工执照；
③ 确定施工标识；
④ 平整场地，搞好"三通一平"；
⑤ 组织施工图纸会审和技术交底；
⑥ 按合同约定时间和数额支付备料款项。

(2) 开工以后的主要义务。
① 及时供应建筑材料、设备和支付工程进度款；
② 履行协作义务及检查监督职责；
③ 及时进行竣工验收；
④ 及时办理竣工结算手续。

2) 承包人的主要义务
(1) 开工前的主要义务。
① 清理施工现场，解决施工界内的用水、用电、道路及修复临时设施；
② 熟悉施工图纸，编制施工方案，确保施工有序进行；
③ 按照合同约定，做好材料、设备采购、供应和管理；
④ 按合同约定，做好施工现场地下管线和邻近建、构筑物保护及现场安全保卫工作。
(2) 开工后的主要义务。
① 严格按照图纸及说明施工，确保工程质量；
② 接受发包人的必要监督，及时向发包人提供工程进度计划及相应报表；对于隐蔽工程，在隐蔽以前，承包人应当通知发包人检查；
③ 按合同约定完成施工任务，及时通知发包方竣工验收；
④ 及时提出竣工结算报告，配合发包人办理竣工结算和财务结算手续；
⑤ 在保修期内，对施工存在的质量问题具有修缮的责任。

4. 施工合同执行中的违约责任

(1) 发包人未按照约定的时间和要求提供原材料、设备、场地、资金、技术资料的，承包人可以顺延工程日期，并有权要求赔偿停工、窝工等损失。

(2) 对作业进度、质量、隐蔽工程等，承包人应及时通知发包人进行检查；发包人没有及时检查的，承包人可以顺延工程日期，并有权要求赔偿停工、窝工等损失。

(3) 因发包人的原因致使工程中途停建、缓建的，发包人应当采取措施弥补或者减少损失，赔偿承包人因此造成的停工、窝工、倒运、机械设备调迁、材料和构件积压等损失和实际费用。

(4) 因发包人变更计划，提供的资料不准确，或者未按照期限提供必需的勘察、设计工作条件而造成勘察、设计的返工、停工或者修改设计，发包人应当按照勘察人、设计人实际消耗的工作量增付费用。

(5) 发包人未按照约定支付价款的，承包人可以催告发包人在合理期限内支付价款。发包人逾期不支付的，除按照建设工程的性质不宜折价、拍卖的以外，承包人可以与发包人协议将该工程折价，也可以申请人民法院将该工程依法拍卖。建设工程的价款就该工程折价或者拍卖的价款优先受偿。

(6) 因施工人的原因致使建设工程质量不符合约定的，发包人有权要求施工人在合理期限内无偿修理或者返工、改建。经过修理或者返工、改建后，造成逾期交付的，施工人应当承担违约责任。

(7) 建设工程在合理使用期限内，由于承包人的原因造成人身和财产损害的，承包人应承担损害赔偿责任。

5. 建设工程施工合同(示范文本)简介

根据建设施工的相关法律、法规，结合我国建设工程施工经验和教训，以及实际情况，借鉴国际上广泛使用的土木工程施工合同条件，原建设部和国家工商管理局，于2013年4月3日发布了《建设工程施工合同(示范文本)》(以下简称《施工合同文本》)。

《施工合同文本》是各类公用建筑、民用住宅、工业厂房、交通设施及线路管理的施工和设备安装的样本。

　　《施工合同文本》由"协议书"、"通用条款"和"专用条款"组成，并附有三个附件。附件一："承包人承揽工程一览表"，附件二："发包人供应材料设备一览表"，附件三："工程质量保修书"。

　　1) 协议书

　　协议书是《施工合同文本》中总纲性文件，它规定了合同当事人双方最主要的权利、义务，规定了组成合同文件及合同当事人对履行合同义务的承诺。并由合同当事人在该份文件上签字盖章，具有法律效力。

　　协议书共计13条，主要包括：工程概况、合同工期、质量标准、签约合同价和合同价格形式、项目经理、合同文件构成、承诺以及合同生效条件等重要内容，集中约定了合同当事人基本的合同权利义务。

　　2) 通用条款

　　通用条款是根据法律、行政法规规定及建设工程需要订立的，通用于建设工程施工的条款。

　　通用条款是根据《合同法》、《建筑法》、《建设工程施工合同管理办法》等法律法规，对承包人、发包人双方的权利、义务做出的规定。除双方协商一致，对其中的某些条款作了补充、修改或取消外，双方都必须履行。它是把建设工程施工合同中共性的内容概括编写的一份完整的合同文件。"通用条款"具有很强的通用性，适用于各类建设工程。

　　通用合同条款共计20条，具体条款分别为：一般约定、发包人、承包人、监理人、工程质量、安全文明施工与环境保护、工期和进度、材料与设备、试验与检验、变更、价格调整、合同价格、计量与支付、验收和工程试车、竣工结算、缺陷责任与保修、违约、不可抗力、保险、索赔和争议解决。前述条款安排既考虑了现行法律法规对工程建设的有关要求，也考虑了建设工程施工管理的特殊需要。

　　3) 专用条款

　　专用条款是发包人与承包人根据法律、行政法规规定，结合具体工程实际，经协商达成一致意见的条款，是对通用条款的具体化，补充或修改。

　　专用条款包括以下主要内容。

　　(1) 词语的定义及合同文件；

　　(2) 双方一般的权利和义务；

　　(3) 施工组织设计和工期；

　　(4) 质量与验收；

　　(5) 安全施工；

　　(6) 合同价款与支付；

　　(7) 材料设备供应；

　　(8) 工程变更；

　　(9) 竣工验收与结算；

　　(10) 违约、索赔及争议；

关于《施工合同文本》的详细内容,请查阅《建设工程施工合同(示范文本)》(GF-2013-0201)。

7.3 建设工程合同示范文本

7.3.1 建设工程勘察合同示范文本

建设工程勘察合同(一)
(适用于岩土工程勘察、水文地质勘察(含凿井)、工程测量、工程物探)

工程名称：_____
工程地点：_____
合同编号：_____
(由勘察人编填)
勘察证书等级：_____
发包人：_____
勘察人：_____
签订日期：_____

发包人：_____
勘察人：_____
发包人委托勘察人承担_____任务。
根据《中华人民共和国合同法》及国家有关法规规定,结合本工程的具体情况,为明确责任,协作配合,确保工程勘察质量,经发包人、勘察人协商一致,签订本合同,共同遵守。

第一条　工程概况
1.1 工程名称：
1.2 工程建设地点：
1.3 工程规模、特征：
1.4 工程勘察任务委托文号、日期：
1.5 工程勘察任务(内容)与技术要求：
1.6 承接方式：_____
1.7 预计勘察工作量：_____
第二条　发包人应及时向勘察人提供下列文件资料,并对其准确性、可靠性负责。
2.1 提供本工程批准文件(复印件),以及用地(附红线范围)、施工、勘察许可等批件(复印件)。
2.2 提供工程勘察任务委托书、技术要求和工作范围的地形图、建筑总平面布置图。
2.3 提供勘察工作范围已有的技术资料及工程所需的坐标与标高资料。
2.4 提供勘察工作范围地下已有埋藏物的资料(如电力、电讯电缆、各种管道、人防设施、洞室等)及具体位置分布图。

2.5 发包人不能提供上述资料,由勘察人收集的,发包人需向勘察人支付相应费用。

第三条 勘察人向发包人提交勘察成果资料并对其质量负责。

勘察人负责向发包人提交勘察成果资料四份,发包人要求增加的份数另行收费。

第四条 开工及提交勘察成果资料的时间和收费标准及付费方式

4.1 开工及提交勘察成果资料的时间

4.1.1 本工程的勘察工作定于____年__月__日开工,____年__月__日提交勘察成果资料,由于发包人或勘察的原因未能按期开工或提交成果资料时,按本合同第六条规定办理。

4.1.2 勘察工作有效期限以发包人下达的开工通知书或合同规定的时间为准,如遇特殊情况(设计变更、工作量变化、不可抗力影响以及非勘察人原因造成的停、窝工等)时,工期顺延。

4.2 收费标准及付费方式

4.2.1 本工程勘察按国家规定的现行收费标准_____计取费用;或以"预算包干"、"中标价加签证"、"实际完成工作量结算"等方式计取收费。国家规定的收费标准中没有规定收费项目的,由发包人、勘察人另行议定。

4.2.2 本工程勘察费:预算为_____元(大写_____),合同生效后3天内,发包人应向勘察人支付预算勘察费的20%作为定金、计_____元(本合同履行后,定金抵作勘察费);勘察规模大、工期长的大型勘察工程,发包人还应按实际完成工程进度的____%时,向勘察人支付预算勘察费的____%的工程进度款,计_____元;勘察工作外业结束后____天内,发包人向勘察人支付预算勘察费的____%,计_____元;提交勘察成果资料后10天内,发包人应一次付清全部工程费用。

第五条 发包人、勘察人责任

5.1 发包人责任

5.1.1 发包人委托任务时,必须以书面形式向勘察人明确勘察任务及技术要求,并按第二条规定提供文件资料。

5.1.2 在勘察工作范围内,没有资料、图纸的地区(段),发包人应负责查清地下埋藏物,若因未提供上述资料、图纸,或提供的资料图纸不可靠、地下埋藏物不清,致使勘察人在勘察工作过程中发生人身伤害或造成经济损失的,由发包人承担民事责任。

5.1.3 发包人应及时为勘察人提供并解决勘察现场的工作条件和出现的问题(如:落实土地征用、青苗树木赔偿、拆除地上地下障碍物、处理施工扰民及影响施工正常进行的有关问题、平整施工现场、修好通行道路、接通电源水源、挖好排水沟渠以及水下作业用船等),并承担其费用。

5.1.4 若勘察现场需要看守,特别是在有毒、有害等危险现场作业时、发包人应派人负责安全保卫工作。按国家有关规定,对从事危险作业的现场人员进行保健防护,并承担费用。

5.1.5 工程勘察前,若发包人负责提供材料的,应根据勘察人提出的工程用料计划,按时提供各种材料及其产品合格证明,运到现场并承担费用,派人与勘察人的人员一起验收。

5.1.6 勘察过程中的任何变更,经办理正式变更手续后,发包人应按实际发生的工作量支付勘察费。

5.1.7 为勘察人的工作人员提供必要的生产、生活条件,并承担费用;如不能提供时,应一次性付给勘察人临时设施费_____元。

5.1.8 由于发包人原因造成勘察人停、窝工,除工期顺延外。发包人应支付停、窝工费(计算方法见6.1);发包人若要求在合同规定时间内提供完工(或提交勘察成果资料)时,发包人应按每提前一天向勘察人支付_____元计算加班费。

5.1.9 发包人应保护勘察人的投标书、勘察方案、报告书、文件、资料图纸、数据、特殊工艺(方法)、专利技术和合理化建议,未经勘察人同意,发包人不得复制、不得泄露、不得擅自修改、传送或向第三人转让或用于本合同外的项目;如发生上述情况,发包人应负法律责任,勘察人有权索赔。

5.1.10 本合同有关条款规定和补充协议中的发包人应负的其他责任。

5.2 勘察人责任

5.2.1 勘察人应按国家技术规范、标准、规程和发包人的任务委托书及技术要求进行工程勘察,按本合同规定的时间提交质量合格的勘察成果资料,并对其负责。

5.2.2 由于勘察人提供的勘察成果资料质量不合格,勘察人应负责无偿给予补充完善,使其达到质量合格。若勘察人无力补充完善,需另委托其他单位时,勘察人应承担全部勘察费用;或因勘察质量造成重大经济损失或工程事故时,勘察人除承担法律责任和免收直接受损失部分的勘察费外,并根据损失程度向发包人支付赔偿金,赔偿金由发包人、勘察人商定为实际损失的_____%。

5.2.3 在工程勘察前,提出勘察纲要或勘察组织设计,派人与发包人的人员一起验收发包人提供的材料。

5.2.4 勘察过程中,根据工程的岩土工程条件(或工作现场地形地貌、地质和水文地质条件)及技术规范要求,向发包人提出增减工作量或修改勘察工作的意见。并办理正式变更手续。

5.2.5 在现场工作的勘察人的人员,应遵守发包人的安全保卫及其他有关的规章制度,承担有关资料保密义务。

5.2.6 本合同有关条款规定和补充协议中勘察人应负的其他责任。

第六条 违约责任

6.1 由于发包人未给勘察人提供必要的工作生活条件而造成停、窝工或来回进出场地,发包人除应付给勘察人停、窝工费(金额按预算的平均工日产值计算),工期按实际工日顺延外、还应付给勘察人来回进出场费和调遣费。

6.2 由于勘察人原因造成勘察成果资料质量不合格,不能满足技术要求时,勘察费用由勘察人承担。

6.3 合同履行期间,由于工程停建而终止合同或发包人要求解除合同时,勘察人已进行勘察工作的,不退还发包人应向勘察人支付预期额50%的勘察费计_____元;完成的工作量超过50%时,则应向勘察人支付预算额100%的勘察费。

6.4 发包人未按合同规定时间(日期)拨付勘察费,每超过一日,应偿付未支付勘察费的千分之一逾期违约金。

6.5 由于勘察人原因未按合同规定时间(日期)提交勘察成果资料,每超过一日,应减收勘察费的千分之一。

6.6 本合同签订后,发包人不履行合同的,无权要求退还定金;勘察人不履行合同的,双倍返还定金。

第七条 本合同未尽事宜,经发包人与勘察人协商一致,签订补充协议,补充协议与本合同具有同等效力。

第八条 其他约定事项:＿＿＿＿＿＿＿＿＿＿＿＿＿＿＿＿＿＿＿＿＿＿＿＿＿
＿＿＿＿＿＿＿＿＿＿＿＿＿＿＿＿＿＿＿＿＿＿＿＿＿＿＿＿＿＿＿＿＿＿＿

第九条 本合同发生争议时,发包人、勘察人应及时协商解决,也可由当地建设行政主管部门调解,协商或调解不成的,发包人、勘察人同意由＿＿＿＿＿＿＿＿仲裁委员会仲裁。发包人、勘察人未在本合同中约定仲裁机构,事后又未达成书面仲裁协定的,可向人民法院起诉。

第十条 本合同自发包人、勘察人签字盖章后生效;按规定到省级建设行政主管部门规定的审查部门备案;发包人、勘察人认为必要的,到项目所在地工商行政管理部门申请鉴证。发包人、勘察人履行完合同规定的义务后,本合同终止。

本合同一式＿＿＿份,发包人＿＿＿份,勘察人 ＿＿＿份。

发包人名称:　　　　　　　　　　　勘察人名称:

　　　　(盖章)　　　　　　　　　　　　　　(盖章)
法定代表人:(签字)　　　　　　　　法定代表人:(签字)
委托代理人:(签字)　　　　　　　　委托代理人:(签字)
住　　　所:　　　　　　　　　　　住　　　所:
邮政编码:　　　　　　　　　　　　邮政编码:
电　　　话:　　　　　　　　　　　电　　　话:
传　　　真:　　　　　　　　　　　传　　　真:
开户银行:　　　　　　　　　　　　开户银行:
银行账号:　　　　　　　　　　　　银行账号:
建设行政主管部门备案:　　　　　　签证意见:

　　　　(盖章)　　　　　　　　　　　　　　(盖章)
备案号:　　　　　　　　　　　　　经办人:
备案日期:　　年　　月　　日　　　签证日期:　　年　　月　　日

7.3.2 建设工程设计合同示范文本

建设工程设计合同（一）
(适用于民用建设工程设计)

工程名称：_____
工程地点：_____
合同编号：_____
(由设计人编填)
设计证书等级：_____
发包人：_____
设计人：_____
签订日期：_____

发包人：_____
设计人：_____
发包人委托设计人承担_____工程设计，经双方协商一致，签订本合同。

第一条 本合同依据下列文件签订：

1.1 《中华人民共和国合同法》、《中华人民共和国建筑法》、《建设工程勘察设计市场管理规定》。

1.2 国家及地方有关建设工程勘察设计管理法规和规章。

1.3 建设工程批准文件。

第二条 本合同设计项目的内容：名称、规模、阶段、投资及设计费等见下表。

序号	分项目名称	建设规模		设计阶段及内容			估算总投资(万元)	费率(%)	估算设计费(元)
		层数	建筑面积(m²)	方案	初步设计	施工图			

第三条 发包人应向设计人提交的有关资料及文件：

序　号	资料及文件名称	份　数	提交日期	有关事宜

第四条 设计人应向发包人交付的设计资料及文件：

序　号	资料及文件名称	份　数	提交日期	有关事宜

第五条 本合同设计收费估算为_____元人民币。设计费支付进度详见下表。

付费次序	占总设计费 (%)	付费额 (元)	付费时间 (由交付设计文件所决定)

说明：1. 提交各阶段设计文件的同时支付各阶段设计费。

2. 在提交最后一部分施工图的同时结清全部设计费，不留尾款。

3. 实际设计费按初步设计概算(施工图设计概算)核定，多退少补。实际设计费与估算设计费出现差额时，双方另行签订补充协议。

4. 本合同履行后，定金抵作设计费。

第六条　双方责任

6.1　发包人责任

6.1.1　发包人按本合同第三条规定的内容，在规定的时间内向设计人提交资料及文件，并对其完整性、正确性及时限负责，发包人不得要求设计人违反国家有关标准进行设计。

发包人提交上述资料及文件超过规定期限15天以内，设计人按合同第四条规定交付设计文件时间顺延；超过规定期限15天以上时，设计人员有权重新确定提交设计文件的时间。

6.1.2　发包人变更委托设计项目、规模、条件或因提交的资料错误，或所提交资料做较大修改，以致造成设计人设计需返工时，双方除需另行协商签订补充协议(或另订合同)、重新明确有关条款外，发包人应按设计人所耗工作量向设计人增付设计费。

在未签合同前发包人已同意，设计人为发包人所做的各项设计工作，应按设计标准，相应支付设计费。

6.1.3　发包人要求设计人比合同规定时间提前交付设计资料及文件时，如果设计人能够做到，发包人应根据设计人提前投入的工作量，向设计人支付赶工费。

6.1.4　发包人应为派赴现场处理有关设计问题的工作人员，提供必要的工作生活及交通等方便条件。

6.1.5　发包人应保护设计人的投标书、设计方案、文件、资料图纸、数据、计算软件和专利技术。未经设计人同意，发包人对设计人交付的设计资料及文件不得擅自修改、复制或向第三人转让或用于本合同外的项目，如发生以上情况，发包人应负法律责任，设计人有权向发包人提出索赔。

6.2　设计人责任

6.2.1　设计人应按国家规范、标准、规程及发包人提出的设计要求，进行工程设计，按合同规定的进度要求提交质量合格的设计资料，并对其负责。

6.2.2　设计人采用的主要技术标准是：_____

6.2.3　设计合理使用年限为_____年。

6.2.4　设计人按本合同第二条和第四条规定的内容、进度及份数向发包人交付资料及文件。

6.2.5　设计人交付设计资料及文件后，按规定参加有关的设计审查，并根据审查结论负责对不超出原定范围的内容做必要调整补充。设计人按合同规定时限提交设计资料及文件，本年内项目开始施工，负责向发包人及施工单位进行设计交底、处理有关设计问题和参加竣工验收。在一年内项目尚未开始施工，设计人仍负责上述工作，但应按所需工作量向发包人适当收取咨询服务费，收费额由双方商定。

6.2.6　设计人应保护发包人的知识产权，不得向第三人泄露、转让发包人提交的产品图纸等技术经济资料。如发生以上情况并给发包人造成经济损失，发包人有权向设计人索赔。

第七条　违约责任

7.1　在合同履行期间，发包人要求终止或解除合同，设计人未开始设计工作的，不退还发包人已付的定金；已开始设计工作的，发包人应根据设计人已进行的实际工作量，不足一半时，按该阶段设计费的一半支付；超过一半时，按该阶段设计费的全部支付。

7.2 发包人应按本合同第五条规定的金额和时间向设计人支付设计费，每逾期支付一天，应承担支付金额千分之二的逾期违约金。逾期超过30天以上时，设计人有权暂停履行下阶段工作，并书面通知发包人。发包人的上级或设计审批部门对设计文件不审批或本合同项目停缓建，发包人均按7.1条规定支付设计费。

7.3 设计人对设计资料及文件出现的遗漏或错误负责修改或补充。由于设计人员错误造成工程质量事故损失，设计人除负责采取补救措施外，应免收直接受损失部分的设计费。损失严重的根据损失的程度和设计人责任大小向发包人支付赔偿金，赔偿金由双方商定为实际损失的_____%。

7.4 由于设计人自身原因，延误了按本合同第四条规定的设计资料及设计文件的交付时间，每延误一天应减收该项目应收设计费的千分之二。

7.5 合同生效后，设计人要求终止或解除合同，设计人应双倍返还定金。

第八条 其他

8.1 发包人要求设计人派专人留驻施工现场进行配合与解决有关问题时，双方应另行签订补充协议或技术咨询服务合同。

8.2 设计人为本合同项目所采用的国家或地方标准图，由发包人自费向有关出版部门购买。本合同第四条规定设计人交付的设计资料及文件份数超过《工程设计收费标准》规定的份数，设计人另收工本费。

8.3 本工程设计资料及文件中，建筑材料、建筑结构配件和设备应当注明其规格、型号、性能等技术指标，设计人不得指定生产厂、供应商。发包人需要设计人的设计人员配合加工订货时，所需要费用由发包人承担。

8.4 发包人委托设计人承担本合同内容之外的设计服务，从询价、对外谈判、国内外技术考察直至建成投产的各个阶段，应吸收承担有关设计任务的设计人参加。出国费用，除制装费外，其他费用由发包人支付。

8.5 发包人委托设计人承担本合同内容之外的工作服务，另行支付费用。

8.6 由于不可抗力因素致使合同无法履行时，双方应及时协商解决。

8.7 本合同发生争议，双方当事人应及时协商解决。也可由当地建设行政主管部门调解，调解不成时，双方当事人同意由_____仲裁委员会仲裁。双方当事人未在合同中约定仲裁机构，事后又未达成仲裁书面协议的，可向人民法院起诉。

8.8 本合同一式_____份，发包人_____份，设计人_____份。

8.9 本合同经双方签章并在发包人向设计人支付定金后生效。

8.10 本合同生效后，按规定到项目所在省级建设行政主管部门规定的审查部门备案。双方认为必要的，到项目所在地工商行政管理部门申请鉴证。双方履行完合同规定的义务后，本合同即行终止。

8.11 本合同未尽事宜，双方可签订补充协议，有关协议及双方认可的来往电报、传真、会议纪要等，均为本合同组成部分，与本合同具有同等法律效力。

8.12 其他约定事项：

发包人名称：   设计人名称：

（盖章）	（盖章）
法定代表人：(签字)	法定代表人：(签字)
委托代理人：(签字)	委托代理人：(签字)
住　　所：	住　　所：
邮政编码：	邮政编码：
电　　话：	电　　话：
传　　真：	传　　真：
开户银行：	开户银行：
银行账号：	银行账号：
建设行政主管部门备案：	鉴证意见：

（盖章）	（盖章）
备案号：	经办人：
备案日期：　年　月　日	签证日期：　年　月　日

案例实训

案例：发包方违反施工合同　承包方起诉[①]

某房地产开发公司欲建立一个豪华别墅，遂与某建筑工程承包公司于 2009 年 2 月签订了建设工程施工合同。关于施工进度，双方在专用条件中约定：2009 年 4 月 1 日～20 日，地基完工；2009 年 4 月 21 日至 6 月 30 日，主体工程竣工；2009 年 7 月 1 日～10 日，全部工程竣工。2009 年 4 月初工程开工，由于该项目楼盘在房地产市场极为走俏，为了尽早建成该项目，房地产公司派专人检查监督施工进度。检查人员曾多次要求建筑公司缩短工期，均被建筑公司以质量无法保证为由拒绝。为使工程尽早完工，房地产公司所派检查人员遂以承包公司名义要求材料供应商提前送货至目的地，造成材料堆积过多，管理困难，部分材料损坏。承包公司遂起诉房地产开发公司，要求其承担损害赔偿责任。房地产公司以检查作业进度、监督完工为由抗辩。法院判决房地产开发公司抗辩不成立，应该依法承担赔偿责任。

【法理分析】

《合同法》第二百七十七条规定："发包人在不妨碍承包人正常作业的前提下，可以随时对作业进度质量进行检查"。根据此规定，如果发包人对作业进度和质量进行检查，

---

① 郑润梅. 建设法规概论. 北京：中国建材工业出版社，2010 年 7 月，第 274 页。

妨碍了承包人正常作业，那么，承包人有权要求发包人承担由此造成的一切后果和损失；如果发包人的检查工作虽未妨碍承包人正常作业，但却超出了进度和质量两方面的范围限制，则承包人也可拒绝接受检查或要求发包人承担由此造成的损失。

本案中，房地产开发公派专人检查工程施工进度的行为本身是行使检查权的表现。但是检查人员的检查行为，已经超出了法律规定的对施工进度和质量进行检查的范围，且以承包公司名义促使材料供应商提早供货，在客观上妨碍了承包公司的正常作业，因而构成权力滥用行为，理应承担损害赔偿责任。

复习思考题

1. 简述合同的内容。
2. 合同订立的一般程序是什么？
3. 简述建设工程合同的概念及主要内容。
4. 建设工程合同订立的一般程序是什么？
5. 建设工程合同有哪几种主要类型？
6. 建设工程施工合同的内容有哪些？
7. 在勘察、设计合同中，勘察、设计人有哪些责任？

第 8 章
基本建设程序法律制度

　　本章简述了工程建设项目的概念，工程项目投资决策阶段、前期准备阶段、建设实施阶段、竣工验收阶段、后评价阶段的程序和内容。

8.1 建设程序法概述

8.1.1 工程建设项目的概念

工程建设项目是指各类房屋建筑、土木工程、设备安装、管道线路敷设、装饰装修等固定资产投资的新建、扩建、改建以及技改等建设项目,通称为工程项目。

房屋建筑分为民用建筑和工业建筑两大类。民用建筑主要包括住宅建筑、公共建筑,公共建筑包括医疗、文教、办公、商业、体育、交通、邮电、展览、演出、纪念、宾馆、景观及其他建筑。工业建筑包括厂矿厂房、仓库等。

工程建设项目按投资再生产性质分为基本建设项目和更新改造项目两大类。

基本建设项目按其规模分为大、中、小型三类,不同行业,其大、中、小型划分标准不尽相同,如煤炭、冶金、化工、石化、医药行业等以年产量多少来划分规模的,像煤炭行业的矿井、选煤厂,当其年产量大于或等于 120 万吨为大型,90 万~45 万吨为中型,小于或等于 30 万吨为小型;而机械等行业是以投资规模来划分的,大于 5000 万元为大型,5000 万~2000 万元为中型,小于 2000 万元的为小型。建筑行业建设项目设计规模划分见表 8-1。关于基本建设项目大、中、小型划分标准详见《工程建设资质标准》有关规定。

更新改造项目分限额以上和限额以下项目,通常是按投资额来划分,能源、交通、原材料等工程项目投资额达到 5 000 万元以上的为限额以上项目,其他建设项目,投资额达 3 000 万元以上的为限额以上项目,其他为限额以下项目。

8.1.2 工程基本建设程序

工程基本建设程序是指基本建设项目从酝酿、规划到建成投产所经历的整个过程中,各项工作开展先后顺序的规定。它反映了工程建设各个阶段之间的内在联系,是从事基本建设工作的各有关部门和人员必须遵守的行为准则。

基本建设程序是我国基本建设实践经验的总结,体现了基本建设特点和客观规律。反映了基本建设项目从立项、规划、定点、勘察、设计、施工、安装、调试、竣工投产各个阶段之间的内在联系。只有按基本建设程序进行工程项目建设,才能保证又好又省地完成建设任务,提高基本建设的投资效果,取得良好的经济效益、环境效益和社会效益。

建筑工程基本建设程序见表 8-1。

根据我国基本建设程序规定,一般大中型项目的建设包括以下 8 项程序。

(1) 根据国民经济和社会发展长远规划,结合行业和项目所在地区发展规划要求,提出项目建议书;

(2) 在勘察、试验、调查研究及详细技术经济论证的基础上编制可行性研究报告;

(3) 根据项目的咨询评估情况,对建设项目进行决策;

(4) 根据批准的可行性研究报告编制设计文件;

表 8-1 建筑行业(建筑工程)建设项目设计规模划分表

序号	建设项目	工程等级特征	大型	中型	小型
1	一般公共建筑	单体建筑面积	20000 m²以上	5000～20000m²	≤5000m²
		建筑高度	>50m	24～50m	≤24m
		复杂程度	1. 大型公共建筑工程	1. 中型公共建筑工程	功能单一、技术要求简单的小型公共建筑工程
			2. 技术要求复杂或具有经济、文化、历史等意义的省(市)级中小型公共建筑工程	2. 技术要求复杂或有地区性意义的小型公共建筑工程	2. 高度小于24m的一般公共建筑工程
			3. 高度大于50m的公共建筑工程	3. 高度为24～50m的一般公共建筑工程	3. 小型仓储建筑工程
			4. 相当于四五星级饭店标准的室内装修、特殊声学装修工程	4. 仿古建筑、一般标准的古建筑、保护性建筑以及地下建筑工程	4. 简单的设备用房及其他配套用房工程
			5. 高标准的古建筑、保护性建筑和地下建筑工程	5. 大中型仓储建筑工程	5. 简单的建筑环境设计及室外工程
			6. 高标准的建筑环境设计和室外工程	6. 一般标准的建筑环境设计和室外工程	6. 相当于一星饭店及以下标准的室内装修工程
			7. 技术要求复杂的工业厂房	7. 跨度小于30米、吊车吨位小于30吨的单层厂房或仓库；跨度小于12米、6层以下的多层厂房或仓库	7. 跨度小于24米、吊车吨位小于10吨的单层厂房或仓库；跨度小于6米、楼盖无动荷载的3层以下的多层厂房和仓库
				8. 相当于二三星级饭店标准的室内装修工程	
2	住宅宿舍	层数	>20层	12～20层	≤12层(其中砌块建筑不得超过抗震规范层数限值要求)
		复杂程度	20层以上居住建筑和20层及以下高标准居住建筑工程	20层及以下一般标准的居住建筑工程	
3	住宅小区工厂生活区	总建筑面积	>30万m²规划设计	≤30万m²规划设计	单体建筑按上述住宅或公共建筑标准执行
4	地下工程	地下空间(总建筑面积)	>1万m²	≤1万m²	
		附建式人防(防护等级)	四级及以上	五级及以下	人防疏散干道、支干道及人防连接通道等人防配套工程

(5) 初步设计批准后，做好施工前的各项准备工作，并申请开工报告；
(6) 组织施工，并根据工程进度，做好生产准备；
(7) 项目按批准的设计内容进行建设，经投料试车验收合格后，正式投产、交付使用；

(8) 国家对一些重大项目，在竣工验收若干年后进行后评价，以总结项目建设经验与教训，供以后项目建设借鉴。

8.1.3　工程建设项目的审批

基本建设程序是国家对基本建设项目管理的重要内容，审批程序严格，必须遵照规定执行。一般情况下，项目建议书，可行性研究报告，初步设计等的审批权限部门是一致的，按照国家规定审批权限如下。

(1) 所有大中型及限额以上的建设项目，按照项目隶属关系由行业主管部门或省、自治区、直辖市和计划单列市审查同意后，报国家发改委审批。凡投资在 2 亿元以上的项目，由国家发改委审核后报国务院审批。

(2) 地方投资安排的地方院校、医院及其他文教卫生事业的大中型基本建设项目，由省、自治区、直辖市和计划单列市计委审批，抄报国家发改委和有关部门备案。

(3) 企业横向联合投资的大中型基本建设项目，自行解决资金、能源、原材料、设备以及投产后的产供、销、动力、运力等能够自己落实的，而且已经与有关部门、地方、企业签订了合同，不需要国家安排的，由有关部门或省、自治区、直辖市和计划单列市计委审批、抄报国家发改委备案。

8.2　项目投资决策阶段

8.2.1　项目建议书阶段

1. 项目建议书概念

项目建议书在项目周期内的最初阶段，按照国民经济和社会发展长远规划，行业规划和建设单位所在城镇的规划要求，根据本单位的发展需要，经过调查、预测、分析拟提出一个轮廓设想来要求建设某一具体投资项目和做出初步选择的建议性文件。国家据此来进行项目的立项批准。

2. 项目建议书的作用

(1) 在宏观上考察拟建项目是否符合国家或地区的长远规划、宏观经济政策和国民经济发展的要求，初步说明项目建设的必要性；初步分析、人力、物力和财力投入等建设条件的可能性与具备程度。

(2) 对于批准立项的投资项目即可列入项目前期工程计划，开展可行性研究工作。

(3) 对于涉及利用外资的项目，项目建议书应从宏观上论述合资、独资项目设立的必要性和可行性。在项目批准立项以后方可正式对外开展工作，编写可行性研究报告。

3. 项目建议书的内容

项目建议书的内容一般应包括以下几个方面。

(1) 建设项目提出的必要性和依据。

① 建设项目提出的背景、拟建地点、与项目有关的长远规划资料、建设项目的必

要性。

② 对于改、扩建项目要说明现有企业的概况。

③ 对于引进技术和设备的项目应说明国内外技术差距,进口理由以及工艺流程和生产条件的概要等。

(2) 拟建规模、建设方案。

① 产品市场的预测；

② 年产量；

③ 产品方案；

④ 建设地点论证。

(3) 建设的主要内容。

(4) 建设地点的初步设想情况、资源情况、建设条件、协作关系等的初步分析。

(5) 投资估算和资金筹措及还贷方案。

(6) 项目进度安排。

(7) 经济效益和社会效益的估计。

(8) 环境影响的初步评价。

有些部门在提出项目建议书之前还增加了初步可行性研究工作,对拟进行建设的项目初步论证后,再进行编制项目建议书。

项目建议书按要求编制完成后,按照建设总规模和限额的划分审批权限报批。属中央投资、中央和地方合资的大中型和限额以上项目的项目建议书需报送国家投资主管部门(发改委)审批。属省政府投资为主的建设项目需报省投资主管部门(发改委)审批；属市(州、地)政府投资为主的建设项目需报市(州、地)投资主管部门(发改委)审批；属县(市、区)政府投资为主的建设项目需报县(市、区)投资主管部门(发改局)审批。

4. 办理项目选址规划意见书

项目建议书编制完成后,项目筹建单位应到规划部门办理建设项目选址规划意见书。

5. 办理建设用地规划许可证和工程规划许可证

在规划部门办理。

6. 办理土地使用审批手续

在国土部门办理。

7. 办理环保审批手续

在环保部门办理。

在完成开展以上工作的同时,可以做好以下工作：进行拆迁摸底调查,并请有资质的评估单位评估论证；做好资金来源及筹措准备；准备好选址建设地点的测绘。

8.2.2 可行性研究阶段

可行性研究是对项目在技术上是否可行和经济上是否合理进行科学的分析和论证。通过对建设项目在技术、工程和经济上的合理性进行全面分析论证和多种方案比较,提出评价意见。

1. 编制可行性研究报告

由经过国家资格审定的适合本项目的等级和专业范围的规划、设计、工程咨询单位承担项目可行性研究，并形成报告。可行性研究报告一般具备以下基本内容：

(1) 总论。

① 报告编制依据(项目建议书及其批复文件、国民经济和社会发展规划、行业发展规划、国家有关法律、法规、政策等)；

② 项目提出的背景和依据(项目名称、承办法人单位及法人、项目提出的理由与过程)；

③ 项目概况(拟建地点、建设规划与目标、主要条件、项目估算投资、主要技术经济指标)；

④ 问题与建议。

(2) 建设规模和建设方案。

① 建设规模；

② 建设内容；

③ 建设方案；

④ 建设规划与建设方案的比选。

(3) 市场预测和确定的依据。

(4) 建设标准、设备方案、工程技术方案。

① 建设标准的选择；

② 主要设备方案的选择；

③ 工程方案的选择。

(5) 原材料、燃料供应、动力、运输、供水等协作配合条件。

(6) 建设地点、占地面积、布置方案。

① 总图布置方案；

② 场外运输方案；

② 公用工程与辅助工程方案。

(7) 项目设计方案。

(8) 节能、节水措施。

① 节能、节水措施；

① 能耗、水耗指标分析。

(9) 环境影响评价。

① 环境条件调查；

② 影响环境因素；

③ 环境保护措施。

(10) 劳动安全、卫生与消防。

① 危险因素和危害程度分析；

② 安全防范措施；

③ 卫生措施；

④ 消防措施。

(11) 组织机构与人力资源配置。

(12) 项目实施进度。
① 建设工期；
② 实施进度安排。
(13) 投资估算。
① 建设投资估算；
② 流动资金估算；投资估算构成及表格。
(14) 融资方案。
① 融资组织形式；
② 资本金筹措；
③ 债务资金筹措；
④ 融资方案分析。
(15) 财务评价。
① 财务评价基础数据与参数选取；
② 收入与成本费用估算；
③ 财务评价报表；
④ 盈利能力分析；
⑤ 偿债能力分析；
⑥ 不确定性分析；
⑦ 财务评价结论。
(16) 经济效益评价。
① 影子价格及评价参数选取；
② 效益费用范围与数值调整；
③ 经济评价报表；
④ 经济评价指标；
⑤ 经济评价结论。
(17) 社会效益评价。
① 项目对社会影响分析；
② 项目与所在地互适性分析；
③ 社会风险分析；
④ 社会评价结论。
(18) 风险分析。
① 项目主要风险识别；
② 风险程度分析；
③ 防范风险对策。
(19) 招标投标内容和核准招标投标事项。
(20) 研究结论与建议。
① 推荐方案总体描述；
② 推荐方案优缺点描述；
③ 主要对比方案；
④ 结论与建议。

(21) 附图、附表、附件。

2. 可行性研究报告论证

可行性研究报告编制完成后，项目建设筹建单位应委托有资质的单位进行评估、论证。

3. 可行性研究报告报批

项目建设筹建单位提交书面报告附可行性研究报告文本、其他附件(如建设用地规划许可证、工程规划许可证、土地使用手续、环保审批手续、拆迁评估报告、可研报告的评估论证报告、资金来源和筹措情况等手续)上报原项目审批部门审批。

可行性研究报告经批准后，不得随意修改和变更。如果在建设规模、建设方案、建设地区或建设地点、主要协作关系等方面有变动以及突破投资控制数时，应经原批准机关同意重新审批。经过批准的可行性研究报告，是确定建设项目、编制设计文件的依据。

可行性研究报告批准后即国家、省、市(地、州)、县(市、区)同意该项目进行建设，何时列入年度计划，要根据其前期工作的进展情况以及财力等因素进行综合平衡后决定。

可行性研究报告报批后，到国土部门办理土地使用证，办理征地、青苗补偿、拆迁安置等手续。

4. 地质勘察

根据可行性研报告审批意见委托或通过招标或比选方式选择有资质的地勘单位进行地勘。

5. 报审市政配套方案

报审供水、供气、供热、排水等市政配套方案，一般项目要经规划、建设、土地、人防、消防、环保、文物、安全、劳动、卫生等主管部门提出审查意见，并取得有关协议或批件。

对于一些各方面相对单一、技术工艺要求不高、前期工作成熟的教育、卫生等方面的项目，项目建议书和可行性研究报告也可以合并，一并编制项目可行性研究报告，也就是通常说的可行性研究报告替代项目建议书。

8.3 前期准备阶段

8.3.1 初步设计工作阶段

1. 初步设计概述

设计是对拟建工程的实施在技术上和经济上所进行的全面而详尽的安排，是基本建设计划的具体化，是把先进技术和科研成果引入建设的渠道，是整个工程的决定性环节，是组织施工的依据。它直接关系着工程质量和将来的使用效果。可行性研究报告经批准的建设项目应委托或通过招标投标选定设计单位，按照批准的可行性研究报告的内容和要求进行设计，编制设计文件。根据建设项目的不同情况，设计过程一般划分为两个阶段，即初步设计和施工图设计。重大项目和技术复杂项目，可根据不同行业的特点和需要，增加技术设计阶段。

项目筹建单位应根据可行性研究报告审批意见委托或通过招标投标择优选择有相应资

质的设计单位进行初步设计。

初步设计是根据批准的可行性研究报告和必要而准确的设计基础资料，对设计对象进行通盘研究，阐明在指定的地点、时间和投资控制数内，拟建工程在技术上的可能性和经济上的合理性。通过对设计对象做出的基本技术规定，编制项目的总概算。根据国家规定，如果初步设计提出的总概算超过可行性研究报告确定的总投资估算 10%以上或其他主要指标需要变更时，要重新报批可行性研究报告。

2. 初步设计主要内容

(1) 设计依据、原则、范围和设计的指导思想；
(2) 自然条件和社会经济状况；
(3) 工程建设的必要性；
(4) 建设规模、建设内容、建设方案、原材料、燃料和动力等的用量及来源；
(5) 技术方案及流程、主要设备选型和配置；
(6) 主要建筑物、构筑物、公用辅助设施等的建设；
(7) 占地面积和土地使用情况；
(8) 总图运输；
(9) 外部协作配合条件；
(10) 综合利用、节能、节水、环境保护、劳动安全和抗震措施；
(11) 生产组织、劳动定员和各项技术经济指标；
(12) 工程投资及财务分析；
(13) 资金筹措及实施计划；
(14) 总概算表及其构成；
(15) 附图、附表、附件。

承担项目设计单位的设计水平应与项目大小和复杂程度相一致。按现行规定，工程设计单位分为甲、乙、丙三级，低等级的设计单位不得越级承担工程项目的设计任务。设计必须有充分的基础资料，基础资料要准确；设计所采用的各种数据和技术条件要正确可靠；设计所采用的设备、材料和所要求的施工条件要切合实际；设计文件的深度要符合建设和生产的要求。

3. 初步设计文本审查

初步设计文本完成后，应报规划管理部门审查，并报原可行性研究报告审批部门审查批准。

初步设计文件经批准后，总平面布置、主要工艺过程、主要设备、建筑面积、建筑结构、总概算等不得随意修改、变更。经过批准的初步设计，是设计部门进行施工图设计的重要依据。

8.3.2 施工图设计阶段

1. 施工图设计

通过招标、比选等方式择优选择设计单位进行施工图设计。施工图设计的主要内容是根据批准的初步设计,绘制出正确、完整和尽可能详尽的建筑安装图纸。其设计深度应满足设备材料的安排和非标设备的制作、建筑工程施工等要求。

2. 施工图设计文件的审查备案

施工图文件完成后,应将施工图报有资质的设计审查机构审查,并报行业主管部门备案。

3. 编制施工图预算

聘请有预算资质的单位编制施工图预算。

8.3.3 施工建设准备阶段

1. 项目投资计划书的编制与报批

编制项目投资计划书,并按现行的建设项目审批权限进行报批。

2. 建设工程项目报建备案

省重点建设项目、省批准立项的涉外建设项目及跨市、州的大中型建设项目,由建设单位向省人民政府建设行政主管部门报建。其他建设项目按隶属关系由建设单位向县以上人民政府建设行政主管部门报建。

3. 建设工程项目招标

业主自行招标或通过比选等竞争性方式择优选择招标代理机构;通过招标或比选等方式择优选定设计单位、勘察单位、施工单位、监理单位和设备供货单位,签订设计合同、勘察合同、施工合同、监理合同和设备供货合同。

1) 项目核准

发改委部门根据项目情况和国家规定,对项目的招标范围、招标方式、招标组织形式、发包初步方案等进行核准。

2) 比选代理机构

发改委部门核准的招标组织形式为委托招标方式的,按照《国家投资工程建设项目招标代理机构比选办法》的规定,通过比选等竞争性方式确定招标代理机构,并按照规定将《委托招标代理合同》报招标管理部门备案(项目总投资在 5000 万元以上的政府投资项目实行公开比选,项目总投资在 5000 万元以下的政府投资项目,所有非政府投资项目应按《国家投资工程建设项目招标投标条例》的规定,属于国家投资工程的建设项目实行邀请比选。)。

3) 发布招标公告

公开招标应在指定媒体上发布招标公告;邀请招标的发送招标邀请函,并在发布前 5 日将招标公告向发改委和招标行政管理部门备案。

4) 编制招标文件

在发售日前 5 个工作日报发改委和招标行政管理部门备案。

5) 发售招标文件

在国家投资工程交易中心发售招标文件和图纸(发售时间不得少于 5 个工作日,从发售招标文件至投标截止日不少于 20 天,招标文件补充澄清或修改的需在开标日 15 日前通知所有投标人)。

6) 开标

在国家投资工程交易中心,在行政监督部门的监督下依法进行。

7) 评标、定标

应在《评标专家库》随机抽取评标专家组成评标委员会进行评标,并根据评标结果确定中标候选人。

8) 中标候选人公示

招标人将《评标报告》和中标候选人的公示文本送到发改委和招标行政管理部门备案后公示;公示期为5个工作日。

9) 中标通知

公示期满后15个工作日或投标有效期满30个工作日内确定中标人,并发出中标通知书。

10) 签订合同

自中标通知书发出之日起30日内依照招标文件签订书面合同。

11) 中标备案

自发出中标通知书之日起15日内向发改委和招标行政管理部门书面报告招投标情况。

8.4 建设实施阶段

8.4.1 开工前准备

项目在开工建设之前要切实做好以下准备工作。
(1) 征地、拆迁和场地平整;
(2) 完成"三通一平"即通路、通电、通水,修建临时生产和生活设施;
(3) 组织设备、材料订货,做好开工前准备。包括计划、组织、监督等管理工作的准备,以及材料、设备、运输等物质条件的准备。
(4) 准备必要的施工图纸。新开工的项目必须至少有三个月以上的工程施工图纸。

8.4.2 办理工程质量监督手续

持施工图设计文件审查报告和批准书;中标通知书和施工、监理合同;建设单位、施工单位和监理单位工程项目的负责人和机构组成;施工组织设计和监理规划(监理实施细则)等资料在工程质量监督机构办理工程质量监督手续。

8.4.3 办理施工许可证

向工程所在地的县级以上人民政府建设行政主管部门办理施工许可证。工程投资额在30万元以下或者建筑面积在300m^2以下的建筑工程,可以不申请办理施工许可证。

8.4.4 项目开工前审计

审计机关在项目开工前,对项目的资金来源是否正当、落实,项目开工前的各项支出是否符合国家的有关规定,资金是否按有关规定存入银行专户等进行审计。建设单位应向审计机关提供资金来源及存入专业银行的凭证、财务计划等有关资料。

8.4.5 报批开工

按规定进行了建设准备并具备了各项开工条件以后,建设单位向主管部门提出开工申请。建设项目经批准开工建设,项目即进入了建设实施阶段。项目开工时间,是指建设项目设计文件中规定的任何一项永久性工程(无论生产性或非生产性)第一次正式破土开槽开始施工的日期。不需要开槽的工程,以建筑物的正式打桩作为正式开工。公路、水库需要进行大量土、石方工程的,以开始进行土方、石方工程作为正式开工。

8.5 竣工验收阶段

8.5.1 竣工验收的范围和标准

根据国家现行规定,凡新建、扩建、改建的基本建设项目和技术改造项目,按批准的设计文件所规定的内容建成,符合验收标准的,必须及时组织验收,办理固定资产移交手续。

进行竣工验收必须符合以下要求。
(1) 项目已按设计要求完成,能满足生产使用;
(2) 主要工艺设备配套设施经联动负荷试车合格,形成生产能力,能够生产出设计文件所规定的产品;
(3) 生产准备工作能适应投产需要;
(4) 环保设施,劳动安全卫生设施,消防设施已按设计要求与主体工程同时建成使用。

8.5.2 竣工验收依据

竣工验收依据包括批准的可行性研究报告、初步设计、施工图和设备技术说明书、现场施工技术验收规范以及主管部门有关审批、修改、调整文件等。

8.5.3 申报竣工验收的准备工作

1. 整理工程技术资料

各有关单位(包括设计、施工单位)将以下资料系统整理,由建设单位分类立卷,交生产单位或使用单位统一保管。

(1) 工程技术资料主要包括土建方面、安装方面及各种有关的文件、合同和试生产的情况报告等；

(2) 其他资料主要包括项目筹建单位或项目法人单位对建设情况的总结报告、施工单位对施工情况的总结报告、设计单位对设计的总结报告、监理单位对监理情况的总结报告、质监部门对质监评定的报告、财务部门对工程财务决算的报告、审计部门对工程审计的报告等资料。

2. 绘制竣工图纸

竣工图纸与其他技术资料一样，是建设单位移交生产单位或使用单位的重要资料，是生产单位或使用单位必须长期保存的工程技术档案，也是国家的重要技术档案。竣工图必须准确、完整、符合归档要求，方能交付验收。

3. 竣工决算

建设单位必须及时清理所有财产、物资和未用完的资金或应收回的资金，编制工程竣工决算，分析预(概)算执行情况，考核投资效益，报主管部门审查。

4. 竣工审计

审计部门进行项目竣工审计并出具体审计意见。

8.5.4 竣工验收程序

(1) 根据建设项目的规模大小和复杂程度，整个项目的验收可分为初步验收和竣工验收两个阶段进行。规模较大、较为复杂的建设项目，应先进行初验，然后进行全部项目的竣工验收。规模较小、较简单的项目可以一次进行全部项目的竣工验收。

(2) 建设项目在竣工验收之前，由建设单位组织施工、设计及使用等单位进行初验。初验前由施工单位按照国家规定，整理好文件、技术资料，向建设单位提出交工报告。建设单位接到报告后，应及时组织初验。

(3) 建设项目全部完成，经过各单项工程的验收，符合设计要求，并具备竣工图表、竣工决算、工程总结等必要文件资料，由项目主管部门或建设单位向负责验收的单位提出竣工验收申请报告。

8.5.5 竣工验收的组织

竣工验收一般由项目批准单位或委托项目主管部门组织。

竣工验收由环保、劳动、统计、消防及其他有关部门组成，建设单位、施工单位、勘察设计单位参加验收工作。验收委员会或验收组负责审查工程建设的各个环节，听取各有关单位的工作报告，审阅工程档案资料并实地察验建筑工程和设备安装情况，并对工程设计、施工和设备质量等方面做出全面的评价。不合格的工程不予验收；对遗留问题提出具体解决意见，限期落实完成。

8.6 后评价阶段

国家对一些重大建设项目，在竣工验收若干年后进行后评价，见表8-2。这主要是为了总结项目建设成功和失败的经验教训，供以后项目决策借鉴。

表8-2 建设工程基本建设程序表

阶段		内容	审批或备案部门	备注
投资决策阶段	项目建议书阶段	1. 编制项目建议书	投资主管部门	同时做好拆迁摸底调查和评估；做好资金来源及筹措准备；准备好选址建设地点的测绘地图
		2. 办理项目选址规划意见书	规划部门	
		3. 办理建设用地规划许可证和工程规划许可证	规划部门	
		4. 办理土地使用审批手续	国土部门	
		5. 办理环保审批手续	环保部门	
	可行性研究阶段	6. 编制可行性研究报告		聘请有相应资质的咨询单位
		7. 可行性研究报告论证		须聘请有相应资质的单位
		8. 可行性研究报告报批	项目审批部门	批准后的项目列入年度计划
		9. 办理土地使用证	国土部门	
		10. 办理征地、青苗补偿、拆迁安置等手续	国土、建设部门	
		11. 地勘		委托或通过招标、比选等方式选择有相应资质的单位
		12. 报审供水、供气、排水市政配套方案	规划、建设、土地、人防、消防、环保、文物、安全、劳动、卫生等部门提出审查意见	
前期准备阶段	工程设计阶段	13. 初步设计		委托或通过招标、比选等方式选择有相应设计资质的单位
		14. 办理消防手续	消防部门	
		15. 初步设计文本审查	规划部门、发改部门	
		16. 施工图设计		委托或通过招标、比选等方式选择有相应设计资质的单位
		17. 施工图设计文件审查、备案	报有相应资质的设计审查机构审查，并报行业主管部门备案	
	施工准备阶段	18. 编制施工图预算		聘请有预算资质的单位编制
		19. 编制项目投资计划书	按建设项目审批权限报批	
		20. 建设工程项目报建备案		
		21. 建设工程项目招标	业主自行招标或通过比选等竞争性方式择优选定招标代理机构，通过招标或比选等方式择优选定设计单位、勘察单位、施工单位、监理单位和设备供货单位	
		22. 开工建设前准备	建设行政主管部门	包括：征地、拆迁和场地平整；三通一平；施工图纸
		23. 办理工程质量监督	质监管理机构	
		24. 办理施工许可证	建设行政主管部门	
		25. 项目开工前审计	审计机关	
施工阶段	施工安装阶段	26. 报批开工	建设行政主管部门	
竣工验收阶段	竣工验收阶段	27. 竣工验收	质监管理机构	
后评价阶段	工程后评价阶段	28. 工程项目后评价		评价包括效益后评价和过程后评价

 案例实训

案例1：违反建设程序 引起工程索赔[①]

【案情摘要】

甲方：××通用机械厂

乙方：××集团第八分公司

甲方为使本厂的自筹招待所工程尽快发挥效益，2003年3月，在施工图还没有完成的情况下，就和乙方签订了施工合同，并拨付了工程备料款。意在早做准备，加快速度，减少物价上涨的影响。乙方按照甲方的要求进场准备，搭设临时设施、租赁了机械工具、并购进了大批建筑材料等待开工。当甲方拿到设计单位的施工图设计概算时，出现了以下问题：甲方原计划自筹项目总投资150万元，设计单位按甲方提出的标准和要求设计完成后，设计概算达到了215万元。一旦开工，很可能造成中途停建。但不开工，施工队伍已进场做了大量工作了。经各方面研究决定："方案另议，缓期施工"。甲方将决定通知乙方后，乙方很快送来了索赔报告称："××通用机械厂基建科：我方按照贵厂招待所工程的施工合同要求准时进场并做了大量准备工作。鉴于贵方做出'缓期施工'的时间难以确定，我方必须考虑各种可能以减少双方更大的损失。现将自进场以来所发生的费用报告如下：临时材料库及工棚搭建费；工人住宿、食堂、厕所搭建费；办公室、传达室、新改建大门费；搅拌机、卷扬机租赁费；钢管脚手架、模板租赁费；工人窝工费(接到图纸后时间内)；已购运进场材料费；已为施工办理各种手续费；上交有关税费；共10项合计40.5万元。"甲方认真核实了乙方费用证据及实物，同意乙方退场决定，并给予了实际发生的损失补偿。

【分析评论】

本案的焦点问题是，由于甲方未遵循基本建设程序办事，引起了乙方的工程索赔。在工程建设中，必须严格遵守有关工程建设的基本程序，国家为此颁布了相应的法律规定。按国家指定的有关工程建设的基本程序规定，施工图等设计文件完成后，才能签订施工合同。而在本案中，甲方为使本厂的自筹招待所工程尽快发挥效益，在施工图还没有完成的情况下，就和乙方签订了施工合同，并拨付了工程备料款。乙方为此按照甲方的要求进场做准备，搭设临时设施、租赁了机械工具、并购进了大批建筑材料等待开工。而当甲方拿到设计单位的施工图及设计概算时，出现了甲方原计划自筹项目总投资150万元与设计概算相差很多的情况，于是不得不做出"方案另议，缓期施工"的决定。乙方因此提出工程索赔。甲方由此损失40.5万元。

案例2：违反基本建设程序 导致项目选址不当[①]

【案情摘要】

某市城市人口13万人。上届政府领导班子选定在该市×路东侧建设城市广场，广场面积5万 m²。建设场址为一低丘小山，该广场区位有些偏，但由于没有拆迁量，容易上马，因此，上届政府不顾各方面的不同意见，开工建设。然而，平整土地过程中，发现该低丘

[①] 朱昊. 建筑法规案例与评析. 北京：机械工业出版社，2007年7月，第4页、第98页。

内部为花岗石，建设成本比原先预计的要高两倍，需要加大投资，但由于资金准备不到位，再加上周边项目建设无法跟上，广场建设被迫停工。新一届领导上台以后，经过认真分析，广泛调查研究，发现这个广场存在的问题关键是选址位置不当，当即拍板另行选址建设。

【分析评论】

　　本案的焦点问题是该建设项目选址不当。我国对基本建设程序有严格的规定，在工程建设中，必须坚持先勘察，后设计，再施工的原则。《中华人民共和国城市规划法》第十七条规定："编制城市规划应当具备勘察、测量及其他必要的基础资料。"

　　建设项目的选址非常重要，不但要遵守上述规定，还要根据建设项目进行多方案的比较，不但要考虑拆迁量和投资大小，还要考虑工程地质条件、周边建设情况以及城市总体规划等多种因素。城市广场建设应先确定广场性质，广场一般分为城市中心广场、休闲购物广场、绿化景观广场、游行集会广场、交通集散广场等多种类型。每一种广场对位置的选择、用地规模、周边建设条件等都有不同的要求。该广场应属于城市中心广场，应在城市中心、交通条件比较便利、靠近城市主要公共设施的位置上进行选址，而不应该只考虑节省投资。在城市边缘选址建设城市广场，即使工程条件允许，广场建成之后，其使用效果也肯定很不理想。本案的问题在于当初广场选址轻率、决策过于武断、未遵守法律规定的工程建设程序，最后不得不另行选择建设场址。

复习思考题

1. 简述项目建议书的概念及其内容。
2. 简述可行性研究报告的主要内容。
3. 简述初步设计的作用及其内容。
4. 建设项目在开工前应做哪些准备工作？
5. 竣工验收阶段有哪些程序？

第 9 章
建筑技术法规——
民用建筑设计通则

本章简述了民用建筑设计的基本要求、基本规定、城市规划对建筑限定、场地设计、建筑物设计、建筑室内环境以及建筑设备的内容。

09 建筑法规

9.1 总　　则

9.1.1 编制目的及适用范围

1. 通则编制目的

《民用建筑设计通则》(以下简称《通则》)，是各类民用建筑设计必须遵守的共同的规则。它具有通用性和重要性，是民用建筑工程使用功能和质量的重要通用标准之一，主要确保建筑物使用中的人民生命财产的安全和身体健康，维护公共利益，并要保护环境，促进社会的可持续发展。制定本通则的目的是为了使民用建筑符合适用、经济、安全、卫生和环保等基本要求。

2. 通则的适用范围

本通则适用于新建、扩建和改建的民用建筑设计，由于国民经济的发展，我国城乡经济和技术水平都有了很大的提高，无论是城市还是村镇，对于民用建筑的工程质量都必须重视，乡镇建筑一般规模小、标准低，但通则规定的日照、通风、采光、隔声等标准在乡镇广大地区更容易做到，地方上也可以根据本通则的内容和具体情况制定地方标准或实施细则。所以，通则适用于城乡。

9.1.2 建筑设计的基本原则

建筑设计基本原则应体现人、建筑和环境的相互关系，应以人为本，考虑人们对建筑和环境的要求；应能适应社会、经济可持续发展。建筑设计在满足使用功能、节约用地、节约能源、节约投资、方便使用、防灾安全、保护环境等前提下，结合场地内外的环境条件，构思具有建筑风格和特点的建筑设计方案，以满足人们物质和精神的需求。

建筑设计基本原则作为建筑设计的重要理念和基本要求，应该在建筑设计中充分体现。

民用建筑设计应符合下列基本原则：

(1) 应按可持续发展战略的原则，正确处理人、建筑和环境的相互关系；
(2) 必须保护生态环境，防止污染和破坏环境；
(3) 应以人为本，满足人们物质与精神的需求；
(4) 应贯彻节约用地、节约能源、节约用水和节约原材料的基本国策；
(5) 应符合当地城市规划的要求，并与周围环境相协调；
(6) 建筑和环境应综合采取防火、抗震、防洪、防空、抗风雪和雷击等防灾安全措施；
(7) 方便残疾人、老年人等人群使用，应在室内外环境中提供无障碍设施；
(8) 在国家或地方公布的各级历史文化名城、历史文化保护区、文物保护单位和风景名胜区的各项建设，应按国家或地方制定的保护规划和有关条例进行。

民用建筑设计除应符合本通则外，还应符合国家现行的有关标准、规范的规定。

9.2 民用建筑设计的基本规定

民用建筑设计的基本规定,包括民用建筑分类及使用年限、建筑气候分区对建筑基本要求、建筑与环境的关系、建筑无障碍设施、停车空间、无标定人数的建筑等内容。基本规定是建筑设计的最基本要求,只有深刻理解这些规定,并结合实际情况在建筑设计中运用,才能做好建筑设计。民用建筑设计应符合下列基本规定。

9.2.1 民用建筑分类及使用年限

1. 民用建筑的分类

1) 按使用功能分类

(1) 居住建筑。

(2) 公共建筑。

2) 按地上层数或高度分类

(1) 住宅建筑按层数分类。

一层至三层为低层住宅,四至六层为多层住宅,七至九层为中高层住宅,十层及十层以上为高层住宅。

(2) 除住宅建筑之外的民用建筑高度不大于 24m 者为单层和多层建筑,大于 24m 者为高层建筑(不包括建筑高度大于 24m 的单层建筑);建筑高度大于 100m 的民用建筑为超高层建筑。

(3) 民用建筑按等级分类划分,应符合有关标准或行业主管部门的规定。民用建筑按等级划分因行业不同而有所不同,在专用建筑设计规范中都结合行业主管部门的要求来划分,如交通建筑中,一般按客运站的大小划分为一至四级;体育场馆按举办运动会的性质划分为特级至丙级,有的按规模大小划分为特大型,大型至小型,而无等级之分。如建筑行业建设项目设计规模规定:一般公共建筑,单体建筑面积大于 20000m² 以上,建筑高度大于 50m,复杂程度较高的划分为大型;单体建筑面积在 5000~20000m²,高度在 24~50m,复杂程度较低的划分为中型;单体面积小于或等于 5000m²,高度小于或等于 24m,复杂程度低的,划分为小型。对于住宅建筑是按层数及复杂程度来划分的,层数大于 20 层,复杂程度为高标准的划分为大型;层数在 12~20 层,为一般标准的划分为中型;小于或等于 12 层的划分为小型。

2. 设计使用年限

《建设工程质量管理条例》第二十一条规定,设计文件要"注明工程合理使用年限",民用建筑合理使用年限主要指建筑主体结构使用年限。根据《建筑结构可靠度设计统一标准》(GB 5008—2001),将民用建筑设计使用年限分为四类:

1 类为临时性建筑,设计使用年限 5 年;

2 类为易于替换结构构件的建筑,设计使用年限 25 年;

3类为普通建筑和构筑物，设计使用年限50年；

4类为纪念性建筑和特别重要的建筑，设计使用年限100年。

9.2.2 建筑气候分区对建筑的基本要求

根据《建筑气候区划标准》(GB 50178—1993)和《民用建筑热工设计规范》(GB 50176—1993)的有关规定，考虑各地热工分区和气候特点以及不同气候分区对建筑的基本要求等因素，确定了各气候分区对建筑的基本要求。建筑气候分区对建筑的基本要求应符合表9-1的规定。

表9-1 不同分区对建筑的基本要求

分区名称		热工分区名称	气候主要指标	建筑基本要求
Ⅰ	ⅠA ⅠB ⅠC ⅠD	严寒地区	1月平均气温≤-10℃ 7月平均气温≤25℃ 7月平均相对湿度≥50%	1.建筑物必须满足冬季保温、防寒、防冻等要求 2.ⅠA、ⅠB区应防止冻土、积雪对建筑物的危害 3.ⅠB、ⅠC、ⅠD区的西部，建筑物应防冰雹、防风沙
Ⅱ	ⅡA ⅡB	寒冷地区	1月平均气温-10～0℃ 7月平均气温18～28℃	1.建筑物应满足冬季保温、防寒、防冻等要求，夏季部分地区应兼顾防热 2.ⅡA区建筑物应防热、防潮、防暴风雨，沿海地带应防盐雾侵蚀
Ⅲ	ⅢA ⅢB ⅢC	夏热冬冷地区	1月平均气温0～10℃ 7月平均气温25～30℃	1.建筑物必须满足夏季防热、遮阳、通风降温要求，冬季应兼顾防寒 2.建筑物应防雨、防潮、防洪、防雷电 3.ⅢA区应防台风、暴雨袭击及盐雾侵蚀
Ⅳ	ⅣA ⅣB	夏热冬暖地区	1月平均气温>10℃ 7月平均气温25～29℃	1.建筑物必须满足夏季防热,遮阳、通风、防雨要求 2.建筑物应防暴雨、防潮、防洪、防雷电 3.ⅣA区应防台风、暴雨袭击及盐雾侵蚀
Ⅴ	ⅤA ⅤB	温和地区	7月平均气温18～25℃ 1月平均气温0～13℃	1.建筑物应满足防雨和通风要求 2.ⅤA区建筑物应注意防寒，ⅤB区应特别注意防雷电
Ⅵ	ⅥA ⅥB	严寒地区	7月平均气温<18℃ 1月平均气温0～-22℃	1.热工应符合严寒和寒冷地区相关要求 2.ⅥA、ⅥB应防冻土对建筑物地基及地下管道的影响，并应特别注意防风沙 3.ⅥC区的东部，建筑物应防雷电
	ⅥC	寒冷地区		
Ⅶ	ⅦA ⅦB ⅦC	严寒地区	7月平均气温≥18℃ 1月平均气温-5～-20℃ 7月平均相对湿度<50%	1.热工应符合严寒和寒冷地区相关要求 2.除ⅦD外,应防冻土对建筑物地基及地下管道的危害 3.ⅦB区建筑物应特别注意积雪的危害 4.ⅦC区建筑物应特别注意防风沙，夏季兼顾防热 5.ⅦD区建筑物应注意夏季防热，吐鲁番盆地应特别注意隔热、降温
	ⅦD	寒冷地区		

9.2.3 建筑与环境的关系

建筑与环境的关系，应以"人与自然共生"、"人与社会共生"作为基本出发点，贯彻可持续发展战略，树立整体观念、生态观念和发展观念，人—建筑—环境应共生互惠，协调发展。建筑与环境为保证人们的安全、卫生和健康，应选择在无灾害危险和对人体无害的环境；同时，建筑工程也不应破坏当地的生态环境，不应排放"三废"等有害污染物而引起公害。并应进一步绿化和美化环境，提高环境设施水平。

建筑与环境的关系应符合下列要求：
(1) 建筑基地应选择在无地质灾害或洪水淹没等危险的安全地段；
(2) 建筑总体布局应结合当地的自然与地理环境特征，不应破坏自然生态环境；
(3) 建筑物周围应具有能获得日照、天然采光、自然通风等的卫生条件；
(4) 建筑物周围环境的空气、土壤、水体等不应构成对人体的危害，确保卫生安全的环境；
(5) 对建筑物使用过程中产生的垃圾、废气、废水等废弃物应进行处理，并应对噪声、眩光等进行有效的控制，不应引起公害；
(6) 建筑整体造型与色彩处理应与周围环境协调；
(7) 建筑基地应做绿化、美化环境设计，完善室外环境设施。

9.2.4 建筑无障碍设施

为了方便残疾人、老年人进出建筑物、居住道路、公共绿地和公共服务设施，必须设置无障碍设施。

无障碍设施实施的范围是人行道、过街天桥与过街地道、桥梁、隧道、立体交叉的人行道、人行道口等。无障碍内容是，设有路缘石(马路牙子)的人行道，在各种路口应设缘石坡道；城市中心区、政府机关地段、商业街及交通建筑等重点地段应设盲道，公交候车站地段应设提示盲道；城市中心区、商业区、居住区及主要公共建筑设置的人行天桥和人行地道应设符合轮椅通行的轮椅坡道或电梯，坡道和台阶的两侧应设扶手，上口和下口及桥下防护区应设提示盲道；桥梁、隧道入口的人行道应设缘石坡道，桥梁、隧道的人行道应设盲道；立体交叉的人行道口应设缘石坡道，立体交叉的人行道应设盲道。

根据《无障碍设计规范》GB 50763—2012 规定的无障碍实施范围和设计要求，确定建筑无障碍设施并应符合下列要求：
(1) 居住区道路、公共绿地和公共服务设施应设置无障碍设施，并与城市道路无障碍设施相连接。
(2) 设置电梯的民用建筑的公共交通部位应设无障碍设施。
(3) 残疾人、老年人专用的建筑物应设置无障碍设施。
(4) 居住区及民用建筑无障碍设施的实施范围和设计要求应符合国家现行标准《无障碍设计规范》GB 50763—2012 的规定。

9.2.5 停车空间

停车空间是指停放机动车和非机动车的室内外空间。

随着国民经济发展和人民生活水平的提高，家庭拥有轿车越来越多，城市停车难的问题日益突出。因此，在进行建筑设计时，应解决机动车和非机动车停车空间问题，否则会造成道路或场地阻塞、存在交通安全隐患、破坏市容、给人们工作和生活造成不便。为了解决停车空间，在居住区、公共场所应建停车场或在民用建筑内附建停车库，或统筹建设公用停车场、停车库，设计应符合现行《汽车库建筑设计规范》和《汽车库、修车库、停车场设计防火规范》等有关规范的规定。因此，在进行建筑设计时应满足以下要求：

（1）新建、扩建的居住区应就近设置停车场(库)或将停车库附建在住宅建筑内。机动车和非机动车停车位数量应符合有关规范或当地城市规划行政主管部门的规定。

（2）新建、扩建的公共建筑应按建筑面积或使用人数，并根据当地城市规划行政主管部门的规定，在建筑物内或在同一基地内，或统筹建设的停车场(库)内设置机动车和非机动车停车车位。

（3）机动车停车场(库)产生的噪声和废气应进行处理，不得影响周围环境，其设计应符合有关规范的规定。

9.2.6 无标定人数的建筑

建筑物应按防火规范有关规定计算安全疏散楼梯、走道和出口的宽度和数量，以便在火灾紧急情况下人员迅速安全疏散。有标定人数的建筑物(剧场、体育场等)，可按标定的使用人数计算；对无标定人数的建筑物(商场、展览馆等)，因所处城市、地段、规模等不同，使用人数有很大的差异，除非有专用设计规范外，应经过调查分析，确定合理的使用人数，主要是人员密度，以此为基数，计算出有足够的安全出口。因此，对无标定人数的建筑设计，应符合下列要求：

（1）建筑物除有固定座位等标明使用人数外，对无标定人数的建筑物应按有关设计规范或经调查分析确定合理的使用人数，并以此为基数计算安全出口的宽度。

（2）公共建筑中如为多功能用途，各种场所有可能同时开放并使用同一出口时，在水平方向应按各部分使用人数叠加计算安全疏散出口的宽度，在垂直方向应按楼层使用人数最多的一层计算安全疏散出口的宽度。

9.3 城市规划对建筑的限定

在城市规划范围内进行建筑设计，应遵守城市规划的有关规定，包括建筑基地、建筑突出物、建筑高度、建筑密度、容积率和绿地率，均应符合城市规划的要求。

9.3.1 建筑基地

建筑基地是指根据用地性质和使用权属确定的建筑工程的使用场地。建筑基地应符合下列要求。

1. 基地内建筑使用性质应符合城市规划确定的用地性质

用地性质反映了城市规划对基地内建筑功能的要求。在实际情况中，一个建设项目往往具有不同的使用功能。同一基地内如果出现不同使用功能的建筑，或者同一建筑由不同的功能部分组成，其主要功能使用性质应当符合城市规划所确定的用地性质。

2. 基地应与道路红线相邻接

道路红线是指规划的城市道路(含居住区级道路)用地的边界线。

基地应与道路红线相邻接，由于基地不规整的外形形状与周边状况比较复杂，因此，对基地同道路连接的长度未作规定，但其连接部分的最小宽度是维系基地对外交通、疏散、消防以及组织不同功能出入口的要素，应按基地的使用性质、基地内总建筑面积和总人数确定。3000m^2的建筑是小型商场、幼儿园、小户型多层住宅的规模，以此为界，规定基地内道路不同的要求。基地内道路的宽度应符合下列规定：

(1) 基地内建筑面积小于或等于3000m^2时，基地道路的宽度不应小于4m；
(2) 基地内建筑面积大于3000m^2且只有一条基地道路与城市道路相连接时，基地道路的宽度不应小于7m；
(3) 若有两条以上基地道路与城市道路相连接时，基地道路的宽度不应小于4m。

3. 基地地面高程

基地地面高程应在满足道路技术条件下方便同城市道路的衔接；基地地面高程应有利于自身和相邻基地的地面雨水的排除。因此，基地地面高程应符合下列规定：

(1) 基地地面高程应按城市规划确定的控制标高设计；
(2) 基地地面高程应与相邻基地标高协调，不妨碍相邻各方的排水；
(3) 基地地面最低处高程宜高于相邻城市道路最低高程，否则应有排除地面水的措施。

4. 相邻基地的关系

是指两个相邻建筑基地边界线的情况。建设单位为了获得用地的最大效益，往往不顾相邻基地建筑物之间防火间距、消防通路以及通风、采光和日照等的需要，而将建筑物紧贴边界线建造,因而造成各种有碍安全、卫生的后患和民事纠纷。因此，相邻基地的关系应符合下列规定：

(1) 建筑物与相邻基地之间应按建筑防火等要求留出空地和道路。当建筑前后各自留有空地或道路，并符合防火规范有关规定时，则相邻基地边界两边的建筑可毗连建造；
(2) 本基地内建筑物和构筑物均不得影响本基地或其他用地内建筑物的日照标准和采光标准；
(3) 除城市规划确定的永久性空地外，紧贴基地用地红线建造的建筑物不得向相邻基地方向设洞口、门、外平开窗、阳台、挑檐、空调室外机、废气排出口及排泄雨水。

5. 基地机动车出入口的位置

为了维护城市交通的安全、畅通，基地机动车出入口位置应符合下列规定：

(1) 与大中城市主干道交叉口的距离，自道路红线交叉点量起不应小于70m；
(2) 与人行横道线、人行过街天桥、人行地道(包括引道、引桥)的最边缘线不应小于5m；
(3) 距地铁出入口、公共交通站台边缘不应小于15m；
(4) 距公园、学校、儿童及残疾人使用建筑的出入口不应小于20m；
(5) 当基地道路坡度大于8%时，应设缓冲段与城市道路连接；
(6) 与立体交叉口的距离或其他特殊情况，应符合当地城市规划行政主管部门的规定。

6. 人员密集的建筑基地

人员密集的建筑基地对人员疏散和城市交通的安全极为重要，应在建筑设计时，给予足够的重视。大型、特大型的文化娱乐、商业服务、体育、交通等人员密集建筑的基地应符合下列规定：

(1) 基地应至少有一面直接邻接城市道路，该城市道路应有足够的宽度，以减少人员疏散时对城市正常交通的影响；
(2) 基地沿城市道路的长度应按建筑规模或疏散人数确定，并至少不小于基地周长的1/6；
(3) 基地应至少有两个或两个以上不同方向通向城市道路的(包括以基地道路连接的)出口；
(4) 基地或建筑物的主要出入口，不得和快速道路直接连接，也不得直对城市主要干道的交叉口；
(5) 建筑物主要出入口前应有供人员集散用的空地，其面积和长宽尺寸应根据使用性质和人数确定；
(6) 绿化和停车场布置不应影响集散空地的使用，并不宜设置围墙、大门等障碍物。

9.3.2 建筑突出物

规定建筑的任何突出物不得突出道路红线和用地红线。这是因为道路红线以内的地下、地面空间均为城市公共空间，一旦允许突出，势必影响道路红线内人流、车流的交通安全、城市空间景观及城市地下管网的敷设等。

用地红线是指各类建筑工程项目用地的使用权属范围的边界线。为了防止侵犯邻地的权益，规定建筑的任何突出物不得突出用地红线。

建筑突出物应符合下列规定：

1. 建筑突出物不得突出道路红线和用地红线

建筑物及附属设施不得突出道路红线和用地红线建造，不得突出的建筑突出物为：

(1) 地下建筑物及附属设施，包括结构挡土桩、挡土墙、地下室、地下室底板及其基础、化粪池等；

(2) 地上建筑物及附属设施，包括门廊、连廊、阳台、室外楼梯、台阶、坡道、花池、围墙、平台、散水明沟、地下室进排风口、地下室出入口、集水井、采光井等；

(3) 除基地内连接城市的管线、隧道、天桥等市政公共设施外的其他设施。

2. 允许突出道路红线的建筑突出物

在不影响人流、车流交通安全的条件下，允许突出道路红线的建筑突出物，主要是指临街(道路)建筑物突出的建筑构件及因公益需要设置的电话亭、候车亭、治安岗等公共设施和临时性设施。这些建筑构件及公益设施，经当地城市规划行政主管部门批准，允许突出道路红线的建筑突出物应符合下列规定：

(1) 在有人行道的路面上空。

① 2.50m 以上允许突出建筑构件：凸窗、窗扇、窗罩、空调机位，突出的深度不应大于 0.50m；

② 2.50m 以上允许突出活动遮阳，突出宽度不应大于人行道宽度减 1m，并不应大于 3m；

③ 3m 以上允许突出雨篷、挑檐，突出的深度不应大于 2m；

④ 5m 以上允许突出雨篷、挑檐，突出的深度不宜大于 3m。

(2) 在无人行道的路面上空。

在无人行道的路面上空，4m 以上允许突出建筑构件：窗罩，空调机位，突出深度不应大于 0.50m。

(3) 属于公益上有需要而不影响交通及消防安全的建筑物、构筑物，包括公共电话亭、公共交通候车亭、治安岗等公共设施及临时性建筑物和构筑物，经当地城市规划行政主管部门的批准，可突入道路红线建造。

3. 建筑突出物的其他规定

(1) 当地城市规划行政主管部门在用地红线范围内另行划定建筑控制线时，建筑物的基底不应超出建筑控制线，突出建筑控制线的建筑突出物和附属设施应符合当地城市规划的要求。

(2) 骑楼、过街楼和沿道路红线的悬挑建筑建造不应影响交通及消防的安全；在有顶盖的公共空间下不应设置直接排气的空调机、排气扇等设施或排出有害气体的通风系统。

(3) 建筑物和建筑突出物均不得向道路上空直接排泄雨水、空调冷凝水及从其他设施排出的废水。

9.3.3 建筑高度控制

场地建筑物高度，影响场地空间形式，反映了土地利用情况，是影响场地布局、确定建筑等级、防火和消防标准、建筑设备配置的重要参数。在历史文化、文物保护和风景名胜地区以及机场、电台、通信、气象台等周围地区的建筑物高度还应符合有关规定。建筑高度控制的主要指标有：建筑限高、建筑层数。建筑限高适宜于一般建筑物的控制，建筑层数主要用于居住建筑的高度控制。

建筑限高是指场地内建筑物不得超过一定的高度限制，其值为建筑物室外地坪至建筑物顶部最高处之间的高差。在有建筑高度控制要求的控制区内应符合下列规定。

1. 建筑物高度不应危害公共空间安全、卫生和景观，下列地区应实行建筑高度控制

(1) 对建筑高度有特别要求的地区，应按城市规划要求控制建筑高度；

(2) 沿城市道路的建筑物，应根据道路的宽度控制建筑裙楼和主体塔楼的高度；

(3) 机场、电台、电信、微波通信、气象台、卫星地面站、军事要塞工程等周围的建筑，当其处在各种技术作业控制区范围内时，应按净空要求控制建筑高度；

(4) 当建筑处在 9.1.2 第 8 款所指的保护规划区内。

注：建筑高度控制还应符合当地城市规划行政主管部门和有关专业部门的规定。

2. 建筑高度控制的计算应符合下列规定

(1) 上述 1 条(3)、(4)款控制区内建筑高度，应按建筑物室外地面至建筑物和构筑物最高点的高度计算；

(2) 非上述 1 条(3)、(4)款控制区内建筑高度：平屋顶应按建筑物室外地面至其屋面面层或女儿墙顶点的高度计算；坡屋顶应按建筑物室外地面至屋檐和屋脊的平均高度计算；下列突出物不计入建筑高度内：

① 局部突出屋面的楼梯间、电梯机房、水箱间等辅助用房占屋顶平面面积不超过 1/4 者；

② 突出屋面的通风道、烟囱、装饰构件、花架、通信设施等；

③ 空调冷却塔等设备。

9.3.4 建筑密度、容积率和绿地率

建筑密度是指在一定的范围内，建筑物基底面积总和与用地面积的比例(%)；容积率是指在一定范围内，建筑面积总和与用地面积的比值；绿地率是指一定地区内，各类绿地总面积占该地区总面积的比例(%)。

建筑密度、容积率和绿地率是控制用地和环境质量的三项重要指标，在城市规划行政主管部门审定用地规划，实施用地开发管理的工作中具有较强可操作性，取得了良好的效果。因此，建筑设计应符合下列规定：

(1) 建筑设计应符合法定规划控制的建筑密度、容积率和绿地率的要求。

(2) 当建设单位在建筑设计中为城市提供永久性的建筑开放空间，无条件地为公众使用时，该用地的既定建筑密度和容积率可给予适当提高，且应符合当地城市规划行政主管部门的有关规定。

9.4 场 地 设 计

在建筑基地确定之后，应进行场地设计(即建筑总平面)，其内容包括建筑布局、道路设计、竖向设计、绿化美化、管线综合设计等。

9.4.1 建筑布局

依据城市规划条件及设计任务书规定的建、构筑物的组成，按照建筑物使用功能或工艺流程，结合场地的自然条件，建设条件，按照建筑与环境关系的原则进行建筑布局，合理地确定建筑物、构筑物、交通线路及其设施、工程管线、绿化美化等的平面位置。确定平面位置的着重点是各种建筑间距。包括日照、卫生、防火、防爆、防辐射、防噪音、防振等间距。因此，民用建筑应根据城市规划条件和任务要求，按照建筑与环境关系的原则，对建筑布局、道路、竖向、绿化及工程管线等进行综合性的场地设计。

1. 建筑布局应符合下列规定

(1) 建筑间距应符合防火规范要求；
(2) 建筑间距应满足建筑用房天然采光的要求，并应防止视线干扰；
(3) 有日照要求的建筑应符合建筑日照标准的要求，并应执行当地城市规划行政主管部门制定的相应的建筑间距规定；
(4) 对有地震等自然灾害地区，建筑布局应符合有关安全标准的规定；
(5) 建筑布局应使建筑基地内的人流、车流与物流合理分流，防止干扰，并有利于消防、停车和人员集散；
(6) 建筑布局应根据地域气候特征，防止和抵御寒冷、暑热、疾风、暴雨、积雪和沙尘等灾害侵袭，并应利用自然气流组织好通风，防止不良小气候产生；
(7) 根据噪声源的位置、方向和强度，应在建筑功能分区、道路布置、建筑朝向、距离以及地形、绿化和建筑物的屏障作用等方面采取综合措施，以防止或减少环境噪声；
(8) 建筑物与各种污染源的卫生距离，应符合有关卫生标准的规定。

2. 建筑日照标准

建筑日照标准是指根据建筑物所处的气候区、城市大小和建筑物的使用性质确定的，在规定的日照标准日(冬至日或大寒日)的有效日照时间范围内，以底层窗台面为计算起点的建筑外窗获得的日照时间。

对需要日照的建筑，如住宅、托幼、中小学教室、医院病房、疗养院等，其日照标准应符合有关规范的规定，并应符合下列规定：

(1) 每套住宅至少应有一个居住空间获得日照，该日照标准应符合现行国家标准《城市居住区规划设计规范》GB 50180—2002 有关规定；
(2) 宿舍半数以上的居室，应能获得同住宅居住空间相等的日照标准；
(3) 托儿所、幼儿园的主要生活用房，应能获得冬至日不小于 3h 的日照标准；
(4) 老年人住宅、残疾人住宅的卧室、起居室、医院、疗养院半数以上的病房和疗养室，中小学半数以上的教室应能获得冬至日不小于 2h 的日照标准。

9.4.2 道路

场地道路是场地布局的骨架，是人行、车行的通道，是联系场地内建筑物、构筑物的纽带，也是场地功能分区的界线，各种工程管线敷设的通道，道路行道树及两侧的绿化是场地景观重要的组成部分。城市道路还起着排雨水及组织沿路建筑的作用。为了使道路布置合理、安全、顺畅、短捷，节约投资、节约用地，建筑基地内道路应符合下列规定：

1. 基地道路布置

(1) 基地内应设道路与城市道路相连接，其连接处的车行路面应设限速设施，道路应能通达建筑物的安全出口；

(2) 沿街建筑应设连通街道和内院的人行通道(可利用楼梯间)，其间距不宜大于80m；

(3) 道路改变方向时，路边绿化及建筑物不应影响行车有效视距；

(4) 基地内设地下停车场时，车辆出入口应设有效显示标志；标志设置高度不应影响人、车通行；

(5) 基地内车流量较大时应设人行道路。

2. 基地道路宽度

建筑基地道路宽度应符合下列规定：

(1) 单车道路宽度不应小于4m，双车道路不应小于7m；

(2) 人行道路宽度不应小于1.50m；

(3) 利用道路边设停车位时，不应影响有效通行宽度；

(4) 车行道路改变方向时，应满足车辆最小转弯半径要求；消防车道路应按消防车最小转弯半径要求设置。

3. 道路与建筑物间距

道路与建筑物间距应符合下列规定：

(1) 基地内设有室外消火栓时，车行道路与建筑物的间距应符合防火规范的有关规定；

(2) 基地内道路边缘至建筑物、构筑物的最小距离应符合现行国家标准《城市居住区规划设计规范》GB 50180—2002 的有关规定；

(3) 基地内不宜设高架车行道路，当设置高架人行道路与建筑平行时应保护私密性的视距和防噪声的要求。

4. 地下车库的出入口设置

建筑基地内地下车库的出入口设置应符合下列要求：

(1) 地下车库出入口距基地道路的交叉路口或高架路的起坡点不应小于7.50m；

(2) 地下车库出入口与道路垂直时，出入口与道路红线应保持不小于7.50m的安全距离；

(3) 地下车库出入口与道路平行时，应经不小于7.50m长的缓冲车道汇入基地道路。

9.4.3 竖向

场地竖向设计包括：确定场地标高及其坡度，确定建筑物、构筑物室内、室外地坪标高，确定场地排雨水方式及排雨水设计，计算土石方工程量等。为了保证场地竖向设计合理、安全、经济、适用，根据《城市用地竖向规划规范》及相关规范对场地竖向作如下规定。

1. 建筑基地地面和道路坡度

建筑基地地面和道路坡度应符合下列规定：

(1) 基地地面坡度不应小于 0.2%，地面坡度大于 8%时宜分成台地，台地连接处应设挡墙或护坡；

(2) 基地机动车道的纵坡不应小于 0.2%，亦不应大于 8%，其坡长不应大于 200m，在个别路段可不大于 11%，其坡长不应大于 80m；在多雪严寒地区不应大于 5%，其坡长不应大于 600m；横坡应为 1%～2%；

(3) 基地非机动车道的纵坡不应小于 0.2%，亦不应大于 3%，其坡长不应大于 50m；在多雪严寒地区不应大于 2%，其坡长不应大于 100m；横坡应为 1%～2%；

(4) 基地步行道的纵坡不应小于 0.2%，亦不应大于 8%，多雪严寒地区不应大于 4%，横坡应为 1%～2%；

(5) 基地内人流活动的主要地段，应设置无障碍人行道。

注：山地和丘陵地区竖向设计尚应符合有关规范的规定。

2. 建筑基地地面排雨水要求

建筑基地地面排雨水应符合下列规定：

(1) 基地内应有排除地面及路面雨水至城市排水系统的措施，排水方式应根据城市规划的要求确定，有条件的地区应采取雨水回收利用措施；

(2) 采用车行道排泄地面雨水时，雨水口形式及数量应根据汇水面积、流量、道路纵坡长度等确定；

(3) 单侧排水的道路及低洼易积水的地段，应采取排雨水时不影响交通和路面清洁的措施。

(4) 建筑物底层出入口处应采取措施防止室外地面雨水回流。

9.4.4 绿化

场地绿地可以起到净化空气、美化环境、调节气候、减弱噪声、间隔车带和保护边坡等作用。场地绿化是场地设计的组成部分，应同场地总平面布置同时进行、统筹安排。场地绿化应根据场地的性质、环保和场地景观要求，结合场地的自然条件，植物生态习性、抗污性能及苗木来源，因地制宜进行绿化设计。其设计应符合下列要求：

(1) 宜采用包括垂直绿化和屋顶绿化等在内的全方位绿化；绿地面积的指标应符合有关规范或当地城市规划行政主管部门的规定；

(2) 绿化的配置和布置方式应根据城市气候、土壤和环境功能等条件确定；
(3) 绿化与建筑物、构筑物、道路和管线之间的距离，应符合有关规范规定；
(4) 应保护自然生态环境，并应对古树名木采取保护措施；
(5) 应防止树木根系对地下管线缠绕及对地下建筑防水层的破坏。

9.4.5 工程管线布置

场地工程管线主要有气体管道(如煤气、天然气管道)，液体管道(如供水、排水、雨水管道)，固体管道(如水力、气力输送管道)和电力、通信等线路。这些管线因其输送的介质、压力、管径和材质、施工、检修、安全要求、工程地质、水文地质、气候条件以及功能要求的不同，采用敷设的方式也各异，为了使工程管线布置的合理、安全、适用、短捷、节约用地、节约投资，工程管线的布置应符合下列规定：

(1) 工程管线宜在地下敷设；在地上架空敷设的工程管线及工程管线在地上设置的设施，必须满足消防车辆通行的要求，不得妨碍普通车辆、行人的正常活动，并应防止对建筑物、景观的影响。

(2) 与市政管网衔接的工程管线，其平面位置和竖向标高均应采用城市统一的坐标系统和高程系统。

(3) 工程管线的敷设不应影响建筑物的安全，并应防止工程管线因受腐蚀、沉陷、振动、荷载等影响而损坏。

(4) 工程管线应根据其不同特性和要求综合布置。对安全、卫生、防干扰等有影响的工程管线不应共沟或靠近敷设。利用综合管沟敷设的工程管线若互有干扰的应设置在综合管沟的不同沟(室)内。

(5) 地下工程管线的走向宜与道路或建筑主体相平行或垂直。工程管线应从建筑物向道路方向由浅至深敷设。工程管线布置应短捷，减少转弯。管线与管线，管线与道路应减少交叉。

(6) 与道路平行的工程管线不宜设于车行道下，当确有需要时，可将埋深较大、翻修较少的工程管线布置在车行道下。

(7) 工程管线之间的水平、垂直净距及埋深，工程管线与建筑物、构筑物、绿化树种之间的水平净距应符合有关规范的规定。

(8) 七度以上地震区、多年冻土区、严寒地区、湿陷性黄土地区及膨胀土地区的室外工程管线，应符合有关规范的规定。

(9) 工程管线的检查井井盖宜有锁闭装置。

9.5 建筑物设计

建筑物设计包括建筑平面布置、层高及室内净高、地下室和半地下室、设备层、避难层和架空层、厕所、盥洗室和浴室、台阶、坡道和栏杆、楼梯、电梯、自动扶梯和自动人行道、墙身和变形缝、门窗、建筑幕墙、楼地面、屋面和吊顶、管道井、烟道、通风道和垃圾管道、室内外装修。

9.5.1 平面布置

建筑平面图是建筑物水平剖面图，是建筑所有图中最主要、最基本的图纸。其他图纸(如立面图、剖面图及某些详图)多是以它为依据派生和深化而成。建筑平面图也是其他工种(如总平面、结构、设备、装修)进行相关设计和制图重要依据。其他工种对建筑的技术要求也主要在平面图中表示(如砖墙厚、砖柱的断面尺寸、管道竖井、留洞、地沟、地坑、明沟等)。为了使建筑平面布置合理、适用、经济、美观。建筑平面布置应符合下列规定：

(1) 平面布置应根据建筑的使用性质、功能、工艺要求，合理布局。

(2) 平面布置的柱网、开间、进深等定位轴线尺寸，应符合现行国家标准《建筑模数协调统一标准》等有关标准的规定。

(3) 根据使用功能，应使大多数房间或重要房间布置在有良好日照、采光、通风和景观的部位。对有私密性要求的房间，应防止视线干扰。

(4) 平面布置宜具有一定的灵活性。

(4) 地震区的建筑，平面布置宜规整，不宜错层。

9.5.2 层高和室内净高

建筑层高和各类用房的室内净高，因使用要求有较大的不同，具体到每个建筑、每类用房也存在差异，不宜做统一规定。只对室内净高计算方法及公用空间最低空间高度规定如下：

(1) 建筑层高应结合建筑使用功能、工艺要求和技术经济条件综合确定，并符合专用建筑设计规范的要求。

(2) 室内净高应按楼地面完成面至吊顶或楼板或梁底面之间的垂直距离计算；当楼盖、屋盖的下悬构件或管道底面影响有效使用空间者，应按楼地面完成面至下悬构件下缘或管道底面之间的垂直距离计算。

(3) 建筑物用房的室内净高应符合专用建筑设计规范的规定；地下室、局部夹层、走道等有人员正常活动的最低处的净高不应小于2m。

9.5.3 地下室和半地下室

地下室、半地下室已作为重要的使用空间广泛应用于民用建筑，针对地下空间的使用功能、防水、防火要求作如下规定。

1. 地下空间综合开发利用

地下室、半地下室应有综合解决其使用功能的措施，合理布置地下停车库、地下人防、各类设备用房等功能空间及各类出入口部；地下空间与城市地铁、地下人行道及地下空间之间应综合开发，相互连接，做到导向明确、流线简捷。

2. 地下空间安全、卫生要求

地下室、半地下室作为主要用房使用时，应符合安全、卫生的要求，并应符合下列要求：

(1) 严禁将幼儿、老年人生活用房设在地下室或半地下室；

(2) 居住建筑中的居室不应布置在地下室内；当布置在半地下室时，必须对采光、通风、日照、防潮、排水及安全防护采取措施；

(3) 建筑物内的歌舞、娱乐、放映、游艺场所不应设置在地下二层及二层以下；当设置在地下一层时，地下一层地面与室外出入口地坪的高差不应大于10m。

3. 地下空间的防水要求

地下室平面外围护结构应规整，其防水等级及技术要求除应符合现行国家标准《地下工程防水技术规范》的规定外，尚应符合下列规定：

(1) 地下室应在一处或若干处地面较低点设集水坑，并预留排水泵电源和排水管道；

(2) 地下管道、地下管沟、地下坑井、地漏、窗井等处应有防止漏水、倒灌的措施。

4. 地下空间的防火要求

地下室、半地下室的耐火等级、防火分区、安全疏散、防排烟设施、房间内部装修等应符合防火规范的有关规定。

9.5.4 设备层、避难层和架空层

1. 设备层设置

设备层是建筑物中专为设置暖通、空调、给水排水和配变电等的设备和管道且供人员进入操作用的空间层。

设备层内的各种机械设备和管线在运行中产生的热量或跑、冒、滴、漏等现象会增加室内的温度、湿度，影响设备正常使用和操作、维修人员的正常工作。因此，要求设备层应有良好的通风条件，且符合防火规范的规定。设备层设置应符合下列规定：

(1) 设备层的净高应根据设备和管线的安装、检修需要确定；

(2) 当宾馆、住宅等建筑上部有管线较多的房间，下部为大空间房间或转换为其他功能房而管线需转换时，宜在上下部之间设置设备层；

(3) 设备层布置应便于市政管线的接入；在防火、防爆和卫生等方面互有影响的设备用房不应相邻布置；

(4) 设备层应有自然通风或机械通风；当设备层设于地下室又无机械通风装置时，应在地下室外墙设置通风口或通风道，其面积应满足送、排风量的要求；

(5) 给排水设备的机房应设集水坑并预留排水泵电源和排水管路或接口；配电房应满足线路的敷设；

(6) 设备用房布置位置及其围护结构，管道穿过隔墙、防火墙和楼板等应符合防火规范的有关规定。

2. 避难层

避难层是指建筑物高度超过100m的高层建筑，为消防安全专门设置的供人们疏散避难的楼层。

对于过超过100m的超高层建筑，一旦发生火灾，短时间内将人员疏散到室外，几乎是不可能的事，因此，必须设避难层，以保护人员的安全。所以，《通则》规定：

建筑高度超过100m的超高层民用建筑，应设置避难层(间)。其净高不应低于2m。

3. 架空层

架空层是指仅有结构支撑而无外围护结构的开敞空间层。为便于人们的晒衣、乘凉、绿化、活动等而设置。架空层的净高规定如下：

有人员正常活动的架空层的净高不应低于2m。

9.5.5 厕所、盥洗室和浴室

厕所、盥洗室、浴室用房的地面应严密防水、防渗漏，并应加强通风换气，改善室内环境。《通则》规定如下。

1. 厕所、盥洗室、浴室要求

厕所、盥洗室、浴室应符合下列规定：

(1) 建筑物的厕所、盥洗室、浴室不应直接布置在餐厅、食品加工、食品贮存、医药医疗、变配电等有严格卫生要求或防水、防潮要求用房的上层；除本套住宅外，住宅卫生间不应直接布置在下层的卧室、起居室、厨房和餐厅的上层；

(2) 卫生设备配置的数量应符合专用建筑设计规范的规定，在公用厕所男女厕位的比例中，应适当加大女厕位比例；

(3) 卫生用房宜有天然采光和不向邻室对流的自然通风，无直接自然通风和严寒及寒冷地区用房宜设自然通风道；当自然通风不能满足通风换气要求时，应采用机械通风；

(4) 楼地面、楼地面沟槽、管道穿楼板及楼板接墙面处应严密防水、防渗漏；

(5) 楼地面、墙面或墙裙的面层应采用不吸水、不吸污、耐腐蚀、易清洗的材料；

(6) 楼地面应防滑，楼地面标高宜略低于走道标高，并应有坡度坡向地漏或水沟；

(7) 室内上下水管和浴室顶棚应防冷凝水下滴，浴室热水管应防止烫人；

(8) 公用男女厕所宜分设前室，或有遮挡措施；

(9) 公用厕所宜设置独立的清洁间。

2. 厕所和浴室隔间的平面尺寸

厕所和浴室隔间的平面尺寸不应小于表9-2的规定。

表9-2 厕所和浴室隔间平面尺寸

m

类 别	平面尺寸(宽度×深度)
外开门的厕所隔间	0.90×1.20

续表

类别	平面尺寸(宽度×深度)
内开门的厕所隔间	0.90×1.40
医院患者专用厕所隔间	1.10×1.40
无障碍厕所隔间	1.40×1.80(改建用 1.00×2.00)
外开门淋浴隔间	1.00×1.20
内设更衣凳的淋浴隔间	1.00×(1.00+0.60)
无障碍专用浴室隔间	盆浴(门扇向外开启)2.00×2.25 淋浴(门扇向外开启)1.50×2.35

3. 卫生设备的间距

卫生设备间距应符合下列规定：

(1) 洗脸盆或盥洗槽水嘴中心与侧墙面净距不宜小于 0.55m；

(2) 并列洗脸盆或盥洗槽水嘴中心间距不应小于 0.70m；

(3) 单侧并列洗脸盆或盥洗槽外沿至对面墙的净距不应小于 1.25m；

(4) 双侧并列洗脸盆或盥洗槽外沿之间的净距不应小于 1.80m；

(5) 浴盆长边至对面墙面的净距不应小于 0.65m；无障碍盆浴间短边净宽度不应小于 2m；

(6) 并列小便器的中心距离不应小于 0.65m；

(7) 单侧厕所隔间至对面墙面的净距：当采用内开门时，不应小于 1.10m；当采用外开门时不应小于 1.30m；双侧厕所隔间之间的净距：当采用内开门时，不应小于 1.10m；当采用外开门时不应小于 1.30m；

(8) 单侧厕所隔间至对面小便器或小便槽外沿的净距：当采用内开门时，不应小于 1.10m；当采用外开门时不应小于 1.30 m。

9.5.6 台阶、坡道和栏杆

台阶是指在室外或室内的地坪或楼层不同标高处设置的供人行走的阶梯；坡道是指连接不同标高的楼面、地面，供人行或车行的斜坡式交通道；栏杆是指高度在人体胸部至腹部之间，用以保障人身安全或分隔空间用的防护分隔构件。为了保证人们在使用建筑物时安全、方便，在室内外设置了台阶、坡道和栏杆，它们应分别符合下列规定。

1. 台阶设置

台阶设置应符合下列规定：

(1) 公共建筑室内外台阶踏步宽度不宜小于 0.30m，踏步高度不宜大于 0.15m，并不宜小于 0.10m，踏步应防滑。室内台阶踏步数不应少于 2 级，当高差不足 2 级时，应按坡道设置；

(2) 人流密集的场所台阶高度超过 0.70m 并侧面临空时，应有防护设施。

2. 坡道设置

坡道设置应符合下列规定：

(1) 室内坡道坡度不宜大于 1∶8，室外坡道坡度不宜大于 1∶10；

(2) 室内坡道水平投影长度超过 15m 时，宜设休息平台，平台宽度应根据使用功能或设备尺寸所需缓冲空间而定；

(3) 供轮椅使用的坡道不应大于 1∶12，困难地段不应大于 1∶8；

(4) 自行车推行坡道每段坡长不宜超过 6m，坡度不宜大于 1∶5；

(5) 机动车行坡道应符合国家现行标准《汽车库建筑设计规范》JGJ 100 的规定；

(6) 坡道应采取防滑措施。

3. 栏杆设置

外廊、室内回廊、内天井、上人屋面及室外楼梯等临空处应设置防护栏杆，并应符合下列规定：

(1) 栏杆应以坚固、耐久的材料制作，并能承受荷载规范规定的水平荷载；

(2) 临空高度在 24m 以下时，栏杆高度不应低于 1.05m，临空高度在 24m 及以上(包括中高层住宅)时，栏杆高度不应低于 1.10m；

注：栏杆高度应从楼地面或屋面至栏杆扶手顶面垂直高度计算，如底部有宽度大于或等于 0.22m，且高度低于或等于 0.45m 的可踏部位，应从可踏部位顶面起计算。

(3) 栏杆离楼面或屋面 0.10m 高度内不宜留空；

(4) 住宅、托儿所、幼儿园、中小学及少年儿童专用活动场所的栏杆必须采用防止少年儿童攀登的构造，当采用垂直杆件做栏杆时，其杆件净距不应大于 0.11m；

(5) 文化娱乐建筑、商业服务建筑、体育建筑、园林景观建筑等允许少年儿童进入活动的场所，当采用垂直杆件做栏杆时，其杆件净距也不应大于 0.11m。

9.5.7 楼梯

楼梯是指由连续行走的梯级、休息平台和维护安全的栏杆(或栏板)、扶手以及相应的支托结构组成的作为楼层之间垂直交通用的建筑部件。楼梯是解决建筑物垂直交通和水平安全疏散的建筑构件。楼梯形式有封闭楼梯、半封闭楼梯和非封闭楼梯。楼梯一般由踏步、梯段、宽度、梯井、平台宽度、楼梯间、扶手等组成。为了人们使用楼梯时安全、方便，楼梯设置应符合下列规定：

(1) 楼梯的数量、位置、宽度和楼梯间形式应满足使用方便和安全疏散的要求。

(2) 墙面至扶手中心线或扶手中心线之间的水平距离即楼梯梯段宽度除应符合防火规范的规定外，供日常主要交通用的楼梯的梯段宽度应根据建筑物使用特征，按每股人流为 0.55+(0～0.15)m 的人流股数确定，并不应少于两股人流。0～0.15m 为人流在行进中人体的摆幅，公共建筑人流众多的场所应取上限值。

(3) 梯段改变方向时，扶手转向端处的平台最小宽度不应小于梯段宽度，并不得小于 1.20m，当有搬运大型物件需要时应适量加宽。

(4) 每个梯段的踏步不应超过 18 级,亦不应少于 3 级。

(5) 楼梯平台上部及下部过道处的净高不应小于 2m,梯段净高不宜小于 2.20m。

注:梯段净高为自踏步前缘(包括最低和最高一级踏步前缘线以外 0.30m 范围内)量至上方突出物下缘间的垂直高度。

(6) 楼梯应至少于一侧设扶手,梯段净宽达三股人流时应两侧设扶手,达四股人流时宜加设中间扶手。

(7) 室内楼梯扶手高度自踏步前缘线量起不宜小于 0.90m。靠楼梯井一侧水平扶手长度超过 0.50m 时,其高度不应小于 1.05m。

(8) 踏步应采取防滑措施。

(9) 托儿所、幼儿园、中小学及少年儿童专用活动场所的楼梯、梯井净宽大于 0.20m 时,必须采取防止少年儿童攀滑的措施,楼梯栏杆应采取不易攀登的构造,当采用垂直杆件做栏杆时,其杆件净距不应大于 0.11m。

(10) 楼梯踏步的高宽比应符合表 9-3 的规定。

表 9-3 楼梯踏步最小宽度和最大高度

楼梯类别	最小宽度(m)	最大高度(m)
住宅共用楼梯	0.26	0.175
幼儿园、小学学校楼梯	0.26	0.15
电影院、剧院、体育馆、商场、医院、旅馆和大中学校等楼梯	0.28	0.16
其他建筑楼梯	0.26	0.17
专用疏散楼梯	0.25	0.18
服务楼梯、住宅套内楼梯	0.22	0.20

注:无中柱螺旋楼梯和弧形楼梯离内侧扶手中心 0.25m 处的踏步宽度不应小于 0.22m。

(11) 供老年人、残疾人使用及其他专用服务楼梯应符合专用建筑设计规范的规定。

9.5.8 电梯、自动扶梯和自动人行道

1. 电梯设置

电梯设置应符合下列规定:

(1) 电梯不得计作安全出口;

(2) 以电梯为主要垂直交通的高层公共建筑和 12 层及以上的高层住宅,每栋楼设置电梯的台数不应少于 2 台;

(3) 建筑物每个服务区单侧排列的电梯不宜超过 4 台,双侧排列的电梯不宜超过 2×4 台;电梯不应在转角处贴邻布置;

(4) 电梯候梯厅的深度应符合表 9-4 的规定,并不得小于 1.50m;

(5) 电梯井道和机房不宜与有安静要求的用房贴邻布置,否则应采取隔振、隔声措施;

(6) 机房应为专用的房间,其围护结构应保温隔热,室内应有良好通风、防尘,宜有

自然采光,不得将机房顶板作水箱底板及在机房内直接穿越水管或蒸汽管;

(7) 消防电梯的布置应符合防火规范的有关规定。

表9-4 候梯厅深度

电梯类别	布置方式	候梯厅深度
住宅电梯	单台	≥B
	多台单侧排列	≥$B^{\#}$
	多台双侧排列	≥相对电梯$B^{\#}$之和并<3.50m
公共建筑电梯	单台	≥1.5B
	多台单侧排列	≥$1.5B^{\#}$,当电梯群为4台时应≥2.40m
	多台双侧排列	≥相对电梯$B^{\#}$之和并<4.50m
病床电梯	单台	≥1.5B
	多台单侧排列	≥$1.5B^{\#}$
	多台双侧排列	≥相对电梯$B^{\#}$之和

注:B为轿厢的深度,$B^{\#}$为电梯群中最大轿厢深度。

2. 自动扶梯、自动人行道设置

自动扶梯、自动人行道应符合下列规定:

(1) 自动扶梯和自动人行道不得计作安全出口;

(2) 出入口畅通区的宽度不应小于2.50m,畅通区有密集人流穿行时,其宽度应加大;

(3) 栏板应平整、光滑和无突出物;扶手带顶面距自动扶梯前缘、自动人行道踏板面或胶带面的垂直高度不应小于0.90m;扶手带外边至任何障碍物不应小于0.50m,否则应采取措施防止障碍物引起人员伤害;

(4) 扶手带中心线与平行墙面或楼板开口边缘间的距离、相邻平行交叉设置时两梯(道)之间扶手带中心线的水平距离不宜小于0.50m,否则应采取措施防止障碍物引起人员伤害;

(5) 自动扶梯的梯级、自动人行道的踏板或胶带上空,垂直净高不应小于2.30m;

(6) 自动扶梯的倾斜角不应超过30°,当提升高度不超过6m,额定速度不超过0.50m/s时,倾斜角允许增至35°;倾斜式自动人行道的倾斜角不应超过12°;

(7) 自动扶梯和层间相通的自动人行道单向设置时,应就近布置相匹配的楼梯;

(8) 设置自动扶梯或自动人行道所形成的上下层贯通空间,应符合防火规范所规定的有关防火分区等要求。

9.5.9 墙身和变形缝

变形缝是指为防止建筑物在外界因素作用下,结构内部产生附加变形和应力,导致建筑物开裂、碰撞甚至破坏而预留的构造缝,包括伸缩缝、沉降缝和抗震缝。墙身一般包括结构断面、墙身材料与构造、墙身内外饰面的用料与构造等,墙身和变形缝应符合下列规定:

1. 墙身要求

（1）墙身材料应因地制宜，采用新型建筑墙体材料。

（2）外墙应根据地区气候和建筑要求，采取保温、隔热和防潮等措施。

（3）墙身防潮应符合下列要求：

① 砌体墙应在室外地面以上，位于室内地面垫层处设置连续的水平防潮层；室内相邻地面有高差时，应在高差处墙身侧面加设防潮层；

② 湿度大的房间的外墙或内墙内侧应设防潮层；

③ 室内墙面有防水、防潮、防污、防碰等要求时，应按使用要求设置墙裙。

注：地震区防潮层应满足墙体抗震整体连接的要求。

（4）建筑物外墙突出物，包括窗台、凸窗、阳台、空调机搁板、雨水管、通风管、装饰线等处宜采取防止攀登入室的措施。

（5）外墙应防止变形裂缝，在洞口、窗户等处采取加固措施。

2. 变形缝设置

变形缝设置应符合下列要求：

（1）变形缝应按设缝的性质和条件设计，使其在产生位移或变形时不受阻，不被破坏，并不破坏建筑物；

（2）变形缝的构造和材料应根据其部位需要分别采取防排水、防火、保温、防老化、防腐蚀、防虫害和防脱落等措施。

9.5.10 门窗

1. 门窗产品要求

门窗产品应符合下列要求：

（1）门窗的材料、尺寸、功能和质量等应符合使用要求，并应符合建筑门窗产品标准的规定；

（2）门窗的配件应与门窗主体相匹配，并应符合各种材料的技术要求；

（3）应推广应用具有节能、密封、隔声、防结露等优良性能的建筑门窗。

（4）门窗与墙体应连接牢固，且满足抗风压、水密性、气密性的要求，对不同材料的门窗选择相应的密封材料。

注：门窗加工的尺寸，应按门窗洞口设计尺寸扣除墙面装修材料的厚度，按净尺寸加工。

2. 窗的设置

窗的设置应符合下列规定：

（1）窗扇的开启形式应方便使用，安全和易于维修、清洗；

（2）当采用外开窗时应加强牢固窗扇的措施；

（3）开向公共走道的窗扇，其底面高度不应低于2m；

（4）临空的窗台低于0.80m时，应采取防护措施，防护高度由楼地面起计算不应低于

0.80m；

(5) 防火墙上必须开设窗洞时，应按防火规范设置；
(6) 天窗应采用防破碎伤人的透光材料；
(7) 天窗应有防冷凝水产生或引泄冷凝水的措施；
(8) 天窗应便于开启、关闭、固定、防渗水，并方便清洗。

注：①住宅窗台低于 0.90m 时，应采取防护措施；②低窗台、凸窗等下部有能上人站立的宽窗台面时，贴窗护栏或固定窗的防护高度应从窗台面起计算。

3. 门的设置

门的设置应符合下列规定：

(1) 外门构造应开启方便，坚固耐用；
(2) 手动开启的大门扇应有制动装置，推拉门应有防脱轨的措施；
(3) 双面弹簧门应在可视高度部分装透明安全玻璃；
(4) 旋转门、电动门、卷帘门和大型门的邻近应另设平开疏散门，或在门上设疏散门；
(5) 开向疏散走道及楼梯间的门扇开足时，不应影响走道及楼梯平台的疏散宽度；
(6) 全玻璃门应选用安全玻璃或采取防护措施，并应设防撞提示标志；
(7) 门的开启不应跨越变形缝。

9.5.11 建筑幕墙

建筑幕墙是指由金属构架与板材组成的，不承担主体结构荷载与作用的建筑外围护结构。对于建筑幕墙的设计，应根据《建筑幕墙》GBT21086—2007、《玻璃幕墙工程技术规范》JGJ 102—2003 等的规定执行。

1. 建筑幕墙技术要求

建筑幕墙技术要求应符合下列规定：

(1) 幕墙所采用的型材、板材、密封材料、金属附件、零配件等均应符合现行的有关标准的规定；
(2) 幕墙的物理性能：风压变形、雨水渗漏、空气渗透、保温、隔声、耐撞击、平面内变形、防火、防雷、抗震及光学性能等应符合现行的有关标准的规定。

2. 玻璃幕墙的要求

玻璃幕墙应符合下列规定：

(1) 玻璃幕墙适用于抗震地区和建筑高度应符合有关规范的要求；
(2) 玻璃幕墙应采用安全玻璃，并应具有抗撞击的性能；
(3) 玻璃幕墙分隔应与楼板、梁、内隔墙处连接牢固，并满足防火分隔要求；
(4) 玻璃窗扇开启面积应按幕墙材料规格和通风口要求确定，并确保安全。

9.5.12 楼地面

楼地面是指分隔建筑空间的水平承重结构。其作用是承受并传递荷载，分隔空间，水平支撑。根据《建筑地面设计规范》GB 50037—2013、《建筑地面工程施工质量验收规范》GB 50209—2010 有关条款，对楼地面规定如下：

(1) 底层地面的基本构造层宜为面层、垫层和地基；楼层地面的基本构造层宜为面层和楼板。当底层地面或楼面的基本构造不能满足使用或构造要求时，可增设结合层、隔离层、填充层、找平层和保温层等其他构造层。

(2) 除有特殊使用要求外，楼地面应满足平整、耐磨、不起尘、防滑、防污染、隔声、易于清洁等要求。

(3) 厕浴间、厨房等受水或非腐蚀性液体经常浸湿的楼地面应采用防水、防滑类面层，且应低于相邻楼地面，并设排水坡坡向地漏；厕浴间和有防水要求的建筑地面必须设置防水隔离层；楼层结构必须采用现浇混凝土或整块预制混凝土板，混凝土强度等级不应小于C20；楼板四周除门洞外，应做混凝土翻边，其高度不应小于 120mm。

经常有水流淌的楼地面应低于相邻楼地面或设门槛等挡水设施，且应有排水措施，其楼地面应采用不吸水、易冲洗、防滑的面层材料，并应设置防水隔离层。

(4) 筑于地基土上的地面，应根据需要采取防潮、防基土冻胀、防不均匀沉陷等措施。

(5) 存放食品、食料、种子或药物等的房间，其存放物与楼地面直接接触时，严禁采用有毒性的材料作为楼地面，材料的毒性应经有关卫生防疫部门鉴定。存放吸味较强的食物时，应防止采用散发异味的楼地面材料。

(6) 受较大荷载或有冲击力作用的楼地面，应根据使用性质及场所选用由板、块材料、混凝土等组成的易于修复的刚性构造，或由粒料、灰土等组成的柔性构造。

(7) 木板楼地面应根据使用要求，采取防火、防腐、防潮、防蛀、通风等相应措施。

(8) 采暖房间的楼地面，可不采取保温措施，但遇下列情况之一时应采取局部保温措施：

① 架空或悬挑部分楼层地面，直接对室外或临非采暖房间的；

② 严寒地区建筑物周边无采暖管沟时，底层地面在外墙内侧 0.50～1.00m 范围内宜采取保温措施，其传热阻不应小于外墙的传热阻。

9.5.13 屋面和吊顶

屋面是指建筑物屋顶的表面，它主要是指屋脊与屋檐之间的部分，这一部分占据了屋顶的较大面积，或者说屋面是屋顶中面积较大的部分；吊顶是指悬吊在房屋屋顶或楼板结构下的顶棚。它们应符合下列规定：

1. 屋面设防

屋面工程应根据建筑物的性质、重要程度、使用功能及防水层合理使用年限，结合工程特点、地区自然条件等，按不同等级进行设防。

2. 屋面排水坡度

屋面排水坡度应根据屋顶结构形式，屋面基层类别，防水构造形式，材料性能及当地气候等条件确定，并应符合表9-5的规定。

表9-5 屋面的排水坡度

屋面类别	屋面排水坡度(%)
卷材防水、刚性防水的平屋面	2～5
平瓦	20～50
波形瓦	10～50
油毡瓦	≥20
网架、悬索结构金属板	≥4
压型钢板	5～35
种植土屋面	1～3

注：① 平屋面采用结构找坡不应小于3%，采用材料找坡宜为2%；
② 卷材屋面的坡度不宜大于25%，当坡度大于25%时应采取固定的防止滑落的措施；
③ 卷材防水屋面天沟、檐沟纵向坡度不应小于1%，沟底水落差不得超过200mm。天沟、檐沟排水不得流经变形缝和防火墙；
④ 平瓦必须铺置牢固，地震设防地区或坡度大于50%的屋面，应采取固定加强措施；
⑤ 架空隔热屋面坡度不宜大于5%，种植屋面坡度不宜大于3%。

3. 屋面构造

屋面构造应符合下列要求：

(1) 屋面面层应采用不燃烧体材料，包括屋面突出部分及屋顶加层，但一、二级耐火等级建筑物，其不燃烧体屋面基层上可采用可燃卷材防水层；

(2) 屋面排水宜优先采用外排水；高层建筑、多跨及集水面积较大的屋面宜采用内排水；屋面水落管的数量、管径应通过验(计)算确定；

(3) 天沟、檐沟、檐口、水落口、泛水、变形缝和伸出屋面管道等处应采取与工程特点相适应的防水加强构造措施，并应符合有关规范的规定；

(4) 当屋面坡度较大或同一屋面落差较大时，应采取固定加强和防止屋面滑落的措施；平瓦必须铺置牢固；

(5) 地震设防区或有强风地区的屋面应采取固定加强措施；

(6) 设保温层的屋面应通过热工验算，并采取防结露、防蒸汽渗透及施工时防保温层受潮等措施；

(7) 采用架空隔热层的屋面，架空隔热层的高度应按照屋面的宽度或坡度的大小变化确定，架空层不得堵塞；当屋面宽度大于10m时，应设置通风屋脊；屋面基层上宜有适当厚度的保温隔热层；

(8) 采用钢丝网水泥或钢筋混凝土薄壁构件的屋面板应有抗风化、抗腐蚀的防护措施；刚性防水屋面应有抗裂措施；

(9) 当无楼梯通达屋面时，应设上屋面的检修人孔或低于10m时可设外墙爬梯，并应有安全防护和防止儿童攀爬的措施；

(10) 闷顶应设通风口和通向闷顶的检修入孔；闷顶内应有防火分隔。

4. 吊顶构造

吊顶构造应符合下列要求：

(1) 吊顶与主体结构吊挂应有安全构造措施；高大厅堂管线较多的吊顶内，应留有检修空间，并根据需要设置检修走道和便于进入吊顶的入孔，且应符合有关防火及安全要求；

(2) 当吊顶内管线较多，而空间有限不能进入检修时，可采用便于拆卸的装配式吊顶板或在需要部位设置检修手孔；

(3) 吊顶内敷设有上下水管时应采取防止产生冷凝水措施；

(4) 潮湿房间的吊顶，应采用防水材料和防结露、滴水的措施；钢筋混凝土顶板宜采用现浇板。

9.5.14 管道井、烟道、通风道和垃圾管道

管道井是指建筑物中用于布置竖向设备管线的竖向井道；烟道是指排除各种烟气的管道；通风道是指排除室内蒸汽、潮气或污浊空气以及输送新鲜空气的管道。管道井、烟道、通风道和垃圾管道应分别独立设置，不得使用同一管道系统，并应用非燃烧体材料制作。其设置应分别符合下列规定：

1. 管道井的设置

管道井的设置应符合下列规定：
(1) 管道井的断面尺寸应满足管道安装、检修所需空间的要求；
(2) 管道井宜在每层靠公共走道的一侧设检修门或可拆卸的壁板；
(3) 在安全、防火和卫生方面互有影响的管道不应敷设在同一竖井内；
(4) 管道井壁、检修门及管井开洞部分等应符合防火规范的有关规定。

2. 烟道和通风道设置

烟道和通风道的断面、形状、尺寸和内壁应有利于排烟(气)通畅，防止产生阻滞、涡流、窜烟、漏气和倒灌等现象。

烟道和通风道应伸出屋面，伸出高度应有利烟气扩散，并应根据屋面形式、排出口周围遮挡物的高度、距离和积雪深度确定。平屋面伸出高度不得小于 0.60m，且不得低于女儿墙的高度。坡屋面伸出高度应符合下列规定：

(1) 烟道和通风道中心线距屋脊小于 1.50m 时，应高出屋脊 0.60m；
(2) 烟道和通风道中心线距屋脊 1.50～3.00m 时，应高于屋脊，且伸出屋面高度不得小于 0.60m；
(3) 烟道和通风道中心线距屋脊大于 3m 时，其顶部同屋脊的连线同水平线之间的夹角不应大于 10°，且伸出屋面高度不得小于 0.60m。

3. 垃圾管道设置

民用建筑不宜设置垃圾管道。多层建筑不设垃圾管道时，应根据垃圾收集方式设置相应设施。中高层及高层建筑不设置垃圾管道时，每层应设置封闭的垃圾分类、贮存收集空

间，并宜有冲洗排污设施。如设置垃圾管道时，应符合下列规定：

（1）垃圾管道宜靠外墙布置，管道主体应伸出屋面，伸出屋面部分加设顶盖和网栅，并采取防倒灌措施；

（2）垃圾出口应有卫生隔离，底部存纳和出运垃圾的方式应与城市垃圾管理方式相适应；

（3）垃圾道内壁应光滑、无突出物；

（4）垃圾斗应采用不燃烧和耐腐蚀的材料制作，并能自行关闭密合；高层建筑、超高层建筑的垃圾斗应设在垃圾道前室内，该前室应采用丙级防火门。

9.5.15 室内外装修

装修是指以建筑物主体结构为依托，对建筑内、外空间进行的细部加工和艺术处理。其规定如下。

1. 室内外装修要求

室内外装修应符合下列要求：

（1）室内外装修严禁破坏建筑物结构的安全性；

（2）室内外装修应采用节能、环保型建筑材料；

（3）室内外装修工程应根据不同使用要求，采用防火、防污染、防潮、防水和控制有害气体和射线的装修材料和辅料；

（4）保护性建筑的内外装修尚应符合有关保护建筑条例的规定。

2. 室内装修

室内装修应符合下列规定：

（1）室内装修不得遮挡消防设施标志、疏散指示标志及安全出口，并不得影响消防设施和疏散通道的正常使用；

（2）室内如需要重新装修时，不得随意改变原有设施、设备管线系统。

3. 室外装修

室外装修应符合下列规定：

（1）外墙装修必须与主体结构连接牢靠；

（2）外墙外保温材料应与主体结构和外墙饰面连接牢固，并应防开裂、防水、防冻、防腐蚀、防风化和防脱落；

（3）外墙装修应防止污染环境的强烈反光。

9.6 室内环境

9.6.1 采光

（1）各类建筑应进行采光系数的计算，其采光系数标准值应符合下列规定：

① 居住建筑的采光系数标准值应符合表 9-6 的规定。

表 9-6　居住建筑的采光系数标准值

采光等级	房间名称	侧面采光	
		采光系数最低 c_{min}(%)	室内天然光临界照度(lx)
IV	起居室(厅)、卧室、书房、厨房	1	50
V	卫生间、过厅、楼梯间、餐厅	0.5	25

② 办公建筑的采光系数标准值应符合表 9-7 规定。

表 9-7　办公建筑的采光系数标准值

采光等级	房间名称	侧面采光	
		采光系数最低值 c_{min}(%)	室内天然光临界照度(lx)
II	设计室、绘图室	3	150
III	办公室 视屏工作室、会议室	2	100
IV	复印室、档案室	1	50
V	走道、楼梯间、卫生间	0.5	25

③ 学校建筑的采光系数标准值必须符合表 9-8 的规定。

表 9-8　学校建筑的采光系数标准值

采光等级	房间名称	侧面采光	侧面采光
		采光系数最低值 c_{min}(%)	室内天然光临界照度(lx)
III	教室、阶梯教室、实验室、报告厅	2	100
V	走道、楼梯间、卫生间	0.5	25

④ 图书馆建筑的采光系数标准值应符合表 9-9 的规定。

表 9-9　图书馆建筑的采光系数标准值

采光等级	房间名称	侧面采光		顶部采光	
		采光系数最低值 c_{min}(%)	室内天然光临界照度(lx)	采光系数平均值 c_{av}(%)	室内天然光临界照度(lx)
III	阅览室、开架书库	2	100	—	—
IV	目录室	1	50	1.5	75
V	书库、走道、楼梯间、卫生间	0.5	25	—	—

注："—"表示不允许或不适用，下同。

⑤ 医院建筑的采光系数标准值应符合表 9-10 的规定。

表 9-10　医院建筑的采光系数标准值

采光等级	房间名称	侧面采光		顶部采光	
		采光系数最低值 c_{min}(%)	室内天然光临界照度(lx)	采光系数平均值 c_{av}(%)	室内天然光临界照度(lx)
III	诊室、药房、治疗室、化验室	2	100	—	—
IV	候诊室、挂号处、综合大厅、病房、医生办公室、护士室	1	50	1.5	75
V	书库、走道、楼梯间、卫生间	0.5	25	—	—

注：表 9-6～表 9-10 所列采光系数标准值适用于III类光气候区。其他地区的采光系数标准值应乘以相应地区光气候系数。

(2) 有效采光面积计算应符合下列规定：
① 侧窗采光口离地面高度在 0.80m 以下的部分不应计入有效采光面积；
② 侧窗采光口上部有效宽度超过 1m 以上的外廊、阳台等外挑遮挡物，其有效采光面积可按采光口面积的 70% 计算；
③ 平天窗采光时，其有效采光面积可按侧面采光口面积的 2.50 倍计算。

9.6.2　通风

(1) 建筑物室内应有与室外空气直接流通的窗口或洞口，否则应设自然通风道或机械通风设施。
(2) 采用直接自然通风的空间，其通风开口面积应符合下列规定：
① 生活、工作的房间的通风开口有效面积不应小于该房间地板面积的 1/20；
② 厨房的通风开口有效面积不应小于该房间地板面积的 1/10，并不得小于 0.60m²，厨房的炉灶上方应安装排除油烟设备，并设排烟道。
(3) 严寒地区居住用房，厨房、卫生间应设自然通风道或通风换气设施。
(4) 无外窗的浴室和厕所应设机械通风换气设施，并设通风道。
(5) 厨房、卫生间的门的下方应设进风固定百叶，或留有进风缝隙。
(6) 自然通风道的位置应设于窗户或进风口相对的一面。

9.6.3　保温

(1) 建筑物宜布置在向阳、无日照遮挡、避风地段。
(2) 设置供热的建筑物体形应减少外表面积。
(3) 严寒地区的建筑物宜采用围护结构外保温技术，并不应设置开敞的楼梯间和外廊，其出入口应设门斗或采取其他防寒措施；寒冷地区的建筑物不宜设置开敞的楼梯间和外廊，其出入口宜设门斗或采取其他防寒措施。

(4) 建筑物的外门窗应减少其缝隙长度，并采取密封措施，宜选用节能型外门窗。

(5) 严寒和寒冷地区设置集中供暖的建筑物，其建筑热工和采暖设计应符合有关节能设计标准的规定。

(6) 夏热冬冷地区、夏热冬暖地区建筑物的建筑节能设计应符合有关节能设计标准的规定。

9.6.4 防热

1. 夏季防热的建筑物应符合下列规定

(1) 建筑物的夏季防热应采取绿化环境、组织有效自然通风、外围护结构隔热和设置建筑遮阳等综合措施；

(2) 建筑群的总体布局、建筑物的平面空间组织、剖面设计和门窗的设置，应有利于组织室内通风；

(3) 建筑物的东、西向窗户，外墙和屋顶应采取有效的遮阳和隔热措施；

(4) 建筑物的外围护结构，应进行夏季隔热设计，并应符合有关节能设计标准的规定。

2. 设置空气调节的建筑物应符合下列规定

(1) 建筑物的体形应减少外表面积；

(2) 设置空气调节的房间应相对集中布置；

(3) 空气调节房间的外部窗户应有良好的密闭性和隔热性；向阳的窗户宜设遮阳设施，并宜采用节能窗；

(4) 设置非中央空气调节设施的建筑物，应统一设计、安装空调机的室外机位置，并使冷凝水有组织排水；

(5) 间歇使用的空气调节建筑，其外围护结构内侧和内围护结构宜采用轻质材料；连续使用的空调建筑，其外围结构内侧和内围护结构宜采用重质材料；

(6) 建筑物外围护结构应符合有关节能设计标准的规定。

9.6.5 隔声

(1) 民用建筑各类主要用房的室内允许噪声级应符合表 9-11 的规定。

表 9-11 室内允许噪声级(昼夜)

建筑类别	房间名称	允许噪声级(A 声级(dB))			
		特级	一级	二级	三级
住宅	卧室、书房	—	≥40	≤45	≤50
	起居室	—	≥45	≤50	≤50

续表

建筑类别	房间名称	允许噪声级(A 声级(dB))			
		特级	一级	二级	三级
学校	有特殊安静要求的房间	—	≥40	—	—
	一般教室	—	—	≤50	—
	无特殊安静要求的房间	—	—	—	≤55
医院	病房、医务人员休息室	—	≤40	≤45	≤50
	门诊室	—	≤55	≤55	≤60
	手术室	—	≤45	≤45	≤50
	听力测听室	—	≤25	≤25	≤30
旅馆	客房	≤35	≤40	≤45	≤55
	会议室	≤40	≤45	≤50	≤50
	多用途大厅	≤40	≤45	≤50	—
	办公室	≤45	≤50	≤55	≤55
	餐厅、宴会厅	≤50	≤55	≤60	—

注：夜间室内允许噪声级的数值比昼间小 10dB(A)。

(2) 不同房间围护结构(隔墙、楼板)的空气声隔声标准应符合表 9-12 规定。

(3) 不同房间楼板撞击声隔声标准应符合表 9-13 的规定。

(4) 民用建筑的隔声减噪设计应符合下列规定：

① 对于结构整体性较强的民用建筑，应对附着于墙体和楼板的传声源部件采取防止结构声传播的措施；

② 有噪声和振动的设备用房应采取隔声、隔振和吸声的措施，并应对设备和管道采取减振、消声处理；平面布置中，不宜将有噪声和振动的设备用房设在主要用房的直接上层或贴邻布置，当其设在同一楼层时，应分区布置；

③ 安静要求较高的房间内设置吊顶时，应将隔墙砌至梁、板底面；采用轻质隔墙时，其隔声性能应符合有关隔声标准的规定。

表 9-12 空气声隔声标准

建筑类别	围护结构部位	计权隔声量(dB)			
		特级	一级	二级	三级
住宅	分户墙、楼板	—	≥50	≥45	≥40
学校	隔墙、楼板	—	≥50	≥45	≥40
医院	病房与病房之间	—	≥45	≥40	≥35
	病房与产生噪声房间之间	—	≥50	≥50	≥45
	手术室与病房之间	—	≥50	≥45	≥40
	手术室与产生噪声房间之间	—	≥50	≥50	≥45
	听力测听室围护结构	—	≥50	≥50	≥50

续表

建筑类别	围护结构部位	计权隔声量(dB)			
		特级	一级	二级	三级
旅馆	客房与客房间隔墙	≥50	≥45	≥40	≥40
	客房与走廊间隔墙(含门)	≥40	≥40	≥35	≥30
	客房外墙(含窗)	≥40	≥35	≥25	≥20

表 9-13 撞击声隔声标准

建筑类别	楼板部位	计权标准化撞击声压级(dB)			
		特级	一级	二级	三级
住宅	分户层间	—	≤65	≤75	≤75
学校	教室层间	—	≤65	≤65	≤75
医院	病房与病房之间	—	≤65	≤75	≤75
	病房与手术室之间	—	—	≤75	≤75
	听力测听室上部	—	≤65	≤65	≤65
旅馆	客房层间	≤55	≤65	≤75	≤75
	客房与有振动房间之间	≤55	≤55	≤65	≤65

9.7 建筑设备

9.7.1 给水和排水

(1) 民用建筑给水排水设计应满足生活和消防等要求。
(2) 生活饮用水的水质，应符合国家现行有关生活饮用水卫生标准的规定。
(3) 生活饮用水水池(箱)应与其他用水的水池(箱)分开设置。
(4) 建筑物内的生活饮用水水池、水箱的池(箱)体应采用独立结构形式，不得利用建筑物的本体结构作为水池和水箱的壁板、底板及顶板。生活饮用水池(箱)的材质、衬砌材料和内壁涂料不得影响水质。
(5) 埋地生活饮用水贮水池周围 10m 以内，不得有化粪池、污水处理构筑物、渗水井、垃圾堆放点等污染源，周围 2m 以内不得有污水管和污染物。
(6) 建筑给水设计应符合下列规定：
① 宜实行分质供水，优先采用循环或重复利用的给水系统；
② 应采用节水型卫生洁具和水嘴；
③ 住宅应分户设置水表计量，公共建筑的不同用户应分设水表计量；
④ 建筑物内的生活给水系统及消防供水系统的压力应符合给排水设计规范和防火规范有关规定；
⑤ 条件许可的新建居住区和公共建筑中可设置管道直饮水系统。

(7) 建筑排水应遵循雨水与生活排水分流的原则排出，并应遵循国家或地方有关规定确定设置中水系统。

(8) 在水资源紧缺地区，应充分开发利用小区和屋面雨水资源，并因地制宜，将雨水经适当处理后采用入渗和贮存等利用方式。

(9) 排水管道不得布置在食堂、饮食业的主副食操作烹调备餐部位的上方，也不得穿越生活饮用水池部位的上方。

(10) 室内给水排水管道不得布置在遇水会引起燃烧、爆炸的原料、产品和设备的上面。

(11) 排水立管不得穿越卧室、病房等对卫生、安静有较高要求的房间，并不宜靠近与卧室相邻的内墙。

(12) 给排水管不应穿越配变电房、档案室、电梯机房、通信机房、大中型计算机网络中心、音像库房等遇水会损坏设备和引发事故的房间。

(13) 给排水管穿越地下室外墙或地下构造物的墙壁处，应采取防水措施。

(14) 给水泵房、排水泵房不得设置在有安静要求的房间上面、下面和毗邻的房间内；泵房内应设排水设施，地面应设防水层；泵房内应有隔振防噪设置。消防泵房应符合防火规范的有关规定。

(15) 卫生洁具、水泵、冷却塔等给排水设备、管材应选用低噪声的产品。

9.7.2 暖通和空调

(1) 民用建筑中暖通空调系统及其冷热源系统的设计应满足安全、卫生和建筑物功能的要求。

(2) 室内空气设计参数及其卫生要求应符合现行国家标准《采暖通风与空气调节设计规范》及其他相关标准的规定。

(3) 采暖设计应符合下列要求：

① 民用建筑采暖系统的热媒宜采用热水；

② 居住建筑采暖系统应有实现热计量的条件；

③ 住宅楼集中采暖系统需要专业人员调节、检查、维护的阀门、仪表等装置不应设置在私有套型内；一个私有套型中不应设置其他套型所用的阀门、仪表等装置；

④ 采暖系统中的散热器、管道及其连接件应满足系统承压要求。

(4) 通风系统应符合下列要求：

① 机械通风系统的进风口应设置在室外空气清新、洁净的位置；

② 废气排放不应设置在有人停留或通行的地带；

③ 机械通风系统的管道应选用不燃材料；

④ 通风机房不宜与有噪声限制的房间相邻布置；

⑤ 通风机房的隔墙及隔墙上的门应符合防火规范的有关规定。

(5) 空气调节系统应符合下列要求：

① 空气调节系统的民用建筑，其层高、吊顶高度应满足空调系统的需要；

② 空气调节系统的风管管道应选用不燃材料；

③ 空气调节机房不宜与有噪声限制的房间相邻；

④ 空气调节系统的新风采集口应设置在室外空气清新、洁净的位置；

⑤ 空调机房的隔墙及隔墙上的门应符合防火规范的有关规定。

(6) 民用建筑中的冷冻机房、水泵房、换热站等的设置应符合下列要求：

① 应预留大型设备的进入口；有条件时，在机房内适当位置预留吊装设施；

② 宜采用压光水泥地面，并应设置冲洗地面的上、下水设施；在设备可能漏水、泄水的位置，设地漏或排水明沟；

③ 宜设置修理间、值班室、厕所以及对外通讯和应急照明；

④ 设备布置应保证操作方便，并有检修空间；

⑤ 应防止设备振动可能导致的不利影响；

⑥ 有通风换气要求的房间，当室内只设置送风口或只设置排风口时，应能保证关门时室内空气可以流动；既有送风，又有排风的房间，送、排风口的位置应避免气流短路。

(7) 居住区集中锅炉房位置应防止燃料运输、噪声、污染物排放等对居住区环境的影响。建筑物、构筑物和场地布置应符合现行国家标准《锅炉房设计规范》GB 50041 的有关规定。

(8) 为民用建筑服务的燃油、燃气锅炉房(或其他有燃烧过程的设备用房)不宜设置在主体建筑中。需要设置在主体建筑中时，应符合有关规范和当地消防、安全等部门的规定。

9.7.3 建筑电气

1. 民用建筑物内配变电所

(1) 配变电所位置的选择，应符合下列要求：

① 宜接近用电负荷中心；

② 应方便进出线；

③ 应方便设备吊装运输；

④ 不应设在厕所、浴室或其他经常积水场所的正下方，且不宜与上述场所相贴邻；装有可燃油电气设备的变配电室，不应设在人员密集场所的正上方、正下方、贴邻和疏散出口的两旁；

⑤ 当配变电所的正上方、正下方为住宅、客房、办公室等场所时，配变电所应作屏蔽处理。

(2) 安装可燃油油浸电力变压器总容量不超过 1260kVA、单台容量不超过 630kVA 的变配电室可布置在建筑主体内首层或地下一层靠外墙部位，并应设直接对外的安全出口，变压器室的门应为甲级防火门；外墙开口部位上方，应设置宽度不小于 1m 不燃烧体的防火挑檐；

(3) 可燃油油浸电力变压器室的耐火等级应为一级，高压配电室的耐火等级不应低于二级，低压配电室的耐火等级不应低于三级，屋顶承重构件的耐火等级不应低于二级；

(4) 不带可燃油的高、低压配电装置和非油浸的电力变压器，可设置在同一房间内；

(5) 高压配电室宜设不能开启的距室外地坪不低于 1.80m 的自然采光窗，低压配电室可设能开启的不临街的自然采光窗；

（6）长度大于7m的配电室应在配电室的两端各设一个出口，长度大于60m时，应增加一个出口；

（7）变压器室、配电室的进出口门应向外开启；

（8）变压器室、配电室等应设置防雨雪和小动物从采光窗、通风窗、门、电缆沟等进入室内的设施；

（9）变配电室的电缆夹层、电缆沟和电缆室应采取防水、排水措施；

（10）变配电室不应有与其无关的管道和线路通过；

（11）变配电室、控制室、楼层配电室宜做等电位联结；

（12）变配电室重地应设与外界联络的通信接口、宜设出入口控制。

2. 配变电所防火门

（1）设在高层建筑内的配变电所，应采用耐火极限不低于2h的隔墙、耐火极限不低于1.50h的楼板和甲级防火门与其他部位隔开；

（2）可燃油油浸变压器室通向配电室或变压器室之间的门应为甲级防火门；

（3）配变电所内部相通的门，宜为丙级的防火门；

（4）配变电所直接通向室外的门，应为丙级防火门。

3. 柴油发电机房

（1）柴油发电机房的位置选择及其他要求应符合9.7.3中1款的要求；

（2）柴油发电机房宜设有发电机间、控制及配电室、储油间、备件贮藏间等；设计时可根据具体情况对上述房间进行合并或增减；

（3）发电机间应有两个出入口，其中一个出口的大小应满足运输机组的需要，否则应预留吊装孔；

（4）发电机间与控制室或配电室之间的门和观察窗应采取防火措施，门开向发电机间；

（5）柴油发电机组宜靠近一级负荷或变配电室设置；

（6）柴油发电机房可布置在高层建筑裙房的首层或地下一层，并应符合下列要求：

① 柴油发电机房应采用耐火极限不低于2h或3h的隔墙和1.50h的楼板、甲级防火门与其他部位隔开；

② 柴油发电机房内应设置储油间，其总储存量不应超过8h的需要量，储油间应采用防火墙与发电机间隔开；当必须在防火墙上开门时，应设置能自行关闭的甲级防火门；

③ 应设置火灾自动报警系统和自动灭火系统；

④ 柴油发电机房设置在地下一层时，至少应有一侧靠外墙，热风和排烟管道应伸出室外。排烟管道的设置应达到环境保护要求。

（7）柴油发电机房进风口宜设在正对发电机端或发电机端两侧；

（8）柴油发电机房应采取机组消声及机房隔声综合治理措施。

4. 智能化系统机房

（1）智能化系统的机房主要有:消防控制室、安防监控中心、电信机房、卫星接收及有线电视机房、计算机机房、建筑设备监控机房、有线广播及(厅堂)扩声机房等；

(2) 智能化系统的机房可单独设置，也可合用设置，并应符合下列要求：

① 消防控制室、安防监控中心的设置应符合有关消防、安防规范；

② 消防控制室、安防监控中心宜设在建筑物的首层或地下一层，且应采用耐火极限不低于 2h 或 3h 的隔墙和耐火极限不低于 1.0h 或 2h 的楼板与其他部位隔开，并应设直通室外的安全出口；

③ 消防控制室与其他控制室合用时，消防设备在室内应占有独立的工作区域，且相互间不会产生干扰；

④ 安防监控中心与其他控制室合用时，风险等级应得到主管安防部门的确认；

⑤ 智能化系统的机房宜铺设架空地板、网络地板或地面线槽；宜采用防静电、防尘材料；机房净高不宜小于 2.50m；

⑥ 机房室内温度冬天不宜低于 18℃，夏天不宜高于 27℃；室内湿度冬天宜大于 30%，夏天宜小于 65%；

⑦ 智能化系统的机房不应设在厕所、浴室或其他经常积水场所的正下方，且不宜与上述场所相贴邻；

(3) 智能化系统的重要机房应远离强磁场所；

(4) 智能化系统的设备用房应在初步设计中预留位置及线路敷设通道；

(5) 智能化系统的重要机房应做好自身的物防、技防；

(6) 智能化系统应根据系统的风险评估采取防雷措施，应做等电位联结。

5. 电气竖井、智能化系统竖井

(1) 高层建筑电气竖井在利用通道作为检修面积时，竖井的净宽度不宜小于 0.80m；

(2) 高层建筑智能化系统竖井在利用通道作为检修面积时，竖井的净宽度不宜小于 0.60m；多层建筑智能化系统竖井在利用通道作为检修面积时，竖井的净宽度不宜小于 0.35m；

(3) 电气竖井、智能化系统竖井内宜预留电源插座，应设应急照明灯，控制开关宜安装在竖井外；

(4) 智能化系统竖井宜与电气竖井分别设置，其地坪或门槛宜高出本层地坪 0.15～0.30m；

(5) 电气竖井、智能化系统竖井井壁应为耐火极限不低于 1h 的不燃烧体，检修门应采用不低于丙级的防火门；

(6) 电气竖井、智能化系统竖井内的环境指标应保证设备正常运行。

6. 线路敷设

(1) 线路敷设应符合现行国家标准《建筑电气工程施工质量验收规范》GB 50303 的规定；

(2) 智能化系统的缆线宜穿金属管或在金属线槽内敷设；

(3) 暗敷在楼板、墙体、柱内的缆线(有防火要求的缆线除外)，其保护管的覆盖层不应小于 15mm；

(4) 楼板的厚度、建筑物的层高应满足强电缆线及智能化系统缆线水平敷设所需的空间，并应与其他专业管线综合。

复习思考题

1. 建筑设计的基本要求有哪些?
2. 民用建筑设计的基本规定有哪些?
3. 城市规划对建筑的限定有哪些?
4. 简述场地设计的内容。
5. 简述建筑物设计包括哪些部分。
6. 简述建筑室内环境的组成及其内容。
7. 简述建筑设备的内容。

第 10 章
建筑技术法规——
城市居住区规划设计规范

本章简述了居住区的分级、规划布局形式、规划设计的基本原则；居住区用地、居住区规划布局与空间环境；住宅建筑规划设计要求、住宅间距、布置、层数、净密度以及公共服务设施，居住区绿地、道路、竖向、管线综合的规划设计要求，综合经济技术指标等。

10.1 总　　则

10.1.1 编制目的及适用范围

1. 编制目的

为确保居民基本的居住生活环境，经济、合理、有效地使用土地和空间，提高居住区的规划设计质量，制定本规范。

该规范是在总结新中国成立以来已建居住区规划与建设经验的基础上，吸取国内外经验，在居住区规划范围的有限空间，保障居民良好的居住环境，经济、合理、有效地使用土地和空间；统一规划内容、统一词解含义与计算口径等，以提高居住区规划设计的科学性、实用性、先进性和可比性，体现社会、经济和环境的综合效益。《城市居住区规划设计规范》属于强制性国家标准，应严格执行。

2. 适用范围

适用于城市居住区的规划设计，并主要适用于新建区。因为新建区的规划具有基本统一的规划前提条件，可按统一的口径与规划原则和基本要求，定性及定量的有关标准进行规划，可比、可行又易于掌握。而城市旧城区的居住区街坊改造规划与新建区居住区规划相比，尽管居民对基本的物质和文化生活的要求，对道路及工程管线敷设的基本要求也有许多共同点，但由于旧城区因所在城市的性质、职能和复杂的现状条件各异，致使改造规划的前提条件悬殊。

10.1.2 居住区的分级、布局及配套设施

居住区根据居住人口规模进行分级配套是居住区规划的基本原则，分级的主要目的是配置满足不同层次居民基本的物质与文化生活所需的相关设施，配置水平的主要依据是人口规模，现行的分级规模符合配套设施的经营和管理的经济合理性。能满足居民生活中三个不同层次的要求，即组团级的基层服务设施要求，如组团的绿地、便民店、车库等；小区级的对一套基本生活设施要求。如小学、社区服务等；居住区级对一整套物质与文化生活所需设施的要求。如百货商场、小型公园、中学、医院、文化活动中心等；也能满足配套设施的设置及经营要求，并能与现行城市的行政管理体制的社区和街道办相协调。因此，对居住区的分级、布局及配套设施分别规定如下。

1. 居住区的分级

居住区按居住户数及人口规模可分为居住区、小区和组团三级，各级标准控制规模，应符合表 10-1 规定。

第10章 建筑技术法规——城市居住区规划设计规范

表 10-1 居住区分级控制规模表

	居住区	小区	组团
户数(户)	10000～16000	3000～5000	300～1000
人口(人)	30000～50000	10000～15000	1000～3000

2. 居住区的规划布局形式

居住区规划布局形式是包括配套含义在内的规划布局结构形式，是属于规划设计手法。在满足与人口规模相应的配建设施总要求的前提下，其规划布局形式，可因地制宜，灵活多样，采用多种形式，使居住区规划设计更加丰富多彩、各具特色。

居住区的规划布局形式可采用居住区—小区—组团、居住区—组团、小区—组团及独立式组团等多种类型。

3. 居住区的配建设施

配建设施是指与人口规模或与住宅规模相对应配套建设的公共服务设施、道路和公共绿地的总称。

不同居住人口规模的居住区，应配置不同层次的配套设施，才能满足居民基本的物质与文化生活不同层次的要求，因而，配套设施的配建水平与指标必须与居住人口规模相对应，这是对不同规模居住区规划设计的共同要求，在规划布局形式上，可结合当地具体条件灵活掌握。在实际应用中，居住区级的配套往往通过上一层次规划来进行控制。如在总体规划、分区规划和控制性详细规划中，将与人口规模相对应的配建设施的总体指标，根据环境特点、服务范围和规划布局形式进行布置，确定主要公共设施、绿地系统和道路交通组织，形成完整的分级配套体系。居住区的配建设施规定如下。

居住区的配建设施，必须与居住人口规模相对应。其配建设施的面积总指标，可根据规划布局形式统一安排、灵活使用。

4. 居住区规划设计的基本原则

居住区的城市的主要组成部分，因而必须根据城市总体规划的要求，从全局出发，考虑居住区具体的规划设计。居住区规划设计是在一定的规划用地范围内进行，对其各种规划要素的考虑和确定，如日照标准、建筑间距、密度、建筑布局、道路、绿化和空间环境设计等。均与所在城市的特点，所处建筑气候的分区，规划用地现状条件及社会经济发展水平密切相关。对这些因素，在规划设计中，应全面充分考虑，为满足居民对物质和文化的需求及确保居民的安全的防灾、避灾，整体提高居住区规划设计水平，以便为居民创造良好的居住生活环境。

居住区的规划设计，应遵循下列基本原则。

(1) 符合城市总体规划的要求；

居住区是城市的重要组成部分，对城市市容、交通等影响较大，因此，必须根据城市总体规划要求，从全局出发考虑居住区具体的规划设计。

(2) 符合统一规划、合理布局、因地制宜、综合开发、配套建设的原则；

该原则是《城乡规划法》规定的，居住区规划应当坚决执行。

（3）综合考虑所在城市的性质、社会经济、气候、民族、习俗和传统风貌等地方特点和规划用地周围的环境条件，充分利用规划用地内有保留价值的河湖水域、地形地物、植被、道路、建筑物与构筑物等，并将其纳入规划；

（4）适应居民的活动规律，综合考虑日照、采光、通风、防灾、配建设施及管理要求，创造安全、卫生、方便、舒适和优美的居住生活环境；

城市居民一生中，约有三分之二的时间是在居住区内度过的，居住区规划设计应充分考虑居民的行为和活动要求，综合考虑居民对物质与文化，生理和心理、卫生与安全等的需求，为居民创造良好的居住生活环境。

（5）为老年人、残疾人的生活和社会活动提供条件；

我国人口老龄化逐年增长，老年人随着年龄的增长活动范围逐年缩小，是人生的自然规律；我国残疾人占有一定的比重，他们的活动范围不如健康人，是生理缺陷所致。因此，居住区规划设计应为残疾人就业，残疾人和老年人活动、社交、服务等提供方便、安全的居住生活条件，使老年人欢度晚年，使残疾人能与正常人一样享受国家、社会给予的生活保障。因此，在居住区规划设计中应对这一问题引起足够的重视。

（6）为工业化生产、机械化施工和建筑群体、空间环境多样化创造条件；

住宅建筑标准化，是建筑工业化、施工机械化和促进住宅产业化发展的重要条件。在规划设计中，应充分考虑建筑标准化与施工机械化的要求。同时，要结合规划用地和周围环境的特点，对建筑单体的选型、体量、色调等提出要求，并通过不同的布局手法、群体空间设计等，为建筑群体、空间环境多样化创造条件。

（7）为商品化经营、社会化管理及分期实施创造条件；

（8）充分考虑社会、经济和环境三方面的综合效益。

社会、经济和环境三方面的综合效益，是衡量和评价居住区规划设计优劣的综合标准，只有经济、合理、有效地使用规划范围内土地和空间，统一规划，综合开发，配套建设，才能提高经济、环境和社会效益。

居住区规划设计除符合本规范外，尚应符合国家现行的有关法律、法规和强制性标准的规定。

10.2 用地与建筑

10.2.1 居住区用地

1. 居住区规划总用地

居住区规划总用地，应包括居住区用地和其他用地两类。

居住区用地包括住宅用地、公建用地、道路用地和公共绿地，其他用地是指规划范围除居住区用地以外的各种用地，应包括非直接为本区居民配建的道路用地，其他单位用地，保留的自然村或不可建设用地等。

2. 居住区各项用地面积比例

居住区用地构成中，各项用地面积和所占比例应符合下列规定。

(1) 居住区用地平衡表的格式，应符合表10-2的要求。参与居住区用地平衡的用地应为构成居住区用地的四项用地，其他用地不参与平衡；

(2) 居住区内各项用地所占比例的平衡控制指标，应符合表10-2规定。

表10-2 居住区用地平衡控制指标

（%）

用地构成	居住区	小区	组团
1 住宅用地(R01)	50～60	55～65	70～80
2 公建用地(R02)	15～25	12～22	6～12
3 道路用地(R03)	10～18	9～17	7～15
4 公共绿地(R04)	7.5～18	5～15	3～6
居住区用地(R)	100	100	100

3. 人均居住区用地控制指标

人均居住区用地控制指标，应符合表10-3规定。

表10-3 人均居住区用地控制指标

m^2/人

居住规模	层 数	建筑气候区划		
		Ⅰ、Ⅱ、Ⅵ、Ⅶ	Ⅲ、Ⅴ	Ⅳ
居住区	低层	33～47	30～43	28～40
	多层	20～28	19～27	18～25
	多层、高层	17～26	17～26	17～26
小区	低层	30～43	28～40	26～37
	多层	20～28	19～26	18～25
	中高层	17～24	15～22	14～20
	高层	10～15	10～15	10～15
组团	低层	25～35	23～32	21～30
	多层	16～23	15～22	14～20
	中高层	14～20	13～18	12～16
	高层	8～11	8～11	8～11

注：本表各项指标按每户3.2人计算。

10.2.2 居住区建筑

居住区内建筑应包括住宅建筑和公共服务设施建筑(也称公建)两部分；在居住区规划用地内的其他建筑的设置，应符合无污染不扰民的要求。

10.3　规划布局与空间环境

10.3.1　规划布局的原则

居住区规划布局的目的，是通过不同的规划手法和处理方式，将规划的住宅、公建、道路和绿地等进行全面、系统的组织、安排，落实到规划用地范围内的恰当位置，为居民创造良好的居住生活环境。因此，要求居住区的规划布局，应综合考虑周边环境、路网结构、公建与住宅布局、群体组合、绿地系统及空间环境等的内在联系，构成一个完善的、相对独立的有机整体，并应遵循下列原则。

(1) 方便居民生活，有利安全防卫和物业管理。
(2) 组织与居住人口规模相对应的公共活动中心，方便经营、使用和社会化服务。
(3) 合理组织人流、车流和车辆停放，创造安全、安静、方便的居住环境。

10.3.2　居住区空间与环境设计原则

我国已建的许多居住区，只讲平面布置，轻视空间环境，造成居住区南北不分、千人一面、平淡无味，远远不能满足居民生活水平和文化素养的提高对空间与环境的要求。为此，居住区的空间与环境设计，应从城市规划角度，结合居住区规划设计特点，构思具有特色的居住空间和环境设计，并应遵循下列原则。

(1) 规划布局和建筑应体现地方特色，与周围环境相协调。

建筑设计和群体布置多样化，是居住区规划设计的主要内容。要达到多样化的目的，首先应体现地方特色和建筑物的个性，根据整体构思，将平面和空间结合，使居住区空间层次丰富，相互协调。

(2) 合理设置公共服务设施，避免烟、气(味)、尘及噪声对居民的污染和干扰。

公共服务设施是为了满足居民生活基本需求而配建的。配建的公共服务设施应设置合理、使用方便、避免烟尘及噪声对环境的污染和干扰，保持居住环境的安静和整洁。

(3) 精心设置建筑小品，丰富与美化环境。

居住区的户外空间，特别是宅间庭院应精心设计，把户外空间绿化和建筑小品设置结合起来，如花坛、水池、亭廊等建筑小品设置得当，可点缀并衬托群体建筑和丰富空间，美化环境。

(4) 注重景观和空间的完整性，市政公用站点等宜与住宅或公建结合安排；供电、电讯、路灯等管线宜地下埋设。

居民是居住区的主体，应以居民为本，满足居民生活对环境景观和建筑空间的要求，处理好建筑、道路、广场、院落、绿地、建筑小品之间及其与人的活动之间在户外空间的相互关系，使居住区成为有机的整体和空间层次协调的群体。

(5) 公共活动空间的环境设计，应处理好建筑、道路、广场、院落、绿地和建筑小品之间及其与人的活动之间的相互关系。

10.3.3　便于寻访、识别和街道命名

为了便于来访者寻找，在居住区规划布局上应有利于街道的命名，合理设置建筑小品，是增强识别力的有效方法之一，也是对环境的美化，并使体型和大小与周围建筑、庭院尺度相协调。

10.3.4　重点文物和历史文化保护要求

位于居住区内的各级文物保护单位和古树名木，必须依照《文物保护法》和《城市绿化条例》的有关规定予以保护，居住区规划应按法律、法规要求进行规划设计。重点文物和历史文化保护应符合下列规定：

在重点文物保护单位和历史文化保护区保护规划范围内进行住宅建设，其规划设计必须遵循保护规划的指导；居住区内的各级文物保护单位和古树名木必须依法予以保护；在文物保护单位的建设控制地带内的新建建筑和构筑物，不得破坏文物保护单位的环境风貌。

10.4　住　　宅

10.4.1　住宅建筑的规划设计要求

住宅建筑的规划设计应综合考虑住宅用地的自然条件、用地状况、住宅层数、建筑密度、住宅选型、住宅朝向、日照间距以及使用者的需要等因素，确定建筑布置方式、组团间的组合方式和大小套间等。住宅建筑设计应符合下列规定：

(1) 住宅建筑的规划设计，应综合考虑用地条件、选型、朝向、间距、绿地、层数与密度、布置方式、群体组合、空间环境和不同使用者的需要等因素确定。

(2) 宜安排一定比例的老年人居住建筑。

10.4.2　住宅间距

住宅建筑间距分正面间距和侧面间距，凡泛称的住宅间距系指正面间距。建筑间距以满足日照要求为基础，综合考虑采光、通风、消防、管线埋设、视觉卫生和空间环境等要求为原则，确定建筑间距，规定如下。

1. 住宅日照标准

决定住宅日照标准的主要因素是居住区所处的城市规模大小、地理纬度及其气候特征。我国地域广大，由于所处的纬度不同，北方和南方日照间距差异较大，北方要达到日照标准的难度也较大。由于大城市用地紧张，同一地理纬度的同一日照标准，中小城市能达到的，大城市可能很难达到。为了使日照标准符合国情，将冬至日和大寒日作为两级标准日，

按照气候分区和城市规模大小，将日照标准分为3个档次。

住宅日照标准应符合表10-4规定，对于特定情况还应符合下列规定：
(1) 老年人居住建筑不应低于冬至日日照2小时的标准；
(2) 在原设计建筑外增加任何设施不应使相邻住宅原有日照标准降低；
(3) 旧区改建的项目内新建住宅日照标准可酌情降低，但不应低于大寒日日照1小时的标准。

2. 正面间距

可按日照标准确定的不同方位的日照间距系数控制，也可采用表10-5不同方位间距折减系数换算。

表10-4 住宅建筑日照标准

建筑气候区划	Ⅰ、Ⅱ、Ⅲ、Ⅶ气候区		Ⅳ气候区		Ⅴ、Ⅵ气候区
	大城市	中小城市	大城市	中小城市	
日照标准日	大寒日			冬至日	
日照时数(h)	≥2		≥3	≥1	
有效日照时间带(h)	8~16			9~15	
日照时间计算起点	底层窗台面				

注：底层窗台面是指距室内地坪0.9m高的外墙位置。

表10-5 不同方位间距折减换算表

方位	0°~15°(含)	15°~30°(含)	30°~45°(含)	45°~60°(含)	>60°
折减值	1.0L	0.9L	0.8L	0.9L	0.95L

注：① 表中方位为正南向(0°)偏东、偏西的方位角。
② L 为当地正南向住宅的标准日照间距(m)。
③ 本表指标仅适用于无其他日照遮挡的平行布置条式住宅之间。

3. 住宅侧面间距

应符合下列规定：
(1) 条式住宅，多层之间不宜小于6m；高层与各种层数住宅之间不宜小于13m；
(2) 高层塔式住宅、多层和中高层点式住宅与侧面有窗的各种层数住宅之间应考虑视觉卫生因素，适当加大间距。

10.4.3 住宅布置

住宅建筑的规划布置是居住区规划的主要内容，住宅用地约占居住区用地的50%，住宅建筑面积约占居住区总建筑面积的80%以上，住宅的建筑风格对于体现城市风貌也起着重要作用。为此，住宅应位于环境良好地段，布置合理紧凑，居民出入安全。老年人住宅宜靠近公共绿地和相应设施。住宅的户型及面积应满足不同层次居民的需求，并适应住宅商品化发展的要求。住宅布置，应符合下列规定：

(1) 选用环境条件优越的地段布置住宅，其布置应合理紧凑；
(2) 面街布置的住宅，其出入口应避免直接开向城市道路和居住区级道路；
(3) 在Ⅰ、Ⅱ、Ⅵ、Ⅶ建筑气候区，主要应利于住宅冬季的日照、防寒、保温与防风沙的侵袭；在Ⅲ、Ⅳ建筑气候区，主要应考虑住宅夏季防热和组织自然通风、导风入室的要求；
(4) 在丘陵和山区，除考虑住宅布置与主导风向的关系外，尚应重视因地形变化而产生的地方风对住宅建筑防寒、保温或自然通风的影响；
(5) 老年人居住建筑宜靠近相关服务设施和公共绿地；
(6) 住宅的设计标准，应符合现行国家标准《住宅设计规范》的规定，宜采用多种户型和多种面积标准。

10.4.4 住宅层数

住宅的层数影响到土地开发强度、利用率及空间环境，住宅层数指标是居住区考核指标之一，住宅层数，应符合下列规定：

(1) 根据城市规划要求和综合经济效益，确定经济的住宅层数与合理的层数结构；
(2) 无电梯住宅不应超过六层。在地形起伏较大的地区，当住宅分层入口时，可按进入住宅后的单程上或下的层数计算。

10.4.5 住宅建筑净密度

住宅建筑净密度是指住宅建筑基地总面积与住宅用地面积的比率(%)。

建筑净密度是居住区规划重要指标，影响这一指标的因素是建筑层数和决定建筑日照的地理纬度与建筑气候分区。住宅建筑的净密度越大，空地率就越低，绿化环境质量也相应降低。为了提高居住环境质量，住宅净密度，应符合下列规定：

1. 住宅建筑净密度控制指标

住宅建筑净密度的最大值，不应超过表 10-6 的规定。

表 10-6 住宅建筑净密度控制指标

%

op	建筑气候区划		
	Ⅰ、Ⅱ、Ⅵ、Ⅶ	Ⅲ、Ⅴ	Ⅳ
低层	35	40	43
多层	28	30	32
中高层	25	28	30
高层	20	20	33

注：混合层取两者的指标值作为控制指标的上、下限值。

2. 住宅建筑面积净密度控制指标

住宅建筑面积净密度是指每公顷住宅用地上拥有的住宅建筑面积(万 m^2/hm^2)。这是决定居住区居住密度的重要指标,由于住宅用地在居住用地中约占一半,因而在一定的住宅用地上,该指标越高,居住密度相应也高,影响这一指标的决定因素主要是住宅层数和决定日照间距的地理纬度与建筑气候区,以此作为分类的依据。

鉴于我国目前存在以提高密度最大可能来提高经济效益,而不顾环境质量的现状。因此,规定了建筑面积密度最大值控制指标。

住宅建筑面积净密度的最大值,不宜超过表 10-7 的规定。

表 10-7 住宅建筑面积净密度控制指标

万 m^2/hm^2

住宅层数	建筑气候区划		
	Ⅰ、Ⅱ、Ⅵ、Ⅶ	Ⅲ、Ⅴ	Ⅳ
低层	1.10	1.20	1.30
多层	1.70	1.80	1.90
中高层	2.00	2.20	2.40
高层	3.50	3.50	3.50

注:①混合层取两者的指标值作为控制指标的上、下限值;

②本表不计入地下层面积。

10.5 公共服务设施

公共服务设施是居住区配建设施的总称,共分为八类,他的配建水平必须与居住区人口规模相对应。配套公建的分类及配建水平,配套公建项目及配建指标应符合下列规定。

10.5.1 配套公建分类及配建指标

1. 配套公建分类及配建水平

(1) 居住区公共服务设施(也称配套公建),应包括:教育、医疗卫生、文化体育、商业服务、金融邮电、社区服务、市政公用和行政管理及其他八类设施。

(2) 居住区配套公建的配建水平,必须与居住人口规模相对应,并应与住宅同步规划、同步建设和同时投入使用。

2. 配套公建项目及配建指标

居住区公共服务设施的配建,主要反映在配建的项目和面积指标两个方面,而这两个方面确定的依据,主要是考虑居民在物质与文化生活方面多层次的需要,配建项目和面积与其服务的人口规模相对应时,才能方便居民使用和发挥最大的经济效益。

1) 公建项目与配建指标

居住区配套公建的项目，应符合规定。配建指标，应以表 10-8 规定的千人总指标和分类指标控制，并应遵循下列原则：

表 10-8 公共服务设施控制指标

m²/千人

居住规模类别		居 住 区		小 区		组 团	
		建筑面积	用地面积	建筑面积	用地面积	建筑面积	用地面积
总指标		1668～3293 (2228～4213)	2172～5559 (2762～6329)	968～2397 (1338～2977)	1091～3835 (1491～4585)	362～856 (703～1356)	488～1058 (868～1578)
其中	教育	600～1200	1000～2400	330～1200	700～2400	160～400	300～500
	医疗卫生(含医院)	78～198 (178～398)	138～378 (298～548)	38～98	78～228	6～20	12～40
	文体	125～245	225～645	45～75	65～105	18～24	40～60
	商业服务	700～910	600～940	450～570	100～600	150～370	100～400
	社区服务	59～464	76～668	59～292	76～328	19～32	16～28
	金融邮电(含银行、邮电局)	20～30 (60～80)	25～50	16～22	22～34	—	—
	市政公用(含居民存车处)	40～150 (460～820)	70～360 (500～960)	30～140 (400～720)	50～140 (450～760)	9～10 (350～510)	20～30 (400～550)
	行政管理及其他	46～96	37～72	—	—	—	—

注：① 居住区级指标含小区和组团级指标，小区级含组团级指标；
② 公共服务设施总用地的控制指标应符合表 10-2 规定；
③ 总指标未含其他类，使用时应根据规划设计要求确定本类面积指标；
④ 小区医疗卫生类未含门诊所；
⑤ 市政公用类未含锅炉房。在采暖地区应自行确定。

2) 公建项目的配套原则

(1) 各地应按表 10-7 中规定所确定的有关项目及其具体指标控制；

(2) 在使用时可根据规划布局形式和规划用地四周的设施条件，对配建项目进行合理的归并、调整，但不应少于与其居住人口规模相对应的千人总指标；

(3) 当规划用地内的居住人口规模界于组团和小区之间或小区和居住区之间时，除配建下一级应配建的项目外，还应根据所增人数及规划用地周围的设施条件，增配高一级的有关项目及增加有关指标；

(4) 旧区改建和城市边缘的居住区，其配建项目与千人总指标可酌情增减，但应符合当地城市规划行政主管部门的有关规定；

(5) 凡国家确定的一、二类人防重点城市均应按国家人防部门的有关规定配建防空地下室，并应遵循平战结合的原则，与城市地下空间规划相结合，统筹安排。将居住区使用部分的面积，按其使用性质纳入配套公建；

(6) 居住区配套公建各项目的设置要求，应符合规定。对其中的服务内容可酌情选用。

10.5.2 配套公建项目的规划布局及公共停车场要求

1. 配套公建项目的规划布局

居住区配套公建各项目的规划布局，应主要根据居民对公共建筑使用的频繁程度、人口规模、成套配置和集中与分散相结合的原则进行。要求各级公共建筑应有合理的服务半径,且位于交通方便、人流集中,并与公共绿地相邻的地段,以便于居民的使用。因此,居住区配套公建各项目的规划布局,应符合下列规定:

(1) 根据不同项目的使用性质和居住区的规划布局形式,应采用相对集中与适当分散相结合的方式合理布局。并应利于发挥设施效益,方便经营管理、使用和减少干扰;

(2) 商业服务与金融、邮电、文体等有关项目宜集中布置,形成居住区各级公共活动中心;

(3) 基层服务设施的设置应方便居民,满足服务半径的要求;

(4) 配套公建的规划布局和设计应考虑发展需要。

2. 配建公共停车场要求

居住区停车场应合理设置,其位置应尽量靠近相关的主体建筑或设施,以方便使用并减少对道路上车辆交通的干扰。为了节约用地,在用地紧张的地区或楼层较高的公共建筑地段,应尽可能地采用多层停车楼或地下停车库。配建停车位的控制指标均是最小的配建数值,条件较好的地区,应结合具体条件,可以适当增加车位,以适应居住区车辆交通发展的需要。

居住区内公共活动中心、集贸市场和人流较多的公共建筑,必须相应配建公共停车场(库),并应符合下列规定:

(1) 配建公共停车场(库)的停车位控制指标,应符合表10-9的规定。

(2) 配建公共停车场(库)应就近设置,并宜采用地下或多层车库。

表10-9 配建公共停车场(库)停车位控制指标

名 称	单 位	自行车	机动车
公共中心	车位/100m^2建筑面积	大于或等于7.5	大于或等于0.45
商业中心	车位/100m^2营业面积	大于或等于7.5	大于或等于0.45
集贸市场	车位/100m^2营业场地	大于或等于7.5	大于或等于0.30
饮食店	车位/100m^2营业面积	大于或等于3.6	大于或等于0.30
医院、门诊所	车位/100m^2建筑面积	大于或等于1.5	大于或等于0.30

注:① 本表机动车停车车位以小型汽车为标准当量表示;
② 其他各型车辆停车位的换算办法,应符合本规范第10.11节中有关规定。

10.6 绿 地

居住区绿地是城市绿地系统的重要组成部分,其面广量大,与居民关系密切。居住区绿化是为居民创造卫生、安静、安全、舒适、美观的居住环境必不可少的重要因素。他不仅有改善小区气候、净化空气、减少污染、降低噪声等作用,而且在组织居住区建筑群体空间的多样化和赋以居住区地方特色方面也有其独特的作用。一个美好的绿化环境,还是人们消除疲劳、振奋精神、开展文化娱乐和休闲的场所。

居住区绿地的规定，是总结分析了我国居住区规划设计的实践经验和存在的问题，对居住区的绿地组成、绿地规划的一般要求、规划布局的原则、绿地面积的计算方法、公共绿地的分级、公共绿地的总指标等做了如下的规定。

10.6.1 居住区绿地组成及要求

1. 绿地组成

公共绿地是指满足规定的日照要求，适合于安排游憩活动的设施，供居民共享的集中绿地，包括居住区公园、小游园和组团绿地及其块状、带状绿地等。

居住区内绿地，应包括公共绿地、宅旁绿地、配套公建所属绿地和道路绿地，其中包括了满足当地植树绿化覆土要求，方便居民出入的地上或半地下建筑的屋顶绿地。

2. 绿地要求

居住区内绿地应符合下列规定：
(1) 一切可绿化的用地均应绿化，并宜发展垂直绿化；
(2) 宅间绿地应精心规划与设计；宅间绿地面积计算办法应符合有关规定；
(3) 绿地率：新区建设不应低于30%；旧区改建不宜低于25%。

10.6.2 居住区绿地规划

居住区内的绿地规划，应根据居住区的规划布局形式、环境特点及用地的具体条件，采用集中与分散相结合，点、线、面相结合的绿地系统，并宜保留和利用规划范围内的已有树木和绿地。

1. 居住区公共绿地

居住区内的公共绿地，应根据居住区不同的规划布局形式，设置相应的中心绿地，以及老年人、儿童活动场地和其他的块状、带状公共绿地等，并应符合下列规定。
(1) 中心绿地的设置应符合下列规定。
① 符合表10-10规定，表内"设置内容"可视具体条件选用；

表10-10 各级中心公共绿地设置规定

中心绿地名称	设置内容	要 求	最小规模(hm^2)
居住区公园	花木草坪、花坛水面、凉亭雕塑、小卖茶座、老幼设施、停车场地和铺装地面等	园内布局应有明确的功能划分	1.0
小游园	花木草坪、花坛水面、雕塑、儿童设施和铺装地面等	园内布局应有一定的功能划分	0.40
组团绿地	花木草坪、桌椅、简易儿童设施	灵活布局	0.04

② 至少应有一个边与相应级别的道路相邻；

③ 绿化面积(含水面)不宜小于70%；

④ 便于居民休憩、散步和交往之用，宜采用开敞式，以绿篱或其他通透式院墙栏杆作分隔；

⑤ 组团绿地的设置应满足有不少于 1/3 的绿地面积在标准的建筑日照阴影线范围之外的要求，并便于设置儿童游戏设施和适于成人游憩活动。其中院落式组团绿地的设置还应同时满足表10-11中的各项要求，其面积计算起止界应符合本规范第10.11节中有关规定。

表10-11　院落式组团绿地设置规定

封闭型绿地		开敞型绿地	
南侧多层楼	南侧高层楼	南侧多层楼	南侧高层楼
$L \geqslant 1.5L_2$	$L \geqslant 1.5L_2$	$L \geqslant 1.5L_2$	$L \geqslant 1.5L_2$
$L \geqslant 1.5m$	$L \geqslant 50m$	$L \geqslant 30m$	$L \geqslant 50m$
$S_1 \geqslant 800m^2$	$S_1 \geqslant 1800m^2$	$S_1 \geqslant 500m^2$	$S_1 \geqslant 1200m^2$
$S_2 \geqslant 1000m^2$	$S_2 \geqslant 2000m^2$	$S_2 \geqslant 600m^2$	$S_2 \geqslant 1400m^2$

注：L——南北两楼正面间距(m)；

　　L_2——当地住宅的标准日照间距(m)；

　　S_1——北侧为多层楼的组团绿地面积(m^2)；

　　S_2——北侧为高层楼的组团绿地面积(m^2)。

(2) 其他块状、带状公共绿地应同时满足宽度不小于8m、面积不小于$400m^2$和本条第(1)款②、③、④项及第⑤项中的日照环境要求。

(3) 公共绿地的位置和规模，应根据规划用地周围的城市级公共绿地的布局综合确定。

2. 公共绿地的总指标

居住区内公共绿地的总指标，应根据居住人口规模分别达到：组团不少于$0.5m^2$/人，小区(含组团)不少于$1m^2$/人，居住区(含小区与组团)不少于$1.5m^2$/人，并应根据居住区规划布局形式统一安排、灵活使用。旧区改建可酌情降低，但不得低于相应指标的70%。

10.7　道　　路

10.7.1　居住区道路规划

道路是居住区的组成部分，道路规划在很大程度上影响到居民出行方便和安全，为了给居民提供方便、安全、舒适的和优美的居住生活环境，居住区的道路规划，应遵循下列原则：

(1) 根据地形、气候、用地规模、用地四周的环境条件、城市交通系统以及居民的出行方式，应选择经济、便捷的道路系统和道路断面形式。

影响居住区道路规划的因素是多方面的，主要是居住人口规模、规划布局形式、周围交通条件、居民出行方式、地区气候条件以及城市交通系统特征、交通设施发展水平等。

在居住区道路网的规划中应结合当地的实际情况,综合考虑居住区内各项建筑及设施布置要求,使路网分隔的各个地块,能合理的安排不同功能要求的建筑,并使道路系统便捷,居民使用安全方便。

(2) 小区内应避免过境车辆的穿行,道路通而不畅,避免往返迂回,并适于消防车、救护车、商店货车和垃圾车等的通行。

居住区的主要道路特别是小区路、组团路既要顺畅,又要避免外部车辆的穿行。因此,道路网要避免四通八达的格局。小区道路对外联系应通而不畅,避免往返迂回。小区道路的线形应尽可能顺畅,避免生硬弯折,以方便消防、救护、搬家、清运垃圾等机动车辆的出入和转弯,并应避免过境车辆穿越小区或组团。小区道路规划应有利于道路的命名及有规律地编排楼门号,并应减少道路长度和道路用地。

(3) 有利于居住区内各类用地的划分和有机联系,以及建筑物布置的多样化。

居住区内部道路承担着分隔地块及联系不同功能用地的双重职能,良好的道路骨架不仅能为各种设施的合理安排提供适宜的地块,也可为建筑物、公共绿地等的布置及创造有特色的环境空间提供了有利条件。道路路网规划与建筑、公共绿地及各类设施的布置,往往彼此制约、互为因果,只有通过多次反复,才能确定最佳的路网布置方式及建筑物布置的多样化。

(4) 当公共交通线路引入居住区级道路时,应减少交通噪声对居民的干扰。

随着城市社会经济的发展,改善生活环境已日益引起人们的关注,深受环境污染、交通和噪声干扰的居民,都渴望有个安全、安静的居住环境。因此,居住区内部的道路规划应注意避免吸引外来车辆及行人的进出和穿行,以保证居住区的良好环境。

(5) 在地震烈度不低于六度的地区,应考虑防灾救灾要求。

道路规划要与抗震防灾、救灾规划相结合,应考虑人员避震疏散的需要,道路规划必须保证有通畅的通道,以便发生灾害时,能保证消防、救火、工程救险等车辆的出入,最大限度地减少灾害的损失。

(6) 满足居住区的日照、通风和地下工程管线的埋设要求。

居住区内部道路的走向对通风、日照有很大的影响。道路是通风的走廊,合理的道路骨架有利于创造良好的居住卫生环境。同时,居住区地上及地下管线一般都沿道路两侧敷设,完善的道路系统有利于管线的综合布置,且能简化管线结构和缩短管线长度。

(7) 城市旧区改建,其道路系统应充分考虑原有道路特点,保留和利用有历史文化价值的街道。

在城市旧区改建区,道路规划应考虑旧城市地上地下建筑及市政条件,避免大拆大改而增加的改建投资。在需要保护的历史文化名城及有历史价值的传统风貌地段,必须尽量保留原有道路的格局,并结合规划要求使传统道路格局与现代城市交通组织及设施相协调。

(8) 应便于居民汽车的通行;同时保证行人、骑车人的安全便利。

10.7.2 居住区内道路分级、宽度及纵坡

1. 道路分级及其宽度

居住区道路根据其使用功能、宽度等因素将居住区道路分为:居住区道路、小区路、

组团路和宅间小路四级。各级道路的宽度主要根据交通方式、交通工具、交通量及市政管线的敷设要求确定，对于重要地段还应考虑环境和景观的要求而做局部调整。各级道路宽度，应符合下列规定：

(1) 居住区道路：红线宽度不宜小于20m；

(2) 小区路：路面宽6～9m，建筑控制线之间的宽度，需敷设供热管线的不宜小于14m；无供热管线的不宜小于10m；

(3) 组团路：路面宽3～5m，建筑控制线之间的宽度，需敷设供热管线的不宜小于10m；无供热管线的不宜小于8m；

(4) 宅间小路：路面宽不宜小于2.5m；

(5) 在多雪地区，应考虑堆积清扫道路积雪的面积，道路宽度可酌情放宽，但应符合当地城市规划行政主管部门的有关规定。

2. 道路纵坡

居住区道路的最大纵坡控制指标是为了保证车辆行驶的极限值，在一般情况下尽量少出现，尤其是在多冰雪地区、地形起伏大以及海拔高于3000米等地区要严格控制。机动车道的最大纵坡其相应的限制坡长规定，为的是保证司机的正常驾驶状态，而不至于产生心理紧张，防止事故发生。

居住区内道路纵坡，应符合下列规定：

(1) 居住区内道路纵坡控制指标应符合表10-12规定；

表10-12　居住区内道路纵坡控制指标

%

道路类别	最小纵坡	最大纵坡	多雪严寒地区最大纵坡
机动车道	≥0.2	≤8.0 L≤200m	≤5 L≤600m
非机动车道	≥0.2	≤3.0 L≤50m	≤2 L≤100m
步行道	≥0.2	≤8.0	≤4

注：L为坡长(m)。

(2) 机动车与非机动车混行的道路，其纵坡宜按非机动车道要求，或分段按非机动车道要求控制。

3. 山区和丘陵地区的道路系统规划

在山区丘陵地区，由于地形起伏较大，居住区道路系统的规划应密切结合当地地形，因地制宜，合理布置，节约土方，节约用地，以达安全、实用、经济之目的。

山区和丘陵地区的道路系统规划设计，应遵循下列原则：

(1) 车行与人行宜分开设置自成系统；

(2) 路网格式应因地制宜；

(3) 主要道路宜平缓；

(4) 路面可酌情缩窄，但应安排必要的排水边沟和会车位，并应符合当地城市规划行政主管部门的有关规定。

10.7.3 居住区道路与停车场设置

1. 居住区内道路设置

为了保证居住区道路与城市有良好的交通联系，小区对外出入口不应少于两个，为的是不使小区道路呈尽端式布置，以保证消防、救灾、疏散的需要。居住区道路与城市道路相交时，尽量采用正交，以简化路口的交通组织。道路设置应方便残疾人、老年人使用，做到安全、短捷，方便居民使用。

居住区内道路设置，应符合下列规定：

(1) 小区内主要道路至少应有两个出入口；居住区内主要道路至少应有两个方向与外围道路相连；机动车道对外出入口间距不应小于150m。沿街建筑物长度超过150m时，应设不小于4m×4m的消防车通道。人行出口间距不宜超过80m，当建筑物长度超过80m时，应在底层加设人行通道；

(2) 居住区内道路与城市道路相接时，其交角不宜小于75°；当居住区内道路坡度较大时，应设缓冲段与城市道路相接；

(3) 进入组团的道路，既应方便居民出行和利于消防车、救护车的通行，又应维护院落的完整性和利于治安保卫；

(4) 在居住区内公共活动中心，应设置为残疾人通行的无障碍通道。通行轮椅车的坡道宽度不应小于2.5m，纵坡不应大于2.5%；

(5) 居住区内尽端式道路的长度不宜大于120m，并应在尽端设不小于12m×12m的回车场地；

(6) 当居住区内用地坡度大于8%时，应辅以梯步解决竖向交通，并宜在梯步旁附设推行自行车的坡道；

(7) 在多雪严寒的山坡地区，居住区内道路路面应考虑防滑措施；在地震设防地区，居住区内的主要道路，宜采用柔性路面；

(8) 居住区内道路边缘至建筑物、构筑物的最小距离，应符合表10-13规定。

表10-13 道路边缘至建、构筑物最小距离

m

与建、构筑物关系	道路级别		居住区道路	小区路	组团路及宅间小路
建筑物面向道路	无出入口	高层	5	3	2
		多层	3	3	2
	有出入口		—	5	2.5
建筑物山墙面向道路		高层	4	2	1.5
		多层	2	2	1.5
围墙面向道路			1.5	1.5	1.5

注：居住区道路的边缘指红线；小区路、组团路及宅间小路的边缘指路面边线；当小区路设有人行便道时，其道路边缘指便道边线。

2. 居住区内停车场(库)

我国居民小汽车的使用比例逐年提高，居住区内汽车停放已成为普遍问题，由于各地发展经济水平不同，对于停车场(库)需求各异，本规范只规定了汽车停车率不应小于10%的下限，对上限指标未作规定，可根据实际情况适当增加，以解决停车难的问题。

居住区内必须配套设置居民汽车(含通勤车)停车场、停车库，并应符合下列规定：

(1) 居民汽车停车率不应小于10%；
(2) 居住区内地面停车率(居住区内居民汽车的停车位数量与居住户数的比率)不宜超过10%；
(3) 居民停车场、库的布置应方便居民使用，服务半径不宜大于150m；
(4) 居民停车场、库的布置应留有必要的发展余地。

10.8 竖 向

10.8.1 居住区竖向规划

居住区竖向规划设计应综合利用地形及工程地质、水文地质条件，因地制宜，合理布局道路、建筑、绿地、工程管线，确定场地标高、建筑室内外地坪标高及其场地坡度，使场地地面的雨水顺畅地排除。

居住区的竖向规划，应包括地形地貌的利用、确定道路控制高程和地面排水规划等内容，并应遵循下列原则：

(1) 合理利用地形地貌，减少土方工程量；
(2) 各种场地的适用坡度，应符合表10-14规定；

表10-14 各种场地的适用坡度

%

场地名称	适用坡度
密实性地面和广场	0.3～3.0
广场兼停车场	0.2～0.5
室外场地：	
1.儿童游戏场	0.3～2.5
2.运动场	0.2～0.5
3.杂用场地	0.3～2.9
绿地	0.5～1.0
湿陷性黄土地面	0.5～7.0

(3) 满足排水管线的埋设要求；
(4) 避免土壤受冲刷；
(5) 有利于建筑布置与空间环境的设计；
(6) 对外联系道路的高程应与城市道路标高相衔接。

当自然地形坡度大于8%时，居住区地面连接形式宜选用台地式，台地之间应用挡土墙或护坡连接。

10.8.2 居住区内地面排水系统

居住区地面排雨水的方式有明沟排水系统、暗管排水系统、混合排水系统。为了居住区有良好的环境景观,一般宜采用暗管排水方式。

居住区内地面水的排水系统,应根据地形特点设计。在山区和丘陵地区还必须考虑排洪要求。地面水排水方式的选择,应符合以下规定:

(1) 居住区内应采用暗沟(管)排除地面水;
(2) 在埋设地下暗沟(管)极不经济的陡坎、岩石地段,或在山坡冲刷严重,管沟易堵塞的地段,可采用明沟排水。

10.9 管线综合

管线综合是居住区规划设计中必不可少的组成部分,管线综合的目的是在符合各种管线技术规范的前提下,统筹安排各自的合理空间,解决各管线之间或管线与建筑物、构筑物、道路、绿化之间的矛盾,使之各得其所,并为各种管线的设计、施工及管理提供了良好的条件。居住区管线的综合应符合下列规定。

10.9.1 管线综合规划

1. 管线设置

居住区内应设置给水、污水、雨水和电力管线,在采用集中供热居住区内还应设置供热管线,同时还应考虑燃气、通讯、电视公用天线、闭路电视、智能化等管线的设置或预留埋设位置。

2. 管线综合规划

居住区内各类管线的设置,应编制管线综合规划,并应符合下列规定:

(1) 必须与城市管线衔接;
(2) 应根据各类管线的不同特性和设置要求综合布置。各类管线相互间的水平与垂直净距,宜符合表10-15和表10-16的规定;

表10-15 各种地下管线之间最小水平净距

m

管线名称		给水管	排水管	燃气管③			热力管	电力电缆	电信电缆	电信管道
				低压	中压	高压				
排水管		1.5	1.5	—	—	—	—	—	—	—
燃气管③	低压	0.5	1.0	—	—	—	—	—	—	—
	中压	1.0	1.5	—	—	—	—	—	—	—
	高压	1.5	2.0	—	—	—	—	—	—	—

续表

管线名称	给水管	排水管	燃气管③			热力管	电力电缆	电信电缆	电信管道
			低压	中压	高压				
热力管	1.5	1.5	1.0	1.5	2.0	—	—	—	—
电力电缆	0.5	0.5	0.5	1.0	1.5	2.0	—	—	—
电信电缆	1.0	1.0	0.5	1.0	1.5	1.0	0.5	—	—
电信管道	1.0	1.0	1.0	1.0	2.0	1.0	1.2	0.2	—

注：① 表中给水管与排水管之间的净距适用于管径小于或等于200mm的情况，当管径大于200mm时应大于或等于3.0m；

② 大于或等于10KV的电力电缆与其他任何电力电缆之间应大于或等于0.25m，如加套管，净距可减至0.1m；小于10KV电力电缆之间应大于或等于0.1m；

③ 低压燃气管的压力为小于或等于0.005mpa，中压为0.005～0.3mpa，高压为0.3～0.8mpa。

表10-16 各种地下管线之间最小垂直净距

m

管线名称	给水管	排水管	燃气管	热力管	电力电缆	电信电缆	电信管道
给水管	0.15						
排水管	0.4	0.15					
燃气管	0.15	0.15	0.15				
热力管	0.15	0.15	0.15	0.15			
电力电缆	0.15	0.5	0.5	0.5	0.5		
电信电缆	0.2	0.5	0.5	0.15	0.5	0.25	0.25
电信管道	0.1	0.15	0.15	0.15	0.5	0.25	0.25
明沟沟底	0.5	0.5	0.5	0.5	0.5	0.5	0.5
涵洞基底	0.15	0.15	0.15	0.15	0.5	0.2	0.25
铁路轨底	1.0	1.2	1.0	1.2	1.0	1.0	1.0

（3）宜采用地下敷设方式的地下管线的走向，宜沿道路或与主体建筑平行布置，并力求线型顺直、短捷和适当集中，尽量减少转弯，并应使管线之间及管线与道路之间尽量减少交叉；

（4）最小水平间距应考虑不影响建筑物安全和防止管线受腐蚀、沉陷、震动及重压。各种管线与建筑物和构筑物之间的最小水平间距，应符合表10-17规定。

表10-17 各种管线与建、构筑物之间的最小水平间距

m

管线名称	建筑物基础	通信照明地上杆柱(中心)			铁路(中心)	城市道路侧石边缘	公路边缘
		<10kv	小于或等于35kv	>35kv			
给水管	3.0	0.5	3.0		5.0	1.5	1.0
排水管	2.5	0.5	1.5		5.0	1.5	1.0

续表

管线名称		建筑物基础	通信照明地上杆柱(中心)			铁路(中心)	城市道路侧石边缘	公路边缘
			<10kv	小于或等于35kv	>35kv			
燃气管	低压	1.5	1.0	1.0	5.0	3.75	1.5	1.0
	中压	2.0				3.75	1.5	1.0
	高压	4.0				5.00	2.5	1.0
热力管		直埋2.5	1.0	2.0	3.0	3.75	1.5	1.0
		地沟0.5						
电力电缆		0.6	0.6	0.6	0.6	3.75	1.5	1.0
电信电缆		0.6	0.5	0.6	0.6	3.75	1.5	1.0
电信管道		1.5	1.0	1.0	1.0	3.75	1.5	1.0

注：① 表中给水管与城市道路侧石边缘的水平间距 1.0m，适用于管径小于或等于 200mm，当管径大于 200mm 时应大于或等于 1.5m；
② 表中给水管与围墙或篱笆的水平间距 1.5m，是适用于管径小于或等于 200mm，当管径大于 200mm 时应大于或等于 2.5m；
③ 排水管与建筑物基础的水平间距，当埋深浅于建筑物基础时应大于或等于 2.5m；
④ 表中热力管与建筑物基础的最小水平间距，对于地沟敷设的热力管道为 0.5m，对于直埋闭式热力管道管径小于或等于 250mm 时为 2.5m，管径大于或等于 300mm 时为 3.0m，对于直埋开式热力管道为 5.0m。

10.9.2 管线的埋设顺序及矛盾时的处理原则

1. 各种管线的埋设顺序

各种管线的埋设顺序应符合下列规定：

(1) 离建筑物的水平排序，由近及远宜为：电力管线或电信管线、燃气管、热力管、给水管、雨水管、污水管；

(2) 各类管线的垂直排序，由浅入深宜为：电信管线、热力管、小于 10KV 电力电缆、大于 10KV 电力电缆、燃气管、给水管、雨水管、污水管；

(3) 电力电缆与电信管缆宜远离，并按照电力电缆在道路东侧或南侧、电信管缆在道路西侧或北侧的原则布置。

2. 管线之间遇到矛盾时的处理原则

(1) 临时管线避让永久管线；
(2) 小管线避让大管线；
(3) 压力管线避让重力自流管线；
(4) 可弯曲管线避让不可弯曲管线。

10.9.3 管线距树种间的最小水平净距

地下管线不宜横穿公共绿地和庭院绿地。与绿化树种间的最小水平净距，宜符合

表 10-18 中的规定。

表 10-18 管线、其他设施与绿化树种间的最小水平净距

m

管线名称	最小水平净距	
	至乔木中心	至灌木中心
给水管、闸井	1.5	1.5
污水管、雨水管、探井	1.5	1.5
燃气管、探井	1.2	1.2
电力电缆、电信电缆	1.0	1.0
电信管道	1.5	1.0
热力管	1.5	1.5
地上杆柱(中心)	2.0	2.0
消防龙头	1.5	1.2
道路侧石边缘	0.5	0.5

10.10 综合技术经济指标

10.10.1 综合技术经济指标的分类

技术经济指标是从量的方面衡量和评价规划质量和综合效益的重要依据,一般有两部分组成,土地平衡及主要经济技术指标。

居住区综合技术经济指标的项目应包括必要指标和可选用指标两类,其项目及计量单位应符合表 10-19 规定。

表 10-19 综合技术经济指标系列一览表

项 目	计量单位	数值	所占比重(%)	人均面积(m^2/人)
居住区规划总用地	hm^2	▲	—	—
(1) 居住区用地(R)	hm^2	▲	100	▲
①住宅用地(R01)	hm^2	▲	▲	▲
②公建用地(R02)	hm^2	▲	▲	▲
③道路用地(R03)	hm^2	▲	▲	▲
④公共绿地(R04)	hm^2	▲	▲	▲
(2) 其他用地(E)	hm^2	▲	—	—
居住户(套)数	户(套)	▲		
居住人数	人	▲		
户均人口	人/户	▲		
总建筑面积	万 m^2	▲		

续表

项　目	计量单位	数值	所占比重(%)	人均面积(m²/人)
(1) 居住区用地内建筑总面积	万 m²	▲	100	▲
①住宅建筑面积	万 m²	▲	▲	▲
②公建面积	万 m²	▲	▲	▲
(2) 其他建筑面积	万 m²	△	—	—
住宅平均层数	层	▲	—	—
高层住宅比例	%	△	—	—
中高层住宅比例	%	△	—	—
人口毛密度	人/hm²	▲	—	—
人口净密度	人/hm²	△	—	—
住宅建筑套密度(毛)	套/hm²	▲	—	—
住宅建筑套密度(净)	套/hm²	▲	—	—
住宅建筑面积毛密度	万 m²/hm²	▲	—	—
住宅建筑面积净密度	万 m²/hm²	▲	—	—
居住区建筑面积毛密度(容积率)	万 m²/hm²	▲	—	—
停车率	%	▲	—	—
停车位	辆	▲	—	—
地面停车率	%	▲	—	—
地面停车位	辆	▲	—	—
住宅建筑净密度	%	▲	—	—
总建筑密度	%	▲	—	—
绿地率	%	▲	—	—
拆建比	--	△	—	—

注：▲必要指标；△选用指标。

10.10.2　各项指标的计算

各项指标的计算，应符合下列规定。
(1) 规划总用地范围应按下列规定确定。
①　当规划总用地周界为城市道路、居住区(级)道路、小区路或自然分界线时，用地范围划至道路中心线或自然分界线；
②　当规划总用地与其他用地相邻，用地范围划至双方用地的交界处。
(2) 底层公建住宅或住宅公建综合楼用地面积应按下列规定确定。
①　按住宅和公建各占该幢建筑总面积的比例分摊用地，并分别计入住宅用地和公建用地；
②　底层公建突出于上部住宅或占有专用场院或因公建需要后退红线的用地，均应计

入公建用地。

(3) 底层架空建筑用地面积的确定,应按底层及上部建筑的使用性质及其各占该幢建筑总建筑面积的比例分摊用地面积,并分别计入有关用地内。

(4) 绿地面积应按下列规定确定。

① 宅旁(宅间)绿地面积计算的起止界应符合规定:绿地边界对宅间路、组团路和小区路算到路边,当小区路设有人行便道时算到便道边,沿居住区路、城市道路则算到红线;距房屋墙脚1.5m;对其他围墙、院墙算到墙脚;

② 道路绿地面积计算,以道路红线内规划的绿地面积为准进行计算;

③ 院落式组团绿地面积计算起止界应符合规定:绿地边界距宅间路、组团路和小区路路边1m;当小区路有人行便道时,算到人行便道边;临城市道路、居住区级道路时算到道路红线;距房屋墙脚1.5m;

④ 开敞型院落组团绿地,应符合要求;至少有一个面面向小区路,或向建筑控制线宽度不小于10m的组团级主路敞开,并向其开设绿地的主要出入口和满足规定;

⑤ 其他块状、带状公共绿地面积计算的起止界同院落式组团绿地。沿居住区(级)道路、城市道路的公共绿地算到红线。

(5) 居住区用地内道路用地面积应按下列规定确定。

① 按与居住人口规模相对应的同级道路及其以下各级道路计算用地面积,外围道路不计入;

② 居住区(级)道路,按红线宽度计算;

③ 小区路、组团路,按路面宽度计算。当小区路设有人行便道时,人行便道计入道路用地面积;

④ 居民汽车停放场地,按实际占地面积计算;

⑤ 宅间小路不计入道路用地面积。

(6) 其他用地面积应按下列规定确定。

① 规划用地外围的道路算至外围道路的中心线;

② 规划用地范围内的其他用地,按实际占用面积计算。

10.10.3 停车场车位数确定

停车场车位数的确定以小型汽车为标准当量表示,其他各型车辆的停车位,应按表10-20中相应的换算系数折算。

表10-20　各型车辆停车位换算系数

车　型	换算系数
微型客、货汽车机动三轮车	0.7
卧车、两吨以下货运汽车	1.0
中型客车、面包车、2~4t 货运汽车	2.0
铰接车	3.5

附录

(1) 附图 1 为中国建筑气候区划图。

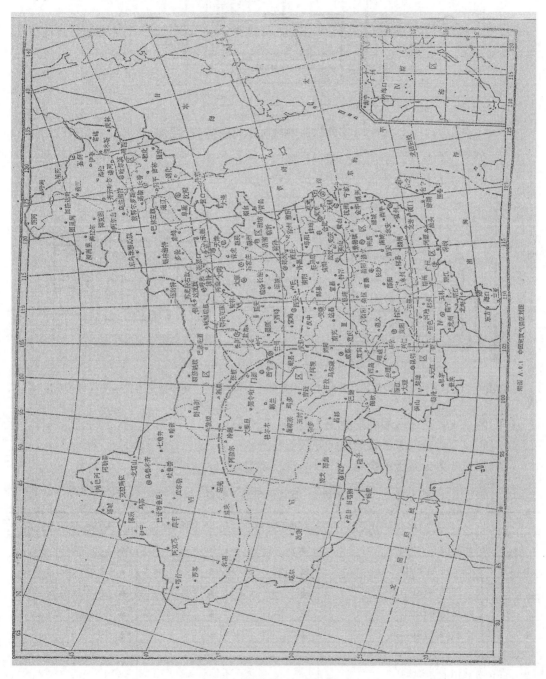

附图 1 中国建筑气候区划图

(2) 附图2为宅旁(宅间)绿地面积计算起止界示意图。

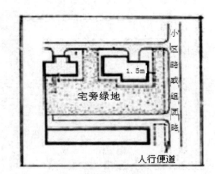

附图2　宅旁(宅间)绿地面积计算起止界示意图

(3) 附图3为院落式组团绿地面积计算起止界示意图。
(4) 附图4为开敞型院落式组团绿地示意图。

附图3　院落式组团绿地面积计算起止界示意图　　附图4　开敞型院落式组图绿地示意图

(5) 附表1为居住区用地平衡表。
(6) 附表2为公共服务设施项目分级配建表。
(7) 附表3为公共服务设施各项目的设置规定。

附表1　居住区用地平衡表

	项　目	面积/公顷	所占比例(%)	人均面积(m²/人)
	一、居住区用地(R)	▲	100	▲
1	住宅用地(R01)	▲	▲	▲
2	公建用地(R02)	▲	▲	▲
3	道路用地(R03)	▲	▲	▲
4	公共绿地(R04)	▲	▲	▲
	二、其他用地(E)	△	—	—
	居住区规划总用地	△	—	—

注："▲"为参与居住区用地平衡的项目。

第10章 建筑技术法规——城市居住区规划设计规范

附表2 公共服务设施分级配建表

类别	项目	居住区	小区	组团
教育	托儿所	—	▲	△
	幼儿园	—	▲	—
	小学	—	▲	—
	中学	▲	—	—
医疗卫生	医院(200-300床)	▲	—	—
	门诊所	▲	—	—
	卫生站	—	▲	—
	护理院	△	—	—
文化体育	文化活动中心(含青少年活动中心、老年活动中心)	▲	—	—
	文化活动站(含青少年、老年活动站)	—	▲	—
	居民运动场、馆	△	—	—
	居民健身设施(含老年户外活动场地)	—	▲	△
商业服务	综合食品店	▲	▲	—
	综合百货店	▲	▲	—
	餐饮	▲	▲	—
	中西药店	▲	△	—
	书店	▲	△	—
	市场	▲	▲	—
	便民店	—	—	▲
	其他第三产业设施	▲	▲	—
金融邮电	银行	△	—	—
	储蓄所	—	▲	—
	电信支局	△	—	—
	邮电所	—	▲	—
社区服务	社区服务中心(含老年人服务中心)	—	▲	—
	养老院	△	—	—
	托老所	—	△	—
	残疾人托养所	△	—	—
	治安联防站	—	—	▲
	居(里)委会(社区用房)	—	—	▲
	物业管理	—	▲	—
市政公用	供热站或热交换站	△	△	△
	变电室	—	▲	△
	开闭所	▲	—	—
	路灯配电室	—	▲	—

续表

类别	项目	居住区	小区	组团
市政公用	燃气调压站	△	△	—
	高压水泵房	—	—	△
	公共厕所	▲	▲	△
	垃圾转运站	△	△	—
	垃圾收集点	—	—	▲
	居民存车处	—	—	▲
	居民停车场、库	△	△	△
	公交始末站	△	△	—
	消防站	△	—	—
	燃料供应站	△	—	—
行政管理及其他	街道办事处	▲	—	—
	市政管理机构(所)	▲	—	—
	派出所	▲	—	—
	其他管理用房	▲	▲	—
	防空地下室	△②	△②	△②

注：①▲为应配建的项目；△为宜设置的项目。
②在国家确定的一、二类人防重点城市，应按人防有关规定配建防空地下室。

附表3　公共服务设施各项目的设置规定

类别	项目名称	服务内容	设置规定	每处一般规模	
				建筑面积 (m²)	用地面积 (m²)
教育	(1)托儿所	保教小于3周岁儿童	(1)设于阳光充足，接近公共绿地，便于家长接送的地段 (2)托儿所每班按25座计；幼儿园每班按30座计 (3)服务半径不宜大于300m；层数不宜高于3层 (4)三班和三班以下的托、幼园所、可混合设置，也可附设于其他建筑，但应有独立院落和出入口，四班和四班以上的托、幼园所，其用地均应独立设置	—	4班： ≥1200 6班： ≥1400 8班： ≥1600

续表

类别	项目名称	服务内容	设置规定	每处一般规模 建筑面积 (m²)	每处一般规模 用地面积 (m²)
教育	(2)幼儿园	保教学龄前儿童	(5)八班和八班以上的托、幼园所,其用地应分别按每座不小于7m²或9m²计 (6)托、幼建筑宜布置于可挡寒风的建筑物的背风面,但其生活用房应满足底层满窗冬至日不小于3h的日照标准 (7)活动场地应有不少于1/2的活动面积在标准的建筑日照阴影线之外	—	4班:≥1500 6班:≥2000 8班:≥2400
教育	(3)小学	6~12周岁儿童入学	(1)学生上下学穿越城市道路时,应有相应的安全措施 (2)服务半径不宜大于500m (3)教学楼应满足冬至日不小于2h的日照标准	—	12班:≥6000 18班:≥7000 24班:≥8000
教育	(4)中学	12~18周岁青少年入学	(1)在拥有3所或3所以上中学的居住区内,应有一所设置400m环形跑道的运动场 (2)服务半径不宜大于1000m (3)教学楼应满足冬至日不小于2h的日照标准	—	18班:≥11000 24班:≥12000 30班:≥14000
医疗卫生	(5)医院	含社区卫生服务中心	(1)宜设于交通方便,环境较安静地段 (2)10万人左右则应设一所300~400床医院 (3)病房楼应满足冬至日2h的日照标准	12000~18000	15000~25000
医疗卫生	(6)门诊所	或社区卫生服务中心	(1)一般3万~5万人设一处,设医院的居住区不再设独立门诊 (2)设于交通便捷、服务距离适中地段	2000~3000	3000~5000
医疗卫生	(7)卫生站	社区卫生服务站	1万~1.5万人设一处	300	500

续表

类别	项目名称	服务内容	设置规定	每处一般规模 建筑面积 (m^2)	每处一般规模 用地面积 (m^2)
医疗卫生	(8)护理院	健康状况较差或恢复期老年人日常护理	(1)最佳规模为100~150床位 (2)每床位建筑面积大于或等于$30m^2$ (3)可与社区卫生服务中心合设	3000~4500	—
文化体育	(9)文化活动中心	小型图书馆、科普知识宣传与教育；影视厅、舞厅、游艺厅、球类、棋类活动室；科技活动、各类艺术训练班及青少年和老年人学习活动场地、用房等	宜结合或靠近同级中心绿地安排	4000~6000	8000~12000
文化体育	(10)文化活动站	书报阅览、书画、文娱、健身、音乐欣赏、茶座等主要供青少年和老年人活动	(1)宜结合或靠近同级中心绿地安排 (2)独立性组团也应设置本站	400~600	400~600
文化体育	(11)居民运动场、馆	健身场地	宜设置60~100m直跑道和200m环形跑道及简单的运动设施	—	10000~15000
文化体育	(12)居民健身设施	篮、排球及小型球类场地，儿童及老年人活动场地和其他简单运动设施等	宜结合绿地安排	—	—
商业服务	(13)综合食品店	粮油、副食、糕点、干鲜果品等	(1)服务半径：居住区不宜大于500m；居住小区不宜大于300m (2)地处山坡地的居住区，其商业服务设施的布点，除满足服务半径的要求外，还应考虑上坡空手，下坡负重的原则	居住区：1500~2500 小区：800~1500	—

续表

类别	项目名称	服务内容	设置规定	每处一般规模 建筑面积（m²）	用地面积（m²）
商业服务	(14)综合百货店	日用百货、鞋帽、服装、布匹、五金及家用电器等		居住区：2000～3000 小区：400～600	—
	(15)餐饮	主食、早点、快餐、正餐等		—	—
	(16)中西药店	汤药、中成药及西药等		200～500	—
	(17)书店	书刊及音像制品		300～1000	—
	(18)市场	以销售农副产品和小商品为主	设置方式应根据气候特点与当地传统的集市要求而定	居住区：1000～1200 小区：500～1000	居住区：1500～2000 小区：800～1500
	(19)便民店	小百货、小日杂	宜设于组团的出入口附近	—	—
	(20)其他第三产业设施	零售、洗染、美容美发、照相、影视文化、休闲娱乐、洗浴、旅店、综合修理以及辅助就业设施等	具体项目、规模不限	—	—
金融邮电	(21)银行	分理处	宜与商业服务中心结合或邻近设置	800～1000	400～500
	(22)储蓄所	储蓄为主		100～150	—
	(23)电信支局	电话及相关业务等	根据专业规划需要设置	1000～2500	600～1500
	(24)邮电所	邮电综合业务包括电报、电话、信函、包裹、兑汇和报刊零售等	宜与商业服务中心结合或邻近设置	100～150	—
社区服务	(25)社区服务中心	家政服务、就业指导、中介、咨询服务、代客订票、部分老年人服务设施等	每小区设置一处，居住区也可合并设置	200～300	300～500

续表

类别	项目名称	服务内容	设置规定	每处一般规模 建筑面积(m^2)	每处一般规模 用地面积(m^2)
	(26)养老院	老年人全托式护理服务	(1) 一般规模为150~200床位 (2) 每床位建筑面积大于或等于$40m^2$	—	—
	(27)托老所	老年人日托(餐饮、文娱、健身、医疗保健等)	(1) 一般规模为30~50床位 (2) 每床位建筑面积$20m^2$ (3) 宜靠近集中绿地安排,可与老年活动中心合并设置		
	(28)残疾人托养所	残疾人全托式护理	—		
	(29)治安联防站	—	可与居(里)委会合设	18~30	12~20
	(30)居(里)委会(社区用房)	—	300~1000户设一处	30~50	—
	(31)物业管理	建筑与设备维修、保安、绿化、环卫管理等	—	300~500	300
市政公用	(32)供热站或热交换站	—	—	根据采暖方式确定	
	(33)变电室	—	每个变电室负荷半径不应大于250m;尽可能设于其他建筑内	30~50	
	(34)开闭所	—	1.2万~2.0万户设一所;独立设置	200~300	大于或等于500
	(35)路灯配电室	—	可与变电室合设于其他建筑内	20~40	—
	(36)燃气调压站	—	按每个中低调压站负荷半径500m设置;无管道燃气地区不设	50	100~120
	(37)高压水泵房	—	一般为低水压区住宅加压供水附属工程	40~60	—
	(38)公共厕所	—	每1000~1500户设一处;宜设于人流集中处	30~60	60~100
	(39)垃圾转运站	—	应采用封闭式设施,力求垃圾存放和转运不外露,当用地规模为0.7~$1km^2$设一处,每处面积不应小于$100m^2$,与周围建筑物的间隔不应小于5m	—	—

续表

类别	项目名称	服务内容	设置规定	每处一般规模 建筑面积 (m²)	用地面积 (m²)
市政公用	(40)垃圾收集点	—	服务半径不应大于70m,宜采用分类收集	—	—
	(41)居民存车处	存放自行车、摩托车	宜设于组团内或靠近组团设置,可与居(里)委会合设于组团的入口处	1~2辆/户;地上 0.8~1.2m²/辆;地下 1.5~1.8m²/辆	
	(42)居民停车场、库	存放机动车	服务半径不宜大于150m	—	—
	(43)公交始末站	—	可根据具体情况设置		
	(44)消防站	—	可根据具体情况设置		
	(45)燃料供应站	煤或罐装燃气	可根据具体情况设置	—	—
行政管理及其它	(46)街道办事处	—	3万~5万人设一处	700~1200	300~500
	(47)市政管理机构(所)	供电、供水、雨污水、绿化、环卫等管理与维修	宜合并设置	—	—
	(48)派出所	户籍治安管理	3万~5万人设一处;应有独立院落	700~1000	600
	(49)其他管理用房	市场、工商税务、粮食管理等	3万~5万人设一处;可结合市场或街道办事处设置	100	—
	(50)防空地下室	掩蔽体、救护站、指挥所等	在国家确定一、二类人防重点城市中,凡高层建筑下设满堂人防,另以地面建筑面积2%配建。出入口宜设于交通方便的地段,考虑平战结合	—	—

复习思考题

1. 简述居住区的等级。
2. 简述居住区规划设计的基本原则。
3. 简述居住区用地构成及其所占比例。
4. 居住区的空间与环境设计应遵循哪些原则?
5. 住宅的日照标准,正面、侧面间距是如何确定的?
6. 配套公建项目及配建指标是如何确定的?
7. 居住区道路设置应符合哪些规定?
8. 简述管线综合离建筑物的水平排序。

第 11 章
建筑技术法规——
建筑设计防火规范

本章简述了建筑设计防火制定的原则，厂房和仓库，甲、乙、丙类液体、气体储罐(区)和可燃材料堆场防火设计要求，民用建筑分类和耐火等级，民用建筑总平面布局、耐火分区、层数、平面布置、安全疏散和避难，建筑结构等的防火设计以及灭火救援设施的设置要求等。

11 建筑法规

11.1 制定目的、适用范围及其原则

11.1.1 制定的目的

为了预防建筑火灾，减少火灾的危害，保护人身和财产安全制定本规范。

在建筑设计中，采取必要的技术措施和方法来预防和减少建筑火灾危害，保护人身和财产的安全，是建筑设计中的基本消防安全目标。要达到这一目标，需要设计、建设和消防监督共同努力，密切配合，建造具有较高消防安全性能的建筑，预防建筑火灾危害。在建筑防火设计中，既要根据建筑物的使用功能、空间与平面特征和使用人员的特点，采取有效措施来尽可能降低建筑内的火灾荷载，提高建筑的耐火性能及建筑和装修材料的燃烧性能。研究本质的安全的工艺防火措施和控制火源的措施，防止发生火灾。也要合理确定建筑物耐火等级和构件的耐火极限，进行必要的防火分隔、并配置合理的安全疏散与有效的灭火、报警和防排烟等设施，以控制和扑灭火灾，实现保护人身安全，减少火灾危害的目的。

11.1.2 适用范围

本规范规定的建筑设计中的防火技术要求，适用于新建、扩建、改建的各类厂房、仓库及其辅助设施等工业建筑、公共建筑、居住建筑等民用建筑、储罐或储罐区、各类可燃材料堆场和城市交通隧道工程。

其中城市交通隧道工程，是指在城市建成区内，建设的机动车和非机动车交通隧道及其辅助建筑。建成区是指城市行政区内实际已成片开发建设、市政公用设施和公共设施基本具备的地区。

对于人民防空、石油和天然气，石油化工、酒厂、纺织、钢铁、煤化工、冶金和电力等工程，建筑防火设计，当有专门的国家标准时，宜按照这些工程的专项防火规范执行。

本规范不适用于火药、炸药及其制品厂房(仓库)、花炮厂房(仓库)的建筑防火设计。这是由于这些建筑物内的物质以剧烈的化学爆炸为主，防火要求特殊，其建筑防火设计应执行专门的规范。

11.1.3 制定的原则

(1) 在同一建筑内设置多种使用功能场所时，不同使用功能场所之间应进行防火分隔，以保证火灾不在其相互间漫延，相关防火分隔要求应符合本规范的规定，如住宅与商店的组合建造，电影院剧场与商业设施合建等。该建筑及该建筑内不同使用功能区有关建筑的平面布局、防火要求、防火分区、安全疏散、室内外消火栓系统、自动灭火系统、防排烟和火灾自动报警系统等其他设计要求，需根据本规范及其他有关标准对不同使用功能的防火

规定和防火分隔情况等综合考虑确定。当建筑的防火设计需要按建筑整体考虑时，如该建筑同相邻建筑的防火间距、建筑室外的消防用水量等，应按该建筑中防火要求较高的功能的相关要求确定。

(2) 建筑防火设计，须遵循国家有关安全、环境、节能、节地、节水、节材等经济技术政策和工程建设的基本要求，贯彻"预防为主、防消结合"的消防工作方针。从全局出发，针对不同的建筑及其使用功能的特点和防火、灭火需要，结合具体工程及当地环境及自然条件、人文背景、经济技术发展水平和消防救援力量等实际情况，确定其防火设计要求，统筹兼顾，做到安全适用、技术先进、经济合理。

(3) 高层建筑火灾具有火势蔓延快、疏散困难、扑救难度大的特点，高层建筑的防火设计，应立足于自防、自救。为了保证高层建筑设计的防火安全，对于建筑高度大于250m的建筑，除应符合本规范的要求外，尚应结合实际情况，采取更加严格的防火措施，其防火设计应提交国家公安部或其授权机构组织专题研究、论证。

(4) 建筑防火设计除应符合本规范的规定外，尚应符合国家现行的有关标准的规定。

建筑设计防火涉及面广，很难把各类建筑、设备的防火内容和性能要求、试验方法等全部包括其中，仅对其普通的防火问题和建筑的基本消防安全需求作了规定。在设计中，不仅所采用的产品、材料要符合国家有关产品和材料标准的规定，而且设计中所采取的防火方法、技术和措施还要符合国家其他有关建筑设计标准等建设工程技术标准的规定。

11.2 厂房和仓库

11.2.1 火灾危险性分类

1. 分类的原则和目的

1) 分类的原则

生产的火灾危险性应根据生产中使用或产生的物质性质及其数量等因素划分，这类物质性质主要指所用物质为生产的主要组成部分或原材料，用量相对较多或可对其加工等。

2) 分类的目的

火灾危险性分类的目的，是为了在建筑防火要求上，有区别地对待各种不同危险类别的生产和储存的物品，是建筑物既可节约投资，又可保证安全。

2. 火灾危险性分类

火灾危险性分类，包括固体、液体和气体的分类标准。这里以固体为例，说明如下：

(1) 固体在常温下能自行分解或在空气中氧化，导致迅速自然或爆炸的物品，如硝化棉、黄磷等划为甲类；有的固体在常温下受到水或空气中水蒸气的作用，能产生可燃气体，并引起燃烧或爆炸的物品，如钾、钠、氧化钠、氢化钙、磷化钙等划为甲类；固体遇酸、受热、撞击、摩擦以及与有机物或磺酸等易燃的无机物，极易引起燃烧或爆炸的强氧化剂，如氯酸钠、氯酸钾、过氧化钾等划为甲类。

(2) 凡不属于甲类的化学易燃危险固体(如镁粉、铝粉、硝化纤维漆布等)，不属于甲类的氧化剂(如硝酸铜、亚硝酸钾、漂白粉等)以及常温下在空气中能缓慢氧化，炽热自燃的危险物品(如桐油、漆布等)都划为乙类。

(3) 可燃固体，如竹木、纸张、橡胶、粮食等划为丙类。

(4) 难燃固体，如酚醛塑料、水泥刨花板等划为丁类。

(5) 不然固体，如钢材、玻璃、陶瓷等划为戊类。

液体分类标准，气体分类标准见有关规定。

生产火灾的危险性可分为甲、乙、丙、丁、戊类，并应符合表 11-1 的规定。

表 11-1 生产的火灾危险性分类

生产的火灾危险性类别		火灾危险性特征
甲	生产时使用或产生的物质特征	(1) 闪点小于 28℃的液体； (2) 爆炸下限小于 10%的气体； (3) 常温下能自行分解或在空气中氧化能导致迅速自燃或爆炸的物质； (4) 常温下受到水或空气中水蒸气的作用，能产生可燃气体并引起燃烧或爆炸的物质遇酸、受热、撞击、摩擦、催化以及遇有机物或硫黄等易燃的无机物，极易引起燃烧或爆炸的强氧化剂； (5) 受撞击、摩擦或与氧化剂、有机物接触时能引起燃烧或爆炸的物质； (6) 在密闭设备内操作温度不小于物质本身自燃点的生产
乙		(1) 闪点不小于 28℃，但小于 60℃的液体； (2) 爆炸下限不小于 10%的气体； (3) 不属于甲类的氧化剂； (4) 不属于甲类的易燃固体； (5) 助燃气体； (6) 能与空气形成爆炸性混合物的浮游状态的粉尘、纤维、闪点不小于 60℃的液体雾滴
丙		(1) 闪点不小于 60℃的液体； (2) 可燃固体
丁	生产特征	(1) 对不燃烧物质进行加工，并在高温或熔化状态下经常产生强辐射热、火花或火焰的生产； (2) 利用气体、液体、固体作为燃料或将气体、液体进行燃烧作其他用的各种生产； (3) 常温下使用或加工难燃烧物质的生产
戊		常温下使用或加工不燃烧物质的生产

3. 火灾危险性类别的确定

同一座厂房或厂房的任一防火分区内有不同火灾危险性生产时，厂房或防火分区内的生产火灾危险性类别应按火灾危险性较大的部分确定；当生产过程中使用或产生易燃、可燃物的量较少，不足以构成爆炸或火灾危险时，其生产的火灾危险性类别可按实际情况确定；当符合下述条件之一时，可按火灾危险性较小的部分确定。

(1) 火灾危险性较大的生产部分占本层或本防火分区面积的比例小于5%或丁、戊类厂房内的油漆工段小于10%，且发生火灾事故时不足以蔓延至其他部位或火灾危险性较大的生产部分采取了有效的防火措施；

(2) 丁、戊类厂房内的油漆工段，当采用封闭喷漆工艺，封闭喷漆空间内保持负压、油漆工段设置可燃气体探测报警系统或自动抑爆系统，且油漆工段占其所在防火分区面积的比例不大于20%。

4. 储存物品的火灾危险性分类

(1) 储存物品的火灾危险性应根据储存物品的性质和储存物品中的可燃物数量等因素划分，可分为甲、乙、丙、丁、戊类，并应符合表11-2的规定。

表11-2　储存物品的火灾危险性分类

储存物品的火灾危险性类别	储存物品的火灾危险性特征
甲	(1) 闪点小于28℃的液体 (2) 爆炸下限小于10%的气体，受到水或空气中水蒸气的作用能产生爆炸下限小于10%气体的固体物质 (3) 常温下能自行分解或在空气中氧化能导致迅速自燃或爆炸的物质 (4) 常温下受到水或空气中水蒸气的作用，能产生可燃气体并引起燃烧或爆炸的物质 (5) 遇酸、受热、撞击、摩擦以及遇有机物或硫黄等易燃的无机物，极易引起燃烧或爆炸的强氧化剂 (6) 受撞击、摩擦或与氧化剂、有机物接触时能引起燃烧或爆炸的物质
乙	(1) 闪点不小于28℃，但小于60℃的液体 (2) 爆炸下限不小于10%的气体 (3) 不属于甲类的氧化剂 (4) 不属于甲类的易燃固体 (5) 助燃气体 (6) 常温下与空气接触能缓慢氧化，积热不散引起自燃的物品
丙	(1) 闪点不小于60℃的液体 (2) 可燃固体
丁	难燃烧物品
戊	不燃烧物品

(2) 同一座仓库或仓库的任一防火分区内储存不同火灾危险性物品时，仓库或防火分区的火灾危险性应按火灾危险性最大的物品确定。

(3) 丁、戊类储存物品的可燃包装重量大于物品本身重量1/4或可燃包装体积大于物品本身体积的1/2的仓库，其火灾危险性应按丙类确定。

11.2.2 厂房和仓库的耐火等级

耐火等级是衡量建筑物耐火程度的标准，它是由组成建筑物燃烧性能和耐火等级最低者所决定的，划分厂房和仓库耐火等级的目的是为了根据建筑物的不同用途，提出不同的耐火等级要求，使建筑物防火设计既有利于安全，又节约建设投资。国内外火灾实例说明，耐火等级高的建筑火灾时烧坏倒塌的很少，耐火等级低的建筑火灾时，燃烧快，损失大。根据我国多年来火灾统计资料，结合建筑材料、建筑设计、建筑结构及施工情况并参考国内外划分耐火等级的经验，将我国厂房和仓库的耐火等级可分为一、二、三、四级。

1. 建筑构件的燃烧性能和耐火极限

相应建筑构件的燃烧性能和耐火极限，除规范另有规定外，不应低于表 11-3 的规定。

表 11-3 不同耐火等级厂房和仓库建筑构件的燃烧性能和耐火极限

h

构件名称		耐火等级			
		一级	二级	三级	四级
墙	防火墙	不燃性 3.00	不燃性 3.00	不燃性 3.00	不燃性 3.00
	承重墙	不燃性 3.00	不燃性 2.50	不燃性 2.00	难燃性 0.50
	楼梯间和电梯井的墙	不燃性 2.00	不燃性 2.00	不燃性 2.00	难燃性 2.00
	疏散走道两侧的隔墙	不燃性 1.00	不燃性 1.00	不燃性 0.50	难燃性 0.25
	非承重外墙 房间隔墙	不燃性 0.75	不燃性 0.50	难燃性 0.50	难燃性 0.25
柱		不燃性 3.00	不燃性 2.50	不燃性 2.00	难燃性 0.50
梁		不燃性 2.00	不燃性 1.50	不燃性 1.00	难燃性 0.50
楼板		不燃性 1.50	不燃性 1.00	不燃性 0.75	难燃性 0.50
屋顶承重构件		不燃性 1.50	不燃性 1.00	难燃性 0.50	可燃性
疏散楼梯		不燃性 1.50	不燃性 1.00	不燃性 0.75	可燃性
吊顶(包括吊顶搁栅)		不燃性 0.25	不燃性 0.25	难燃性 0.15	可燃性

注：二级耐火等级建筑的吊顶采用不燃材料时，其耐火极限不限。

2. 厂房及仓库的耐火等级

(1) 使用或储存特殊贵重的机器、仪表、仪器等设备或物品的建筑，其耐火等级应为一级。

(2) 高层厂房，甲、乙类厂房的耐火等级不应低于二级，建筑面积不大于 $300m^2$ 的独立甲、乙类单层厂房可采用三级耐火等级的建筑。

单、多层丙类厂房，多层丁、戊类厂房的耐火等级不应低于三级。

(3) 使用或产生丙类液体的厂房和有火花、赤热表面、明火的丁类厂房，其耐火等级均不应低于二级；当为建筑面积不大于 $500m^2$ 的单层丙类厂房或建筑面积不大于 $1000m^2$ 的单层丁类厂房时，可采用三级耐火等级的建筑。

(4) 锅炉房的耐火等级不应低于二级，当为燃煤锅炉房且锅炉的总蒸发量不大于 4t/h 时，可采用三级耐火等级的建筑。

(5) 油浸变压器室、高压配电装置室的耐火等级不应低于二级，并应符合现行国家标准《火力发电厂和变电站设计防火规范》GB 50229 等标准的规定。

(6) 高架仓库、高层仓库、甲类仓库和多层乙类仓库的耐火等级不应低于二级。单层乙类仓库，单、多层丙类仓库和多层丁、戊类仓库的耐火等级不应低于三级。

(7) 粮食筒仓的耐火等级不应低于二级；二级耐火等级的粮食筒仓可采用钢板仓。粮食平房仓的耐火等级不应低于三级；二级耐火等级的散装粮食平房仓可采用无防火保护的金属承重构件。

3. 建筑构件的耐火极限

(1) 甲、乙类厂房和甲、乙、丙类仓库的防火墙，其耐火极限应按表 11-3 的规定增加 1.00h。

(2) 一、二级耐火等级单层厂房(仓库)的柱，其耐火极限分别不应低于 2.50h 和 2.00h。

(3) 采用自动喷水灭火系统全保护的一级耐火等级单、多层厂房(仓库)的屋顶承重构件，其耐火极限不应低于 1.00h。

除一级耐火等级的建筑外，设置自动灭火系统的多层丙类厂房的屋顶承重构件和下列建筑的梁、柱、屋顶承重构件可采用无防火保护的金属结构，其中能受到甲、乙、丙类液体或可燃气体火焰影响的部位应采取外包覆不燃材料或其他防火保护措施：

① 设置自动灭火系统的单层丙类厂房；
② 单、多层丁、戊类厂房(仓库)。

(4) 除甲、乙类仓库和高层仓库外，一、二级耐火等级建筑的非承重外墙，当采用不燃性墙体时，其耐火极限不应低于 0.25h；当采用难燃性墙体时，不应低于 0.50h。

对于 4 层及 4 层以下的一、二级耐火等级丁、戊类地上厂房(仓库)的非承重外墙，当采用不燃性墙体时，其耐火极限不限；当采用难燃性轻质复合墙体时，其表面材料应为不燃材料、内填充材料的燃烧性能不应低于 B_2 级。材料的燃烧性能分级应符合现行国家标准《建筑材料及制品燃烧性能分级》GB 8624 的规定。

(5) 二级耐火等级厂房(仓库)内的房间隔墙，当采用难燃性墙体时，其耐火极限应提高 0.25h。

(6) 二级耐火等级多层厂房和多层仓库中的楼板，当采用预应力和预制钢筋混凝土的楼板时，其耐火极限不应低于 0.75h。

(7) 一、二级耐火等级厂房(仓库)的上人平屋顶，其屋面板的耐火极限分别不应低于 1.50h 和 1.00h。

(8) 预制钢筋混凝土构件的节点外露部位，应采取防火保护措施，且节点的耐火极限不应低于相应构件的耐火极限。

(9) 一、二级耐火等级厂房(仓库)的屋面板应采用不燃材料，但其屋面防水层和绝热层可采用可燃材料；当为4层及4层以下的丁、戊类厂房(仓库)时，其屋面可采用难燃性轻质复合屋面板，但板材的表面材料应为不燃材料，内填充材料的燃烧性能不应低于 B_2 级。

除本规范另有规定外，以木柱承重且墙体采用不燃材料的厂房(仓库)，其耐火等级可按四级确定。

11.2.3 厂房或仓库的层数、面积和平面布置

根据不同的生产火灾危险性类别，正确选择厂房的面积等级，合理地确定厂房的层数和建筑面积，可以有效防止发生火灾及其蔓延扩大，减少损失。在设计厂房时，应综合考虑安全与节约的关系，如甲类厂房，因其生产具有易燃、易爆的特性，容易发生火灾和爆炸，疏散和救援困难，如层数多，则更难以扑救，严重者对结构有严重破坏。因此，除因生产工艺要求外，应尽可能采用单层建筑。

1. 厂房的层数和最大建筑面积

除本规范另有规定外，厂房的层数和每个防火分区的最大允许建筑面积应符合表 11-4 的规定。

表 11-4 厂房的层数和每个防火分区的最大允许建筑面积

生产的火灾危险性类别	厂房的耐火等级	最多允许层数	每个防火分区的最大允许建筑面积(m^2)			
			单层厂房	多层厂房	高层厂房	地下或半地下厂房(包括地下或半地下室)
甲	一级	宜采用单层	4000	3000	不应采用	—
	二级		3000	2000	不应采用	—
乙	一级	不限	5000	4000	2000	—
	二级	6	4000	3000	1500	—
丙	一级	不限	不限	6000	3000	500
	二级	不限	8000	4000	2000	500
	三级	2	3000	2000	—	—
丁	一、二级	不限	不限	不限	4000	1000
	三级	3	4000	2000	—	—
	四级	1	1000	—	—	—

续表

生产的火灾危险性类别	厂房的耐火等级	最多允许层数	每个防火分区的最大允许建筑面积(m²)			
			单层厂房	多层厂房	高层厂房	地下或半地下厂房(包括地下或半地下室)
戊	一、二级	不限	不限	不限	6000	1000
	三级	3	5000	3000	—	—
	四级	1	1500	—	—	—

注：① 防火分区之间应采用防火墙分隔。除甲类厂房外的一、二级耐火等级厂房，当其防火分区的建筑面积大于本表规定，且设置防火墙确有困难时，可采用防火卷帘或防火分隔水幕分隔。采用防火卷帘时，应符合第11.5.5条3款的规定；采用防火分隔水幕时，应符合现行国家标准《自动喷水灭火系统设计规范》GB 50084的规定。

② 除麻纺厂房外，一级耐火等级的多层纺织厂房和二级耐火等级的单、多层纺织厂房，其每个防火分区的最大允许建筑面积可按本表的规定增加0.5倍，但厂房内的原棉开包、清花车间与厂房内其他部位之间均应采用耐火极限不低于2.50h的防火隔墙分隔，需要开设门、窗、洞口时，应设置甲级防火门、窗。

③ 一、二级耐火等级的单、多层造纸生产联合厂房，其每个防火分区的最大允许建筑面积可按本表的规定增加1.5倍。一、二级耐火等级的湿式造纸联合厂房，当纸机烘缸罩内设置自动灭火系统，完成工段设置有效灭火设施保护时，其每个防火分区的最大允许建筑面积可按工艺要求确定。

④ 一、二级耐火等级的谷物筒仓工作塔，当每层工作人数不超过2人时，其层数不限。

⑤ 一、二级耐火等级卷烟生产联合厂房内的原料、备料及成组配方、制丝、储丝和卷接包、辅料周转、成品暂存、二氧化碳膨胀烟丝等生产用房应划分独立的防火分隔单元，当工艺条件许可时，应采用防火墙进行分隔。其中制丝、储丝和卷接包车间可划分为一个防火分区，且每个防火分区的最大允许建筑面积可按工艺要求确定。但制丝、储丝及卷接包车间之间应采用耐火极限不低于2.00h的防火隔墙和1.00h的楼板进行分隔。厂房内各水平和竖向防火分隔之间的开口应采取防止火灾蔓延的措施。

⑥ 厂房内的操作平台、检修平台，当使用人数少于10人时，平台的面积可不计入所在防火分区的建筑面积内。

2. 仓库的层数和面积

仓库的物资储存比较集中，可燃物数量多，明火救援难度大，常造成严重的经济损失。因此，防火分区之间水平分隔必须采用防火墙分隔，不能采用其他分隔方式替代。根据不同的储存物品火灾危险性类别，确定仓库的耐火等级、层数和面积。

除本规范另有规定外，仓库的层数和面积应符合表11-5的规定。

表 11-5　仓库的层数和面积

储存物品的火灾危险性类别	仓库的耐火等级	最多允许层数	每座仓库的最大允许占地面积和每个防火分区的最大允许建筑面积(m²)						地下或半地下仓库(包括地下或半地下室)
			单层仓库		多层仓库		高层仓库		
			每座仓库	防火分区	每座仓库	防火分区	每座仓库	防火分区	防火分区
甲 3、4项	一级	1	180	60	—	—	—	—	—
甲 1、2、5、6项	一、二级	1	750	250	—	—	—	—	—
乙 1、3、4项	一、二级	3	2000	500	900	300	—	—	—
乙 1、3、4项	三级	1	500	250	—	—	—	—	—
乙 2、5、6项	一、二级	5	2800	700	1500	500	—	—	—
乙 2、5、6项	三级	1	900	300	—	—	—	—	—
丙 1项	一、二级	5	4000	1000	2800	700	—	—	150
丙 1项	三级	1	1200	400	—	—	—	—	—
丙 2项	一、二级	不限	6000	1500	4800	1200	4000	1000	300
丙 2项	三级	3	2100	700	1200	400	—	—	—
丁	一、二级	不限	不限	3000	不限	1500	4800	1200	500
丁	三级	3	3000	1000	1500	500	—	—	—
丁	四级	1	2100	700	—	—	—	—	—
戊	一、二级	不限	不限	不限	不限	2000	6000	1500	1000
戊	三级	3	3000	1000	2100	700	—	—	—
戊	四级	1	2100	700	—	—	—	—	—

注：①仓库内的防火分区之间必须采用防火墙分隔，甲、乙类仓库内防火分区之间的防火墙不应开设门、窗、洞口；地下或半地下仓库(包括地下或半地下室)的最大允许占地面积，不应大于地上仓库的最大允许占地面积。

②石油库区内的桶装油品仓库应符合现行国家标准《石油库设计规范》GB 50074的规定。

③一、二级耐火等级的煤均化库，每个防火分区的最大允许建筑面积不应大于12000m²。

④独立建造的硝酸铵仓库、电石仓库、聚乙烯等高分子制品仓库、尿素仓库、配煤仓库、造纸厂的独立成品仓库，当建筑的耐火等级不低于二级时，每座仓库的最大允许占地面积和每个防火分区的最大允许建筑面积可按本表的规定增加1.0倍。

⑤一、二级耐火等级粮食平房仓的最大允许占地面积不应大于12000m²，每个防火分区的最大允许建筑面积不应大于3000m²；三级耐火等级粮食平房仓的最大允许占地面积不应大于3000m²，每个防火分区的最大允许建筑面积不应大于1000m²。

⑥一、二级耐火等级冷库的最大允许占地面积和防火分区的最大允许建筑面积，应符合现行国家标准《冷库设计规范》GB 50072的规定。

3. 自动灭火系统与建筑面积

厂房内设置自动灭火系统时，每个防火分区的最大允许建筑面积可按表11-4的规定增加1.0倍。当丁、戊类的地上厂房内设置自动灭火系统时，每个防火分区的最大允许建筑面积不限。厂房内局部设置自动灭火系统时，其防火分区增加面积可按设置自动灭火系统部分的建筑面积减半计算。

仓库内设置自动灭火系统时，除冷库的防火分区外，每座仓库的最大允许占地面积和每个防火分区的最大允许建筑面积可按表 11-5 的规定增加 1.0 倍。

4. 厂房内设置宿舍办公室的规定

(1) 甲、乙类生产场所(仓库)不应设置在地下或半地下。

(2) 员工宿舍严禁设置在厂房内。

办公室、休息室等不应设置在甲、乙类厂房内，必须贴邻本厂房时，其耐火等级不应低于二级，并应采用耐火极限不低于 3.00h 的防爆墙与厂房分隔和设置独立的安全出口。

办公室、休息室设置在丙类厂房内时，应采用耐火极限不低于 2.50h 的防火隔墙和不低于 1.00h 的楼板与其他部位分隔，并应至少设置 1 个独立的安全出口。如隔墙上需开设相互连通的门时，应采用乙级防火门。

5. 厂房内设置仓库、液体储罐的规定

(1) 厂房内设置甲、乙类中间仓库时，其储量不宜超过 1 昼夜的需要量。中间仓库应靠外墙布置，并应采用防火墙和耐火极限不低于 1.50h 的不燃性楼板与其他部位分隔。

(2) 厂房内设置丙类仓库时，必须采用防火墙和耐火极限不低于 1.50h 的楼板与其他部位分隔，设置丁、戊类仓库时，应采用耐火极限不低于 2.00h 的防火隔墙和不低于 1.00h 的楼板与其他部位分隔。仓库的耐火等级和面积应符合表 11-5 的规定。

(3) 厂房内的丙类液体中间储罐应设置在单独房间内，其容量不应大于 $5m^3$。设置中间储罐的房间，应采用耐火极限不低于 3.00h 的防火隔墙和不低于 1.50h 的楼板与其他部位分隔，房间门应采用甲级防火门。

6. 变配电站设置

变、配电站不应设置在甲、乙类厂房内或贴邻，且不应设置在爆炸性气体、粉尘环境的危险区域内。供甲、乙类厂房专用的 10kV 及以下的变、配电站，当采用无门、窗、洞口的防火墙分隔时，可一面贴邻，并应符合现行国家标准《爆炸和火灾危险环境电力装置设计规范》GB 50058 等标准的规定。

乙类厂房的配电站必须在防火墙上开窗时，应采用甲级防火窗。

7. 仓库内设置宿舍办公室的规定

员工宿舍严禁设置在仓库内。

办公室、休息室等严禁设置在甲、乙类仓库内，也不应贴邻。办公室、休息室设置在丙、丁类仓库内时，应采用耐火极限不低于 2.50h 的防火隔墙和不低于 1.00h 的楼板与其他部位分隔，并应设置独立的安全出口。隔墙上需开设相互连通的门时，应采用乙级防火门。

8. 物流建筑防火分区的划分

物流建筑应按分拣等作业和储存功能划分不同的防火分区，储存区与其他功能空间之间应采用防火墙分隔。

储存区的防火要求应按本规范有关仓库的规定确定，其中一、二级耐火等级建筑中的

丙类 2 项(除自动化控制的高架仓库，棉、麻、丝、毛及其他纺织品、泡沫塑料等仓库外)和丁、戊类物品储存区的防火分区最大允许建筑面积和储存区部分建筑的最大允许占地面积，当库区全部设置自动喷水灭火系统和火灾自动报警系统时，可按表11-5(不含注)的规定增加 3.0 倍。

作业区的防火要求可按本规范有关厂房的规定确定。

9. 厂房内铁路线设置

甲、乙类厂房(仓库)内不应设置铁路线。

需要出入蒸汽机车和内燃机车的丙、丁、戊类厂房(仓库)，其屋顶应采用不燃材料或采取其他防火措施。

11.2.4 厂房的防火间距

防火间距是指一建筑物着火后，火灾不至于蔓延到相邻建筑物的空间间隔。影响建筑物防火间距的因素很多，如热辐射、热对流、风向、风速、外墙材料的燃烧性能及其开口面积的大小、室内堆放可燃性物种类及数量、相邻建筑物的高度、室内消防设施的情况、着火时的气温及湿度、消防车到达的时间及扑救情况等。由于影响防火间距的因素很多，在实际工作中不可能全部考虑，通常主要是根据"飞火"、"热对流"和热辐射等，并综合考虑灭火救援的需要、防止火势蔓延扩大、节约用地等因素，以及灭火救援力量、灭火救援的经验教训来确定防火间距。

(1) 除本规范另有规定外，厂房之间及与乙、丙、丁、戊类仓库、民用建筑等的防火间距不应小于表 11-6 的规定。表中规定的防火间距均为建筑间的最小间距要求，有条件时，应尽可能根据建筑的体量、火灾危险性和实际情况，加大建筑间距。

(2) 甲类厂房与重要公共建筑的防火间距不应小于 50m，与明火或散发火花地点的防火间距不应小于 30m，与架空电力线的最小水平距离应符合相关规定，与甲、乙、丙类液体储罐，可燃、助燃气体储罐，液化石油气储罐和可燃材料堆场的防火间距，应符合规定。

(3) 散发可燃气体、可燃蒸气的甲类厂房与铁路、道路等的防火间距不应小于表 11-7 的规定，但甲类厂房所属厂内铁路装卸线当有安全措施时，其间距可不受表 11-7 规定限制。

(4) 高层厂房与甲、乙、丙类液体储罐，可燃、助燃气体储罐，液化石油气储罐，可燃材料堆场(除煤和焦炭场外)的防火间距，应符合规定，且不应小于 13m。

(5) 丙、丁、戊类厂房与民用建筑的耐火等级均为一、二级时，丙、丁、戊类厂房与民用建筑的防火间距可适当减小，但应符合下列规定：

① 当较高一面外墙为无门、窗、洞口的防火墙，或比相邻较低一座建筑屋面高 15m 及以下范围内的外墙为无门、窗、洞口的防火墙时，其防火间距可不限；

② 相邻较低一面外墙为防火墙，且屋顶无天窗或洞口、屋顶耐火极限不低于 1.00h，或相邻较高一面外墙为防火墙，且墙上开口部位采取了防火措施，其防火间距可适当减小，但不应小于 4m。

第11章 建筑技术法规——建筑设计防火规范

表11-6　厂房之间及与乙、丙、丁、戊类仓库、民用建筑等的防火间距(m)

名称		甲类厂房 单层、多层 一、二级	乙类厂房(仓库) 单、多层 一、二级	乙类厂房(仓库) 单、多层 三级	乙类厂房(仓库) 高层 一、二级	丙、丁、戊类厂房(仓库) 单、多层 一、二级	丙、丁、戊类厂房(仓库) 单、多层 三级	丙、丁、戊类厂房(仓库) 单、多层 四级	丙、丁、戊类厂房(仓库) 高层 一、二级	民用建筑 裙房，单、多层 一、二级	民用建筑 裙房，单、多层 三级	民用建筑 裙房，单、多层 四级	民用建筑 高层 一类	民用建筑 高层 二类
甲类厂房	单、多层 一、二级	12	12	14	13	12	14	16	13	25			50	
乙类厂房	单、多层 一、二级	12	10	12	13	10	12	14	13	10	12	14	20	15
	单、多层 三级	14	12	14	15	12	14	16	15	12	14	16	25	20
	高层 一、二级	13	13	15	13	13	15	17	13	13	15	17	20	15
丙类厂房	单、多层 一、二级	12	10	12	13	10	12	14	13	10	12	14	20	15
	单、多层 三级	14	12	14	15	12	14	16	15	12	14	16	25	20
	单、多层 四级	16	14	16	17	14	16	18	17	14	16	18	30	25
	高层 一、二级	13	13	15	13	13	15	17	13	13	15	17	20	15
丁、戊类厂房	单、多层 一、二级	12	10	12	13	10	12	14	13	10	12	14	15	13
	单、多层 三级	14	12	14	15	12	14	16	15	12	14	16	18	15
	单、多层 四级	16	14	16	17	14	16	18	17	14	16	18	25	20
	高层 一、二级	13	13	15	13	13	15	17	13	13	15	17	15	13
室外变配电站	变压器总油量(t) ≥5，≤10	25	25	25	25	25	25	25	25	20	25	25	20	20
	>10，≤50	25	25	25	25	25	25	25	25	25	25	25	25	25
	>50	30	30	30	30	30	30	30	30	30	30	30	30	30

注：① 乙类厂房与重要公共建筑的防火间距不宜小于50m；与明火或散发火花地点，不宜小于30m。单、多层戊类厂房之间及与戊类仓库的防火间距可按本表的规定减少2m，与民用建筑的防火间距可将戊类厂房等同民用建筑按本法规表11.30的规定执行。为丙、丁、戊类厂房服务而单独设置的生活用房应按民用建筑确定，与所属厂房的防火间距不应小于6m。必须相邻布置时，应符合本表注②、③的规定。

② 两座厂房相邻较高一面外墙为防火墙，且较低一座厂房的屋顶无天窗，屋顶的耐火极限不低于1.00h，或相邻较高一面外墙的门、窗、洞口设置甲级防火门、窗或防火卷帘时，两座丙、丁、戊类厂房之间的防火间距可不限。但甲类厂房之间不应小于4m。两座丙、丁、戊类厂房相邻两面外墙均为不燃性墙体，当无外露的可燃性屋檐，每面外墙上的门、窗、洞口面积之和各不大于该外墙面积的5%，且门、窗、洞口不正对开设时，其防火间距可按本表的规定减少25%。甲、乙类厂房(仓库)不应与本法规第11.3.3条5款规定外的其他建筑贴邻。

③ 两座一、二级耐火等级的厂房，当相邻较低一面外墙为防火墙且较低一座厂房的屋顶耐火极限不低于1.00h，或相邻较高一面外墙的门、窗等开口部位设置防火门、窗或防火卷帘时，其防火间距不应小于6m；丙、丁、戊类厂房之间防火间距不应小于4m。

④ 发电厂内的主变压器，其油量可按单台确定。

⑤ 耐火等级低于四级的既有厂房，其耐火等级可按四级确定。

⑥ 当丙、丁、戊类厂房与丙、丁、戊类仓库相邻时，应符合本表注②、③的规定。

表11-7 散发可燃气体、可燃蒸气的甲类厂房与铁路、道路等的防火间距

m

名　称	厂外铁路线中心线	厂内铁路线中心线	厂外道路路边	厂内道路路边	
				主要	次要
甲类厂房	30	20	15	10	5

(6) 厂房外附设化学易燃物品的设备时，其室外设备外壁与相邻厂房室外附设设备的外壁或相邻厂房外墙的防火间距，不应小于表11-6的规定。用不燃材料制作的室外设备，可按一、二级耐火等级建筑确定。

总容量不大于 $15m^3$ 的丙类液体储罐，当直埋于厂房外墙外，且面向储罐一面 4.0m 范围内的外墙为防火墙时，其防火间距可不限。

(7) 同一座U形或山形厂房中相邻两翼之间的防火间距，不宜小于表11-6的规定，但当厂房的占地面积小于表11-4规定的每个防火分区最大允许建筑面积时，其防火间距可为6m。

(8) 除高层厂房和甲类厂房外，其他类别的数座厂房占地面积之和小于上述规定的防火分区最大允许建筑面积(按其中较小者确定，但防火分区的最大允许建筑面积不限者，不应大于 $10000m^2$)时，可成组布置。当厂房建筑高度不大于 7m 时，组内厂房之间的防火间距不应小于 4m；当厂房建筑高度大于 7m 时，组内厂房之间的防火间距不应小于 6m。

组与组或组与相邻建筑的防火间距，应根据相邻两座中耐火等级较低的建筑，按表11-6的规定确定。

(9) 一级汽车加油站、一级汽车液化石油气加气站和一级汽车加油加气合建站不应布置在城市建成区内。

(10) 汽车加油、加气站和加油加气合建站的分级，汽车加油、加气站和加油加气合建站及其加油(气)机、储油(气)罐等与站外明火或散发火花地点、建筑、铁路、道路之间的防火间距以及站内各建筑或设施之间的防火间距，应符合现行国家标准《汽车加油加气站设计与施工规范》GB 50156 的规定。

(11) 电力系统电压为35kV～500kV且每台变压器容量不小于10MV·A的室外变、配电站以及工业企业的变压器总油量大于5t的室外降压变电站，与其他建筑的防火间距不应小于表11-6的规定。

(12) 厂区围墙与厂区内建筑的间距不宜小于5m，围墙两侧建筑的间距应满足相应建筑的防火间距要求。

11.2.5 仓库的防火间距

仓库的防火间距，除考虑在确定厂房的防火间距时的因素外，还应考虑以下的情况。

(1) 硝化棉、硝化纤维胶片、喷漆棉、火胶棉、赛璐珞和金属钾、钠、锂、氢化铝、氰化钠等甲类物品，发生爆炸或火灾后，燃速快、燃烧猛烈、危害范围广，甲类物品仓库着火时的影响范围，取决于储存物品的数量、性质和仓库规模等，其中，储存量的大小，是决定其危害性的主要因素。如某存放硝酸纤维的废影片仓库，共放有影片约10t，爆炸着火后，周围30～70m 范围内的建筑物和其他可燃物均被烧着着火。

(2) 对于高层建筑、重要的公共建筑，由于受到火灾或爆炸作用下的后果较严重，对其要求应比其他建筑的防火间距要求要严些。

(3) 甲类仓库与铁路线的防火间距，主要考虑蒸汽机车飞火对仓库的影响。甲类仓库和道路的防火间距，主要考虑道路通行情况、汽车和拖拉机排气管飞火的影响等因素，一般汽车的排气管飞火距离远者为8～10m，近者为3～4m，与厂外道路的间距考虑车流量大，且不便管理等因素而要求大些。

由于考虑了上述因素，对于仓库的防火间距作如下规定：

(1) 甲类仓库之间及与其他建筑、明火或散发火花地点、铁路、道路等的防火间距不应小于表11-8的规定，与架空电力线的最小水平距离应符合相关规定。设置装卸站台的甲类仓库与厂内铁路装卸线的防火间距，可不受表11-8规定的限制。

表11-8 甲类仓库之间及与其他建筑、明火或散发火花地点、铁路、道路等的防火间距

m

名　称		甲类仓库(储量，t)			
		甲类储存物品第 3、4 项		甲类储存物品第 1、2、5、6 项	
		≤5	>5	≤10	>10
高层民用建筑、重要公共建筑		50			
裙房、其他民用建筑、明火或散发火花地点		30	40	25	30
甲类仓库		20	20	20	20
厂房和乙、丙、丁、戊类仓库	一、二级	15	20	12	15
	三级	20	25	15	20
	四级	25	30	20	25
电力系统电压为 35kV～500kV 且每台变压器容量不小于 10MV·A 的室外变、配电站，工业企业的变压器总油量大于 5t 的室外降压变电站		30	40	25	30
厂外铁路线中心线		40			
厂内铁路线中心线		30			
厂外道路路边		20			
场内道路路边	主要	10			
	次要	5			

注：甲类仓库之间的防火间距，当第 3、4 项物品储量不大于 2t，第 1、2、5、6 项物品储量不大于 5t 时，不应小于 12m，甲类仓库与高层仓库的防火间距不应小于 13m。

(2) 乙、丙、丁、戊类仓库之间及与民用建筑的防火间距，主要考虑满足灭火救援、防止初期火灾(一般为 20 分钟内)向邻近建筑物蔓延扩大，以及节约用地等因素。

除本规范另有规定外，乙、丙、丁、戊类仓库之间及与民用建筑的防火间距，不应小于表11-9的规定。

表 11-9 乙、丙、丁、戊类仓库之间及与民用建筑的防火间距

m

名称			乙类仓库			丙类仓库			丁、戊类仓库		
			单、多层		高层	单、多层		高层	单、多层		高层
			一、二级	三级	一、二级	一、二级	三级	四级	一、二级	一、二级	三级	四级	一、二级
乙、丙、丁、戊类仓库	单、多层	一、二级	10	12	13	10	12	14	13	10	12	14	13
		三级	12	14	15	12	14	16	15	12	14	16	15
		四级	14	16	17	14	16	18	17	14	16	18	17
	高层	一、二级	13	15	13	13	15	17	13	13	15	17	13
民用建筑	裙房，单、多层	一、二级	25			10	12	14	13	10	12	14	13
		三级	25			12	14	16	15	12	14	16	15
		四级	25			14	16	18	17	14	16	18	17
	高层	一类	50			20	25	25	20	15	18	18	15
		二类	50			15	20	20	15	13	15	15	13

注：① 单、多层戊类仓库之间的防火间距，可按本表减少 2m。

② 两座仓库的相邻外墙均为防火墙时，防火间距可以减小，但丙类，不应小于 6m；丁、戊类，不应小于 4m。两座仓库相邻较高一面外墙为防火墙，且总占地面积不大于表 11-5 一座仓库的最大允许占地面积规定时，其防火间距不限。

③ 除乙类第 6 项物品外的乙类仓库，与民用建筑的防火间距不宜小于 25m，与重要公共建筑的防火间距不应小于 50m，与铁路、道路等的防火间距不宜小于表 11-8 中甲类仓库与铁路、道路等的防火间距。

(3) 丁、戊类仓库与民用建筑的耐火等级均为一、二级时，仓库与民用建筑的防火间距可适当减小，但应符合下列规定：

① 当较高一面外墙为无门、窗、洞口的防火墙，或比相邻较低一座建筑屋面高 15m 及以下范围内的外墙为无门、窗、洞口的防火墙时，其防火间距可不限；

② 相邻较低一面外墙为防火墙，且屋顶无天窗或洞口、屋顶耐火极限不低于 1.00h，或相邻较高一面外墙为防火墙，且墙上开口部位采取了防火措施，其防火间距可适当减小，

但不应小于 4m。

(4) 粮食筒仓与其他建筑、粮食筒仓组之间的防火间距，不应小于表 11-10 的规定。

表 11-10　粮食筒仓与其他建筑、粮食筒仓组之间的防火间距

m

名称	粮食总储量 W(t)	粮食立筒仓			粮食浅圆仓		其他建筑		
		$W \leqslant 40000$	$40000 < W \leqslant 50000$	$W > 50000$	$W \leqslant 5000$	$W > 50000$	一、二级	三级	四级
粮食立筒仓	$500 < W \leqslant 10000$	15	20	25	20	25	10	15	20
	$1000 < W \leqslant 40000$						15	20	25
	$40000 < W \leqslant 50000$	20					20	25	30
	$W > 50000$	25					25	30	—
粮食浅圆仓	$W \leqslant 50000$	20	20	25	20	25	20	25	—
	$W \leqslant 50000$	25					25	30	—

注：① 当粮食立筒仓、粮食浅圆仓与工作塔、接收塔、发放站为一个完整工艺单元的组群时，组内各建筑之间的防火间距不受本表限制。
② 粮食浅圆仓组内每个独立仓的储量不应大于 10000t。

(5) 库区围墙与库区内建筑的间距不宜小于 5m，围墙两侧建筑的间距应满足相应建筑的防火间距要求。

11.2.6　厂房和仓库的防爆

厂房和仓库的防爆应符合下列规定：
(1) 有爆炸危险的甲、乙类厂房宜独立设置，并宜采用敞开或半敞开式。其承重结构宜采用钢筋混凝土或钢框架、排架结构。
(2) 有爆炸危险的厂房或厂房内有爆炸危险的部位应设置泄压设施。
(3) 泄压设施宜采用轻质屋面板、轻质墙体和易于泄压的门、窗等，应采用安全玻璃等在爆炸时不产生尖锐碎片的材料。
泄压设施的设置应避开人员密集场所和主要交通道路，并宜靠近有爆炸危险的部位。
作为泄压设施的轻质屋面板和墙体的质量不宜大于 $60 kg/m^2$。屋顶上的泄压设施应采取防冰雪积聚措施。
(4) 厂房的泄压面积宜按下式计算，但当厂房的长径比大于 3 时，宜将建筑划分为长径比不大于 3 的多个计算段，各计算段中的公共截面不得作为泄压面积：

$$A = 10CV^{2/3}$$

式中：A—泄压面积(m^2)；
V—厂房的容积(m^3)；
C—泄压比，可按表 11-11 选取(m^2/m^3)。

表 11-11 厂房内爆炸性危险物质的类别与泄压比规定值

m^2/m^3

厂房内爆炸性危险物质的类别	C 值
氨、粮食、纸、皮革、铅、铬、铜等 $K_尘<10MPa·m·s^{-1}$ 的粉尘	≥0.030
木屑、炭屑、煤粉、锑、锡等 $10MPa·m·s^{-1}≤K_尘≤30MPa·m·s^{-1}$ 的粉尘	≥0.055
丙酮、汽油、甲醇、液化石油气、甲烷、喷漆间或干燥室、苯酚树脂、铝、镁、锆等 $K_尘>30MPa·m·s^{-1}$ 的粉尘	≥0.110
乙烯	≥0.160
乙炔	≥0.200
氢	≥0.250

注：长径比为建筑平面几何外形尺寸中的最长尺寸与其横截面周长的积和 4.0 倍的建筑横截面积之比。

(5) 散发较空气轻的可燃气体、可燃蒸气的甲类厂房，宜采用轻质屋面板作为泄压面积。顶棚应尽量平整、无死角，厂房上部空间应通风良好。

(6) 散发较空气重的可燃气体、可燃蒸气的甲类厂房和有粉尘、纤维爆炸危险的乙类厂房，应采用不发火花的地面。采用绝缘材料作整体面层时，应采取防静电措施。

散发可燃粉尘、纤维的厂房，其内表面应平整、光滑，并易于清扫。厂房内不宜设置地沟，必须设置时，其盖板应严密，地沟应采取防止可燃气体、可燃蒸气和粉尘、纤维在地沟积聚的有效措施，且应在与相邻厂房连通处采用防火材料密封。

(7) 有爆炸危险的甲、乙类生产部位，宜布置在单层厂房靠外墙的泄压设施或多层厂房顶层靠外墙的泄压设施附近。

有爆炸危险的设备宜避开厂房的梁、柱等主要承重构件布置。

(8) 有爆炸危险的甲、乙类厂房的总控制室应独立设置。

(9) 有爆炸危险的甲、乙类厂房的分控制室宜独立设置，当贴邻外墙设置时，应采用耐火极限不低于 3.00h 的防火隔墙与其他部位分隔。

(10) 有爆炸危险区域内的楼梯间、室外楼梯或与相邻区域连通处，应设置门斗等防护措施。门斗的隔墙应为耐火极限不应低于 2.00h 的防火隔墙，门应采用甲级防火门并应与楼梯间的门错位设置。

(11) 使用和生产甲、乙、丙类液体厂房，其管、沟不应与相邻厂房的管、沟相通，下水道应设置隔油设施。

(12) 甲、乙、丙类液体仓库应设置防止液体流散的设施。遇湿会发生燃烧爆炸的物品仓库应采取防止水浸渍的措施。

(13) 有粉尘爆炸危险的筒仓，其顶部盖板应设置必要的泄压设施。粮食筒仓工作塔和上通廊的泄压面积应按本规范的规定计算确定。有粉尘爆炸危险的其他粮食储存设施应采取防爆措施。

(14) 有爆炸危险的仓库或仓库内有爆炸危险的部位，宜按本节规定采取防爆措施、设置泄压设施。

11.2.7 厂房的安全疏散

厂房的安全疏散是厂房设计的组成部分,当建筑物任意一楼层或任意一防火分区着火时,其中一个或多个安全出口被烟火阻挡,仍要保证有其他出口可供安全疏散和救援使用。因此,建筑设计应保证人员有不同方向的疏散路径。对于厂房地上部分安全出口设置应满足每个防火区,至少应有 2 个安全出入口,可以提高火灾时人员疏散通道和出口的可靠性。对于地下、半地下厂房也应至少设置 2 个出入口,且每一个防火分区必须有一个直通室外独立安全出口,以保证人员有足够的安全条件进行疏散。厂房内最大的疏散距离应根据不同火灾危险性类别、火灾蔓延的速度确定。为此,对厂房的安全疏散规定如下。

1. 厂房的安全出口

(1) 厂房的安全出口应分散布置。每个防火分区或一个防火分区的每个楼层,其相邻 2 个安全出口最近边缘之间的水平距离不应小于 5m。

(2) 厂房的每个防火分区或一个防火分区内的每个楼层,其安全出口的数量应经计算确定,且不应少于 2 个;当符合下列条件时,可设置 1 个安全出口:

① 甲类厂房,每层建筑面积不大于 $100m^2$,且同一时间的作业人数不超过 5 人;
② 乙类厂房,每层建筑面积不大于 $150m^2$,且同一时间的作业人数不超过 10 人;
③ 丙类厂房,每层建筑面积不大于 $250m^2$,且同一时间的作业人数不超过 20 人;
④ 丁、戊类厂房,每层建筑面积不大于 $400m^2$,且同一时间的作业人数不超过 30 人;
⑤ 地下或半地下厂房(包括地下或半地下室),每层建筑面积不大于 $50m^2$,且同一时间的作业人数不超过 15 人。

(3) 地下或半地下厂房(包括地下或半地下室),当有多个防火分区相邻布置,并采用防火墙分隔时,每个防火分区可利用防火墙上通向相邻防火分区的甲级防火门作为第二安全出口,但每个防火分区必须至少有 1 个直通室外的独立安全出口。

2. 厂房内任一点至最近安全出口的距离

厂房内任一点至最近安全出口的距离不应大于表 11-12 的规定。

表 11-12 厂房内任一点至最近安全出口的距离

m

生产的火灾危险性类别	耐火等级	单层厂房	多层厂房	高层厂房	地下或半地下厂房(包括地下或半地下室)
甲	一、二级	30	20	—	—
乙	一、二级	75	30	30	—
	三级				
丙	一、二级	80	60	40	30
	三级	60	40	—	—
丁	一、二级	不限	不限	50	45
	三级	60	50	—	—
	四级	50	—	—	—

续表

生产的火灾危险性类别	耐火等级	单层厂房	多层厂房	高层厂房	地下或半地下厂房(包括地下或半地下室)
戊	一、二级	不限	不限	75	60
	三级	100	75	—	—
	四级	60	—	—	—

3. 楼梯、走道、门的各自的总净宽度

厂房内疏散楼梯、走道、门的各自总净宽度，应根据疏散人数按每 100 人的最小疏散净宽度不小于表 11-13 的规定计算确定。但疏散楼梯的最小净宽度不宜小于 1.10m，疏散走道的最小净宽度不宜小于 1.40m，门的最小净宽度不宜小于 0.90m。当每层疏散人数不相等时，疏散楼梯的总净宽度应分层计算，下层楼梯总净宽度应按该层及以上疏散人数最多一层的疏散人数计算。

表 11-13　厂房内疏散楼梯、走道和门的每 100 人最小疏散净宽度

m/百人

厂房层数(层)	1～2	3	≥4
最小疏散净宽度(m/百人)	0.60	0.80	1.00

首层外门的总净宽度应按该层及以上疏散人数最多一层的疏散人数计算，且该门的最小净宽度不应小于 1.20m。

4. 厂房的疏散楼梯

高层厂房和甲、乙、丙类多层厂房的疏散楼梯应采用封闭楼梯间或室外楼梯；建筑高度大于 32m 且任一层人数超过 10 人的厂房，应采用防烟楼梯间或室外楼梯。

11.2.8　仓库的安全疏散

仓库的安全疏散应符合下列规定：

1. 仓库的安全出口

(1) 仓库的安全出口应分散布置。每个防火分区或一个防火分区的每个楼层，其相邻 2 个安全出口最近边缘之间的水平距离不应小于 5m。

(2) 每座仓库的安全出口不应少于 2 个，当一座仓库的占地面积不大于 300m² 时，可设置 1 个安全出口。仓库内每个防火分区通向疏散走道、楼梯或室外的出口不宜少于 2 个，当防火分区的建筑面积不大于 100 m² 时，可设置 1 个出口。通向疏散走道或楼梯的门应为乙级防火门。

(3) 地下或半地下仓库(包括地下或半地下室)的安全出口不应少于 2 个；当建筑面积不大于 100m² 时，可设置 1 个安全出口。

地下或半地下仓库(包括地下或半地下室)当有多个防火分区相邻布置，并采用防火墙分隔时，每个防火分区可利用防火墙上通向相邻防火分区的甲级防火门作为第二安全出口，

但每个防火分区必须至少有1个直通室外的安全出口。

2. 冷库、粮食筒仓等的安全疏散设计

(1) 冷库、粮食筒仓、金库的安全疏散设计应分别符合现行国家标准《冷库设计规范》GB 50072 和《粮食钢板筒仓设计规范》GB 50322 等标准的规定。

(2) 粮食筒仓上层面积小于 1000m^2，且作业人数不超过2人时，可设置1个安全出口。

(3) 仓库、筒仓的室外金属梯符合本规范室外疏散楼梯的规定时，可作为疏散楼梯，但筒仓室外楼梯平台的耐火极限不应低于 0.25h。

(4) 高层仓库的疏散楼梯应采用封闭楼梯间。

(5) 除一、二级耐火等级的多层戊类仓库外，其他仓库内供垂直运输物品的提升设施宜设置在仓库外，必须设置在仓库内时，应设置在井壁的耐火极限不低于 2.00h 的井筒内。室内外提升设施通向仓库入口上的门应采用乙级防火门或符合本规范防火分隔部位设置防火卷帘的规定。

11.3 甲、乙、丙类液体、气体储罐(区)和可燃材料堆场

11.3.1 一般规定

(1) 甲、乙、丙类液体储罐区，液化石油气储罐区，可燃、助燃气体储罐区，可燃材料堆场等，应布置在城市(区域)的边缘或相对独立的安全地带，并宜布置在城市(区域)全年最小频率风向的上风侧。

甲、乙、丙类液体储罐(区)宜布置在地势较低的地带。当布置在地势较高的地带时，应采取安全防护设施。

液化石油气储罐(区)宜布置在地势平坦、开阔且不易积存液化石油气的地带。

(2) 桶装、瓶装甲类液体不应露天存放。

(3) 液化石油气储罐组或储罐区四周应设置高度不小于 1.0m 的不燃性实心防护墙。

(4) 甲、乙、丙类液体储罐区，液化石油气储罐区，可燃、助燃气体储罐区，可燃材料堆场，应与装卸区、辅助生产区及办公区分开布置。

(5) 甲、乙、丙类液体储罐，液化石油气储罐，可燃、助燃气体储罐，可燃材料堆垛与架空电力线的最近水平距离应符合相关规定。

11.3.2 甲、乙、丙类液体储罐(区)的防火间距

我国《消防法》第二十二条规定："生产、储存、装卸易燃易爆危险性的工厂、仓库和专用车站、码头的设置，应当符合消防标准。易燃易爆气体和液体的充装站、供气站、调压站，应当设置在符合消防安全要求的位置，并符合防火防爆要求。"根据此条规定，甲、乙、丙类液体储罐区，液化石油气储罐区，可燃助燃气体储罐区，可燃材料堆场等的总平面布置应满足防火防爆要求，以有利于保障城市和居民的安全。

甲、乙、丙类液体储罐或储罐区，着火后燃烧速度快、辐射热强、难以扑救、火灾延续的时间较长，有的还存在爆炸危险，危及范围较大，扑救和冷却用水量较大。因此，在选址时，应充分考虑消防用水的来源和保障程度。甲、乙、丙类液体储罐区，应尽量布置在城市边缘相对独立的安全地带的地势较低地段，并应布置在城市全年最小频率风向的上风侧，且应远离居住区、厂矿企业和重要的公共区域。当受条件限制，不得不布置在地势较高地带时，需采取加强防火堤或另外增设防护墙等可靠的防火措施。

1. 储罐与建筑物防火间距

甲、乙、丙类液体储罐(区)，乙、丙类液体桶装堆场与建筑物的防火间距，不应小于表11-14的规定。

表11-14　甲、乙、丙类液体储罐(区)，乙、丙类液体桶装堆场与建筑物的防火间距

m

类别	一个罐区或堆场的总容量 V/m³	建筑物 一、二级 高层民用建筑	建筑物 一、二级 裙房，其他建筑	三级	四级	室外变、配电站
甲、乙类液体储罐(区)	1≤V<50	40	12	15	20	30
	50≤V<200	50	15	20	25	35
	200≤V<1000	60	20	25	30	40
	1000≤V<5000	70	25	30	40	50
丙类液体储罐(区)	5≤V<250	40	12	15	20	24
	250≤V<1000	40	15	20	25	28
	1000≤V<5000	50	20	25	30	32
	5000≤V<25000	60	25	30	40	40
		70				

注：① 当甲、乙类液体储罐和丙类液体储罐布置在同一储罐区时，其总容量可按1m³甲、乙类液体相当于5m³丙类液体折算。

② 储罐防火堤外侧基脚线至建筑物的距离不应小于10m。

③ 甲、乙、丙类液体的固定顶储罐区或半露天堆场，乙、丙类液体桶装堆场与甲类厂房(仓库)、民用建筑的防火间距，应按本表的规定增加25%，且甲、乙类液体的固定顶储罐区或半露天堆场，乙、丙类液体桶装堆场与甲类厂房(仓库)、裙房、单、多层民用建筑的防火间距不应小于25m，与明火或散发火花地点的防火间距应按本表四级耐火等级建筑物的规定增加25%。

④ 浮顶储罐区或闪点大于120℃的液体储罐区与建筑物的防火间距，可按本表的规定减少25%。

⑤ 当数个储罐区布置在同一库区内时，储罐区之间的防火间距不应小于本表相应容量的储罐区与四级耐火等级建筑物防火间距的较大值。

⑥ 直埋地下的甲、乙、丙类液体卧式罐，当单罐容量不大于50m³，总容量不大于200m³时，与建筑物的防火间距可按本表规定减少50%。

⑦ 室外变、配电站指电力系统电压为35kV～500kV且每台变压器容量不小于10MV·A的室外变、配电站，工业企业的变压器总油量大于5t的室外降压变电站。

2. 储罐之间的防火间距

甲、乙、丙类液体储罐之间的防火间距，除考虑安装、检修外，主要考虑避免火灾相

互蔓延和便于灭火救援。目前我国多数专业油库和企业内部油库的地上储罐之间的距离多为相邻储罐的一个 D(D 为一个储罐的直径)或大于一个 D，也有的小于一个 D($0.7D$～$0.9D$)的，当其中一个储罐着火时，该距离能在一定程度上减少对相邻储罐的威胁。因此，要求甲、乙、丙类液体储罐之间的防火间距，不应小于表 11-15 的规定。

表 11-15 甲、乙、丙类液体储罐之间的防火间距

m

类别			固定顶储罐			浮顶储罐或设置充氮保护设备的储罐	卧式储罐
			地上式	半地下式	地下式		
甲、乙类液体储罐	单罐容量 V(m³)	$V \leqslant 1000$	$0.75D$	$0.5D$	$0.4D$	$0.4D$	$\geqslant 0.8$m
		$V > 1000$	$0.6D$				
丙类液体储罐		不限	$0.4D$	不限	不限	—	

注：① D 为相邻较大立式储罐的直径(m)，矩形储罐的直径为长边与短边之和的一半。
② 不同液体、不同形式储罐之间的防火间距不应小于本表规定的较大值。
③ 两排卧式储罐之间的防火间距不应小于 3m。
④ 当单罐容量不大于 1000m³ 且采用固定冷却系统时，甲、乙类液体的地上式固定顶储罐之间的防火间距不应小于 $0.6D$。
⑤ 地上式储罐同时设置液下喷射泡沫灭火系统、固定冷却水系统和扑救防火堤内液体火灾的泡沫灭火设施时，储罐之间的防火间距可适当减小，但不宜小于 $0.4D$。
⑥ 闪点大于 120℃的液体，当单罐容量大于 1000m³ 时，其储罐之间的防火间距不应小于 5m；当单罐容量不大于 1000m³ 时，其储罐之间的防火间距不应小于 2m。

3. 油罐成组布置要求

甲、乙、丙类液体库采用容量较小的油罐成组布置时，不应多于两排，组内储罐之间的距离主要考虑安装、检修的需要，同时也要保证一定的消防安全，节约用地，节约油罐线路的长度，方便操作管理的要求。将小容量的油罐成组布置，当其发生火灾时易于控制和扑救，因此，要求甲、乙、丙类液体储罐成组布置时，应符合下列规定：

(1) 组内储罐的单罐容量和总容量不应大于表 11-16 的规定；

表 11-16 甲、乙、丙类液体储罐成组布置的最大容量

类别	单罐最大容量(m³)	一组罐最大容量(m³)
甲、乙类液体	200	1000
丙类液体	500	3000

(2) 组内储罐的布置不应超过两排。甲、乙类液体立式储罐之间的防火间距不应小 2m，卧式储罐之间的防火间距不应小于 0.8m；丙类液体储罐之间的防火间距不限；

(3) 储罐组之间的防火间距应根据组内储罐的形式和总容量折算为相同类别的标准单罐，按表 11-15 的规定确定。

4. 不同火灾危险性储罐的分区布置

把火灾危险性类别相同或接近甲、乙、丙类液体的地上式、半地下式储罐布置在一个防火堤分隔的范围内，既有利于统一考虑消防设计，储罐之间也能互相调配管线布置，又可节省输油管线和消防管线，便于管理。因此，对于不同火灾危险性的储罐分别分区布置作以下规定：

(1) 甲、乙、丙类液体的地上式、半地下式储罐区，其每个防火堤内宜布置火灾危险性类别相同或相近的储罐。沸溢性油品储罐不应与非沸溢性油品储罐布置在同一防火堤内。地上式、半地下式储罐不应与地下式储罐布置在同一防火堤内。

(2) 甲、乙、丙类液体的地上式、半地下式储罐或储罐组，其四周应设置不燃性防火堤，并应符合下列规定：

① 防火堤内的储罐布置不宜超过2排，单罐容量不大于1000m³且闪点大于120℃的液体储罐不宜超过4排；

② 防火堤的有效容量不应小于其中最大储罐的容量。对于浮顶罐，防火堤的有效容量可为其中最大储罐容量的一半；

③ 防火堤内侧基脚线至立式储罐外壁的水平距离不应小于罐壁高度的一半。防火堤内侧基脚线至卧式储罐的水平距离不应小于3m；

④ 防火堤的设计高度应比计算高度高出0.2m，且其高度应为1.0m～2.2m，并应在防火堤的适当位置设置便于灭火救援人员进出防火堤的踏步；

⑤ 沸溢性油品的地上式、半地下式储罐，每个储罐均应设置一个防火堤或防火隔堤；

⑥ 含油污水排水管应在防火堤的出口处设置水封设施，雨水排水管应设置阀门等封闭、隔离装置。

(3) 甲类液体半露天堆场，乙、丙类液体桶装堆场和闪点大于120℃的液体储罐(区)，当采取了防止液体流散的设施时，可不设防火堤。

5. 液体储罐与其泵房、装卸鹤管的防火间距

甲、乙、丙类液体储罐与其泵房、装卸鹤管的防火间距不应小于表11-17的规定。

表11-17 甲、乙、丙类液体储罐与其泵房、装卸鹤管的防火间距

m

液体类别和储罐形式		泵 房	铁路或汽车装卸鹤管
甲、乙类液体储罐	拱顶罐	15	20
	浮顶罐	12	15
丙类液体储罐		10	12

注：① 总容量不大于1000m³的甲、乙类液体储罐，总容量不大于5000m³的丙类液体储罐，其防火间距可按本表的规定减少25%。

② 泵房、装卸鹤管与储罐防火堤外侧基脚线的距离不应小于5m。

6. 液体装卸鹤管与建筑物、铁路、泵房的防火间距

甲、乙、丙类液体装卸鹤管与建筑物、厂内铁路线、泵房的防火间距不应小于表11-18

的规定。

表 11-18　甲、乙、丙类液体装卸鹤管与建筑物、厂内铁路线、泵房的防火间距

m

名　称	建筑物			厂内铁路线	泵　房
	一、二级	三级	四级		
甲、乙类液体装卸鹤管	14	16	18	20	8
丙类液体装卸鹤管	10	12	14	10	

注：装卸鹤管与其直接装卸用的甲、乙、丙类液体装卸铁路线的防火间距不限。

7. 液体储罐与铁路、道路的防火间距

(1) 甲、乙、丙类液体储罐与铁路、道路的防火间距不应小于表 11-19 的规定。

表 11-19　甲、乙、丙类液体储罐与铁路、道路的防火间距

m

名　称	厂外铁路线中心线	厂内铁路线中心线	厂外道路路边	厂内道路路边	
				主　要	次　要
甲、乙类液体储罐	35	25	20	15	10
丙类液体储罐	30	20	15	10	5

(2) 零位罐与所属铁路装载线的距离不应小于 6m。

(3) 石油库的储罐(区)与建筑物的防火间距，石油库内的储蓄布置和防火间距以及储罐与泵房、装卸鹤管等库内建筑的防火间距，应符合现行国家标准《石油库设计规范》GB 50074 的规定。

11.3.3　可燃、助燃气体储罐(区)的防火间距

可燃气体储罐指盛装氢气、甲烷、乙烷、乙烯、氨气、天然气、油田伴生气、水煤气、半水煤气、发生炉煤气、高炉煤气、焦炉煤气、伍德炉煤气、矿井煤气等可燃气体储罐。

可燃气体储罐分低压和高压两种，低压可燃气体储罐的几何容积是可变化的，分湿式和干式两种，湿式设计压力通常小于 4kPa，干式设计压力通常小于 8kPa。高压可燃气体储罐的几何容积是固定的，其外形有卧式圆筒形和球形两种。卧式储气罐容积较小，通常不大于 $120m^3$，球形罐容积较大，最大容积 $1000m^3$，其设计压力通常为 1.0MPa。表中容积小于 $1000m^3$ 者，一般为小氮肥厂、小化工厂和工业企业可燃气体储罐。$1000m^3 \sim 10000m^3$ 者，为大型氮肥厂、化工厂和其他大中型工业企业，以及中小城市煤气配气站；$50000m^3 \sim 100000m^3$ 者为大、中城市煤气储配站、焦化厂、钢铁厂和其他大中型工业企业的可燃气体储罐。可燃气体储罐的防火间距应符合下列规定。

1. 气体储罐与建筑物、储罐、堆场的防火间距

可燃气体储罐与建筑物、储罐、堆场的防火间距应符合下列规定：

(1) 湿式可燃气体储罐与建筑物、储罐、堆场的防火间距不应小于表 11-20 的规定；

(2) 干式可燃气体储罐与建筑物、储罐、堆场的防火间距：当可燃气体的密度比空气大时，应按表 11-20 的规定增加 25%；当可燃气体的密度比空气小时，可按表 11-20 的规定确定；

(3) 湿式或干式可燃气体储罐的水封井、油泵房和电梯间等附属设施与该储罐的防火间距，可按工艺要求布置；

(4) 容积不大于 20m³ 的可燃气体储罐与其使用厂房的防火间距不限；

(5) 固定容积的可燃气体储罐与建筑物、储罐、堆场的防火间距不应小于表 11-20 的规定。

2. 可燃气体储罐之间的防火间距

可燃气体储罐或罐区之间的防火间距应符合下列规定：

(1) 湿式可燃气体储罐或干式可燃气体储罐之间及湿式与干式可燃气体储罐的防火间距，不应小于相邻较大罐直径的 1/2；

(2) 固定容积的可燃气体储罐之间的防火间距不应小于相邻较大罐直径的 2/3；

(3) 固定容积的可燃气体储罐与湿式或干式可燃气体储罐的防火间距，不应小于相邻较大罐直径的 1/2；

(4) 数个固定容积的可燃气体储罐的总容积大于 200000m³ 时，应分组布置。卧式储罐组之间的防火间距不应小于相邻较大罐长度的一半；球形储罐组之间的防火间距不应小于相邻较大罐直径，且不应小于 20m。

表 11-20　湿式可燃气体储罐与建筑物、储罐、堆场的防火间距

m

名　称		湿式可燃气体储罐(总容积 V, m³)				
		V＜1000	1000≤V＜10000	10000≤V＜50000	50000≤V＜100000	100000≤V＜300000
甲类仓库 甲、乙、丙类液体储罐 可燃材料堆场 室外变、配电站 明火或散发火花的地点		20	25	30	35	40
高层民用建筑		25	30	35	40	45
裙房，单、多层民用建筑		18	20	25	30	35
其他建筑	一、二级	12	15	20	25	30
	三级	15	20	25	30	35
	四级	20	25	30	35	40

注：固定容积可燃气体储罐的总容积按储罐几何容积(m³)和设计储存压力(绝对压力，105Pa)的乘积计算。

3. 氧气储罐与建筑物、储罐、堆场的防火间距

氧气为助燃气体，其火灾危险性属于乙类，通常储存于钢罐内，氧气储罐与民用建筑、甲、乙、丙类液体储罐、可燃材料堆场的防火间距，主要考虑相互影响和灭火救援的需要。

氧气储罐与建筑物、储罐、堆场的防火间距应符合下列规定：
(1) 湿式氧气储罐与建筑物、储罐、堆场的防火间距不应小于表 11-21 的规定；

表 11-21　湿式氧气储罐与建筑物、储罐、堆场的防火间距

m

名　称		湿式氧气储罐(总容积 V, m^3)		
		$V \leqslant 1000$	$1000 < V \leqslant 50000$	$V > 50000$
明火或散发火花地点		25	30	35
甲、乙、丙类液体储罐，可燃材料堆场，甲类仓库，室外变、配电站		20	25	30
民用建筑		18	20	25
其他建筑	一、二级	10	12	14
	三级	12	14	16
	四级	14	16	18

注：固定容积氧气储罐的总容积按储罐几何容积(m^3)和设计储存压力(绝对压力，$10^5 Pa$)的乘积计算。

(2) 氧气储罐之间的防火间距不应小于相邻较大罐直径的 1/2；
(3) 氧气储罐与可燃气体储罐的防火间距，不应小于相邻较大罐的直径；
(4) 氧气储罐与其制氧厂房的防火间距可按工艺布置要求确定；
(5) 容积不大于 $50m^3$ 的氧气储罐与其使用厂房的防火间距不限；
(6) 固定容积的氧气储罐与建筑物、储罐、堆场的防火间距不应小于表 11-19 的规定。
注：$1m^3$ 液氧折合标准状态下 $800m^3$ 气态氧。

4．液氧储罐与建筑物、储罐、堆场的防火间距

确定液氧储罐与建筑物、储罐、堆场的防火间距时，应将液氧储罐容积按 $1m^3$ 的液氧折算成 $800m^3$ 标准状态的氧气后进行，如某厂有一个 $100m^3$ 的液氧储罐，则先折算成 $800 \times 100 = 80000m^3$ 氧气，再按表 11-20 第三档大于 $50000m^3$ 确定其防火间距(30m)。液氧储罐与建筑物、储罐、堆场的防火间距应符合上述相应容积湿式氧气储罐防火间距的规定。液氧储罐与其泵房的间距不宜小于 3m。

医疗卫生机构中的医用液氧储罐气源站的液氧储罐应符合下列规定：
(1) 单罐容积不应大于 $5m^3$，总容积不宜大于 $20m^3$；
(2) 相邻储罐之间的距离不应小于最大储罐直径的 0.75 倍；
(3) 除本规范的规定外，医用液氧储罐与医疗卫生机构内建筑的防火间距应符合现行国家标准《医用气体工程技术规范》GB 50751 的规定；
(4) 液氧储罐周围 5m 范围内不应有可燃物和沥青路面。

5．可燃、助燃气体储罐与铁路、道路的防火间距

可燃、助燃气体储罐与铁路、道路的防火间距不应小于表 11-22 的规定。

表 11-22　可燃、助燃气体储罐与铁路、道路的防火间距

单位：m

名　称	厂外铁路线中心线	厂内铁路线中心线	厂外道路路边	厂内道路路边 主要	厂内道路路边 次要
可燃、助燃气体储罐	25	20	15	10	5

6. 液氢、液氨储罐与建筑物、储罐、堆场的防火间距

液氢、液氨储罐与建筑物、储罐、堆场的防火间距可按上述相应容积液化石油气储罐防火间距的规定减少25%确定。

7. 天然气储罐与站外建筑的防火间距

液化天然气气化站的液化天然气储罐或罐区与站外建筑的防火间距不应小于表11-23的规定，与表11-23未规定的其他建筑的防火间距，应符合现行国家标准《城镇燃气设计规范》GB 50028的规定。

表 11-23　液化天然气气化站的液化天然气储罐或罐区与站外建筑的防火间距

单位：m

名　称	液化天然气储罐或罐区(总容积 V, m³) $V \leq 10$	$10 < V \leq 30$	$30 < V \leq 50$	$50 < V \leq 200$	$200 < V \leq 500$	$500 < V \leq 1000$	$1000 < V \leq 2000$	集中放散装置的天然气放散总管
单罐容积 V(m³)	$V \leq 10$	$V \leq 30$	$V \leq 50$	$V \leq 200$	$V \leq 500$	$V \leq 1000$	$V \leq 2000$	
居住区、村镇和重要公共建筑(最外侧建筑物的外墙)	30	35	45	50	70	90	110	45
工业企业(最外侧建筑物的外墙)	22	25	27	30	35	40	50	20
明火或散发火花地点，室外变、配电站	30	35	45	50	55	60	70	30
其他民用建筑，甲、乙类液体储罐，甲、乙类仓库，甲、乙类厂房，秸秆、芦苇、打包废纸等材料堆场	27	32	40	45	50	55	65	25
丙类液体储罐，可燃气体储罐，丙、丁类厂房，丙、丁类仓库	25	27	32	35	40	45	55	20

续表

名 称		液化天然气储罐或罐区(总容积 V, m³)						集中放散装置的天然气放散总管
		$V\leq 10$	$10<V\leq 30$	$30<V\leq 50$	$50<V\leq 200$	$200<V\leq 500$	$500<V\leq 1000$	$1000<V\leq 2000$	
单罐容积 $V(m^3)$		$V\leq 10$	$V\leq 30$	$V\leq 50$	$V\leq 200$	$V\leq 500$	$V\leq 1000$	$V\leq 2000$	
公路(路边)	高速，Ⅰ、Ⅱ级，城市快速	20				25			15
	其他	15				20			10
架空电力线(中心线)		1.5倍杆高				1.5倍杆高，但35kV及以上架空电力线不应小于40m			2.0倍杆高
架空通信线(中心线)	Ⅰ、Ⅱ级	1.5倍杆高		30			40		1.5倍杆高
	其他	1.5倍杆高							
铁路(中心线)	国家线	40	50	60	70		80		40
	企业专用线	25			30		35		30

注：居住区、村镇指1000人或300户及以上者；当少于1000人或300户时，相应防火间距应按本表有关其他民用建筑的要求确定。

11.3.4 液化石油气储罐(区)的防火间距

液化石油气是以丙烷、丁烷、丁烯等低碳氢化物为主要成分的混合物，为甲类火灾危险性物质，通常以液态形式储存，其饱和蒸汽压，随环境温度变化而变化，一般在0.2MPa～1.2MPa，当储罐发生液化石油气泄漏后，与空气混合并遇到点火源即可发生爆炸，其危及范围与单罐和罐区的总容积、破坏程度、泄漏量的大小、地理位置、气象、风速以及消防设施和扑救情况等因素有关，当储罐与罐区容积较小，泄漏量不大时，其爆炸和涉及的范围就小。当储罐和罐区的容积较大，泄漏量大时，其爆炸和涉及的范围就大。因此，对液化石油储罐的防火间距规定如下：

(1) 液化石油气供应基地的全压式和半冷冻式储罐或罐区，与明火或散发火花地点和基地外建筑的防火间距不应小于表11-24的规定，与表11-24未规定的其他建筑的防火间距应符合现行国家标准《城镇燃气设计规范》GB 50028的规定。

表 11-24 液化石油气供应基地的全压式和半冷冻式储罐或罐区与明火或散发火花地点和基地外建筑的防火间距

m

名　称		液化石油气储罐或罐区(总容积 V, m3)						
		$30<V$ ≤50	$50<V$ ≤200	$200<V$ ≤500	$500<V$ ≤1000	$1000<V$ ≤2500	$2500<V$ ≤5000	$V>$ 5000
单罐容积 $V(m^3)$		$V\leq20$	$V\leq50$	$V\leq100$	$V\leq200$	$V\leq400$	$V\leq1000$	$V>$ 1000
居住区、村镇和重要公共建筑(最外侧建筑物的外墙)		45	50	70	90	110	130	150
工业企业(最外侧建筑物的外墙)		27	30	35	40	50	60	75
明火或散发火花地点,室外变、配电站		45	50	55	60	70	80	120
其他民用建筑,甲、乙类液体储罐,甲、乙类仓库,甲、乙类厂房,秸秆、芦苇、打包废纸等材料堆场		40	45	50	55	65	75	100
丙类液体储罐,可燃气体储罐,丙、丁类厂房,丙、丁类仓库		32	35	40	45	55	65	80
助燃气体储罐,木材等材料堆场		27	30	35	40	50	60	75
其他建筑	一、二级	18	20	22	25	30	40	50
	三级	22	25	27	30	40	50	60
	四级	27	30	35	40	50	60	75
公路(路边)	高速,Ⅰ、Ⅱ级	20	25	30				
	Ⅲ、Ⅳ级	15	20	25				
架空电力线(中心线)		应符合本法规第 11.10.2 条 1 款的规定						
架空通信线(中心线)	Ⅰ、Ⅱ级	30		40				
	Ⅲ、Ⅳ级	1.5 倍杆高						
铁路(中心线)	国家线	60	70		80		100	
	企业专用线	25	30		35		40	

注：① 防火间距应按本表储罐区的总容积或单罐容积的较大者确定。

② 当地下液化石油气储罐的单罐容积不大于 $50m^3$,总容积不大于 $400m^3$ 时,其防火间距可按本表的规定减少 50%。

③ 居住区、村镇指 1000 人或 300 户及以上者；当少于 1000 人或 300 户时,相应防火间距应按本表有关其他民用建筑的要求确定。

(2) 液化石油气储罐之间的防火间距不应小于相邻较大罐的直径。

数个储罐的总容积大于 $3000m^3$ 时,应分组布置,组内储罐宜采用单排布置。组与组相邻储罐之间的防火间距不应小于 20m。

(3) 液化石油气储罐与所属泵房的距离不应小于 15m。当泵房面向储罐一侧的外墙采用无门、窗、洞口的防火墙时，其防火间距可减至 6m。液化石油气泵露天设置在储罐区内时，泵与储罐之间的距离不限。

(4) 全冷冻式液化石油气储罐与周围建筑物的防火间距，应符合现行国家标准《城镇燃气设计规范》GB 50028 的规定。

(5) 液化石油气气化站、混气站的储罐与周围建筑物的防火间距，应符合现行国家标准《城镇燃气设计规范》GB 50028 的规定。

工业企业内总容积不大于 $10m^3$ 的液化石油气气化站、混气站的储罐，当设置在专用的独立建筑内时，建筑外墙与相邻厂房及其附属设备的防火间距可按甲类厂房有关防火间距的规定确定。当露天设置时，与建筑物、储罐、堆场的防火间距应符合现行国家标准《城镇燃气设计规范》GB 50028 的规定。

(6) Ⅰ、Ⅱ级瓶装液化石油气供应站瓶库与站外建筑等的防火间距不应小于表 11-25 的规定。瓶装液化石油气供应站的分级及总存瓶容积不大于 $1m^3$ 的瓶装供应站瓶库的设置，应符合现行国家标准《城镇燃气设计规范》GB 50028 的规定。

(7) Ⅰ级瓶装液化石油气供应站的四周宜设置不燃性实心围墙，但面向出入口一侧可设置不燃性非实心围墙。Ⅱ级瓶装液化石油气供应站的四周宜设置不燃性实心围墙，或下部实心部分高度不低于 0.6m 的围墙。

表 11-25　Ⅰ、Ⅱ级瓶装液化石油气供应站瓶库与站外建筑等的防火间距

m

名　称	Ⅰ级		Ⅱ级	
瓶库的总存瓶容积 $V(m^3)$	$6<V\leqslant10$	$10<V\leqslant20$	$1<V\leqslant3$	$3<V\leqslant6$
明火或散发火花地点	30	35	20	25
重要公共建筑	20	25	12	15
其他民用建筑	10	15	6	8
主要道路路边	10	10	8	8
次要道路路边	5	5	5	5

注：总存瓶容积应按实瓶个数与单瓶几何容积的乘积计算。

11.3.5　可燃材料堆场的防火间距

可燃材料堆场包括粮食囤垛、堆场、木材堆场、棉花堆场、秸秆、芦苇、麻、毛、化纤、百货等露天或半露天堆场，煤堆场、焦炭堆场等。这些堆场堆存的均为可燃性材料，一旦发生火灾，火灾延续时间长，辐射热大，扑救难度较大。为了有效防止火灾蔓延扩大，有利于灭火救援，根据我国在这方面的实践经验，对可燃材料堆场的防火间距规定如下。

(1) 露天、半露天可燃材料堆场与建筑物的防火间距不应小于表 11-26 的规定。

表11-26 露天、半露天可燃材料堆场与建筑物的防火间距

单位：m

名 称	一个堆场的总储量	建筑物		
		一、二级	三级	四级
粮食席穴囤 W/t	10≤W＜5000	15	20	25
	5000≤W＜20000	20	25	30
粮食土圆仓 W/t	500≤W＜10000	10	15	20
	10000≤W＜20000	15	20	25
棉、麻、毛、化纤、百货 W/t	10≤W＜500	10	15	20
	500≤W＜1000	15	20	25
	1000≤W＜5000	20	25	30
秸秆、芦苇、打包废纸等 W/t	10≤W＜500	15	20	25
	5000≤W＜10000	20	25	30
	W≥10000	25	30	40
木材等 V/m³	50≤V＜1000	10	15	20
	1000≤V＜10000	15	20	25
	V≥10000	20	25	30
煤和焦炭 W/t	100≤W＜5000	6	8	10
	W≥5000	8	10	12

注：露天、半露天秸秆、芦苇、打包废纸等材料堆场，与甲类厂房(仓库)、民用建筑的防火间距应根据建筑物的耐火等级分别按本表的规定增加25%且不应小于25m，与室外变、配电站的防火间距不应小于50m，与明火或散发火花地点的防火间距应按本表四级耐火等级建筑物的相应规定增加25%。

当一个木材堆场的总储量大于25000m³或一个秸秆、芦苇、打包废纸等材料堆场的总储量大于20000t时，宜分设堆场。各堆场之间的防火间距不应小于相邻较大堆场与四级耐火等级建筑物的防火间距。

不同性质物品堆场之间的防火间距，不应小于本表相应储量堆场与四级耐火等级建筑物防火间距的较大值。

(2) 露天、半露天可燃材料堆场与甲、乙、丙类液体储罐的防火间距，不应小于表11-14和表11-26中相应储量堆场与四级耐火等级建筑物防火间距的较大值。

(3) 露天、半露天秸秆、芦苇、打包废纸等材料堆场与铁路、道路的防火间距不应小于表11-27的规定，其他可燃材料堆场与铁路、道路的防火间距可根据材料的火灾危险性按类比原则确定。

表11-27 露天、半露天可燃材料堆场与铁路、道路的防火间距

单位：m

名 称	厂外铁路线中心线	厂内铁路线中心线	厂外道路路边	厂内道路路边	
				主要	次要
秸秆、芦苇、打包废纸等材料堆场	30	20	15	10	5

11.4 民用建筑

11.4.1 建筑分类和耐火等级

1. 民用建筑分类

民用建筑分为住宅建筑、公共建筑，按照建筑高度分为高层民用建筑和单、多层民用建筑。民用建筑的分类是按照建筑高度、功能、火灾危险性和扑救难易程度等进行分类。并以该分类为基础，分别在耐火等级、防火间距、安全疏散、灭火设施等方面对建筑提出不同的要求，以达到既保证建筑的消防安全，又节约的目的。对于住宅建筑，以建筑高度27m 作为区分多层和高层住宅建筑的高度。对高层住宅建筑又以高度54m 划分为一类和二类。对于公共建筑，以建筑高度24m 作为区分多层和高层公共建筑的高度。在高层建筑中，将性质重要、火灾危险性大、疏散和扑救难度大的建筑定为一类，其他高层民用建筑为二类。

民用建筑的分类应符合表11-28 的规定。

表11-28 民用建筑的分类

名称	高层民用建筑		单、多层民用建筑
	一类	二类	
住宅建筑	建筑高度大于54m 的住宅建筑(包括设置上也服务网点的住宅建筑)	建筑高度大于27m, 但不大于 54m 的住宅建筑(包括设置商业服务网点的住宅建筑)	建筑高度不大于27m 的住宅建筑(包括设置商业服务网点的住宅建筑)
公共建筑	1.建筑高度大于 50m 的公共建筑 2.建筑高度大于 24m 且任一楼层建筑面积大于 1000m² 的商店、展览、电信、邮政、财贸金融建筑和其他多种功能组合的建筑 3.医疗建筑、重要公共建筑 4.省级及以上的广播电视和防灾指挥调度建筑、网局级和省级电力调度 5.藏书超过 100 万册的图书馆、书库	除住宅建筑和一类高层公共建筑外的其他高层民用建筑	1.建筑高度大于 24m 的单层公共建筑 2.建筑高度不大于 24m 的其他民用建筑

注：① 表中未列入的建筑，其类别应根据本表类比确定。宿舍、公寓等非住宅类居住建筑的防火要求，除本规范另有规定外，应符合本规范有关公共建筑的规定。

② 除本规范有特别规定外，裙房的防火要求应符合本规范有关高层民用建筑的规定。

2. 民用建筑的耐火等级

民用建筑的耐火等级分类是为了根据建筑自身结构的防火能力来对该建筑的其他防火

要求作出规定。

1) 建筑构件的耐火极限

(1) 不同耐火等级的建筑物相应构建的燃烧性能和耐火极限

民用建筑的耐火等级可分为一、二、三、四级。除本规范另有规定外,不同耐火等级建筑相应构件的燃烧性能和耐火极限不应低于表 11-29 的规定。

表 11-29 不同耐火等级建筑相应构件的燃烧性能和耐火极限

h

构件名称		耐火等级			
		一级	二级	三级	四级
墙	防火墙	不燃性 3.00	不燃性 3.00	不燃性 3.00	不燃性 3.00
	承重墙	不燃性 3.00	不燃性 2.50	不燃性 2.00	难燃性 0.50
	非承重墙	不燃性 1.00	不燃性 1.00	不燃性 0.50	可燃性
	楼梯间、前室的墙,电梯井的墙,住宅建筑单元之间的墙和分户墙	不燃性 2.00	不燃性 2.00	不燃性 1.50	难燃性 0.50
	疏散走道两侧的隔墙	不燃性 1.00	不燃性 1.00	不燃性 0.50	难燃性 0.25
	房间隔墙	不燃性 0.75	不燃性 0.50	难燃性 0.50	难燃性 0.25
柱		不燃性 3.00	不燃性 2.50	不燃性 2.00	难燃性 0.50
梁		不燃性 2.00	不燃性 1.50	不燃性 1.00	难燃性 0.50
楼板		不燃性 1.50	不燃性 1.00	不燃性 0.50	可燃性
屋顶承重构件		不燃性 1.50	不燃性 1.00	可燃性 0.50	可燃性
疏散楼梯		不燃性 1.50	不燃性 1.00	不燃性 0.50	可燃性
吊顶(包括吊顶格栅)		不燃性 0.25	难燃性 0.25	难燃性 0.15	可燃性

注:① 除本规范另有规定外,以木柱承重且墙体采用不燃材料的建筑,其耐火等级应按四级确定。
② 住宅建筑构件的耐火极限和燃烧性能可按现行国家标准《住宅建筑规范》GB 50368 的规定执行。

(2) 建筑高度大于 100m 的民用建筑,其楼板的耐火极限不应低于 2.00h。一、二级耐火等级建筑的上人平屋顶,其屋面板的耐火极限分别不应低于 1.50h 和 1.00h。

(3) 二级耐火等级建筑内的房间隔墙采用难燃性墙体时,其耐火极限不应低于 0.75h;当房间的建筑面积不大于 100m² 时,房间的隔墙可采用耐火极限不低于 0.50h 的难燃性墙体或耐火极限不低于 0.30h 的不燃性墙体。

二级耐火等级多层住宅建筑内采用预应力钢筋混凝土的楼板,其耐火极限不应低于

0.75h。

(4) 二级耐火等级建筑内的吊顶采用不燃材料时，其耐火极限不限。

三级耐火等级的医疗建筑、中小学校的教学建筑、老年人建筑及托儿所、幼儿园的儿童用房和儿童游乐厅等儿童活动场所的吊顶，应采用不燃材料；当采用难燃材料时，其耐火极限不应低于 0.25h。

二、三级耐火等级建筑中门厅、走道的吊顶应采用不燃材料。

(5) 一、二级耐火等级建筑内预制钢筋混凝土构件的节点外露部位，应采取防火保护措施，且节点的耐火极限不应低于相应构件的耐火极限。

2) 耐火等级

(1) 民用建筑的耐火等级应根据其建筑高度、使用功能、重要性和火灾扑救难度等确定，并应符合下列规定：

① 地下或半地下建筑(室)和一类高层建筑的耐火等级不应低于一级；

② 单、多层重要公共建筑和二类高层建筑的耐火等级不应低于二级。

(2) 一、二级耐火等级建筑的屋面板应采用不燃材料，但其屋面防水层可采用可燃材料。

11.4.2 总平面布局

在总平面布局的初步设计阶段，确定建筑物的位置，除考虑建筑物使用功能或工艺流程外，主要是考虑建筑物之间的防火间距。防火间距的大小应综合考虑灭火救援需要、防止火势向邻近建筑蔓延以及节约用地等因素。总平面布局应符合下列规定。

1. 建筑位置的确定

在总平面布局中，应合理确定建筑的位置、防火间距、消防车道和消防水源等，不宜将建筑布置在甲、乙类厂(库)房，甲、乙、丙类液体，可燃气体储罐和可燃材料堆场的附近。

2. 民用建筑之间的防火间距

民用建筑之间的防火间距不应小于表 11-30 的规定，与其他建筑的防火间距，除应符合本条的规定外，尚应符合本规范其他节的有关规定。

表 11-30 民用建筑之间的防火间距

m

建筑类别		高层民用建筑	裙房和其他民用建筑		
		一、二级	一、二级	三级	四级
高层民用建筑	一、二级	13	9	11	14
裙房和其他民用建筑	一、二级	9	6	7	9
	三级	11	7	8	10
	四级	14	9	10	12

注：① 相邻两座单、多层建筑，当相邻外墙为不燃性墙体且无外露的可燃性屋檐，每面外墙上无防火保护的门、窗、洞口不正对开设且面积之和不大于外墙面积的 5%时，其防火间距可按本表规定减少 25%；

② 两座建筑相邻较高一面外墙为防火墙，或高出相邻较低一座一、二级耐火等级建筑的屋面15m及以下范围内的外墙为防火墙时，其防火间距可不限；

③ 相邻两座高度相同的一、二级耐火等级建筑中相邻任一侧外墙为防火墙时，其防火间距可不限；

④ 相邻两座建筑中较低一座建筑的耐火等级不低于二级，屋面板的耐火极限不低于1.00h，屋顶无天窗且相邻较低一面外墙为防火墙时，其防火间距不应小于3.5m；对于高层建筑，不应小于4m；

⑤ 相邻两座建筑中较低一座建筑的耐火等级不低于二级且屋顶无天窗，相邻较高一面外墙高 出较低一座建筑的屋面15m及以下范围内的开口部位设置甲级防火门、窗，或设置符合现行国家标准《自动喷水灭火系统设计规范》GB 50084规定的防火分隔水幕或第11.5.5条3款规定的防火卷帘时，其防火间距不应小于3.5m；对于高层建筑，不应小于4m；

⑥ 相邻建筑通过底部的建筑物、连廊或天桥等连接时，其间距不应小于本表的规定；

⑦ 耐火等级低于四级的既有建筑，其耐火等级可按四级确定。

3. 民用建筑与锅炉房等的防火间距

(1) 民用建筑与单独建造的终端变电站、单台蒸汽锅炉的蒸发量不大于4t/h或单台热水锅炉的额定热功率不大于2.8MW的燃煤锅炉房的防火间距，可根据变电站或锅炉房的耐火等级按第11.4.2条2款有关民用建筑的规定确定。

(2) 民用建筑与单独建造的其他变电站的防火间距应符合第11.2.4条1款有关室外变、配电站的规定。

(3) 民用建筑与燃油或燃气锅炉房、蒸发量或额定热功率大于本条规定的燃煤锅炉房的防火间距应符合第11.2.4条1款有关丁类厂房的规定，与10kV及以下的预装式变电站的防火间距不应小于3m。

4. 建筑之间防火间距

(1) 除高层民用建筑外，数座一、二级耐火等级的住宅建筑或办公建筑，当建筑物的占地面积总和不大于2500m²时，可成组布置，但组内建筑物之间的间距不宜小于4m。组与组或组与相邻建筑物的防火间距不应小于11.4.2相关的规定。

(2) 建筑高度大于100m的民用建筑与相邻建筑的防火间距，当符合允许减小的条件时，仍不应减小。

5. 民用建筑与燃气站的防火间距

民用建筑与燃气调压站、液化石油气气化站或混气站、城市液化石油气供应站瓶库等的防火间距，应符合现行国家标准《城镇燃气设计规范》GB 50028的规定。

11.4.3 防火分区和层数

防火分区是指采用具有一定耐火能力的墙体、门、窗和楼板，按规定的建筑面积标准分隔的防火区。

防火分区的作用在于发生火灾时，将火势控制在一定范围内。建筑设计应合理划分防火分区，以有利于灭火救援，减少火灾损失。因此，要求在建筑设计中将建筑物平面和空间，以防火墙和防火门、窗等以及楼板分成若干个防火区域，以便控制火灾蔓延。在工业建筑设计中，还应根据生产和储存物品的火灾性类别，是否散发有毒有害气体，是否有明火或高温生产工艺等因素来划分防火分区。根据我国目前的经济水平、灭火救援能力和建筑防火实际情况，参照法、德、美、日等国的有关标准、规范，确定了我国民用建筑防火分区最大允许的建筑面积。防火分区和层数应符合下列规定。

1. 防火分区

1) 防火分区的最大允许建筑面积

除本规范另有规定外，不同耐火等级建筑的允许建筑高度或层数和防火分区最大允许建筑面积应符合表 11-31 的规定。

表 11-31　不同耐火等级建筑的允许建筑高度或层数和防火分区最大允许建筑面积

名　称	耐火等级	允许建筑高度或层数	防火分区的最大允许建筑面积(m^2)	备　注
高层民用建筑	一、二级	符合表 5.1.1 的规定	1500	体育馆、剧场的观众厅，其防火分区最大允许建筑面积可适当增加
单、多层民用建筑	一、二级	1.单层公共建筑的建筑高度不限 2.住宅建筑的建筑高度不大于 27m； 3.其他民用建筑的建筑高度不大于 24m。	2500	
	三级	5 层	1200	—
	四级	2 层	600	—
地下或半地下建筑(室)	一级	—	500	设备用房的防火分区最大允许建筑面积不应大于 $1000m^2$。

注：① 表中规定的防火分区最大允许建筑面积，当建筑内设置自动灭火系统时，可按本表的规定增加 1.0 倍；局部设置时，其防火分区增加面积可按设置自动灭火系统部分的建筑面积减半计算。

② 裙房与高层建筑主体之间设置防火墙时，裙房的防火分区可按单、多层建筑的要求确定。

2) 建筑物内设置敞开楼梯等的建筑面积

建筑物内设置自动扶梯、中庭、敞开楼梯或敞开楼梯间等上下层相连通的开口时，其防火分区的建筑面积应按上下层相连通的建筑面积叠加计算，且不应大于 11.4.3 相关的规定。

对于中庭，当相连通的建筑面积之和大于一个防火分区的最大允许建筑面积时，应符合下列规定：

(1) 中庭应与周围相连通空间进行防火分隔。采用防火隔墙时，其耐火极限不应低于 1.00h；采用防火玻璃时，防火玻璃与其固定部件整体的耐火极限不应低于 1.00h，但采用 C 类防火玻璃时，尚应设置闭式自动喷水灭火系统保护；采用防火卷帘时，其耐火极限不应低于 3.00h，并应符合防火分隔部位设置防火卷帘时的规定；与中庭相连通的门、窗，应采用火灾时能自行关闭的甲级防火门、窗；

(2) 高层建筑内的中庭回廊应设置自动喷水灭火系统和火灾自动报警系统；

(3) 中庭应设置排烟设施；

(4) 中庭内不应布置可燃物。

3) 防火分区之间的分隔

防火分区之间应采用防火墙分隔，确有困难时，可采用防火卷帘等防火分隔设施分隔。采用防火卷帘分隔时，应符合防火分隔部位设置防火卷帘时的规定。

4) 一、二级耐火等级建筑防火分区的最大允许建筑面积

一、二级耐火等级建筑内的营业厅、展览厅，当设置自动灭火系统和火灾自动报警系统并采用不燃或难燃装修材料时，其每个防火分区的最大允许建筑面积可适当增加，并应符合下列规定：

(1) 设置在高层建筑内时，不应大于 4000m²；

(2) 设置在单层建筑内或仅设置在多层建筑的首层内时，不应大于 10000m²；

(3) 设置在地下或半地下时，不应大于 2000m²。

5) 地下或半地下商店的防火分区

总建筑面积大于 20000m² 的地下或半地下商店，应采用无门、窗、洞口的防火墙、耐火极限不低于 2.00h 的楼板分隔为多个建筑面积不大于 20000m² 的区域。相邻区域确需局部水平或竖向连通时，应采用符合下列规定的下沉式广场等室外开敞空间、防火隔间、避难走道、防烟楼梯间等方式进行连通：

(1) 下沉式广场等室外开敞空间应能防止相邻区域的火灾蔓延和便于安全疏散，并应符合用于防火分隔下沉式广场等室外开放空间的规定；

(2) 防火隔间的墙应为耐火极限不低于 3.00h 的防火隔墙，并应符合 11.5.4 相关规定；

(3) 避难走道应符合避难走道设置的规定；

(4) 防烟楼梯间的门应采用甲级防火门。

6) 餐饮、商店等商业设施的安全疏散

餐饮、商店等商业设施通过有顶棚的步行街连接，且步行街两侧的建筑利用步行街进行安全疏散时，应符合下列规定：

(1) 步行街两侧建筑的耐火等级不应低于二级；

(2) 步行街两侧建筑相对面的距离不应小于相应的防火间距要求且不应小于 9m，长度不宜大于 300m；

(3) 面向步行街一侧墙体的耐火极限不应低于 1.00h，当采用其他分隔设施时，隔墙两侧的开口或非实心墙之间应设置宽度不小于 1.0m、耐火极限不低于 1.00h 的实心墙。门、窗应采用乙级防火门、窗，或可采用耐火极限不低于 1.00h 的 C 类防火玻璃门、窗。相邻商铺之间应设置耐火极限不低于 2.00h 的防火隔墙。每间商铺的建筑面积不宜大于 300m²。每层回廊挑出下一层的宽度不应小于 1.5m；

(4) 步行街的顶棚材料应采用不燃或难燃材料，其承重结构的耐火极限不应低于 0.50h。步行街内不应布置可燃物；

(5) 疏散楼梯应靠外墙设置并直通室外，确有困难时，在首层可直接通至步行街；商铺的疏散门可直接通至步行街。通过步行街到达最近室外安全地点的步行距离不应大

于 60m；

（6） 步行街顶棚下檐距地面的高度不应小于 6.0m，顶棚应设置自然排烟设施，且自然排烟口的有效面积不应小于其地面面积的 20%；

（7） 步行街内沿两侧的商铺外每隔 50m 应设置 DN65 的消火栓，并应配备消防软管卷盘。步行街两侧的商铺内应设置自动喷水灭火系统和火灾自动报警系统，每层回廊应设置自动喷水灭火系统；

（8） 步行街内应设置消防应急照明、疏散指示标志和消防应急广播系统。

11.4.4　平面布置

民用建筑用途多样，往往把有多种功能的空间布置在同一座建筑内。不同功能空间的火灾危险性及人员疏散要求是不一样的，通常是在同一建筑内设置多种使用功能场所时，不同功能场所之间应进行防火分隔。当相互间的火灾危险性差别较大时，其疏散设施也应分开设置。为了降低火灾危害，可通过建筑内平面的合理布置，把火灾危害性大的空间，相对集中并方便划分为不同的防火分区，或者将这样的空间布置在对建筑结构或人员疏散影响较小的位置。对建筑内部空间进行合理分隔，是为了防止火灾在建筑内部蔓延扩大。当建筑某部位着火时，能限制火灾和烟气在建筑内部和外部蔓延，并为人员疏散、救援和灭火提供保护。同时，可减少对邻近分隔区的强辐射热和烟气的影响，并有利于消防人员扑救灭火。民用建筑平面布置分为民用建筑用房和建筑设备用房。民用建筑平面布置应符合下列规定。

1. 民用建筑用房平面布置

（1） 民用建筑的平面布置应结合使用功能和安全疏散要求等合理布置。

（2） 除为满足民用建筑使用功能所设置的附属库房外，民用建筑内不应设置生产车间和库房。

经营、存放和使用甲、乙类火灾危险性物品的商店、作坊和储藏间，严禁附设在民用建筑内。

（3） 商店建筑采用三级耐火等级的建筑时，不应超过 2 层；采用四级耐火等级的建筑时，应为单层；设置在三级耐火等级的建筑内时，应布置在首层或二层；设置在四级耐火等级的建筑内时，应布置在首层。

营业厅、展览厅不应设置在地下三层及以下楼层。地下或半地下营业厅、展览厅不应经营、储存和展示甲、乙类火灾危险性物品。

（4） 托儿所、幼儿园的儿童用房，老年人活动场所和儿童游乐厅等儿童活动场所宜设置在独立的建筑内，且不应设置在地下或半地下；当采用一、二级耐火等级的建筑时，不应超过 3 层；采用三级耐火等级的建筑时，不应超过 2 层；采用四级耐火等级的建筑时，应为单层。

必须设置在其他民用建筑内时，应符合下列规定：

① 设置在一、二级耐火等级的建筑内时，应布置在首层、二层或三层；当儿童游乐厅等儿童活动场所的建筑面积不大于 200m² 或具有独立的疏散楼梯时，可设置在四层或

五层。

② 设置在三级耐火等级的建筑内时，应布置在首层或二层；

③ 设置在四级耐火等级建筑内时，应布置在首层；

④ 托儿所、幼儿园的儿童用房，老年人活动场所和其他儿童活动场所，设置在单、多层建筑内时，宜设置单独的安全出口和疏散楼梯；设置在高层建筑内时，应设置独立的安全出口和疏散楼梯。

(5) 医院和疗养院的住院部分不应设置在地下或半地下。医院和疗养院的住院部分采用三级耐火等级的建筑时，不应超过 2 层；采用四级耐火等级的建筑时，应为单层；设置在三级耐火等级的建筑内时，应布置在首层或二层；设置在四级耐火等级建筑内时，应布置在首层。

医院和疗养院的病房楼内相邻护理单元之间应采用耐火极限不低于 2.00h 的防火隔墙分隔，隔墙上的门应采用乙级防火门，设置在走道上的防火门应采用常开防火门。

(6) 教学建筑、食堂、菜市场采用三级耐火等级的建筑时，不应超过 2 层；采用四级耐火等级的建筑时，应为单层；设置在三级耐火等级的建筑内时，应布置在首层或二层；设置在四级耐火等级建筑内时，应布置在首层。

(7) 剧场、电影院、礼堂宜设置在独立的建筑内；采用三级耐火等级的建筑时，不应超过 2 层；必须设置在其他民用建筑内时，至少应设置 1 个独立的安全出口和疏散楼梯，并应符合下列规定：

① 应采用耐火极限不低于 2.00h 的防火隔墙和甲级防火门与其他区域分隔；

② 设置在高层建筑内时，尚应符合第 11.4.4 条 8 款的规定；

③ 设置在一、二级耐火等级的多层建筑内时，观众厅宜布置在首层、二层或三层；必须布置在四层及以上楼层时，一个厅、室的疏散门不应少于 2 个，且每个观众厅或多功能厅的建筑面积不宜大于 400m^2；

④ 设置在三级耐火等级的建筑内时，不应布置在三层及以上楼层；

⑤ 设置在地下或半地下时，应符合现行国家标准《人民防空工程设计防火规范》GB 50098 的规定。

(8) 高层建筑内的观众厅、会议厅、多功能厅等人员密集场所，宜布置在首层、二层或三层。必须布置在其他楼层时，除本规范另有规定外，尚应符合下列规定：

① 一个厅、室的疏散门不应少于 2 个，且建筑面积不宜大于 400m^2；

② 应设置火灾自动报警系统和自动喷水灭火系统等自动灭火系统；

③ 幕布的燃烧性能不应低于 B$_1$ 级。

(9) 歌舞厅、录像厅、夜总会、卡拉 OK 厅(含具有卡拉 OK 功能的餐厅)、游艺厅 (含电子游艺厅)、桑拿浴室(不包括洗浴部分)、网吧等歌舞娱乐放映游艺场所(不含剧场、电影院)的布置应符合下列规定：

① 宜布置在一、二级耐火等级建筑物内的首层、二层或三层的靠外墙部位，不应布置在地下二层及以下楼层；

② 不宜布置在袋形走道的两侧或尽端；

③ 受条件限制必须布置在地下一层时，地下一层地面与室外出入口地坪的高差不应

大于10m；

④ 受条件限制必须布置在地下或四层及以上楼层时，一个厅、室的建筑面积不应大于200m²；

⑤ 厅、室之间及与建筑的其他部位之间，应采用耐火极限不低于2.00h的防火隔墙和不低于1.00h的不燃性楼板分隔，设置在厅、室墙上的门和该场所与建筑内其他部位相通的门均应采用乙级防火门。

(10) 除商业服务网点外，住宅建筑与其他使用功能的建筑合建时，应符合下列规定：

① 住宅部分与非住宅部分之间，应采用耐火极限不低于1.50h的不燃性楼板和耐火极限不低于2.00h且无门、窗、洞口的防火隔墙完全分隔；当为高层建筑时，应采用耐火极限不低于2.50h的不燃性楼板和无门、窗、洞口的防火墙完全分隔，住宅部分与非住宅部分相接处应设置高度不小于1.2m窗槛墙，或相接处上、下开口之间的墙体高度不应小于4.0m；

② 住宅部分与非住宅部分的安全出口和疏散楼梯应分别独立设置；为住宅部分服务的地上车库应设置独立的疏散楼梯或安全出口，地下车库的疏散楼梯应按第11.5.4条4款的规定进行分隔；

③ 除防火间距、室外消防给水和消防车道应根据建筑的总高度确定外，住宅部分和非住宅部分的其他防火设计可根据各自的高度分别按照本规范有关住宅建筑和公共建筑的规定执行。

(11) 设置商业服务网点的住宅建筑，其居住部分与商业服务网点之间应采用耐火极限不低于1.50h的不燃性楼板和耐火极限不低于2.00h且无门、窗、洞口的防火隔墙完全分隔，住宅部分和商业服务网点部分的安全出口和疏散楼梯应分别独立设置。

商业服务网点内的安全疏散距离不应大于11.4.5中表11-31中规定的袋形走道两侧或尽端的疏散门至安全出口的最大距离。

建筑的室外消防给水、防火间距等防火设计应按其中要求较高者确定。

2. 设备及特殊用房布置

燃油或燃气锅炉、油浸变压器、充有可燃油的高压电容器和多油开关等，宜设置在建筑外的专用房间内；受条件限制必须贴邻民用建筑布置时，应采用防火墙与所贴邻的建筑分隔，且不应贴邻人员密集场所，建筑的耐火等级不应低于一、二级；必须布置在民用建筑内时，不应布置在人员密集场所的上一层、下一层或贴邻，并应符合下列规定：

(1) 燃油或燃气锅炉房、变压器室应设置在首层或地下一层的靠外墙部位，但常(负)压燃油或燃气锅炉可设置在地下二层或屋顶上。设置在屋顶上的常(负)压燃气锅炉，距离通向屋面的安全出口不应小于6m。

采用相对密度(与空气密度的比值)不小于0.75的可燃气体为燃料的锅炉，不得设置在地下或半地下；

(2) 锅炉房、变压器室的疏散门均应直通室外或安全出口；

(3) 锅炉房、变压器室等与其他部位之间应采用耐火极限不低于2.00h的防火隔墙和不低于1.50h的不燃性楼板分隔。在隔墙和楼板上不应开设洞口，必须在隔墙上开设门、窗时，应设置甲级防火门、窗；

(4) 锅炉房内设置储油间时，其总储存量不应大于1m³，且储油间应采用防火墙与锅炉间分隔；必须在防火墙上开门时，应设置甲级防火门；

(5) 变压器室之间、变压器室与配电室之间，应设置耐火极限不低于2.00h的防火隔墙；

(6) 油浸变压器、多油开关室、高压电容器室，应设置防止油品流散的设施。油浸变压器下面应设置能储存变压器全部油量的事故储油设施；

(7) 锅炉的容量应符合现行国家标准《锅炉房设计规范》GB 50041的规定。油浸变压器的总容量不应大于1260kV·A，单台容量不应大于630kV·A；

(8) 应设置火灾报警装置；

(9) 建筑内其他部位设置自动喷水灭火系统时，应设置自动喷水灭火系统；

(10) 燃气锅炉房应设置爆炸泄压设施，燃油或燃气锅炉房应设置独立的通风系统，并应符合相关规定。

3. 柴油发电机房的布置

布置在民用建筑内的柴油发电机房应符合下列规定：

(1) 宜布置在首层或地下一、二层，不应布置在人员密集场所的上一层、下一层或贴邻；

(2) 应采用耐火极限不低于2.00h的防火隔墙和不低于1.50h的不燃性楼板与其他部位分隔，门应采用甲级防火门；

(3) 机房内设置储油间时，其总储存量不应大于$1m^3$，储油间应采用防火墙与发电机间分隔；必须在防火墙上开门时，应设置甲级防火门；

(4) 应设置火灾报警装置；

(5) 建筑内其他部位设置自动喷水灭火系统时，应设置自动喷水灭火系统。

4. 丙类液体燃料储罐布置

供建筑内使用的丙类液体燃料，其储罐应布置在建筑外，并应符合下列规定：

(1) 当总容量不大于$15m^3$，且直埋于建筑附近、面向油罐一面4.0m范围内的建筑外墙为防火墙时，储罐与建筑的防火间距可不限；

(2) 当总容量大于$15m^3$时，储罐的布置应符合相关规定；

(3) 当设置中间罐时，中间罐的容量不应大于$1m^3$，并应设置在一、二级耐火等级的单独房间内，房间门应采用甲级防火门。

5. 燃油供给管道

设置在建筑内的锅炉、柴油发电机，其燃料供给管道应符合下列规定：

(1) 应在进入建筑物前和设备间内的管道上设置自动和手动切断阀；

(2) 储油间的油箱应密闭且应设置通向室外的通气管，通气管应设置带阻火器的呼吸阀，油箱的下部应设置防止油品流散的设施；

(3) 燃气供给管道的敷设应符合现行国家标准《城镇燃气设计规范》GB 50028的规定。

(4) 高层民用建筑内使用可燃气体燃料时，应采用管道供气。使用可燃气体的房间或部位宜靠外墙设置，并应符合现行国家标准《城镇燃气设计规范》GB 50028的规定。

6. 液化石油气瓶组间的设置

建筑采用瓶装液化石油气瓶组供气时，瓶组间的设置应符合下列规定：

(1) 液化石油气气瓶的总容积不大于 1m³ 的瓶组间采用自然气化方式供气时，除人员密集场所外，可贴邻所服务的建筑；

(2) 液化石油气气瓶的总容积大于 1m³，但不大于 3m³ 的独立瓶组间与所服务建筑的防火间距应符合表 11-32 的规定；

(3) 应在瓶组间的总进、出气管道上设置紧急事故自动切断阀；

(4) 瓶组间应设置可燃气体浓度报警装置和冷却水系统；

(5) 电气设计应符合现行国家标准《爆炸和火灾危险环境电力装置设计规范》GB 50058 的规定。

表 11-32 液化石油气气瓶的独立瓶组间与所服务建筑的防火间距

m

名 称		液化石油气气瓶的独立瓶组间(总容积，m³)	
		≤2	2~4
明火或散发火花地点		25	30
民用建筑		8	10
重要公共建筑、一类高层民用建筑		15	20
道路(路边)	主要	10	
	次要	5	

注：气瓶总容积应按配置气瓶个数与单瓶几何容积的乘积计算。

11.4.5 安全疏散和避难

建筑物发生火灾时，为了避免建筑物内的人员因烟气中毒、火烧和房屋倒塌而受到伤害，必须尽快撤离失火建筑。同时，消防人员也要迅速赶到建筑防火部分进行火灾扑救。因此，必须有完善的安全疏散设施。安全疏散设计是建筑设计的重要组成部分，应根据建筑使用功能、人们在火灾危险时的心理状态和行动状态、火灾危险性大小、建筑容纳人数、面积大小等因素，合理的布置安全疏散设施，为人们安全疏散创造有利的条件。建筑高度大于 100m 超高层公共建筑，一旦发生火灾，要把建筑内的人员全部疏散到地面是非常困难的，甚至是不可能的。为了保障失火后建筑内人员的安全，对于建筑高度超过 100m 的公共建筑，设置临时的避难层是非常必要的。因此，《建筑设计防火规范》对安全疏散要求，建筑的安全出口、疏散楼梯、疏散门的布置，安全疏散距离，疏散门及走道的宽度，避难层设置等均做出如下规定。

1. 安全疏散的一般要求

(1) 民用建筑应根据建筑的高度、规模、使用功能和耐火等级等因素合理设置安全疏散和避难设施。安全出口、疏散门的位置、数量和宽度及疏散楼梯的形式，应满足人员安全疏散的要求。

(2) 建筑内的安全出口和疏散门应分散布置,并应符合双向疏散的要求。

(3) 自动扶梯和电梯不应计作安全疏散设施。

(4) 3层及以上或室内地面与室外出入口地坪高差大于10m的地下或半地下建筑(室),其疏散楼梯应采用防烟楼梯间;其他地下或半地下建筑(室)的疏散楼梯应采用封闭楼梯间。

(5) 直通建筑内附设汽车库的电梯,应在汽车库部分设置电梯候梯厅,并应采用耐火极限不低于2.00h的防火隔墙和乙级防火门与汽车库分隔。

(6) 高层建筑直通室外的安全出口上方,应设置挑出宽度不小于1.0m的防护挑檐。

2. 公共建筑安全疏散

1) 疏散安全出口

(1) 公共建筑内每个防火分区或一个防火分区的每个楼层,其相邻2个安全出口最近边缘之间的水平距离不应小于5m。

(2) 公共建筑内每个防火分区或一个防火分区的每个楼层,其安全出口的数量应经计算确定,且不应少于2个。符合下列条件之一的公共建筑,可设置一个安全出口或一部疏散楼梯:

① 除托儿所、幼儿园外,建筑面积不大于200m²且人数不超过50人的单层公共建筑或多层公共建筑的首层;

② 除医疗建筑,老年人建筑,托儿所、幼儿园的儿童用房,儿童游乐厅等儿童活动场所和歌舞娱乐放映游艺场所等外,符合表11-33规定的公共建筑;

表11-33 可设置一部疏散楼梯的公共建筑

耐火等级	最多层数	每层最大建筑面积(m²)	人 数
一、二级	3层	200	第二、三层的人数之和不超过50人
三级	3层	200	第二、三层的人数之和不超过25人
四级	2层	200	第二层的人数不超过15人

注:建筑面积不大于500m²、使用人数不超过30人且埋深不大于10m的地下或半地下建筑(室),其直通室外的金属竖向梯可作为第二安全出口。

③ 除歌舞娱乐放映游艺场所外,防火分区的建筑面积不大于50m²且经常停留人数不超过15人的地下或半地下建筑(室)。

(3) 一、二级耐火等级公共建筑中安全出口全部直通室外确有困难的防火分区,可利用通向相邻防火分区的甲级防火门作为安全出口,但应符合下列规定:

① 建筑面积大于1000m²的防火分区,直通室外的安全出口数量不应少于2个;

② 建筑面积不大于1000m²的防火分区,直通室外的安全出口数量不应少于1个;

③ 防火分区直通室外或避难走道的安全出口总净宽度,不应小于第11.4.5条2款5)项(4)规定计算所需总净宽度的70%;

④ 与相邻防火分区之间的分隔应采用防火墙。

2) 疏散楼梯布置

(1) 从任一疏散门至最近疏散楼梯间入口的距离小于10m的高层公共建筑,当疏散楼梯间分散设置确有困难时，可采用剪刀楼梯间，但应符合下列规定：
① 楼梯间应为防烟楼梯间；
② 梯段之间应设置耐火极限不低于1.00h的防火隔墙；
③ 楼梯间的前室应分别设置；
④ 楼梯间内的加压送风系统不应合用。

(2) 设置不少于2部疏散楼梯的一、二级耐火等级公共建筑，如顶层局部升高，当高出部分的层数不超过2层、人数之和不超过50人且每层建筑面积不大于200m²时，高出部分可设置1部疏散楼梯，但至少应另外设置1个直通建筑主体上人平屋面的安全出口，且上人屋面应符合人员安全疏散要求。

(3) 一类高层公共建筑和建筑高度大于32m的二类高层公共建筑，其疏散楼梯应采用防烟楼梯间。

裙房和建筑高度不大于32m的二类高层公共建筑，其疏散楼梯应采用封闭楼梯间。

(4) 下列多层公共建筑的疏散楼梯，除与敞开式外廊直接相连的楼梯间外，均应采用封闭楼梯间：
① 医疗建筑、旅馆、老年人建筑；
② 设置歌舞娱乐放映游艺场所的建筑；
③ 商店、图书馆、展览建筑、会议中心及类似使用功能的建筑；
④ 6层及以上的其他建筑。

(5) 公共建筑内的客、货电梯宜设置电梯候梯厅，不宜直接设置在营业厅、展览厅、多功能厅等场所内。

3) 疏散门设置

(1) 公共建筑内各房间疏散门的数量应经计算确定且不应少于2个，每个房间相邻2个疏散门最近边缘之间的水平距离不应小于5m。除托儿所、幼儿园、老年人建筑、医疗建筑、教学建筑内位于走道尽端的房间外，符合下列条件之一的房间可设置1个疏散门：
① 位于两个安全出口之间或袋形走道两侧的房间，对于托儿所、幼儿园、老年人建筑，建筑面积不大于50m²；对于医疗建筑、教学建筑，建筑面积不大于75m²；对于其他建筑或场所，建筑面积不大于120m²；
② 位于走道尽端的房间，建筑面积小于50m²且疏散门的净宽度不小于0.90m，或由房间内任一点至疏散门的直线距离不大于15m、建筑面积不大于200m²且疏散门的净宽度不小于1.40m；
③ 歌舞娱乐放映游艺场所内建筑面积不大于50m²且经常停留人数不超过15人的厅、室或房间；
④ 建筑面积不大于200m²的地下或半地下设备间；建筑面积不大于50m²且经常停留人数不超过15人的其他地下或半地下房间。

(2) 剧场、电影院和礼堂的观众厅或多功能厅，其疏散门的数量应经计算确定且不应少于2个。每个疏散门的平均疏散人数不应超过250人；当容纳人数超过2000人时，其超过2000人的部分，每个疏散门的平均疏散人数不应超过400人。

体育馆的观众厅，其疏散门的数量应经计算确定且不应少于2个，每个疏散门的平均疏散人数不宜超过400~700人。

4) 疏散距离

公共建筑的安全疏散距离应符合下列规定：

(1) 直通疏散走道的房间疏散门至最近安全出口的距离不应大于表11-31的规定；

(2) 直通疏散走道的房间疏散门至最近敞开楼梯间的距离，当房间位于两个楼梯间之间时，应按表11-31的规定减少5m；当房间位于袋形走道两侧或尽端时，应按表11-31的规定减少2m；

(3) 楼梯间应在首层直通室外，确有困难时，可在首层采用扩大的封闭楼梯间或防烟楼梯间前室。当层数不超过4层时，可将直通室外的门设置在离楼梯间不大于15m处；

(4) 房间内任一点至房间直通疏散走道的疏散门的距离，不应大于表11-34的规定的袋形走道两侧或尽端的疏散门至最近安全出口的距离。

(5) 一、二级耐火等级公共建筑内疏散门或安全出口不少于2个的观众厅、展览厅、多功能厅、餐厅、营业厅等，其室内任一点至最近疏散门或安全出口的直线距离不应大于30m；当疏散门不能直通室外地面或疏散楼梯间时，应采用长度不大于10m的疏散走道通至最近的安全出口。当该场所设置自动喷水灭火系统时，其安全疏散距离可增加25%。

表11-34 直通疏散走道的房间疏散门至最近安全出口的距离

m

名称			位于两个安全出口之间的疏散门			位于袋形走道两侧或尽端的疏散门		
			一、二级	三级	四级	一、二级	三级	四级
托儿所、幼儿园、老年人建筑			25	20	15	20	15	10
歌舞娱乐放映游艺场所			25	20	15	9	—	—
医疗建筑	单、多层		35	30	25	20	15	10
	高层	病房部分	24	—	—	12	—	—
		其他部分	30	—	—	15	—	—
教学建筑	单、多层		35	30	25	22	20	10
	高层		30	—	—	15	—	—
高层旅馆、展览建筑			30	—	—	15	—	—
其他建筑	单、多层		40	35	25	22	20	15
	高层		40	—	—	20	—	—

注：① 建筑内开向敞开式外廊的房间疏散门至最近安全出口的距离可按本表增加5m。
② 建筑物内全部设置自动喷水灭火系统时，其安全疏散距离可按本表及其注1的规定增加25%。

5) 疏散门及走道的宽度

(1) 除本规范另有规定外，公共建筑内安全出口和疏散门的净宽度不应小于0.90m，疏散走道和疏散楼梯的净宽度不应小于1.10m。

高层公共建筑的疏散楼梯和首层楼梯间的疏散门、首层疏散外门和疏散走道的最小净宽度应符合表11-35的规定。

表 11-35　高层公共建筑的疏散楼梯和首层楼梯间的疏散门、首层疏散外门和疏散走道的最小净宽度

m

建筑类别	疏散楼梯	首层疏散外门	走道	
			单面布房	双面布房
高层医疗建筑	1.30	1.30	1.40	1.50
其他高层公共建筑	1.20	1.20	1.30	1.40

（2）观众厅及其他人员密集场所的疏散门，其净宽度不应小于1.40m，且不应设置门槛，紧靠门口内外各1.40m范围内不应设置踏步。

人员密集场所的室外疏散通道的净宽度不应小于3.00m，并应直通宽敞地带。

（3）剧场、电影院、礼堂、体育馆等场所的疏散走道、疏散楼梯、疏散门、安全出口的各自总宽度，应符合下列规定：

① 观众厅内疏散走道的净宽度应按每100人不小于0.60m计算，且不应小于1.00m；边走道的净宽度不宜小于0.80m。

布置疏散走道时，横走道之间的座位排数不宜超过20排；纵走道之间的座位数：剧场、电影院、礼堂等，每排不宜超过22个；体育馆，每排不宜超过26个；前后排座椅的排距不小于0.90m时，可增加1.0倍，但不得超过50个；仅一侧有纵走道时，座位数应减少一半；

② 剧场、电影院、礼堂等场所供观众疏散的所有内门、外门、楼梯和走道的各自总宽度，应根据疏散人数按每100人的最小疏散净宽度不小于表11-36的规定计算确定；

表 11-36　剧场、电影院、礼堂等场所每 100 人所需最小疏散净宽度

m/百人

观众厅座位数(座)			≤2500	≤1200
耐火等级			一、二级	三级
疏散部位	门和走道	平坡地面	0.65	0.85
		阶梯地面	0.75	1.00
	楼梯		0.75	1.00

③ 体育馆供观众疏散的所有内门、外门、楼梯和走道的各自总宽度，应根据疏散人数按每100人的最小疏散净宽度不小于表11-37的规定计算确定；

④ 有等场需要的入场门不应作为观众厅的疏散门。

表 11-37　体育馆每 100 人所需最小疏散净宽度

m/百人

观众厅座位数范围(座)			3000~5000	5001~10000	10001~20000
疏散部位	门和走道	平坡地面	0.43	0.37	0.32
		阶梯地面	0.50	0.43	0.37
	楼梯		0.50	0.43	0.37

注：表11-37中对应较大座位数范围按规定计算的疏散总宽度，不应小于对应相邻较小座位数范围按其最多座位数计算的疏散总宽度。

(4) 除剧场、电影院、礼堂、体育馆外的其他公共建筑，其疏散走道、安全出口、疏散楼梯和房间疏散门的各自总宽度，应符合下列规定：

① 每层疏散走道、安全出口、疏散楼梯和房间疏散门的各自总宽度，应根据疏散人数按每100人的最小疏散净宽度不小于表11-38的规定计算确定。当每层疏散人数不等时，疏散楼梯的总宽度可分层计算，地上建筑内下层楼梯的总宽度应按该层及以上疏散人数最多一层的疏散人数计算；地下建筑内上层楼梯的总宽度应按该层及以下疏散人数最多一层的人数计算；

表11-38 每层疏散走道、安全出口、疏散楼梯和房间疏散门的每100人疏散净宽度

m/百人

建筑层数		建筑的耐火等级		
		一、二级	三级	四级
地上楼层	1～2层	0.65	0.75	1.00
	3层	0.75	1.00	—
	≥4层	1.00	1.25	—
地下楼层	与地面出入口地面的高差≤10m	0.75	—	—
	与地面出入口地面的高差>10m	1.00	—	—

② 地下或半地下人员密集的厅、室和歌舞娱乐放映游艺场所，其疏散走道、安全出口、疏散楼梯和房间疏散门的各自总宽度，应根据疏散人数按每100人不小于1.00m计算确定；

③ 首层外门的总宽度应按该层及以上疏散人数最多的一层的疏散人数计算确定，不供上部楼层人员疏散的外门，可按本层疏散人数计算确定；

④ 录像厅、放映厅的疏散人数，应根据厅、室的建筑面积按1.0人/m²计算；其他歌舞娱乐放映游艺场所的疏散人数，应根据厅、室的建筑面积按0.5人/m²计算；

⑤ 有固定座位的场所，其疏散人数可按实际座位数的1.1倍计算；

⑥ 展览厅的疏散人数应根据展览厅的建筑面积按0.75人/m²计算；

⑦ 商店的疏散人数应按每层营业厅的建筑面积乘以表11-39规定的人员密度计算。对于建材商店、家具和灯饰展示建筑，其人员密度可按表11-39规定值的30%确定。

表11-39 商店营业厅内的人员密度

人/m²

楼层位置	地下第二层	地下第一层	地上第一、二层	地上第三层	地上第四层及以上各层
人员密度	0.56	0.60	0.43～0.60	0.39～0.54	0.30～0.42

(5) 人员密集的公共建筑不宜在窗口、阳台等部位设置金属栅栏，必须设置时，应有从内部易于开启的装置；窗口、阳台等部位宜设置与其高度相适用的辅助疏散逃生设施。

6) 避难层设置

(1) 建筑高度大于100m的公共建筑，应设置避难层(间)。避难层(间)应符合下列规定：

① 第一个避难层(间)的楼地面至灭火救援场地地面的高度不应大于50m，两个避难层

(间)之间的高度不宜大于 45m。

② 通向避难层的疏散楼梯应在避难层分隔、同层错位或上下层断开；

③ 避难层(间)的净面积应能满足设计避难人数避难的要求，并宜按 5.0 人/m² 计算；

④ 避难层可兼作设备层。设备管道宜集中布置，易燃、可燃液体或气体管道和排烟管道应集中布置并应采用防火墙与避难区分隔；管道井和设备间应采用耐火极限不低于 2.00h 的防火隔墙与避难区分隔，设备间的门与避难层出入口的距离不应小于 5m，且应采用甲级防火门；管道井的门不应直接开向避难区。

避难间内不应设置管道和开设疏散门以外的开口；

⑤ 应设置消防电梯出口；

⑥ 应设置消火栓和消防软管卷盘；

⑦ 应设置消防专线电话和应急广播；

⑧ 在避难层(间)进入楼梯间的入口处和疏散楼梯通向避难层(间)的出口处应设置明显的指示标志；

⑨ 应设置直接对外的可开启窗口或独立的机械防烟设施，外窗应采用乙级防火窗或耐火极限不低于 1.00h 的 C 类防火窗。

(2) 高层病房楼应在二层及以上各楼层设置避难间，并应符合下列规定：

① 避难间服务的护理单元不应超过 2 个，其净面积应按每个护理单元不小于 25.0m² 确定；

② 避难间兼作其他用途时，应保证其避难安全和可供避难的净面积不变；

③ 应靠近楼梯间，并应采用耐火极限不低于 2.00h 的防火隔墙和甲级防火门与其他部位分隔；

④ 应设置消防专线电话和消防应急广播；

⑤ 避难间的入口处应设置明显的指示标志；

⑥ 应设置直接对外的可开启窗口或独立的机械防烟设施，外窗应采用乙级防火窗或耐火极限不低于 1.00h 的 C 类防火窗。

3. 住宅建筑

1) 住宅建筑安全出口设置

住宅建筑安全出口的设置应符合下列规定：

(1) 安全出口应分散设置，且两个安全出口之间的水平距离不应小于 5m；

(2) 建筑高度不大于 27m 的建筑，当每个单元任一层的建筑面积大于 650m²，或任一户门至最近安全出口的距离大于 15m 时，住宅单元每层的安全出口不应少于 2 个；

(3) 建筑高度大于 27m、不大于 54m 的建筑，当每个单元任一层的建筑面积大于 650m²，或任一户门至最近安全出口的距离大于 10m 时，住宅单元每层的安全出口不应少于 2 个；

(4) 建筑高度大于 54m 的建筑，每个单元每层的安全出口不应少于 2 个。

2) 疏散楼梯布置

(1) 住宅建筑的楼梯间宜通至屋面，通向屋面的门或窗应向外开启。建筑高度大于 27m、不大于 54m 的住宅建筑，每个单元设置一座疏散楼梯时，疏散楼梯应通至屋面，且单元之间的疏散楼梯应能通过屋面连通，户门应采用乙级防火门。当不能通至屋面或通过屋面连通时，应设置 2 个安全出口。

(2) 住宅单元的疏散楼梯分散设置有困难且从任一户门至最近安全出口的距离不大于 10m 时，可采用剪刀楼梯间，但应符合下列规定：

① 应采用防烟楼梯间；
② 梯段之间应设置耐火极限不低于 1.00h 的防火隔墙；
③ 楼梯间的前室不宜共用；共用时，前室的使用面积不应小于 6.0m²；
④ 楼梯间的前室或共用前室不宜与消防电梯的前室合用；合用时，合用前室的使用面积不应小于 12.0m²，且短边不应小于 2.4m；
⑤ 两个楼梯间的加压送风系统不宜合用，合用时，应符合现行国家有关标准的规定。

(3) 建筑高度不大于 21m 的住宅建筑，当疏散楼梯与电梯井相邻布置时，其疏散楼梯应采用封闭楼梯间；建筑高度大于 21m、不大于 33m 的住宅建筑，其疏散楼梯应采用封闭楼梯间。建筑高度不大于 33m 的住宅建筑，当户门采用乙级防火门时，楼梯间可不封闭。

建筑高度大于 33m 的住宅建筑，其疏散楼梯应采用防烟楼梯间，前室宜采用常开防火门。户门应采用乙级防火门，且同一楼层或单元的户门不宜直接开向前室，确有困难时，开向前室的户门不应大于 3 樘。

3) 安全疏散距离

住宅建筑的安全疏散距离应符合下列规定：

(1) 直通疏散走道的户门至最近安全出口的距离不应大于表 11-40 的规定。

表 11-40 住宅建筑直通疏散走道的户门至最近安全出口的距离

m

住宅建筑类别	位于两个安全出口之间的户门			位于袋形走道两侧或尽端的户门		
	一、二级	三级	四级	一、二级	三级	四级
单、多层	40	35	25	22	20	15
高层	40	—	—	20	—	—

注：① 开向敞开式外廊的户门至最近安全出口的最大距离可按本表增加 5m。
② 住宅建筑内全部设置自动喷水灭火系统时，其安全疏散距离可按本表及其注 1 的规定增加 25%。
③ 直通疏散走道的户门至最近敞开楼梯间的距离，当户门位于两个楼梯间之间时，应按本表的规定减少 5m；当户门位于袋形走道两侧或尽端时，应按本表的规定减少 2m。
④ 跃廊式住宅户门至最近安全出口的距离，应从户门算起，小楼梯的一段距离可按其水平投影长度的 1.50 倍计算。

(2) 楼梯间应在首层直通室外，或在首层采用扩大的封闭楼梯间或防烟楼梯间前室。层数不超过 4 层时，可将直通室外的门设置在离楼梯间不大于 15m 处；

(3) 户内任一点至其直通疏散走道的户门的距离不应大于表 11-40 规定的袋形走道两侧或尽端的疏散门至最近安全出口的最大距离；

注：跃层式住宅，户内楼梯的距离可按其梯段水平投影长度的 1.50 倍计算。

4) 疏散走道安全出口等的宽度

住宅建筑的疏散走道、安全出口、疏散楼梯和户门的各自总宽度应经计算确定，且首层疏散外门、疏散走道和疏散楼梯的净宽度不应小于 1.10m，安全出口和户门的净宽度不应小于 0.90m。

高层住宅建筑疏散走道的净宽度不应小于 1.20m。

5) 避难层或避难间设置

(1) 建筑高度大于 100m 的住宅建筑应设置避难层，并应符合第 11.4.5 条 2 款 6)项有关避难层的要求。

(2) 建筑高度大于 27m 的住宅建筑，每户应设置避难间，并应符合下列规定：

① 应靠外墙设置，并应设置可开启外窗；

② 可兼作其他用途；

③ 避难间的房间内、外墙体的耐火极限不应低于 1.00h，门应采用乙级防火门，窗应采用乙级防火窗或耐火极限不低于 1.00h 的 C 类防火窗。

11.5 建筑构造

11.5.1 防火墙

防火墙能在火灾初期和灭火过程中，将火灾有效地限制在一定的空间内，阻断火灾在防火墙的一侧面，而不蔓延到另一侧，减少或避免火灾对其他用房的危害。防火墙的设置应符合下列规定。

(1) 防火墙的设置。

① 防火墙应直接设置在建筑的基础或框架、梁等承重结构上，框架、梁等承重结构的耐火极限不应低于防火墙的耐火极限。

防火墙应从楼地面基层隔断至梁、楼板底面基层。当高层厂房(仓库)屋顶承重结构和屋面板的耐火极限低于 1.00h，其他建筑屋顶承重结构和屋面板的耐火极限低于 0.50h 时，防火墙应高出屋面 0.5m 以上。其他情况时，防火墙可不高出屋面，但应隔断至屋面结构层的底面。

② 防火墙横截面中心线水平距离天窗端面小于 4.0m，且天窗端面为可燃性墙体时，应采取防止火势蔓延的措施。

③ 建筑外墙为难燃性墙体时，防火墙应凸出墙的外表面 0.4m 以上，且防火墙两侧的外墙应为宽度均不小于 2.0m 的不燃性墙体，其耐火极限不应低于外墙的耐火极限。

建筑外墙为不燃性墙体时，防火墙可不凸出墙的外表面。紧靠防火墙两侧的门、窗、洞口之间最近边缘的水平距离不应小于 2.0m；采取设置乙级防火窗等防止火灾水平蔓延的措施时，距离可不限。

④ 建筑内的防火墙不宜设置在转角处。如设置在转角附近，内转角两侧墙上的门、窗、洞口之间最近边缘的水平距离不应小于 4.0m，采取设置乙级防火窗等防止火灾水平蔓延的措施时，距离可不限。

(2) 可燃气体和甲、乙、丙类液体的管道严禁穿过防火墙。防火墙内不应设置排气道。

(3) 防火墙上不应开设门、窗、洞口，必须开设时，应设置不可开启或火灾时能自动关闭的甲级防火门、窗。

除 11.5.1 条 2 款规定外的其他管道不宜穿过防火墙，必须穿过时，应采用防火封堵材料将墙与管道之间的空隙紧密填实，穿过防火墙处的管道保温材料，应采用不燃材料；当管道为难燃及可燃材料时，应在防火墙两侧的管道上采取防火措施。

(4) 防火墙的构造应能在防火墙任意一侧的屋架、梁、楼板等受到火灾的影响而破坏时，不会导致防火墙倒塌。

11.5.2 建筑构件和管道井

1. 剧场等建筑的舞台与观众厅之间隔墙要求

剧场等建筑的舞台与观众厅之间的隔墙应采用耐火极限不低于 3.00h 的防火隔墙。

舞台上部与观众厅闷顶之间的隔墙可采用耐火极限不低于 1.50h 的防火隔墙，隔墙上的门应采用乙级防火门。舞台下部的灯光操作室和可燃物储藏室应采用耐火极限不低于 2.00h 的防火隔墙与其他部位分隔。

电影放映室、卷片室应采用耐火极限不低于 1.50h 的防火隔墙与其他部位分隔。观察孔和放映孔应采取防火分隔措施。

2. 建筑内特殊场所的防火分隔要求

医疗建筑内的产房、手术室或手术部、重症监护室、精密贵重医疗装备用房、储藏间、实验室、胶片室等，附设在建筑内的托儿所、幼儿园的儿童用房和儿童游乐厅等儿童活动场所、老年人活动场所，应采用耐火极限不低于 2.00h 的防火隔墙和不低于 1.00h 的楼板与其他场所或部位分隔，墙上必须设置的门、窗应采用乙级防火门、窗。

3. 易燃易爆部位及疏散门庭的防火分隔

建筑内的下列部位应采用耐火极限不低于 2.00h 的防火隔墙与其他部位分隔，墙体上的门、窗应采用乙级防火门、窗或符合第 11.5.5 条 3 款规定的防火卷帘：

(1) 甲、乙类生产部位和建筑内使用丙类液体的部位；
(2) 厂房内有明火和高温的部位；
(3) 甲、乙、丙类厂房(仓库)内布置有不同火灾危险性类别的房间；
(4) 民用建筑内的附属库房，剧场后台的辅助用房；
(5) 除住宅建筑外，其他建筑内的厨房；
(6) 一、二级耐火等级建筑的门厅。

4. 建筑内的防火分隔要求

建筑内的防火隔墙应从楼地面基层隔断至梁、楼板或屋面板底面。住宅分户墙和单元之间的墙应隔断至梁、楼板或屋面板底面，屋面板的耐火极限不应低于 0.50h。

5. 上、下层开口之间的墙体高度

除本规范另有规定外，建筑外墙上、下层开口之间的墙体高度不应小于 1.2m 或应设置挑出宽度不小于 1.0m、长度不小于开口宽度的防火挑檐。当室内设置自动喷水灭火系统时，上、下层开口之间的墙体高度不应小于 0.8m。当不符合上述规定时，建筑的外窗应采用乙

级防火窗或耐火极限不低于 1.00h 的 C 类防火窗。

住宅建筑外墙上户与户的开口之间的墙体宽度不应小于 1.0m；小于 1.0m 时，应在开口之间设置突出外墙不小于 0.6m 的隔板。

防火挑檐和隔板的耐火极限和燃烧性能均不应低于相应耐火等级建筑外墙的要求。

6. 建筑内重要设备房的构造与防火分隔要求

附设在建筑内的消防控制室、灭火设备室、消防水泵房和通风空气调节机房、变配电室等，应采用耐火极限不低于 2.00h 的防火隔墙和不低于 1.50h 的楼板与其他部位分隔。

设置在丁、戊类厂房内的通风机房应采用耐火极限不低于 1.00h 的防火隔墙和不低于 0.50h 的楼板与其他部位分隔。

通风空气调节机房和变配电室开向建筑内的门应采用甲级防火门，消防控制室和其他设备房开向建筑内的门应采用乙级防火门。

7. 冷库的墙体应做水平防火分隔

冷库采用泡沫塑料、稻壳等可燃材料作墙体内的绝热层时，宜采用不燃绝热材料在每层楼板处做水平防火分隔。防火分隔部位的耐火极限应与楼板的耐火极限相同。

冷库阁楼层和墙体的可燃绝热层宜采用不燃性墙体分隔。

8. 电梯井的耐火极限要求

(1) 电梯井应独立设置，井内严禁敷设可燃气体和甲、乙、丙类液体管道，不应敷设与电梯无关的电缆、电线等。电梯井的井壁除设置电梯门洞和通气孔洞外，不应设置其他洞口。

电缆井、管道井、排烟道、排气道、垃圾道等竖向井道，应分别独立设置。井壁的耐火极限不应低于 1.00h，井壁上的检查门应采用丙级防火门。

高层建筑内的垃圾道宜靠外墙设置，垃圾道的排气口应直接开向室外。垃圾斗宜设置在垃圾道前室内，前室的门应采用丙级防火门。垃圾斗应采用不燃材料制作，并应能自行关闭。

电梯层门的耐火极限不应低于 1.00h，并应同时符合现行国家标准《电梯层门耐火试验 完整性、隔热性和热通量测定法》GB/T 27903 规定的完整性和隔热性要求。

(2) 建筑内的电缆井、管道井应在每层楼板处采用不低于楼板耐火极限的不燃材料或防火封堵材料封堵。

建筑内的电缆井、管道井与房间、走道等相连通的孔隙应采用防火封堵材料封堵。

9. 建筑幕墙的耐火极限

建筑幕墙应在每层楼板外沿设置耐火极限不低于 1.00h、高度不低于 0.8m 的不燃性实心墙或防火玻璃墙。幕墙与每层楼板、隔墙处的缝隙应采用防火封堵材料封堵。

当建筑未设置符合本规范规定的外墙体时，双层幕墙中靠室内侧的幕墙耐火极限不应低于 1.00h，可开启外窗应采用乙级防火窗或耐火极限不低于 1.00h 的 C 类防火窗。

10. 户外电致发光广告牌的设置要求

户外电致发光广告牌不应直接设置在有可燃、难燃材料的墙体上。户外广告牌的设置不应遮挡建筑的外窗，不应影响外部灭火救援行动。

11.5.3 屋顶、闷顶和建筑缝隙

(1) 在三、四级耐火等级建筑的闷顶内采用可燃材料作绝热层时，其屋顶不应采用冷摊瓦。

闷顶内的非金属烟囱周围 0.5m、金属烟囱 0.7m 范围内，应采用不燃材料作绝热层。

(2) 建筑层数超过 2 层的三级耐火等级建筑内的闷顶，应在每个防火隔断范围内设置老虎窗，且老虎窗的间距不宜大于 50m。

(3) 内有可燃物的闷顶，应在每个防火隔断范围内设置不小于 0.7m×0.7m 的闷顶入口，且对于公共建筑，每个防火隔断范围内的闷顶入口不宜少于 2 个。

闷顶入口宜布置在走廊中靠近楼梯间的部位。

(4) 变形缝构造基层应采用不燃材料。电线、电缆、可燃气体和甲、乙、丙类液体的管道不宜穿过建筑内的变形缝；必须穿过时，应在穿过处加设不燃材料制作的套管或采取其他防变形措施，并应采用防火封堵材料封堵。

(5) 防烟、排烟、供暖、通风和空气调节系统中的管道及建筑内的其他管道，在穿越防火隔墙、楼板和防火分区处的孔隙应采用防火封堵材料封堵。

风管穿过防火隔墙、楼板和防火分区处时，风管上的防火阀、排烟防火阀两侧各 2.0m 范围内的风管外壁应采取防火保护措施，且耐火极限不应低于该防火分隔体的耐火极限。

(6) 建筑内受高温或火焰作用易变形的管道，在其贯穿楼板部位和穿越防火隔墙的两侧宜采取阻火措施。

(7) 建筑屋面上不宜开口，确需设置开口时，应采取防止火灾蔓延的措施。

11.5.4 疏散楼梯间和疏散楼梯等

1. 疏散楼梯间通用防火要求

疏散楼梯间应符合下列规定：

(1) 楼梯间应能天然采光和自然通风，并宜靠外墙设置。靠外墙设置时，楼梯间、前室及合用前室外墙上的窗口水平距离两侧门、窗、洞口的最近边缘不应小于 1.0m；

(2) 楼梯间内不应设置烧水间、可燃材料储藏室、垃圾道；

(3) 楼梯间内不应有影响疏散的凸出物或其他障碍物；

(4) 封闭楼梯间、防烟楼梯间及其前室，不应设置卷帘；

(5) 楼梯间内不应设置甲、乙、丙类液体管道；

(6) 封闭楼梯间、防烟楼梯间及其前室内禁止穿过或设置可燃气体管道。公共建筑的敞开楼梯间内不应设置可燃气体管道；住宅建筑的敞开楼梯间内不宜设置可燃气体管道和可燃气体计量表，必须设置时，应采用金属管和设置切断气源的阀门。

2. 封闭楼梯间防火要求

封闭楼梯间除应符合第 11.5.4 条 1 款的规定外，尚应符合下列规定：

(1) 楼梯间的首层可将走道和门厅等包括在楼梯间内，形成扩大的封闭楼梯间，但应采用乙级防火门等与其他走道和房间分隔；

(2) 除楼梯间的出入口和外窗外，楼梯间的墙上不应开设其他门、窗、洞口；

(3) 高层建筑、人员密集的公共建筑、人员密集的多层丙类厂房、甲、乙类厂房，其封闭楼梯间的门应采用乙级防火门，并应向疏散方向开启；其他建筑，可采用双向弹簧门；

(4) 不能自然通风或自然通风不能满足要求时，应按设置机械加压送风系统或防烟楼梯间的要求设置。

3. 防烟楼梯间的防火要求

防烟楼梯间除应符合第 11.5.4 条 1 款的规定外，尚应符合下列规定：

(1) 应设置防烟设施；

(2) 在楼梯间入口处应设置前室等。前室可与消防电梯间前室合用；

(3) 前室的使用面积：公共建筑，不应小于 $6.0m^2$；住宅建筑，不应小于 $4.5m^2$。合用前室的使用面积：公共建筑、高层厂房(仓库)，不应小于 $10.0m^2$；住宅建筑，不应小于 $6.0m^2$；

(4) 疏散走道通向前室以及前室通向楼梯间的门应采用乙级防火门；

(5) 除楼梯间和前室的出入口、楼梯间和前室内设置的正压送风口和住宅建筑的楼梯间前室外，防烟楼梯间和前室的墙上不应开设其他门、窗、洞口；

(6) 楼梯间的首层可将走道和门厅等包括在楼梯间前室内，形成扩大的前室，但应采用乙级防火门等与其他走道和房间分隔。

4. 建筑内疏散楼梯的防火要求

除通向避难层错位的疏散楼梯外，建筑内的疏散楼梯间在各层的平面位置不应改变。

地下或半地下室的楼梯间，应在首层采用耐火极限不低于 2.00h 的防火隔墙与其他部位分隔并应直通室外，必须在隔墙上开门时，应采用乙级防火门。

除住宅建筑套内的自用楼梯外，地下或半地下室与地上层不应共用楼梯间，必须共用楼梯间时，应在首层采用耐火极限不低于 2.00h 的防火隔墙和乙级防火门将地下或半地下部分与地上部分的连通部位完全分隔，并应设置明显的标志。

5. 室外疏散楼梯的设置要求

室外疏散楼梯应符合下列规定：

(1) 栏杆扶手的高度不应小于 1.10m，楼梯的净宽度不应小于 0.90m；

(2) 倾斜角度不应大于 45°；

(3) 梯段和平台均应采用不燃材料制作。平台的耐火极限不应低于 1.00h，梯段的耐火极限不应低于 0.25h；

(4) 通向室外楼梯的门宜采用乙级防火门，并应向外开启；

(5) 除疏散门外，楼梯周围 2m 内的墙面上不应设置门、窗、洞口。疏散门不应正对梯段。

6. 丁、戊类厂房的疏散楼梯的防火要求

用作丁、戊类厂房内第二安全出口的楼梯可采用金属梯，但其净宽度不应小于 0.90m，倾斜角度不应大于 45°。

丁、戊类高层厂房，当每层工作平台上的人数不超过 2 人且各层工作平台上同时工作的人数总和不超过 10 人时，其疏散楼梯可采用敞开楼梯或利用净宽度不小于 0.90m、倾斜角度不大于 60°的金属梯。

7. 疏散楼梯的阶梯要求

疏散楼梯和疏散通道上的阶梯不宜采用螺旋楼梯和扇形踏步。必须采用时，踏步上、下两级所形成的平面角度不应大于 10°，且每级离扶手 250mm 处的踏步深度不应小于 220mm。

8. 公共疏散楼梯梯段水平净距

建筑内的公共疏散楼梯，其两梯段及扶手间的水平净距不宜小于 150mm。

9. 室外消防梯的设置要求

高度大于 10m 的三级耐火等级建筑应设置通至屋顶的室外消防梯。室外消防梯不应面对老虎窗，宽度不应小于 0.6m，且宜从离地面 3.0m 高处设置。

10. 疏散走道和疏散门设置要求

(1) 疏散走道在防火分区处应设置常开甲级防火门。

(2) 建筑内的疏散门应符合下列规定：

① 民用建筑和厂房的疏散门，应采用向疏散方向开启的平开门，不应采用推拉门、卷帘门、吊门、转门和折叠门。除甲、乙类生产车间外，人数不超过 60 人且每樘门的平均疏散人数不超过 30 人的房间，其疏散门的开启方向不限；

② 仓库的疏散门应采用向疏散方向开启的平开门，但丙、丁、戊类仓库首层靠墙的外侧可采用推拉门或卷帘门；

③ 开向疏散楼梯或疏散楼梯间的门，当其完全开启时，不应减少楼梯平台的有效宽度；

④ 人员密集场所内平时需要控制人员随意出入的疏散门和设置门禁系统的住宅、宿舍、公寓建筑的外门，应保证火灾时不需使用钥匙等任何工具即能从内部轻易打开，并应在显著位置设置标识和使用提示。

11. 防火分隔方式的技术要求

(1) 用于防火分隔的下沉式广场等室外开敞空间，应符合下列规定：

① 不同防火分区通向下沉式广场等室外开敞空间的安全出口，其最近边缘之间的水平距离不应小于 13m。室外开敞空间除用于人员疏散外不得用于其他商业或可能导致火灾蔓延的用途，其中用于疏散的净面积不应小于 169m²；

② 下沉式广场等室外开敞空间内应设置不少于 1 部直通地面的疏散楼梯。当连接下沉广场的防火分区需利用下沉广场进行疏散时，疏散楼梯的总净宽度不应小于任一防火分

区通向室外开敞空间的设计疏散总净宽度；

③ 确需设置防风雨蓬时，防风雨蓬不应完全封闭，四周开口部位应均匀布置，开口的面积不应小于室外开敞空间地面面积的 25%，开口高度不应小于 1.0m；开口设置百叶时，百叶的有效排烟面积可按百叶通风口面积的 60% 计算。

(2) 防火隔间的设置应符合下列规定：

① 防火隔间的建筑面积不应小于 $6.0m^2$；

② 防火隔间的门应采用甲级防火门；

③ 不同防火分区通向防火隔间的门不应计入安全出口，门的最小间距不应小于 4m；

④ 防火隔间内部装修材料的燃烧性能应为 A 级；

⑤ 不应用于除人员通行外的其他用途。

(3) 避难走道的设置应符合下列规定：

① 走道楼板的耐火极限不应低于 1.50h；

② 走道直通地面的出口不应少于 2 个，并应设置在不同方向；当走道仅与一个防火分区相通且该防火分区至少有 1 个直通室外的安全出口时，可设置 1 个直通地面的出口；

③ 走道的净宽度不应小于任一防火分区通向走道的设计疏散总净宽度；

④ 走道内部装修材料的燃烧性能应为 A 级；

⑤ 防火分区至避难走道入口处应设置防烟前室，前室的使用面积不应小于 $6.0m^2$，开向前室的门应采用甲级防火门，前室开向避难走道的门应采用乙级防火门；

⑥ 走道内应设置消火栓、消防应急照明、应急广播和消防专线电话。

11.5.5 防火门、窗和防火卷帘

(1) 防火门的设置应符合下列规定：

① 设置在建筑内经常有人通行处的防火门宜采用常开防火门。常开防火门应能在火灾时自行关闭，并应具有信号反馈的功能；

② 除允许设置常开防火门的位置外，其他位置的防火门均应采用常闭防火门。常闭防火门应在其明显位置设置"保持防火门关闭"等提示标志；

③ 除管井检修门和住宅的户门外，防火门应具有自动关闭功能。双扇防火门应具有按顺序自动关闭的功能；

④ 除 11.5.4 的规定外，防火门应能在其内外两侧手动开启；

⑤ 设置在建筑变形缝附近时，防火门应设置在楼层较多的一侧，并应保证防火门开启时门扇不跨越变形缝；

⑥ 平时关闭后应具有防烟性能；

⑦ 甲、乙、丙级防火门应符合现行国家标准《防火门》GB 12955 的规定。

(2) 设置在防火墙、防火隔墙上的防火窗，应采用不可开启的窗扇或具有火灾时能自行关闭的功能。

防火窗应符合现行国家标准《防火窗》GB 16809 的有关规定。

(3) 防火分隔部位设置防火卷帘时，应符合下列规定：

① 除中庭外，当防火分隔部位的宽度不大于 30m 时，防火卷帘的宽度不应大于 10m；当防火分隔部位的宽度大于 30m 时，防火卷帘的宽度不应大于该部位宽度的 1/3，且不应大于 20m；

② 防火卷帘的耐火极限不应低于本规范对所设置部位的耐火极限要求。当防火卷帘的耐火极限符合现行国家标准《门和卷帘耐火试验方法》GB/T 7633 有关耐火完整性和耐火隔热性的判定条件时，可不设置自动喷水灭火系统保护。当防火卷帘的耐火极限仅符合现行国家标准《门和卷帘耐火试验方法》GB/T 7633 有关耐火完整性的判定条件时，应设置自动喷水灭火系统保护。自动喷水灭火系统的设计应符合现行国家标准《自动喷水灭火系统设计规范》GB50084 的规定，但其火灾延续时间不应小于本规范对所设置部位的耐火极限要求；

③ 防火卷帘应具有防烟性能，与楼板、梁和墙、柱之间的空隙应采用防火封堵材料封堵；

④ 需在火灾时自动降落的防火卷帘，应具有信号反馈的功能；

⑤ 其他要求，应符合现行国家标准《防火卷帘》GB 14102 的规定。

11.5.6 天桥、栈桥和管沟

天桥系指连接不同建筑物，主要供人员通行的架空桥。栈桥系指主要供输送物料的架空桥。天桥、栈桥和管沟的防火要求应符合下列规定。

(1) 天桥、跨越房屋的栈桥以及供输送可燃材料、可燃气体和甲、乙、丙类液体的栈桥，均应采用不燃材料。

(2) 输送有火灾、爆炸危险物质的栈桥不应兼作疏散通道。

(3) 封闭天桥、栈桥与建筑物连接处的门洞以及敷设甲、乙、丙类液体管道的封闭管沟(廊)，均宜采取防止火灾蔓延的措施。

(4) 连接两座建筑物的天桥、连廊，应采取防止火灾在两座建筑间蔓延的措施。当天桥、连廊采用不燃材料且建筑物通向天桥、连廊的出口符合安全出口的要求时，该出口可作为安全出口。

11.5.7 建筑外墙和屋面保温

1. 建筑内外保温系统对保温材料的性能要求

采用内、外保温系统的建筑，其保温材料宜采用 A 级，不宜采用 B_2 级，严禁采用 B_3 级；其基层墙体或屋面板的耐火极限应符合本规范的有关规定。

2. 建筑外墙采用内保温系统对保温材料的性能要求

建筑外墙采用内保温系统时，应符合下列规定：

(1) 人员密集场所及各类建筑内的疏散楼梯间、避难走道、避难间、避难层，应采用 A 级保温材料；

(2) 其他建筑、场所或部位，应采用低烟、低毒且燃烧性能不低于 B_1 级的保温材料。采用 B1 级保温材料时，应采用不燃材料做防护层，且防护层的厚度不应小于 10mm。

3. 保温材料的耐火极限

建筑外墙采用保温材料与两侧墙体无空腔的复合保温结构体系时，该复合外墙的耐火极限应符合本规范的有关规定。当采用 B_1、B_2 级保温材料时，保温材料的两侧应采用不燃材料做保护层且外侧保护层的厚度不应小于 50mm。

4. 住宅外墙外保温系统要求

(1) 住宅建筑的外墙外保温材料与基层墙体、装饰层之间无空腔时，其保温系统应符合下列规定：

① 建筑高度不大于 27m 时，保温材料的燃烧性能不应低于 B_2 级。

采用 B_1、B_2 级保温材料时，应采用不燃材料做防护层，且建筑首层位置的防护层厚度不应小于 10mm；其他楼层，不应小于 5mm。外墙上的门、窗、洞口应设置乙级防火门、耐火极限不低于 1.00h 的 C 类防火窗；应在每层采用高度不小于 300mm 的不燃材料设置水平防火隔离带或挑出宽度不小于 1.0m 的防火挑檐；

② 建筑高度大于 27m、不大于 100m 时，保温材料的燃烧性能不应低于 B_1 级。建筑高度大于 27m、不大于 54m，并采用 B_1 级保温材料时，应采用不燃材料做防护层，且建筑首层位置的防护层厚度不应小于 10mm；其他楼层，不应小于 5mm。外墙上的门、窗、洞口应设置乙级防火门、耐火极限不低于 1.00h 的 C 类防火窗；应在每层采用高度不小于 300mm 的不燃材料设置水平防火隔离带或挑出宽度不小于 1.0m 的防火挑檐。

建筑高度大于 54m、不大于 100m，并采用 B_1 级保温材料时，其防护层的厚度不应小 50mm；

③ 建筑高度大于 100m 时，保温材料的燃烧性能应为 A 级。

(2) 除住宅建筑外，其他建筑的外墙外保温系统与基层墙体、装饰层之间无空腔时，其保温系统应符合下列规定：

① 人员密集场所，保温材料的燃烧性能应为 A 级；设置人员密集场所的建筑，可分别按照本规范的相关要求确定保温材料的燃烧性能；

② 除人员密集场所外的其他建筑或场所，当建筑高度不大于 24m 时，保温材料的燃烧性能不应低于 B_2 级；当建筑高度大于 24m、不大于 50m 时，不应低于 B_1 级；当建筑高度大于 50m 时，应为 A 级。

③ 采用 B_1、B_2 级保温材料时，应采用不燃材料做防护层且防护层的厚度不应小于 50mm。

5. 外墙保温系统要求

外墙外保温系统与基层墙体、装饰层之间有空腔时，其保温系统应符合下列规定：

(1) 建筑高度不大于 24m 时，保温材料的燃烧性能不应低于 B_1 级；建筑高度大于 24m 时，应为 A 级；

(2) 采用 B_1 级保温材料时，应采用不燃材料做防护层且防护层的厚度不应小于 50mm。

(3) 保温系统与基层墙体、装饰层之间的空腔，应在每层楼板处采用防火封堵材料封堵。

（4）除三层及三层以下的建筑和外墙采用涂料的建筑外，外墙的装饰层应采用不燃材料。

6. 可替代保温系统防火技术要求的途径

除采用 A 级保温材料的建筑外，外墙外保温系统采用不同于本规范规定的其他构造方式时，应按现行国家标准《建筑外墙外保温系统防火试验方法》的规定对该外墙外保温系统的防火性能进行试验达到合格判定标准，且外墙的耐火极限应符合本规范的有关规定，外墙上的门、窗、洞口应设置乙级防火门、耐火极限不低于 1.00h 的 C 类防火窗。

7. 屋面外保温系统的耐火极限

建筑的屋面外保温系统，当屋面板的耐火极限不低于 1.00h 时，保温材料的燃烧性能不应低于 B_2 级；当屋面板的耐火极限低于 1.00h 时，不应低于 B_1 级。采用 B_1、B_2 级保温材料时，应采用不燃材料作防护层且防护层的厚度不应小于 10mm。

当屋面和外墙均采用 B_1、B_2 级保温材料时，应采用宽度不小于 500mm 的不燃材料设置防火隔离带将屋面和外墙分隔。

电气线路不应穿越或敷设在 B_1 或 B_2 级保温材料中；确需穿越或敷设时，应采取防火保护措施。安装开关、插座等电器配件的周围应采取防火措施。

11.5.8 防烟和排烟设施

1. 建筑的下列场所或部位应设置防烟设施

(1) 防烟楼梯间及其前室；
(2) 消防电梯间前室或合用前室；
(3) 避难走道的前室、避难层(间)。

建筑高度不大于 50m 的公共建筑、厂房、仓库和建筑高度不大于 100m 的住宅建筑，当其防烟楼梯间的前室或合用前室符合下列条件之一时，楼梯间可不设置防烟系统：

① 前室或合用前室采用敞开的阳台、凹廊；
② 前室或合用前室具有不同朝向的可开启外窗，且可开启外窗的面积满足自然排烟口的面积要求。

2. 厂房或仓库的下列场所或部位应设置排烟设施

(1) 丙类厂房内建筑面积大于 $300m^2$ 且经常有人停留或可燃物较多的地上房间；人员或可燃物较多的丙类生产场所；
(2) 建筑面积大于 $5000m^2$ 的丁类生产车间；
(3) 占地面积大于 $1000m^2$ 的丙类仓库；
(4) 高度大于 32m 的高层厂(库)房内长度大于 20m 的内走道，其他厂(库)房内长度大于 40m 的疏散走道。

3. 民用建筑的下列场所或部位应设置排烟设施

（1）设置在一、二、三层且房间建筑面积大于 100m² 和设置在四层及以上楼层、地下或半地下的歌舞娱乐放映游艺场所；

（2）中庭；

（3）公共建筑内建筑面积大于 100m² 且经常有人停留的地上房间和建筑面积大于 300m² 且可燃物较多的地上房间；

（4）建筑内长度大于 20m 的疏散走道。

总建筑面积大于 200m² 或一个房间建筑面积大于 50m²，且经常有人停留或可燃物较多的地下或半地下建筑(室)应设置排烟设施。

11.6 灭火救援设施

11.6.1 消防车道

城市建城区建筑比较密集，一些大体量的建筑使用功能往往复杂多样；工业建筑大面积的厂房、仓库等，这些建筑发生火灾会给消防扑救带来不便，有的消防车不能靠近建筑主体，有的造成消防车堵塞，延误了灭火的时间，造成人员伤亡和财产损失。因此，对消防车道的设置，消防车道高度、宽度、回车场的面积以及与铁路交叉，《建筑设计防火规范》做出如下规定。

1. 消防车道设置要求

（1）街区内的道路应考虑消防车的通行，其道路中心线间的距离不宜大于 160m。当建筑物沿街道部分的长度大于 150m 或总长度大于 220m 时，应设置穿过建筑物的消防车道。确有困难时，应设置环形消防车道。

（2）高层民用建筑，超过 3000 个座位的体育馆，超过 2000 个座位的会堂，占地面积大于 3000m² 的展览馆等单、多层公共建筑的周围应设置环形消防车道，确有困难时，可沿建筑的两个长边设置消防车道。对于住宅建筑和山坡地或河道边临空建造的高层建筑，可沿建筑的一个长边设置消防车道，但该长边所在建筑立面应为消防车登高操作面。

（3）工厂、仓库区内应设置消防车道。

高层厂房，占地面积大于 3000m² 的甲、乙、丙类厂房和占地面积大于 1500m² 的乙、丙类仓库，应设置环形消防车道，确有困难时，应沿建筑物的两个长边设置消防车道。

（4）有封闭内院或天井的建筑物，当其短边长度大于 24m 时，宜设置进入内院或天井的消防车道。

有封闭内院或天井的建筑物沿街时，应设置连通街道和内院的人行通道(可利用楼梯间)，其间距不宜大于 80m。

（5）在穿过建筑物或进入建筑物内院的消防车道两侧，不应设置影响消防车通行或人员安全疏散的设施。

（6）可燃材料露天堆场区，液化石油气储罐区，甲、乙、丙类液体储罐区和可燃气体

储罐区,应设置消防车道。消防车道的设置应符合下列规定:

① 储量大于表 11-41 规定的堆场、储罐区,宜设置环形消防道;

表 11-41 堆场或储罐区的储量

名称	棉、麻、毛、化纤(t)	秸秆、芦苇(t)	木材(m^3)	甲、乙、丙类液体储罐(m^3)	液化石油气储罐(m^3)	可燃气体储罐(m^3)
储量	1000	5000	5000	1500	500	30000

② 占地面积大于 30000m^2 的可燃材料堆场,应设置与环形消防车道相通的中间消防车道,消防车道的间距不宜大于 150m。液化石油气储罐区、甲、乙、丙类液体储罐区和可燃气体储罐区内的环形消防车道之间宜设置连通的消防车道;

③ 消防车道边缘距离可燃材料堆垛不应小于 5m。

(7) 供消防车取水的天然水源和消防水池应设置消防车道。消防车道边缘距离取水点不宜大于 2m。

2. 消防车道高度、宽度及回车场

(1) 消防车道的净宽度和净空高度均不应小于 4.0m,消防车道的坡度不宜大于 8%,其转弯处应满足消防车转弯半径的要求。

(2) 环形消防车道至少应有两处与其他车道连通。尽头式消防车道应设置回车道或回车场,回车场的面积不应小于 12m×12m;对于高层建筑,回车场不宜小于 15m×15m;供重型消防车使用时,不宜小于 18m×18m。

消防车道的路面、救援操作场地及消防车道和救援操作场地下面的管道和暗沟等,应能承受重型消防车的压力。

消防车道可利用城乡、厂区道路等,但该道路应满足消防车通行、转弯和停靠的要求。

3. 消防车道与铁路交叉

消防车道不宜与铁路正线平交。如必须平交,应设置备用车道,且两车道的间距不应小于一列火车的长度。

11.6.2 救援场地和入口

对于高层建筑,特别是布置有裙房的建筑,为了确保登高消防车能够靠近高层主体建筑,便于登高消防车开展灭火救援,需要在建筑周边设置救援场地。为了便于消防员迅速进入建筑内灭火,应合理地设置灭火救援入口。对此,《建筑设计防火规范》做出下列规定。

1. 消防车登高操作场地

(1) 高层建筑应至少沿一个长边或周边长度的 1/4 且不小于一个长边长度的底边连续布置消防车登高操作场地,该范围内的裙房进深不应大于 4m。

建筑高度不大于 50m 的建筑,连续布置消防车登高操作场地有困难时,可间隔布置,但间隔距离不宜大于30m且消防车登高操作场地的总长度仍应符合上述规定。

(2) 消防车登高操作场地应符合下列规定：

① 可结合消防车道布置且应与消防车道连通，场地靠建筑外墙一侧的边缘距离建筑外墙不宜小于5m，且不应大于10m；

② 场地与厂房、仓库、民用建筑之间不应设置妨碍消防车操作的架空高压电线、树木、车库出入口等障碍；

③ 场地的坡度不宜大于3%，长度和宽度分别不应小于15m和8m。对于建筑高度不小于50m的建筑，场地的长度和宽度分别不应小于15m；

④ 场地及其下面的建筑结构、管道和暗沟等，应能承受重型消防车的压力。

2. 灭火救援入口设置

(1) 建筑物与消防车登高操作场地相对应的范围内，应设置直通室外的楼梯或直通楼梯间的入口。

(2) 厂房、仓库、公共建筑的外墙应每层设置可供消防救援人员进入的窗口。窗口的净高度和净宽度分别不应小于0.8m和1.0m，下沿距室内地面不宜大于1.2m，间距不宜大于20m且每个防火分区不应少于2个，设置位置应与消防车登高操作场地相对应。窗口的玻璃应易于破碎，并应设置可在室外识别的明显标志。

11.6.3 消防电梯

高层建筑发生火灾时，需要消防队员迅速赶到失火部位去灭火和援救遇险人员。但由于消防队员爬楼梯而会受到疏散人流的阻挡，且体力消耗很大，不利于灭火救援。对于地下建筑，由于排烟、通风条件很差，消防队员通过楼梯进入地下灭火危险性较地上建筑要高。由于通道客、货电梯不具备防火、防烟条件，失火时往往电源得不到保证，不能用于消防员的灭火救援。因此，要求高层建筑和埋深较大的地下建筑应设置供消防队员专用的消防电梯。消防电梯的设置应符合下列规定。

(1) 下列建筑应设置消防电梯：

① 建筑高度大于33m的住宅建筑；

② 一类高层公共建筑和建筑高度大于32m的二类高层公共建筑；

③ 设置消防电梯的建筑的地下或半地下室，埋深大于10m且总建筑面积大于3000m²的其他地下或半地下建筑(室)。

消防电梯应分别设置在不同防火分区内，且每个防火分区不应少于1台；地下或半地下建筑(室)，可两个防火分区共用1台。

(2) 建筑高度大于32m且设置电梯的高层厂房(仓库)，每个防火分区内宜设置1台消防电梯。

符合下列条件的建筑可不设置消防电梯：

① 建筑高度大于32m且设置电梯，任一层工作平台上的人数不超过2人的高层塔架；

② 局部建筑高度大于32m，且局部高出部分的每层建筑面积不大于50m²的丁、戊类厂房。

(3) 符合消防电梯要求的客梯或货梯可兼作消防电梯。
(4) 消防电梯应设置前室，并应符合下列规定：
① 前室宜靠外墙设置，并应在首层直通室外或经过长度不大于30m的通道通向室外；
② 前室的使用面积不应小于6.0m²；与防烟楼梯间合用的前室，应符合相关规定；
注：设置在仓库连廊、冷库穿堂或谷物筒仓工作塔内的消防电梯，可不设置前室。
③ 除11.5.2中5的规定外，住宅建筑的户门不应开向消防电梯前室；
④ 前室或合用前室的门应采用乙级防火门，不应设置卷帘。
(5) 消防电梯井、机房与相邻电梯井、机房之间应设置耐火极限不低于2.00h的防火隔墙，隔墙上的门应采用甲级防火门。
(6) 消防电梯的井底应设置排水设施，排水井的容量不应小于2m³，排水泵的排水量不应小于10L/s。消防电梯间前室的门口宜设置挡水设施。
(7) 消防电梯应符合下列规定：
① 应能每层停靠；
② 电梯的载重量不应小于800kg；
③ 电梯从首层至顶层的运行时间不宜大于60s；
④ 电梯的动力与控制电缆、电线、控制面板应采取防水措施；
⑤ 在首层的消防电梯入口处应设置供消防队员专用的操作按钮；
⑥ 电梯轿厢的内部装修应采用不燃材料；
⑦ 电梯轿厢内部应设置专用消防对讲电话。

11.6.4 直升机停机坪

对建筑高度大于100m的高层建筑，建筑中部需设置避难层，当建筑某楼层着火导致人员难以向下疏散时，往往需到达上一避难层或屋面等待救援。根据国内外的情况，在超高层建筑屋面设置屋顶直升机停机坪，可便于直升机从建筑顶部实施救援。直升机停机坪应符合下列规定。

(1) 建筑高度大于100m且标准层建筑面积大于2000m²的公共建筑，宜设置屋顶直升机停机坪或供直升机救助的设施。
(2) 直升机停机坪应符合下列规定：
① 设置在屋顶平台上时，距离设备机房、电梯机房、水箱间、共用天线等突出物不应小于5m；
② 建筑通向停机坪的出口不应少于2个，每个出口的宽度不宜小于0.90m；
③ 四周应设置航空障碍灯，并应设置应急照明；
④ 在停机坪的适当位置应设置消火栓；
⑤ 其他要求应符合国家现行航空管理有关标准的规定。

附录

1. 建筑高度和建筑层数的计算方法
(1) 建筑高度的计算应符合下列规定：

① 建筑屋面为坡屋面时，应为建筑室外设计地面至其檐口与屋脊的平均高度；
② 建筑屋面为平屋面(包括有女儿墙的平屋面)时，应为建筑室外设计地面至其屋面面层的高度；
③ 同一座建筑有多种形式的屋面时，应按上述方法分别计算后，取其中最大值；
④ 对于台阶式地坪，当位于不同高程地坪上的同一建筑之间有防火墙分隔，各自有符合规范规定的安全出口，且可沿建筑的两个长边设置贯通式或尽头式消防车道时，可分别计算各自的建筑高度。否则，应按其中建筑高度最大者确定；
⑤ 局部突出屋顶的瞭望塔、冷却塔、水箱间、微波天线间或设施、电梯机房、排风和排烟机房以及楼梯出口小间等辅助用房占屋面面积不大于 1/4 者，可不计入建筑高度；
⑥ 对于住宅建筑，设置在底部且室内高度不大于 2.2m 的自行车库、储藏室、敞开空间，室内外高度差或建筑的地下或半地下室的顶板面高出室外设计地面的高度不大于 1.5m 的部分，可不计入建筑高度。

(2) 建筑层数应按建筑的自然层数计算，下列空间可不计入建筑层数。
① 室内顶板面高出室外设计地面的高度不大于 1.5m 的地下或半地下室；
② 设置在建筑底部且室内高度不大于 2.2m 的自行车库、储藏室、敞开空间；
③ 建筑屋顶上突出的局部设备用房、出屋面的楼梯间等。

2. 防火间距的计算方法

(1) 建筑物之间的防火间距应按相邻建筑外墙的最近水平距离计算，当外墙有凸出的可燃或难燃构件时，应从其凸出部分外缘算起。
(2) 储罐之间的防火间距应为相邻两储罐外壁的最近水平距离。储罐与建筑物的防火间距应为储罐外壁至建筑外墙的最近水平距离。储罐与堆场之间的防火间距应为储罐外壁至堆场中相邻堆垛外缘的最近水平距离。
(3) 堆场之间的防火间距应为两堆场中相邻堆垛外缘的最近水平距离。堆场与建筑物的防火间距应为堆场中相邻堆垛外缘至建筑外墙的最近水平距离。
(4) 变压器之间的防火间距应为相邻变压器外壁的最近水平距离。变压器与建筑物、储罐或堆场的防火间距应为变压器外壁至建筑外墙、储罐外壁或相邻堆垛外缘的最近水平距离。
(5) 建筑物、储罐或堆场与道路、铁路的防火间距应为建筑外墙、储罐外壁或相邻堆垛外缘距道路或铁路最近一侧路边的最小水平距离。

3. 储存物品的火灾危险性分类举例

储存物品类别	举 例
甲	(1)乙烷、戊烷、石脑油、环戊烷、二硫化碳、苯、甲苯、甲醇、乙醇、乙醚、蚁酸甲酯、醋酸甲酯、硝酸乙酯、汽油、丙酮、丙烯、乙醚、乙醛、60 度以上的白酒 (2)乙炔、氢、甲烷、乙烯、丙烯、丁二烯、环氧乙烷、水煤气、硫化氢、氯乙烯、液化石油气、电石、碳化铝 (3)硝化棉、硝化纤维胶片、喷漆棉、火胶棉、赛璐珞棉、黄磷 (4)金属钾、钠、锂、钙、锶、氢化锂、四氢化锂铝、氢化钠 (5)氯酸钾、氯酸钠、过氧化钾、过氧化钠、硝酸铵 (6)赤磷、五硫化磷、三硫化磷

续表

储存物品类别	举 例
乙	(1)煤油，松节油，丁烯醇，异戊醇，丁醚，醋酸丁酯，硝酸戊酯，乙酰丙酮，环已胺，溶剂油，冰醋酸，樟脑油，蚁酸 (2)氨气，液氯 (3)硝酸铜，铬酸，亚硝酸钾，重铬酸钠，铬酸钾，硝酸，硝酸汞，硝酸钴，发烟硫酸，漂白粉 (4)硫磺，镁粉，铝粉，赛璐珞板(片)，樟脑，萘，生松香，硝化纤维漆布，硝化纤维色片 (5)氧气，氟气 (6)漆布及其制品，油布及其制品，油纸及其制品，油绸及其制品
丙	(1)动物油，植物油，沥青，蜡，润滑油，机油，重油，闪点≥60℃的柴油，糠醛，>50度至<60度的白酒 (2)化学、人造纤维及其织物，纸张，棉，毛，丝，麻及其织物，谷物，面粉，天然橡胶及其制品，竹、木及其制品，中药材，电视机、收录机等电子产品，计算机房已录数据的磁盘储存间，冷库中的鱼、肉间
丁	自熄性塑料及其制品，酚醛泡沫塑料及其制品，水泥刨花板
戊	钢材，铝材，玻璃及其制品，搪瓷制品，陶瓷制品，不燃气体，玻璃棉，岩棉，陶瓷棉，硅酸铝纤维，矿棉，石膏及其无纸制品，水泥，石，膨胀珍珠岩

4. 生产的火灾危险性分类举例

生产火灾生产类别	举 例
甲类	(1)闪点小于28℃的油品和有机溶剂的提炼、回收或洗涤部位及其泵房，橡胶制品的涂胶和胶浆部位，二硫化碳的粗馏、精馏工段及其应用部位，青霉素提炼部位，原料药厂的非纳西汀车间的烃化、回收及电感精馏部位，皂素车间的抽提、结晶及过滤部位，冰片精制部位，农药厂乐果厂房，敌敌畏的合成厂房，磺化法糖精厂房、氯乙醇厂房，环氧乙烷、环氧丙烷工段，苯酚厂房的磺化、蒸馏部位，焦化厂吡啶工段，胶片厂片基厂房，汽油加铅室，甲醇、乙醇、丙酮、丁酮异丙醇、醋酸乙酯、苯等的合成或精制厂房，集成电路工厂的化学清洗间(使用闪点小于28℃的液体)，植物油加工厂的浸出厂房 (2)乙炔站，氢气站，石油气体分馏(或分离)厂房，氯乙烯厂房，乙烯聚合厂房，天然气、石油伴生气、矿井气、水煤气或焦炉煤气的净化(如脱硫)厂房压缩机室及鼓风机室，液化石油气罐瓶间，丁二烯及其聚合厂房，醋酸乙烯厂房，电解水或电解食盐厂房，环乙酮厂房，乙基苯和苯乙烯厂房，化肥厂的氢氮气压缩厂房，半导体材料厂使用氢气的拉晶间，硅烷热分解室 (3)硝化棉厂房及其应用部位，赛璐珞厂房，黄磷制备厂房及其应用部位，三乙基铝厂房，染化厂某些能自行分解的重氮化合物生产，甲胺厂房，丙烯腈厂房

续表

生产火灾 生产类别	举 例
甲类	(4)金属钠、钾加工厂房及其应用部位，聚乙烯厂房的一氯二乙基铝部位、三氯化磷厂房，多晶硅车间三氯氢硅部位，五氧化磷厂房 (5)氯酸钠、氯酸钾厂房及其应用部位，过氧化氢厂房，过氧化钠、过氧化钾厂房，次氯酸钙厂房 (6)赤磷制备厂房及其应用部位，五硫化二磷厂房及其应用部位 (7)洗涤剂厂房石蜡裂解部位，冰醋酸裂解厂房
乙类	(1)闪点等于28℃至小于60℃的油品和有机溶剂的提炼、回收、洗涤部位及其泵房，松节油或松香蒸馏厂房及其应用部位，醋酸酐精馏厂房，己内酰胺厂房，甲酚厂房，氯丙醇厂房，樟脑油提取部位，环氧氯丙烷厂房，松针油精制部位，煤油罐桶间 (2)一氧化碳压缩机室及净化部位，发生炉煤气或鼓风炉煤气净化部位，氨压缩机房 (3)发烟硫酸或发烟硝酸浓缩部位，高锰酸钾厂房，重铬酸钠(红矾钠)厂房 (4)樟脑或松香提炼厂房，硫黄回收厂房，焦化厂精萘厂房 (5)氧气站，空分厂房 (6)铝粉或镁粉厂房，金属制品抛光部位，煤粉厂房、面粉厂的碾磨部位，活性炭制造及再生厂房，谷物筒仓工作塔，亚麻厂的除尘器和过滤器室
丙类	(1)闪点大于等于60℃的油品和有机液体的提炼、回收工段及其抽送泵房，香料厂的松油醇部位和乙酸松油脂部位，苯甲酸厂房，苯乙酮厂房，焦化厂焦油厂房，甘油、桐油的制备厂房，油浸变压器室，机器油或变压油罐桶间，柴油罐桶间，润滑油再生部位，配电室(每台装油量大于60kg的设备)，沥青加工厂房，植物油加工厂的精炼部位 (2)煤、焦炭、油母页岩的筛分、转运工段和栈桥或储仓，木工厂房，竹、藤加工厂房，橡胶制品的压延、成型和硫化厂房，针织品厂房，纺织、印染、化纤生产的干燥部位，服装加工厂房，棉花加工和打包厂房，造纸厂备料、干燥工段，印染厂成品厂房，麻纺厂粗加工厂房，谷物加工房，卷烟厂的切丝、卷制、包装厂房，印刷厂的印刷厂房，毛涤厂选毛厂房，电视机、收音机装配厂房，显像管厂装配工段烧枪间，磁带装配厂房，集成电路工厂的氧化扩散间、光刻间，泡沫塑料厂的发泡、成型、印片压花部位，饲料加工厂房
丁类	(1)金属冶炼、锻造、铆焊、热轧、铸造、热处理厂房 (2)锅炉房，玻璃原料熔化厂房，灯丝烧拉部位，保温瓶胆厂房，陶瓷制品的烘干、烧成厂房，蒸汽机车库，石灰焙烧厂房，电石炉部位，耐火材料烧成部位，转炉厂房，硫酸车间焙烧部位，电极锻烧工段配电室(每台装油量小于等于60kg的设备) (3)铝塑材料的加工厂房，酚醛泡沫塑料的加工厂房，印染厂的漂炼部位，化纤厂后加工润湿部位

续表

生产火灾 生产类别	举 例
戊类	制砖车间，石棉加工车间，卷扬机室，不燃液体的泵房和阀门室，不燃液体的净化处理工段，金属(镁合金除外)冷加工车间，电动车库，钙镁磷肥车间(焙烧炉除外)，造纸厂或化学纤维厂的浆粕蒸煮工段，仪表、器械或车辆装配车间，氟里昂厂房，水泥厂的轮窑厂房加气混凝土厂的材料准备、构件制作厂房

 案例实训

案例1：沈阳商业城火灾

1996年4月6日凌晨1时57分左右，号称亚洲第一、中国之最的沈阳商业城发生了火灾，损失严重，创新中国成立以来全国商场火灾的最高纪录。

1. 建筑概况

沈阳商业城位于沈阳市沈河区中街212号，始建于1988年7月15日，于1991年12月28日开始营业。商业城建筑长120m，宽100m，总建筑面积6.9万㎡，商场营业面积4.2万m²，商业城共8层，其中地上6层，地下2层，建筑高度34.8m；1至6层为商场，地下1层为停车场，地下2层为商品仓库。商业城呈回字形平面，中庭长45m，宽26m，面积达1170m²，中庭顶部为半球面玻璃顶。在大楼和中庭四角分别设有12樘门、8台楼梯、5台自动扶梯、7台电梯，其中有2台消防电梯，可直通地下车库和仓库。

2. 火灾发展情况

据调查，火灾从商业城一楼西北角商城办公室烧出，烧穿了板材隔墙，烧到了营业柜台、中庭。当夜风力6级，风助火威，火很快在中庭内升腾起来，从1层窜到6层。火灾高温烤爆了中庭半球顶的玻璃，火光冲天。燃烧物借助风力升腾飞窜，烈火通过窗户、中庭、炸裂的玻璃幕墙不断向外喷出，在短时间内使商业城陷入一片火海。

在火灾中，商业城内原设置一流的自动报警装置、自动洒水灭火装置以及自动防火卷帘等，均未能发挥一点作用。

凌晨2时24分，沈阳市消防支队接到附近群众报警后，在10分钟内有30多辆消防车到场，并增加到50多辆。然而，大火已进入旺盛期，熊熊烈火已充满整个商业城空间，辐射热使消防队员无法靠近灭火。现场的3部云梯车载着消防队员向火场射水，20支水枪同时射水打击火势。但是，由于用水量大，水网供不应求，火场时而出现断水情况，即使不断水，杯水车薪，难以迅速扑灭，6:30左右，大火被控制，上午10时许，扑灭残火。最后保住了商业城地下一、二层，商场金库以及相邻的盛京宾馆。经过6个小时大火焚烧，沈阳商城地上6层只剩下了钢筋混凝土框架。

3. 主要经验教训

(1) 沈阳商业城大火虽然持续了6个小时，但由于主体结构采用了钢筋混凝土结构，大火扑灭之后，主体结构基本完好，各种设备及围护结构(门窗、隔墙、幕墙)等均被烧毁。由此可见，对于重要的商业建筑，用钢筋混凝土框架结构的一级耐火建筑，是具有充分的耐火能力的。

(2) 沈阳商业城设有一流的自动报警、自动喷淋、防火卷帘、防火防盗监控装置。然而这些先进的设备在火灾时没有发挥作用，以致大火成灾。1996 年 1 月份，商业城由于 1 层自动喷水灭火系统个别喷头和水管阀门冻坏漏水，而将自动喷水灭火系统的第 1 层全部和第 3 层部分供水管道阀门关闭，1993 年 3 月将自动报警系统集中控制器关闭(因故障)，故火灾前自动喷水和自动报警系统均处关闭状态。长期不进行联动操作试验，更未对职工进行防火与扑救初期火灾的训练，导致巨额投资的现代化消防设备在大火烧起来之时成为摆设，最终连这些设备也葬身火海。这起火灾很重要的教训是：消防设备不能装设了就算完事，更重要的是加强设备的管理，使它始终保持完好有效。

(3) 沈阳商业城于 1991 年 12 月 28 日开业，是在没有得到消防主管部门验收合格的情况下强行开业的。为此，消防部门曾做过劝阻工作，多次向商业城发出火险隐患整改通知书，召开现场办公会，直到火灾发生，问题依然。所以，未经验收合格不得开业，发现火险隐患不进行整改不得继续营业，是防止恶性火灾事故必须坚持的制度。

(4) 商业建筑设计中庭，可以使顾客赏心悦目，豪华大方。但如果设计、使用不当，也会助长火势的蔓延。中庭建筑设计，是建立在火灾必须控制在初期阶段的前提下的，否则，中庭将会导致火灾扩大。此外，各种销售柜台可燃商品布置在中庭的周边，有的甚至将巨幅广告条幅从屋顶一直垂到底层，一旦火灾突破防火分区，很快经中庭形成立体火灾，并失去控制。因此，对中庭商业建筑防火问题，还应进行认真地研究、认真地防范。

案例2：北京玉泉营环岛家具城火灾

1998 年 5 月 17 日，北京玉泉营环岛家具城发生火灾。火灾从家具城的北厅烧起，由于未做防火分隔，导致 17000 ㎡ 的家具城全部烧毁，直接经济损失为 2087.7 万元。

1. 建筑概况

玉泉营环岛家具城是大空间建筑，内部未设置防火分区及防火分隔物。

2. 火灾发展情况

经鉴定，这起火灾是由电铃线圈过热引燃周围可燃物而引发的。线圈首先烤燃了其外面包裹的牛皮纸、塑料布及底座，火星落到沙发上，引起快速燃烧。由于展销的家具密集，造成火灾迅速扩大。由此可见，低劣的电器产品的严重危害。

3. 主要经验教训

(1) 对大型建筑空间防火重要性认识不足，对大空间火灾的特殊性重视不够，在防火安全设计方面有严重缺陷，17000 ㎡ 的营业厅未设防火分区，违反了有关防火规范的规定。

(2) 对钢结构防火保护设计重视不够，耐火极限不符合规范要求。

(3) 消防设备不配套，未设事故备用电源，正常供电停止后不能工作，被火灾烧毁。

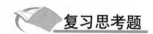

复习思考题

1. 简述建筑防火规范的适用范围。
2. 厂房和仓库的层数及每个防火分区的最大允许建筑面积是多少？

3. 厂房的防火间距如何确定？
4. 仓库的防火间距如何确定？
5. 甲、乙、丙类液体储罐区的防火间距如何确定？
6. 民用建筑分类和耐火等级如何确定？
7. 民用建筑之间的防火间距如何确定？
8. 民用建筑平面布局应符合哪些要求？
9. 民用建筑安全疏散和避难有哪些规定？
10. 消防车道的设置要求是什么？

参 考 文 献

1. 郑润梅. 建设法规概论[M]. 2 版. 北京：中国建材工业出版社，2010.
2. 高等学校土建学科教学指导委员会编. 建设法规教程[M]. 北京：中国工业建筑出版社，2011.
3. 建设部政策法规司编. 建设法律法规(2000 年版)[M]. 北京：中国建筑工业出版社，2000.
4. 李峻. 建筑法规概论[M]. 2 版. 北京：中国建筑工业出版社，2008.
5. 王天翊. 建筑法案例精析[M]. 北京：人民法院出版社，1999.
6. 刘文峰. 建设法规教程[M]. 2 版. 北京：中国建材工业出版社，2011.
7. 刘溯强. 建筑法实用问答[M]. 北京：人民法院出版社，1998.
8. 马原. 建筑法分解适用集成(上册)[M]. 北京：人民法院出版社，2003.